国家社科基金
后期资助项目

北京五金商铺研究
(1914—1940)

Beijing Hardware Shops Study
(1914–1940)

卢忠民 著

中国社会科学出版社

图书在版编目(CIP)数据

北京五金商铺研究：1914—1940/卢忠民著. —北京：中国社会科学出版社，2022.9

ISBN 978-7-5227-0734-1

Ⅰ.①北… Ⅱ.①卢… Ⅲ.①五金制品—专业商店—研究—北京—1914-1940　Ⅳ.①F721.8

中国版本图书馆 CIP 数据核字(2022)第 142475 号

出 版 人	赵剑英
责任编辑	吴丽平
责任校对	闫　萃
责任印制	李寡寡

出　　版	中国社会科学出版社
社　　址	北京鼓楼西大街甲 158 号
邮　　编	100720
网　　址	http://www.csspw.cn
发 行 部	010-84083685
门 市 部	010-84029450
经　　销	新华书店及其他书店
印　　刷	北京君升印刷有限公司
装　　订	廊坊市广阳区广增装订厂
版　　次	2022 年 9 月第 1 版
印　　次	2022 年 9 月第 1 次印刷
开　　本	710×1000　1/16
印　　张	23.5
插　　页	2
字　　数	423 千字
定　　价	136.00 元

凡购买中国社会科学出版社图书，如有质量问题请与本社营销中心联系调换
电话：010-84083683
版权所有　侵权必究

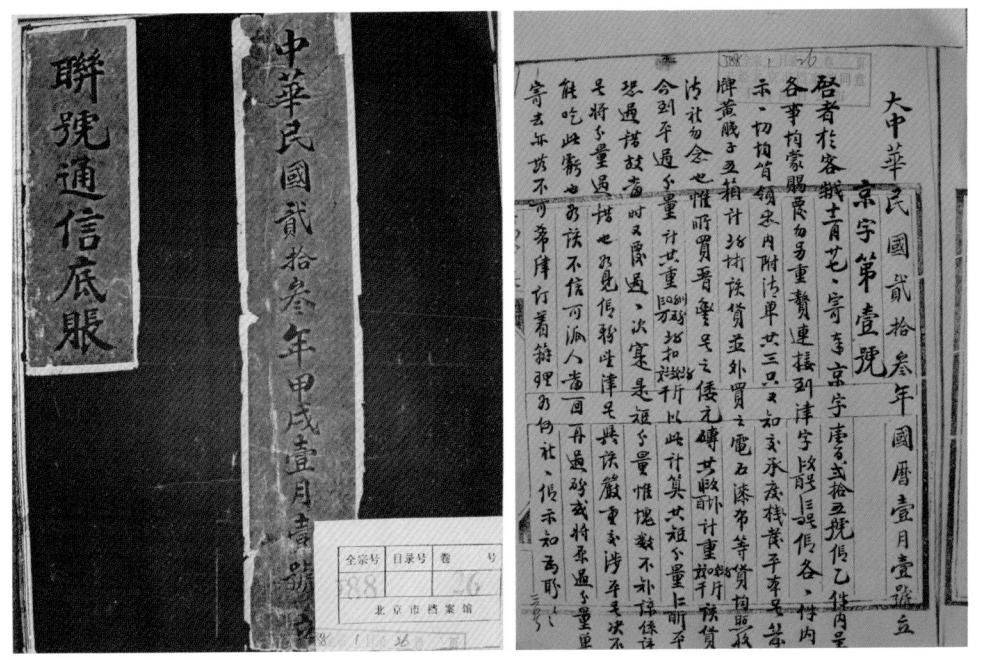

北京万丰泰《联号通信底账》(北京档案馆藏)

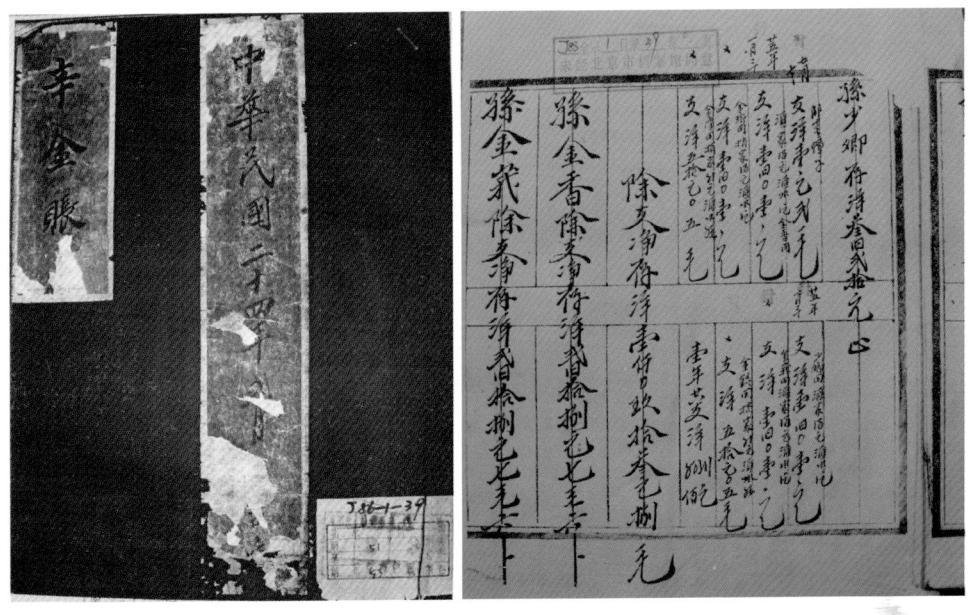

北京万和成《辛金账》(北京档案馆藏)

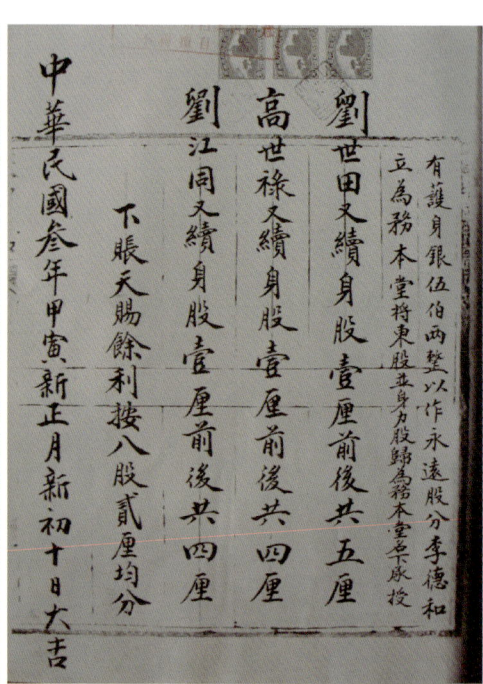

北京万丰泰《万金老账》(北京档案馆藏)

北京三益泰五金店

北京合发长五金店

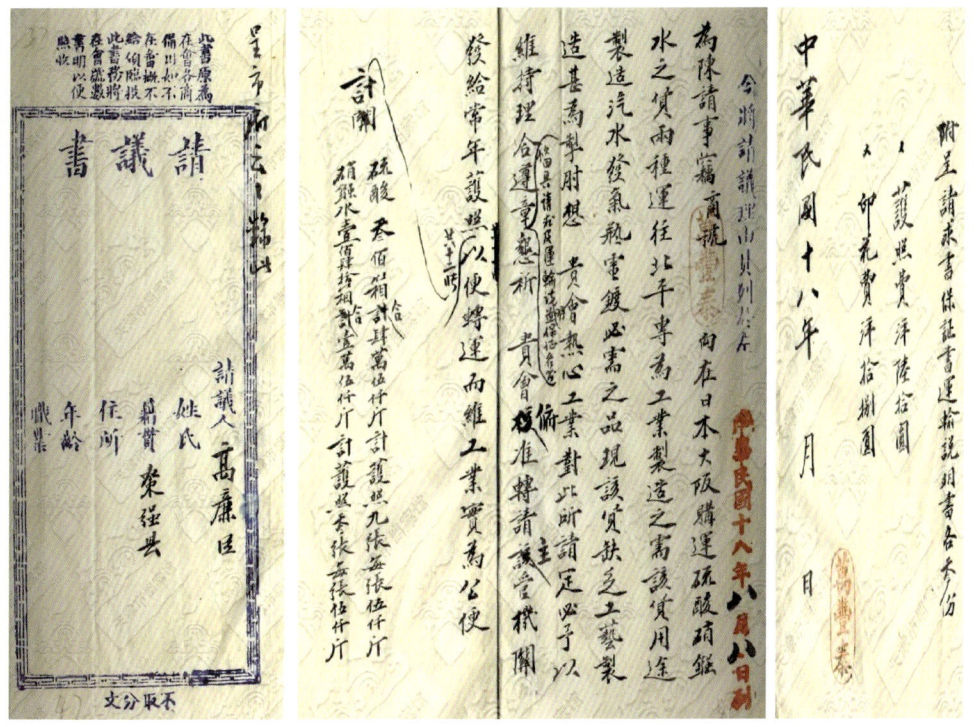

1929年天津万丰泰请议书（天津档案馆藏）

孙少卿老宅（笔者摄于枣强县黑马村）

杨家上、下马石(笔者摄于泊头大杨皇庄)

崇文门区和 1968 年拆除的崇文门

国家社科基金后期资助项目
出版说明

  后期资助项目是国家社科基金设立的一类重要项目，旨在鼓励广大社科研究者潜心治学，支持基础研究多出优秀成果。它是经过严格评审，从接近完成的科研成果中遴选立项的。为扩大后期资助项目的影响，更好地推动学术发展，促进成果转化，全国哲学社会科学工作办公室按照"统一设计、统一标识、统一版式、形成系列"的总体要求，组织出版国家社科基金后期资助项目成果。

全国哲学社会科学工作办公室

序

卢忠民是我在中国人民大学指导的博士生，距今已十余年，其博士论文经多年修改、补充与完善，并作为国家社科基金后期资助项目，业已圆满完成，即将付梓，来电请予作序，欣然应允。原因有三：其一，这是卢忠民凝聚了多年心血的第一本学术专著，现在终于付梓，作为其师，深感高兴，也有义务就此略谈一二；其二，他学术上踏实肯干，筚路蓝缕，成为利用账簿档案进行相关历史研究的探索者之一；其三，在当前浮躁喧嚣、功利性倾向日趋严重，甚至学术不断被掺水的大环境下，他仍能独坐电脑前，不停地敲打键盘，悉心整理核对着账簿史料，热衷于踏踏实实地进行历史研究，掀开那无人问津的历史画卷，让一个史学从业者感到欣慰。

北京五金商铺研究，属于商业史研究。商业史是商业发展史、商人史、商业政策史、商业思想史的综合，其中又以研究商业发展史以及从事商业的商人、商帮史为主流。然而，由于传统中国以商业为末业，贱商轻商的理念与习俗长期延续，有关历史上的商业行业的发展及商人、商帮等均缺少系统完整的记述，时至民国，亦未有实质性改观，这是中国历史的一件憾事。21世纪以来，商业史研究蓬勃发展，如何从过去的商业兴衰成败中获得历史借鉴，为当下商业实践服务，已引起众多学者的关注。作为千年古都的北京，各地商人云集于此，其近现代商业发展如何，无疑是北京乃至中国近代经济史、商业史研究的重要内容。虽然民众在日常生活中与商铺经常接触，但对商铺的历史、商铺与人们生活之间关系的发展与演变，并非十分清楚。就中国经济史研究而言，如果说学者对古代商铺还有一些探讨并取得相应成果的话，那么对近代商铺的关注却显得极为不足。而该书关于五金商铺的研究，则为我们客观了解北京近代社会经济提供了一重要视角，因为其经营的五金等生活用品、生产材料与零配件，与民众日常生活、城市基础建设、交通运输及工业近代化进程关系密切。因此，该书不但具有重要的学术价值，且对于当前我国深化市场经济体制改革，以及优秀商业文化的传承与发展，特别是京津冀协同发展方面，亦有一定的现实借鉴意义。

通读书稿，感觉卢忠民历经多年艰辛完成的这部著作，不仅做到了问题意识与研究理路的自觉，且史料扎实，论证充分。作为该著的第一读者，兹将感受述于下。

其一，卢忠民注重资料的搜集，尤其是有关商铺的档案资料，抄录、复印了大量北京市档案馆所藏原始档案，特别是账簿档案（藏量1480余册），并在国图、首图及人大等图书馆查寻了许多晚清、民国及新中国成立后的珍贵资料。此外，他还通过实地走访京津五金商铺之后人，获取一些民间口述资料，使此书的实证更具说服力。卢忠民在写作中用力颇勤，根据账本资料自制各类数字表格多达80余个。这些图表与其文字表述，互为补充，有助于人们对相关问题的认识与理解。能做到这些，实属不易：一是商铺史很少有人涉足，可供借鉴的成果颇少；二是资料零散，收集难度大，尤其对大量账簿资料的抄录、统计与解读，并分析、提炼隐藏其中的历史信息，是个颇有难度且相当繁重的工作；此外，已出版的零星口述史料以及他通过实地走访获取的口述史料，亦存鉴别真伪、慎重选用的困难。原始档案史料，尤其是学界尚未用过的一手商业账簿的运用，使数据计量与定量分析研究更加精确化、具体化，避免空洞无物的叙述与主观臆断，弥补了经济史学界进行微观研究中计量分析不够细致之不足，是为该书亮点之一。

其二，卢忠民从北京五金商铺的行业与同业公会形成入手，重点对商铺从业人员构成、管理与经营制度进行研究，进而对商铺利润、员工收支与生活进行深入探讨与剖析，最后归纳出五金商铺五大特色，并将其置于京津冀社会经济发展大环境下进行多角度研究，此皆为商铺运行及其与地方互动的关键环节，提出了一些富有启示性的见解。比如商铺管理方面，该书侧重于学徒制与人力股制度上，卢忠民通过广泛查阅北京市档案馆档案，尤其是北京五金店铺的账簿，发现了人力股制度是商铺人事管理与激励制度方面的一重要而关键性制度。人力股，亦称身力股、身股，晋商学者多有提及，但专门进行学术研究的尚少。卢忠民认为北京五金商铺中也实行人力股制度，并有一定创新（人力股份无"全份"1分的上限、故身股可由子女继承、人力股份增幅弹性大等），并非山西票号所独家使用的激励机制。他进而指出，北京五金商人比晋商更注重落实以人为本、平衡劳资双方物质利益等先进理念。该书对人力股制度的专门研究，不仅突破了以往学界的传统认识，且对当今我国工商业发展动力与人事管理等问题具有一定借鉴意义。商铺经营方面，卢忠民将研究重点放在赊销、联号经营及其经验教训等方面。众所周知，赊销，是不同于现款交易的一信用方式，对赊出方而言，存在要账难、呆账与收账纷争多等风险。卢忠民依据对五金账簿资料的仔细梳理与研究发现，传统观点所称"中国民族商业资本因占用工业发展资金，所以压制和阻碍了民族工业的发展"的现象，恰在北京五金行很少存在。他指出，其原因是"五金行80%—95%的商品来自国外进口，这样，五金行不仅很少占用本市或本国工厂资金，反而因赊销给北京当地工厂五金材料、零配件等而使这些工厂占用五金商铺的资金"。此种认识，有理有据，符合五金行业特点，颇具新意。同时，当今人们司空见惯的商界连锁店，在民国北京五金行也同样存在，只是相关研究尚少。卢忠民通过对各五金商号的比对，认为当时的联号与连号、支号皆属同一概念，进而指出：万和成及其联号既非近代企业集团，亦非以家族为依托的"联号企业"，而是地缘性较强的独资或合股企业，但这并未阻碍其发展。卢忠民从纷杂浩繁的账本中提炼出此等观点，揭示了企业在特定历史环境下，要根据自身实际情况合理进行制度安排。

利润与利润率是研究商铺无法回避的一重要问题。卢忠民通过对大量五金账簿数据的梳理与研究，得出一些较新颖的结论，但他并未停留于此，而是进一步将其与北京房产业利润进行对比，认为北平五金业平均利润率要高于房产年平均利润。那么，既然如此，为什么抗战开始后人们还要倾向于投资房产，而不投资于五金生产呢？为解此谜，他查阅了大量史料，总结出两大原因：房产属不动产，在乱世，投资与收益更为稳定；北京商人思想较为保守，战乱时期，即使房产利润不高，人们一般也选择买房出租，而不是冒险投资其他行业。此结论为我们洞悉当时北京社会经济发展的多元面相提供了另一视角。与商铺利润紧密相连的，是员工收支与生活，同样是商铺研究不能绕过的问题。卢忠民从大量账簿中获取诸多员工的收支数据，并加以分析研判，对以往传统观点所称民国商铺普通店员、学徒等生活困难、处境恶劣、备受东家欺压等观点提出自己的看法，认为在北京五金商号中，情况并非完全如此，东家、掌柜或经理也并非与铺内其他从业人员是赤裸裸的压迫关系。他进而指出，在诸多规模相对不是很大的五金商铺中，由于各从业人员之间基本是亲戚或老乡关系，属于熟人社会，相互之间了解，认同感强，尤其那些有人力股的从业人员以铺为家，与东家、掌柜同呼吸、共命运，因此，此类商铺从业人员的日常生活也相对舒适，日常花费相对宽松。该书得此结论，是基于扎实的史料，绝非空穴来风，使读者耳目一新，这有助于我们对民国北京社会生活史的进一步认识。总之，卢忠民抓住了商铺研究的核心与关键问题，从零碎杂乱的账簿中，挖掘提炼出如此多的新颖观点，并成体系，亦可谓该著研究之一亮点。

其三，该书着眼于全局，将北京五金商铺与冀州商帮联系起来，并将其置于京津冀社会经济发展这一大环境下进行透视研究，指出旧中国北京社会大环境与五金商铺之间相互影响，一方面，前者对后者发展有消极与积极双重影响，既有动力亦有阻力，有时又相互交织；另一方面，后者对北京工商业发展、城市基础建设与市民生活观念更新之积极作用，是在京他业商铺所不能替代的。这一辩证认识，使此研究的意义愈加明显。不仅如此，该著还大力挖掘史界很少关注的五金商铺商业文化，可为当下商业的健康发展提供精神动力与借鉴；同时，卢忠民还指出：民国北京五金商人中的冀州人在京津冀人口流动及资源共享中起到了桥梁作用，促使三地实现了融合、互通与共赢，这为理解当下京津冀协同发展战略提供了一历史视角。此皆又体现了研史为现实服务之思想。总之，该书把行业商铺研究与区域社会经济近代化研究结合起来，实现了小历史与大历史的结合，并秉持研史服务现实之理念，为日后学界进行相关研究提供了一参照。

不过，还应当看到，商铺史等经济史研究，仍是一个较为前沿与复杂的课题，有许多问题尚待进一步的解读与深入探讨，比如，地区间同业商铺之异同与各自特色、生存之道等，尤其需要更新、更直接的一手资料发掘与研究方法创新。学术研究的生命就在于创新，一个优秀学者最重要的能力，即是从看似平常的历史现象中，找寻和发现其背后所隐藏的深刻的社会联系与规律。学无止境，身为其师，衷心希望他能继续努力，以此著为新起点，不断创新，百尺竿头，远离喧闹与浮躁，守护一份安静与冷思的学术乐园！

陈　桦

2021年2月于北京

目　录

绪论 ………………………………………………………………（1）
　第一节　问题的提出 ………………………………………………（1）
　第二节　学术史回顾 ………………………………………………（6）
　第三节　相关概念界定与资料说明 ………………………………（16）

第一章　千年局变之新兴行业：北京五金商铺的发展历程 ……（23）
　第一节　北京五金商铺历史发展概观 ……………………………（23）
　第二节　商之统一互保组织：北京五金同业公会的
　　　　　形成及作用 ………………………………………………（36）
　第三节　商之同乡网络组织：冀州五金商帮形成 ………………（46）

第二章　以人为本：北京五金商铺的人事制度与激励机制 ……（53）
　第一节　北京五金商铺从业人员的基本构成 ……………………（54）
　第二节　职业教育：以学徒制为代表的廉价用人机制 …………（68）
　第三节　人力亦可成资本：以人力股制度为核心的激励机制 …（88）
　第四节　商铺规章及对职工的实际约束效用 ……………………（104）

第三章　新行业与旧血脉：北京五金商铺的资本与财务
　　　　　监管制度 …………………………………………………（110）
　第一节　商之血脉：五金商铺的资本组织、经营与积累 ………（110）
　第二节　以账管财：账簿制度及其功能 …………………………（139）

第四章　潜在的文化驱动：五金商铺的购销方式与经营模式 …（158）
　第一节　灵活多样的进货渠道与方式 ……………………………（158）
　第二节　销货对象与销货方式的变化 ……………………………（175）
　第三节　传统文化与商业发展：经销策略与经验 ………………（201）

第四节 资源共享机制：联号经营模式分析
——以万和成及其联号为例 ……………………………… (216)

第五章 厚利与保守：北京五金商铺的利润分析 ……………… (231)
第一节 利润与利润率的变动 ……………………………… (232)
第二节 利润分配 …………………………………………… (240)
第三节 利润流向的变化 …………………………………… (243)

第六章 商者无忧：北京五金商铺员工收支与生活 …………… (251)
第一节 五金商铺员工的日常收入 ………………………… (251)
第二节 五金商铺员工日常消费 …………………………… (261)
第三节 身份与花费：冀州帮从业人员的日常支出
——以万和成五金行《薪金账》为例 ……………… (272)

第七章 相互依存与共赢：五金商铺与民国京津冀社会经济发展 …………………………………………………… (305)
第一节 北京五金商铺之特色 ……………………………… (305)
第二节 融合与共赢：北京五金商铺与京津冀社会经济发展之关系 …………………………………………… (314)
第三节 新旧互补与环境制约：旧中国北京社会对五金商铺发展之影响 ………………………………………… (335)

参考文献 ………………………………………………………… (342)

后记 ……………………………………………………………… (355)

表 目 录

表1-1	历年五金商铺数量、从业人数统计	(32)
表1-2	1932—1938年北京五金商铺店员人数、商铺个数变动统计	(33)
表1-3	部分年份五金商铺安装电话户数统计	(35)
表2-1	五金商铺从业人员的基本构成统计	(55)
表2-2	1938年22家五金商铺经理人情况统计	(60)
表2-3	1928年万庆成五金行众伙友家庭通信地址统计	(64)
表2-4	北京五金商铺店员年龄结构、教育程度统计	(65)
表2-5	11家五金商铺45名学徒籍贯、文化程度统计	(70)
表2-6	1942年与1955年部分五金商铺学徒籍贯统计	(72)
表2-7	部分五金行学徒初入店时的年龄统计	(75)
表2-8	北京部分行业学徒初入商铺时的年龄统计	(77)
表2-9	北京五金行与百货业、瑞蚨祥的学徒出身情况比较	(78)
表2-10	44家五金商铺学徒人数与店员人数的比较	(80)
表2-11	北京万丰成五金行1922—1938年人力股份变动情况	(92)
表2-12	1914—1940年部分五金商铺职工故身股保留及分红年限统计	(99)
表2-13	1932—1938年部分五金商铺持人力股人数与店员总人数比较	(102)
表3-1	部分五金商铺股东原本数额明细	(121)
表3-2	1892—1898年北京万丰泰五金店所提护本、护身资金比例	(122)
表3-3	1889—1938年北京万丰泰五金店的原本、护本、护身比较	(124)

表 3-4	1926—1938年冀州帮所营五金商号的财神股份各年分红金额统计	(126)
表 3-5	1912—1932年万丰德、万丰顺财神股分红与实存金额比较	(127)
表 3-6	1926—1938年五金商铺财神股份占总股数额的百分比	(128)
表 3-7	五金商铺打厚成的折扣数统计	(131)
表 3-8	1929—1938年各账期万和成部分职工预支与存款比较	(136)
表 3-9	1926—1932年万和成部分职工预支与存款比较	(137)
表 3-10	万和成与万丰泰五金行账目设置比较	(143)
表 3-11	账本的数码书写比较	(145)
表 3-12	1932年正月万庆和五金行账期算账明细（由红单抄来）	(151)
表 4-1	万丰泰五金行历年新增存货品种变化统计	(162)
表 4-2	崇文门税关1929年进口洋货五金情况统计	(170)
表 4-3	1933—1936年北京万丰泰五金行三节外欠款与收回款比较	(181)
表 4-4	1933—1936年北京万丰泰五金行三节外欠款比较	(182)
表 4-5	1935年部分铁厂赊欠万丰泰五金行货款及偿还款额比较	(183)
表 4-6	1934—1938年永增铁厂赊欠万丰泰五金行货款及偿还款额比较	(185)
表 4-7	万和成与万庆成五金行历年赊销店厂拖欠货款的家数统计	(188)
表 4-8	1929—1930年万和成五金行广告宣传明细	(194)
表 4-9	1929—1930年万和成五金行广告类型及其主次地位	(196)
表 4-10	1929—1930年万和成杂项支出费用统计	(197)
表 4-11	北平市广告捐按成折扣	(199)
表 4-12	北平电影院及其他娱乐场所映演广告片每片捐率	(200)
表 4-13	北京万丰泰五金行格尔铜、黄铜丝各年存货重量比较	(205)
表 4-14	部分五金行各年存货金额变动趋势比较	(206)
表 4-15	1939年7月北京万和成五金行代理保险情况	(215)

表 4-16	1935年10—12月北京万丰泰与天津万丰泰通信情况统计（一）	(226)
表 4-17	1935年10—12月北京万丰泰与天津万丰泰通信情况统计（二）	(227)
表 4-18	万丰顺五金行总号与其联号万丰德各年盈利对比	(228)
表 5-1	部分五金商铺历年资本股本账面利润	(234)
表 5-2	部分五金商铺历年实用资金账面利润	(235)
表 5-3	7铺各年平均股本与实用资本利润率统计	(236)
表 5-4	北京五金商铺与上海同业及北京瑞蚨祥西鸿记绸缎庄损益对比	(237)
表 5-5	万丰德五金行历年利润分配统计	(240)
表 5-6	绳俊吉、尹福辰历年在总号万和成与各分号的利润分配情况	(242)
表 5-7	部分五金商铺倒买铺底房及其他住房情况	(245)
表 5-8	万和成五金行出租房屋统计	(247)
表 5-9	民国北京房产与五金行商业资本利润率比较	(248)
表 6-1	冀州商帮所营之五金行账期馈送伙友勤劳金数额统计	(253)
表 6-2	1938年部分五金商铺经理的月薪与分红统计	(256)
表 6-3	部分五金商铺应支数额统计	(260)
表 6-4	万和成五金行为员工免费提供的部分事项举例	(262)
表 6-5	部分五金商铺伙食、薪金等费用及其指数比较	(263)
表 6-6	1929—1938年各账期万和成店员吕文杰收支情况统计	(266)
表 6-7	1935年2月—1936年1月万和成店员吕文杰支出明细	(266)
表 6-8	1935年2月—1936年1月万和成店员吕文杰支出分类统计	(268)
表 6-9	各身份员工送铺东金宅幛子、份子、祝寿花费	(274)
表 6-10	各身份员工给经理邸占江的幛子、份子钱	(275)
表 6-11	1935—1937年各身份员工给无人力股员工及学徒随礼情况	(277)
表 6-12	1935—1937年各身份员工请人吃饭支出统计（一）	(280)
表 6-13	1935—1937年各身份员工请人吃饭支出统计（二）	(281)

表 6-14　1935—1937 年各身份员工请人听戏花费 …………………（282）
表 6-15　1935—1937 年有人力股员工穿戴费用明细 ………………（283）
表 6-16　1935—1937 年无人力股店员、学徒穿戴费用 ………………（286）
表 6-17　1935—1937 年各身份员工穿戴花费 …………………………（291）
表 6-18　1935—1937 年各身份员工捎家统计 …………………………（293）
表 6-19　1935—1937 年各身份员工捎家统计 …………………………（295）
表 6-20　1935 年 1 月—1936 年 1 月各身份职工支出分类统计 ……（296）
表 6-21　1935—1937 年万和成各身份员工收支情况 ………………（299）
表 6-22　北京各类人群生活支出情况比较……………………………（301）
表 7-1　部分五金商铺业内蘖生情况统计 ……………………………（306）
表 7-2　1923—1940 年五金商铺地理分布统计 ………………………（309）
表 7-3　1931 年万德新五金行承包监狱安装工程部分
　　　　用料的预算 …………………………………………………（312）
表 7-4　平汉铁路积欠平津各五金商铺料款统计 ……………………（321）

图 目 录

图 3-1 商铺常用草码记账法（横记法与纵记法） …………（146）
图 3-2 商铺记账常用省略字 …………………………………（147）
图 3-3 商铺常用记账戳记之用法 ……………………………（148）
图 4-1 北京万丰泰五金行格尔铜、黄铜丝各年存货重量变动
　　　趋势比较 ……………………………………………（205）
图 4-2 部分五金行各年存货金额变动趋势比较 ……………（207）
图 4-3 万和成五金行联号网络示意图 ………………………（219）
图 5-1 7铺各年平均股本与实用资本利润率比较 …………（236）

绪　　论

第一节　问题的提出

　　近代经济史研究领域很多，那我们为何要选择小小的行业商铺进行研究？为何选择北京这一地域的商铺？北京那么多商铺，为何非要选择五金商铺？又为何选取以1914—1940年这一特定时段为中心？有哪些学术价值与现实意义？诸如此类问题，皆应在此部分逐个解决。

　　一般而言，商业是社会经济总体得以正常运转的必然要素，是联结生产、分配和消费的桥梁和纽带。这样，商业的存在和发展就成为社会再生产赖以维持和扩大的前提和关键。[①] 这当中，商铺的作用不容忽视，它是商品流通的主渠道，是市场交易得以完成的主要载体与阵地，是城市经济中的重要组成部分。同时，商铺从其诞生起就与人们的生活紧密相关，"在人类社会，不论是普通百姓，还是行政官员，日常生活，开门七件事，就是柴、米、油、盐、酱、醋、茶。此外，身上用的衣帽、鞋袜，以及家中用具桌、椅、箱、柜等百货杂物都需要到店铺购买"。[②] 此言虽有点绝对，但明确了商铺与民众生活联系之紧密。因百姓虽然也可到集市、庙会购买日常所需，但集市、庙会并非每天都有，远不如天天照常营业的商铺给居民提供的日常服务方便与及时。商铺一般有铺面房、牌号等标志，大都注重信誉，其诚信经营，童叟无欺，和气生财等经营之道，是对以儒家思想文化为代表的中国传统思想文化中精华部分的继承与延续，是实践与弘扬中国传统诚信文化的主要平台之一，商铺的这种传统经营之道至今仍可视为一种财富。商铺的慈善、捐助、热心公益等行为无疑对社会的稳定与和谐发挥着一定的导向作用。因此，对某一或某类商铺进行系统

---

　　① 张其洴等主编：《中国商业百科全书》，经济管理出版社1991年版，第37页。
　　② 王永斌：《商贾北京》，旅游教育出版社2005年版，前言第1页。

研究，从中总结成功与失败的经验、教训，找出一些规律性认识，不仅有助于对上述相关历史问题的认识，也可为当今社会商业企业存在的某些问题（诚信、欺客、伪劣货品等）提供一定的历史借鉴与现实启示。对此，吴承明先生曾意味深长地指出"百年遭遇，都给我们留下足迹；研究其成败得失，以至一厂一店的经验，正是近代经济史的任务"。① 看来，商铺史，确有研究必要。

由于传统中国贱商轻商理念的长期延续，对历史上的商人、商业活动缺少系统完整的记述，这是中国历史的一件憾事，近代亦未有根本转变，对帝都北京而言，尤其如此。北京是数朝古都，长期处于国家政治文化发展的中心，其经济发展与这种政治优势休戚相关，"有其不可忽视之价值"。② 因为北京作为"国内有数之大消费城市，盖全市拥有百七十万市民以及数以万计之军队、宪及外侨，且一般生活素尚舒适，惯习相沿，消费之大为全国所罕见"③。这就为商铺的存在与发展奠定了基础。这样，北京城市的特性决定了对北京商铺问题的研究显得非常有必要，不过，长期以来并未引起学术界的关注。

北京是著名的消费都市，商铺众多，那为何以五金商铺为研究对象呢？这主要由于五金商铺与以销售鞋帽服装、食品饮料、书籍报刊等日常消费品为主的普通商铺不同④，其销售的主要是生产材料与零配件，"大者如有关国家盛衰之国防军备，交通器具，机械工种；小者如吾人日用所需之门窗户牖，烹调器皿，铁丝钉头，无不赖此以成"⑤。五金商铺所经营商品的这种特殊性，决定了它在北京众多行业商铺中的独特地位与角色，因其与北京城市基础建设、交通运输及工业发展的近代化进程的关系较为密切。五金商铺的销售对象也不同于其他行业商铺，据1932年的《北平市工商业概况》载："五金货品之行销，以各铁工厂为多，他如电车、电灯、自来水公司、铁路及各工厂、各建筑工程，亦多需用五金材料。……至小五金之属，工匠商民类皆购用，销路颇宽。"⑥ 此外，随着

---

① 吴承明：《中国近代经济史若干问题的思考》，《市场·近代化·经济史论》，云南大学出版社1996年版，第10页。
② 北平市政府统计室编：《北平市市场概况》，档号 ZQ3-1-461，1946年4月，前言部分。
③ 北平市政府统计室编：《北平市市场概况》，前言部分。
④ 例如，普通商铺一到年节前一般皆较平常销售旺盛，而五金商铺则相反，因"年关届近，各工厂均不正忙"，从而使得这些五金商铺"生意亦稍减少"。参见北京市档案馆《万丰泰五金行》，档号 J88-1-156，《益和公司通信底账》（京字第5号信），1937年。
⑤ 美商环球信托公司经济研究部：《五金界杂志》发刊词，1940年第1卷第1期。
⑥ 北平市社会局编：《北平市工商业概况》，北平市社会局1932年印，第419页。

北京近代化步伐的加快，对五金的需求较为旺盛，据1934年有关统计，北京"舶来品之输入以布匹、棉纱等纺织品占第一，五金机械次之，化学料品更次之，他若米面、煤油、纸张、文具、糖、海味、烟草、钟表等亦占重要"。[①] 这表明，作为主要生产资料的五金商品位居洋货进口总量的第二位，仅次于布匹、棉纱等纺织品，说明当时北京对五金商品的需求量还是非常可观的。同时，北京五金商铺的专业性不如天津、上海五金行那样强，除售卖五金类生产资料外，还销售一些与民众日常生活有关的生活用品，如煤油、纸烟卷、火柴、洋皂等。这意味着五金商铺能否正常、正当地营业，不仅关系到民众的日常所需，更重要的是，它还与北京城市基础建设、交通运输及工业发展的近代化进程有较为密切的联系。所以，对五金商铺的相关问题进行研究，不仅仅是对这一类商铺本身问题的研究，而且也是透过它来洞悉北京城市近代化轨迹的一独具特色的视角。

之所以选取以1914—1940年这一时段，主要是由于笔者至今所见北京地区比较明确出现五金行一词是在1914年，而1940年则是五金业发展的一个高峰期。1914年第一次世界大战开始后，来自国外的五金商品逐渐减少，致使国内五金价格大涨，遂繁荣起来。据历年五金商铺数量、从业人数统计表[②]显示，从商铺总数看，1914—1918年33个，1935年52个，到1940年增至77个，依次增长了57.58%、75.75%，其中，1940年比1914年增长了133%之多。另据1932—1938年北京五金商铺店员人数、商铺个数变动统计[③]，店员总人数基本是逐年增加的，1933年469人，到1938年增至631人，后者比前者增加了162人，增长率约为35%。因无1940年的店员人数统计，由于店铺数量最多，可推测其店员人数不会少于1938年。这表明商铺的发展速度是越来越快，到1940年达到一高峰期（另见本书第一、四章）。其原因是北京一带被日军占领后，重建工作需要五金货品甚多。此种情况在天津、上海同样存在，如"天津帮"因"华北遭到战争的破坏之后，建设工作遂渐开展，五金制品就大为需要"。[④] 上海五金业亦如此，其"繁荣是从1939年开始，在1940年的时候进入了它的黄金时代"。[⑤] 这说明，1940年同是北京、天津与上海五金

---

① 实业部中国经济年鉴编纂委员会编纂：《中国经济年鉴》（续编），商务印书馆1935年版，第467页。
② 该表在本书第32页。
③ 该表在本书第33页。
④ 王卫：《上海的五金工业》，《经济周报》1945年第1卷第3期。
⑤ 王卫：《上海的五金工业》，《经济周报》1945年第1卷第3期。

业的发展高峰期。

此外，1914—1940年跨北洋军阀统治时期、南京国民政府统治时期与日伪统治前期三个阶段，即五金商铺的成长环境较为复杂，且正好关联着两次世界大战，五金商品的特性决定其受战争环境影响较大。因此，选此时段，总结各阶段的特点、规律，进而认清其发展脉络，并与此前或之后、本业或他业商铺的对比，同时可与以往对此时段的传统认识进行对比，从而全方位呈现五金商铺曲折发展的复杂面相，并深化对民国北京社会经济与城市近代化建设，及其与京津冀发展之关系的认识。

对北京五金商铺的研究，其学术价值与现实意义主要有以下几个方面：

首先，可丰富与深化对民国社会经济史的认识。对此时段（尤其是1920—1937年）商业史的传统认识有二。一种观点认为中国民族资本商业在很大程度上控制和支配民族工业为自己服务，因而阻碍了中国民族工业的发展。[1] 另一种观点认为，由于民族工业不能够控制市场，为了与外国商品竞争，他们不但需要分给商业资本以较高的利润，还必须把自己一部分资金让给商人使用，遂造成商业大量地占用工业的资金，工业生产依赖于高利贷借款的局面。[2] 然而，这两种现象恰在北京五金业很少存在，起码这些传统看法在北京五金商铺身上是有些不适合的。其一，五金商铺的发展并非是靠"控制和支配民族工业为自己服务"发展起来的，而是由其自身不断随时代嬗变所致。通过对1914—1940年北京五金商铺相关问题进行的系统梳理，我们认为北京五金商铺多由以前的铁铺、铜铺、磁铁铺等转化而来，在民国前期已基本转变为具备民族资本主义商业性质的新式行业商铺，尽管还因袭一些传统的东西，但因袭的有些正是中国传统经营中的精华部分，不仅没有完全阻碍商铺的正常发展，反而在内外恶劣的经营环境中发挥了一定的积极作用。同时，五金商铺为生存与发展，还因时随势地进行革新，学习西方先进的管理经营理念与策略，不断调整自己，改变以往一些不能适应新形势的旧的东西，以使自己在新的发展环境中灵活应对。正是这种因袭与革新，致使五金商铺在此时段中获得了一定发展，尽管有曲折，并不顺利，但终未败下阵来。从一定意义上讲，在当时极其恶劣的环境下一些商铺能顽强生存下来，本身就是一种发展，起码在经营管理的生存理念、左右逢源的生存方略方面是发展的。其二，由于

---

[1] 张寿彭：《试论中国近代民族资本主义商业的产生与特点》，《兰州大学学报》（社会科学版）1986年第3期。

[2] 吴承明：《中国民族资本的特点》，《中国资本主义与国内市场》，中国社会科学出版社1985年版，第67—68页。

五金行80%—95%的商品来自国外进口①，这样，五金行不仅很少占用本市或本国工厂资金，反而因赊销给北京当地工厂五金材料、零配件等而使这些工厂占用五金商铺的资金；并且工厂在偿还欠款时还可以其所产商品冲抵所欠五金商铺的货款，实际上这又是变相地卖给五金商铺部分国产货，从而在一定程度上有利于当地工厂发展。从这个意义上来说，以销售生产资料为主的五金商铺的发展，与上述对民族商业的传统认识有一些不同。正如董少臣先生所说：五金业的发展"影响到其他一些行业，如建筑营造业、交通运输业、小手工业以至农村小生产者的发展"，对"工业和城市建设的发展是不无影响的"。②

其次，对北京城市史研究而言，商铺是展示一个城市社会经济全貌及城市形象的基本窗口之一，不仅能繁荣社会经济，同时也能为社会创造经济价值和社会价值。所以，商铺史研究又是城市史研究的一必要组成部分。

1914—1940年对北京来说是一段不太平的时期，政权的频繁更迭，军阀混战时有发生，1926年直鲁军用票的大量发行，1928年国都南迁，"九·一八"事变东北难民大批入京，同时还受世界性经济危机的影响，继而是日伪统治北京，这不仅对商铺的发展造成巨大影响，而且对民众生活及整个社会经济也产生了消极影响，并不同程度地影响了政府政策的实施。此时段北京商铺的发展极不顺利，尤其是国都南迁之后，但这并不是说没有发展，到1936年、1937年还是有一定发展的，即使是1940年前后的抗战时期有些行业商铺也获得了一定发展。当然，这并非美化日伪统治，而是说民族商铺生命力的顽强，这当然与这些商铺随着时代与形势的变化能灵活地因袭与革新有关，五金商铺即是如此。因此，通过揭示五金商铺变与不变的一般规律及其成因，进而厘清其与北京社会发展之间的关系，不仅可以发现五金商铺本身发展的一般规律以及成败得失的经验教训，且可使我们从一个侧面管窥北京社会由传统向现代渐变的历程，诸如人们生活消费习俗的转变，人们思想观念的更新，城市建设的发展，火车、汽车、自来水、电灯、电话等新式商品的应用及影响等，从而丰富对北京城市史的认识，则显得非常有研究的价值与意义。

总之，笔者从实证研究的角度，特别关注商铺治理及其文化，突破既往人力股制度为晋商独有、商业阻碍工业发展、普通店员与学徒生活

---

① 北京市档案馆：《关于北京市私营五金业历史演变的调查情况》，档号87-23-90，1956年。
② 董少臣：《天津市五金行业的历史回顾》，《天津文史资料》第32辑，天津人民出版社1985年版，第135页。

困难及备受东家欺压等传统看法，抛砖引玉，大大拓展了商铺史研究的视野，共同推动北京社会经济史研究，并为我们客观了解近代北京社会、经济及城市近代化发展提供了一种新的探索和尝试，具有一定的学术价值与意义。

最后，在倡导诚信经营，优化和净化商业环境，使"市场在资源配置中起决定性作用"的今天，对北京五金商铺的全面研究，可从过去商业的兴衰成败中，总结五金商人经营管理的经验教训及其商业文化，继承和弘扬其精神，为当下商业的健康发展提供精神动力与借鉴，则是本研究的现实意义之所在。同时，民国北京五金商人中的冀州人在一定范围内架起了京津冀人口流动及资源共享的桥梁，实现了三地融合、互通与共赢，这为理解当下京津冀协同发展战略提供了一历史视角。

通过对以往学术界的考察（见学术回顾部分），发现除研究票号外，对其他领域商铺的研究甚为薄弱。至于对北京商铺的个案研究，除《北京瑞蚨祥》较为翔实外，其他如对同仁堂等少数商铺只是进行了概括性介绍，没能进行定量、系统的分析，更没能和当时的北京社会联系在一起进行考察。可以说迄今为止，北京商铺史还是一个少有学者涉足的学术空白区，通过前面的论述，我们认为这是一个值得深入研究的领域。而对1914—1940年五金商铺相关问题进行系统探究，既能弥补这些缺憾，亦能填补某些学术空白；不仅能拓宽对民国社会经济史研究视野，亦能深化对北京城市史的认识。同时，其成功的管理经营经验与教训，对今天北京私营商业企业的改革也有一定的启示和借鉴作用。

第二节　学术史回顾

商铺是现代社会的重要单元，是市场经济的主要构成部分之一，对社会发展具有重大的推动作用，所以，商铺史研究在商业史研究中占有重要之地位，是一个涉及经济史、社会史等方面的综合性研究领域，应该引起史学界的关注。20世纪以来，有关商铺史研究的直接或间接成果不断涌现，我们仅就典型性成果进行简要回顾。

商铺史研究成果，主要以1949年10月为界分为两个时段进行回顾。

首先，1949年10月前研究成果。

在1949年10月以前，经济史在整个历史学科中所占的比重不大，商业史当然亦不被重视，作为商业史之重要组成部分的商铺史研究更未受到应有的关注。不过,当时也有人对某些热点行业商铺作过相关研究工作,如20世纪30年代陈其田《山西票庄考略》分析了山西票号的起源演变、组织结构、营业概况、对外关系及其历史作用与局限性等。[1] 40年代初卫聚贤的《山西票号史》[2],对山西票号的产生、派别、组织人事与业务等作了研究,学术价值较高。上述著作虽为日后晋商研究奠定了基础,但只是史料性的宏观探讨,学术性不强,且只关注票号。陆国香《中国典当业资本之分析》[3]将典当资本分为开设资本、流通资本、发行资本三部分。方显廷《天津之粮食业及磨房业》对1926—1930年天津粮栈、米栈、大米庄的交易状况、内部组织、劳工状况等进行了考察[4]。谷源田《天津鞋业之组织》[5]对天津门市鞋店、内局、行鞋铺等的商铺个数、销售额、店员人数、销售方法、资本状况及组织网络情况进行了研究。总体而言,1949年10月以前除少数特殊商铺的发展史受到一定关注外,国内学术界并未对商铺史进行广泛的专门研究。时人对山西票号研究兴趣主要在于这类商铺富于中国传统特色,且历史较为悠久、业绩也较为辉煌,而到民国时期,由于不思变革而逐步衰落。粮食关系民生,是居民日常生活之必需,所以对粮食业商铺的运营及发展、组织状况的研究也为时人所关注。鞋业商铺也因与居民消费直接相关,所以亦是时人进行调查研究的重点之一。

此时期有关北京商铺史的学术成果十分有限,除了北京史料的发掘整理、风土民俗的撰述之外,进一步探求北京历史演进等问题的成果凤毛麟角。[6] 这种状况主要是由时人对商业不重视所致,尽管有倡导重商之风,但风速极微。20世纪20年代,北京商铺铺房的铺底与铺底权问题逐渐浮出水面,受到当时学者的关注,王凤瀛《老佃铺底为我国特有之物权,此种制度应否保存?如不应保存,则其已存之权利关系如何?应如何整理?》[7] 对其存废及变通办法进行了探讨。20世纪40年代,随着商铺铺底权问题的纠葛与纷争的增多,一些学者对铺底与铺底权问题进行了详述,如倪宝森《铺底权要论》[8] 就是典型,从铺底权的定义、分类、当事人双

---

[1] 陈其田:《山西票庄考略》,商务印书馆1937年版。
[2] 卫聚贤:《山西票号史》,中央银行经济研究社1944年版。
[3] 陆国香:《中国典当业资本之分析》,《农行月刊》1936年第3卷第5期。
[4] 方显廷:《天津之粮食业及磨房业》,《经济统计季刊》1933年第2卷第4期。
[5] 谷源田:《天津鞋业之组织》,《政治经济学报》1935年第3卷第2期。
[6] 曹子西:《北京史研究的回顾与前瞻》,《北京社会科学》2000年第1期。
[7] 王凤瀛:《老佃铺底为我国特有之物权,此种制度应否保存?如不应保存,则其已存之权利关系如何?应如何整理?》,《法学会杂志》法学会印行1923年第10期。
[8] 倪宝森:《铺底权要论》,北京金华印书局1942年版。

方的权利与义务、出现的问题与解决途径等方面进行了论述。币值的不稳影响到商人的资本与借贷问题，曲殿元《北京小商人及中下社会之金融机关》[①]则从小商人日常筹资与借贷方式方面进行论述，分析了各种借贷方式的利弊得失。20世纪30年代，随着国都南迁，北京商业萧条，当时北京社会经济生活等方面出现的变化也受到一些学者的关注。林颂河《统计数字下的北平》及雷辑辉《北平税捐考略》二书[②]中有一些影响商铺发展的铺捐的记载与评述。当然，上述成果过于零散，并且与商铺的直接研究也相去甚远。

其次，1949年10月后研究成果。

新中国成立初期，受各方面影响，商业企业成果较为薄弱。比较典型的如《北京瑞蚨祥》[③]主要研究北京绸缎业商铺的著作，全面剖析了瑞蚨祥发展到衰落的过程及劳资内部关系、经营管理制度与相关策略、利润分配等，但只是就瑞蚨祥而谈瑞蚨祥，未将其放在近代北京变迁的大背景下进行横向分析，亦未进行与其他商铺的对比分析。值得一提的是，社会主义改造时期的一些相关资料后经整理汇编，价值较大，各省市皆有，如郎冠英、许顺主编的《中国资本主义工商业的社会主义改造》（北京卷）[④]就是其中一部，收藏了改造的相关政策、文件，并附有一些典型商铺的历史资料。六七十年代商业史研究成为"禁区"。

改革开放以来，中国商业企业史研究逐步受到重视，相关成果也陆续出版。金融业商铺史研究成果累累，如史若民《票商兴衰史》论述了山西票号的兴起、票号内部组织与初期业务、票号各时期的变化、发展与危机、山西票号衰败的原因及其历史地位。[⑤]黄鉴晖的《山西票号史》[⑥]则将山西票号的发展阶段分为起源、最初发展时期、挫折与损伤时期、大发展阶段、极盛与危机阶段、衰败时期。张国辉《晚清钱庄与票号研究》[⑦]对钱庄与票号在近代中国各个时期的发展状况、社会职能、钱庄票号与新

---

① 曲殿元：《北京小商人及中下社会之金融机关》，《商学季刊》1923年第1卷第1号。
② 林颂河：《统计数字下的北平》，《社会科学杂志》1931年第2卷第3期；雷辑辉：《北平税捐考略》，社会调查所1932年版。
③ 中国科学院经济研究所、中央工商行政管理局等编：《北京瑞蚨祥》，生活·读书·新知三联书店1959年版。
④ 郎冠英、许顺主编：《中国资本主义工商业的社会主义改造》（北京卷），中共党史出版社1990年版。
⑤ 史若民：《票商兴衰史》，中国经济出版社1992年版。
⑥ 黄鉴晖：《山西票号史》，山西经济出版社1992年版。
⑦ 张国辉：《晚清钱庄与票号研究》，中国社会科学出版社1989年版。

兴银行在金融市场领导权方面的争夺等进行了专题研究。张正明的《晋商兴衰史》①重点考察了山西票号的组织状况与经营之道，并对大盛魁、日升昌、蔚泰厚、大德通等商号进行了个案研究。董继斌等主编《晋商与中国近代金融》重点对晋商所办票号的兴衰历程、组织结构、制度创新、作用与影响以及经验教训作了检讨。②

商铺变迁离不开它所从属行业的变迁，而研究行业史的著作也无不涉及各自业内商铺的发展嬗变情形，所以诸多行业史研究的成果成为进行商铺史研究不可或缺的一部分。20世纪80年代以来，行业史研究成果较为突出的有：《上海近代西药行业史》③，在记述近代上海西药业发展变迁的同时，对华美药房、中法大药房、五洲药房、信谊药厂等企业的经营与发展进行了专门论述。《上海近代五金商业史》④不仅对五金业的发展历程、管理与经营制度、利润情况进行了详细论述，而且对本行业的典型企业如叶澄衷创办的老顺记五金号、朱寅生创办的源椿五金铁号等作了专门记述。《上海近代百货商业史》⑤对百货业的发展历程、管理与经营制度、利润情况进行了详细论述。北京同仁堂集团等编《北京同仁堂史》⑥则从其发展沿革的艰难历程、经营与管理的变迁等方面进行了阐述。上述成果，对研究各业内商铺有着非常重要的借鉴意义。有关北京行业史研究的论文也较为显著。宋卫忠、王嘉彦《北京近代书业经营方式及特点分析》就图书收购环节、销售环节、内部流通三个方面的经营方式进行论述，得出特色明显、了解市场、业务过硬、讲信义四大特点。⑦许檀《清代的祁州药市与药材商帮》认为祁州药市系华北之首，其货源和辐射范围主要包括直隶、河南、山西、山东四省及东北地区，也有少量江西、宁波、陕西药商来此贸易。⑧

商业企业管理方面，如何有效地利用人力、物力、财力等资源的研究成果也出现一些。孔祥毅、张亚兰的《山西票号高效执行力的动力机制》

---

① 张正明：《晋商兴衰史》，山西古籍出版社1995年版。
② 董继斌等主编：《晋商与中国近代金融》，山西经济出版社2002年版。
③ 上海社会科学院经济研究所与上海医药公司、上海市工商局编：《上海近代西药行业史》，上海社会科学院出版社1988年版。
④ 上海社会科学院经济研究所主编：《上海近代五金商业史》，上海社会科学院出版社1990年版。
⑤ 上海百货公司等编著：《上海近代百货商业史》，上海社会科学院出版社1988年版。
⑥ 北京同仁堂集团等编：《北京同仁堂史》，人民日报出版社1993年版。
⑦ 宋卫忠、王嘉彦：《北京近代书业经营方式及特点分析》，《北京史专题研究》2007年。
⑧ 许檀：《清代的祁州药市与药材商帮》，《中国经济史研究》2019年第2期。

认为高效执行力是企业最重要的竞争力之一,分析了山西票号的高效执行力来自动力机制与训育机制。① 郭松义《清代北京的山西商人——根据136宗个人样本所作的分析》以136宗个人样本为依据,对清代晋商在北京的经营活动作出分析,认为晚清北京市场容量不但未能扩大,还有萎缩之势,无法消化不断增加的就业压力。②

商业资本是商铺能否正常经营的关键因素,1949年后对此开展探究较早的当属傅衣凌《明清时代商人及商业资本》,此为1949年年初探究明清商业资本之力著。傅先生从商人和商业资本的角度,对商业资本和高利贷、市民经济、原始积累、雇佣劳动等颇有研究。有关商业资本及其来源之研究也渐入学者的视野,诸如日本学者藤井宏及国内学者傅衣凌、李瑚、罗一星、钞晓鸿、封越健等发表了一批颇具代表性的成果。③ 不过,上述成果多限于近代以前商业资本来源之探究,关于近代商业资本的研究亦现一批较丰硕成果,如吴承明《中国民族资本的特点》将旧中国的民族商业资本,按性质分为多带有买办性和多带有封建性两大类,带买办性的商业资本也附具民族性,民族商业资本对促进商品经济发展与资本积累亦起诸多作用。④ 张寿彭《试论中国近代民族资本主义商业的产生与特点》认为"中国近代民族资本主义商业中带有买办性的新式商业,其商业资本的畸形发展,使得其控制和支配民族工业是主要的,因而阻碍了中国民族工业的发展"⑤ 对此,有学者持反对意见,如黄逸平《近代中国民族资本商业的产生》认为"开埠后新出现的洋布、华洋杂货、五金商业和从事出口贸易的丝茶行栈,都已是资本主义关系的近代商业,并非买办性质"⑥ 再如,朱英《近代中国民族商业资本的发展特点与影响》与张国辉《晚清钱庄和票号研究》亦认为在鸦片战争后传统商业即陆续具有

---

① 孔祥毅、张亚兰:《山西票号高效执行力的动力机制》,《广东社会科学》2005年第2期。
② 郭松义:《清代北京的山西商人——根据136宗个人样本所作的分析》,《中国经济史研究》2008年第1期。
③ 傅衣凌:《明清时代商人及商业资本》,上海人民出版社1956年版;[日]藤井宏:《新安商人之研究》,《徽商研究论文集》,傅衣凌、黄焕宗译,安徽省人民出版社1985年版;李瑚:《关于清初商人和商业资本的几个问题》,《中华文史论丛》1983年第3辑;罗一星:《试论明清时期的佛山商人资本》,《广东社会科学》1985年第3期;钞晓鸿:《明清时期的陕西商人》,《中国经济史研究》1996年第1期;封越健:《论清代商人资本的来源》,《中国经济史研究》1997年第2期。
④ 吴承明:《中国民族资本的特点》,《经济研究》1956年第6期。
⑤ 张寿彭:《试论中国近代民族资本主义商业的产生与特点》,《兰州大学学报》(社会科学版)1986年第3期。
⑥ 黄逸平:《近代中国民族资本商业的产生》,《近代史研究》1986年第4期。

资本主义性质①。有关近代北京商业资本研究因资料所限，成果不多。吴承明《从一家商店看商业资本的一种特殊形态》以北京瑞蚨祥绸缎店为例，剖析了其资本积累与运作形态，认为"1927年前后瑞蚨祥由盛转衰，其资本积累的性质也发生了改变，资本主义化的过程加速"②。

与商业资本关系密切的账簿制度研究也有进展，如刘秋根、郭兆斌《清代前期龙门账簿记报告编制方法研究》指出山西商人龙门账簿报告实际皆采用"进—缴"和"存—该"二轨结算法，四柱账法转变为龙门账与商铺经营权及所有权之分离有关联③。王菱菱、王中良《清代晋商典当业会计账簿组织探析》④ 分析了晋商典当业账簿之类别、记账方法、规则与特点等。李真真、潘晟《晚清华北乡村商业经营及相关问题》认为此盘存单"显示了晚清华北小本经营的商铺发展模式与货币行用及会计知识发展问题"⑤。董乾坤《民国以来账簿研究的三种取向》⑥ 指出学界账簿研究形成三种取向，即从会计学、经济史或社会经济史、日常生活史的角度对账簿本身及相关问题进行探析。王文书《中国社会经济史研究中有关账簿研究的综述》⑦ 认为研究账簿问题，各地学者需进一步合作与交流。

关于商铺管理中的人力资本制度问题。近年来，晋商对票号等商铺的经营管理中的人力股（即人力资本的早期形式）制度成为诸多学者关注的热点之一，学术成果不断涌现。⑧ 其一致认为票号中实行的人力股制度

---

① 朱英：《近代中国民族商业资本的发展特点与影响》，《华中师范学院研究生学报》1985年第1期；张国辉：《晚清钱庄和票号研究》，中华书局1989年版。
② 吴承明：《从一家商店看商业资本的一种特殊形态》，《经济研究》1985年第5期。
③ 刘秋根、郭兆斌：《清代前期龙门账簿记报告编制方法研究——以晋商年终结算清单为例》，《中国经济史研究》2017年第5期。
④ 王菱菱、王中良：《清代晋商典当业会计账簿组织探析——基于〈立账簿头绪〉》，《财会月刊》2018年第3期。
⑤ 李真真、潘晟：《晚清华北乡村商业经营及相关问题——以东安县小惠庄三成号材铺盘存单为例》，《中国经济史研究》2019年第3期。
⑥ 董乾坤：《民国以来账簿研究的三种取向》，《中国社会经济史研究》2016年第3期。
⑦ 王文书：《中国社会经济史研究中有关账簿研究的综述》，《衡水学院学报》2017年第1期。
⑧ 张正明：《晋商兴衰史》，山西古籍出版社1995年版；史若民：《票商兴衰史》，中国经济出版社1998年版；黄鉴晖：《晋商经营之道》，山西经济出版社2001年版，2002年第二次印刷；黄鉴晖：《山西票号史》，山西经济出版社2002年版；黄鉴晖：《明清山西商人研究》，山西经济出版社2002年版；孔祥毅、王森主编：《山西票号研究》，山西财政经济出版社2002年版；孔祥毅：《金融票号史论》，中国金融出版社2003年版；刘建生、刘鹏生：《晋商研究》，山西人民出版社2002年版；董继斌、景占魁：《晋商与中国近代金融》，山西经济出版社2002年版；孙丽萍：《晋商研究新论》，山西人民出版社2005年版；孙桂萍：《山西票号经营管理体制研究》，中国经济出版社2005年版；张正明等主编：《中国晋商研究》，人民出版社2006年版。

能将职工利益与企业经营效益紧密相连,大大激励了票号员工之工作热情,并增强了企业的凝聚力。陈争平《试论中国近代企业制度发展史上的"大生"模式》认为人力股制度是"将职员经营劳动与企业经营效益挂钩的一种激励方式,是适应当时最稀缺、最重要的生产要素,是企业经营者的创新能力的一种反映,在中国有较长久的传统,有其内在合理性"①。而吴承明《中国民族资本的特点》则认为在西北和华北某些区域盛行的"人力股""身股"等制度是"资本家用种种方法引诱或者强迫职工加入的,带有很大的落后性和封建性"。②

作为商铺组织的商会、同业公会研究也有所进展。马敏、朱英《浅谈晚清苏州商会与行会的区别及其联系》③论述了近代新式工商组织商会与传统行会的诸多差异。彭南生《近代工商同业公会制度的现代性刍论》④则从成员构成、经济功能、活动机制等方面梳理了同业公会与旧式行会之不同。此外,虞和平《鸦片战争后通商口岸行会的近代化》、胡光明《论北洋时期天津商会的发展与演变》则考察了通商大埠商会的发展情况⑤。马敏、朱英、虞和平等其他成果,则从上海、苏州或全国性商会的角度,并将其放于中国早期近代化框架中探究民间社会与国家之互动关系⑥。北京商会、同业公会研究方面,李华《明清以来北京的工商业行会》认为清末民初一些行业的同业公会组织是由封建行会组织转化来的⑦。彭泽益《民国时期北京的手工业和工商同业公会》考察了民国北京同业公会的历史情况与主要特点,认为同业公会是转化中的行会变种⑧。刘娟《近代北京的商会》则对近代北京商会的性质、兴起、规模与作用

---

① 陈争平:《试论中国近代企业制度发展史上的"大生"模式》,《中国经济史研究》2001年第2期。
② 吴承明:《中国民族资本的特点》,《经济研究》1956年第6期。
③ 马敏、朱英:《浅谈晚清苏州商会与行会的区别及其联系》,《中国经济史研究》1988年第3期。
④ 彭南生:《近代工商同业公会制度的现代性刍论》,《江苏社会科学》2002年第2期。
⑤ 虞和平:《鸦片战争后通商口岸行会的近代化》,《历史研究》1991年第5期;胡光明:《论北洋时期天津商会的发展与演变》,《近代史研究》1989年第3期。
⑥ 马敏、朱英:《传统和近代的二重变奏:晚清苏州商会个案研究》,巴蜀书社1993年版;朱英:《辛亥革命时期新式商人社团研究》,中国人民大学出版社1991年版;朱英:《转型时期的社会与国家——以近代中国商会为主体的历史透视》,华中师范大学出版社1977年版;虞和平:《商会与中国早期现代化》,上海人民出版社1993年版。
⑦ 李华:《明清以来北京的工商业行会》,《历史研究》1978年第4期。
⑧ 彭泽益:《民国时期北京的手工业和工商同业公会》,《中国经济史研究》1990年第1期。

进行了探讨，认为"真正意义上的北京商会应该说是1914年以后的京师总商会"①。另，在商会史研究方法方面，朱英《近代商会史研究的缘起、发展及其理论与方法运用》指出"商会研究的拓展深化需要在马克思主义理论尤其是唯物史观指导下不断进行创新，同时也应避免在借用当今西方新理论与方法的过程中出现生搬硬套与削足适履的偏差"②。

与商铺联系密切的商帮及地区商人研究，硕果累累，主要集中于明清时期的晋商、徽商兴衰历程、经营管理、商业资本、商帮文化、商人团体、商帮与区域社会等。晋商方面，20世纪80年代之后，学者们主要探究其发展脉络、经营有道与历史作用影响等问题，主要著作有史若民《票商兴衰史》、黄鉴晖《山西票号史》、张正明《晋商兴衰史》等③。进入21世纪以来，晋商研究迅猛趋于纵深发展。刘建生等据新古典与新制度经济学之理论分析明清晋商的信用制度安排，燕红忠则透过晋商研究反思现代经济出现的问题。④

徽商方面，开山之作当属傅衣凌《明代徽商考》⑤。20世纪80年代后，张海鹏、王廷元主编《明清徽商资料选编》⑥在学界影响巨大，致使徽商研究飞速发展。张海鹏、王廷元、王世华、唐力行与王振忠等⑦系统地探析了徽商兴衰及其历史作用。其他地域商帮研究也有进展，代表作如方志远《明清江右商帮》、范金民《洞庭商帮》、李刚《陕西商帮史》、陶水木《浙江商帮与上海经济近代化研究》、林树建《宁波商帮》、黄启臣《明清广东商人》等⑧。诸研究中，张海鹏等主编《中国十大商帮》

---

① 刘娟：《近代北京的商会》，《北京社会科学》1997年第3期。
② 朱英：《近代商会史研究的缘起、发展及其理论与方法运用》，《近代史研究》2017年第5期。
③ 史若民：《票商兴衰史》，中国经济出版社1998年版；黄鉴晖：《山西票号史》，山西经济出版社2002年版；张正明：《晋商兴衰史》，山西古籍出版社1995年版。
④ 刘建生：《晋商信用制度及其变迁研究》，山西经济出版社2008年版；燕红忠：《晋商与现代经济》，经济科学出版社2012年版。
⑤ 傅衣凌：《明代徽商考》，《福建省研究院研究汇报》1947年第2期；傅衣凌：《明清时代商人及商业资本》，上海人民出版社1956年版。
⑥ 张海鹏、王廷元主编：《明清徽商资料选编》，黄山书社1985年版。
⑦ 张海鹏主编：《徽商研究》，安徽人民出版社1995年版；王世华：《富甲一方的徽商》，浙江人民出版社1997年版；唐力行：《商人与文化的双重变奏徽商与宗族社会的历史考察》，华中理工大学出版社1997年版；王振忠：《明清徽商与淮扬社会变迁》，生活·读书·新知三联书店1996年版。
⑧ 方志远：《明清江右商帮》，黄山书社1993年版；范金民：《洞庭商帮》，黄山书社2005年版；李刚：《陕西商帮史》，西北大学出版社1997年版；陶水木：《浙江商帮与上海经济近代化研究》，上海三联书店2000年版；林树建、林旻：《宁波商帮》，黄山书社2007年版；黄启臣、庞新平：《明清广东商人》，广东经济出版社2001年版。

涵盖较全，影响颇大①。商帮间的比较研究，如陈梅龙等《宁波商帮与晋商、徽商、粤商比较析论》、杜正贞《浙商与晋商的比较研究》、彭南生等《同籍专业化模式的演变及其差异——基于潮商与晋商的比较研究》等拓宽了比较研究的视野，但对各商帮的全方位整体比较力度不够。② 此外，商帮综述研究如孙善根、温跃卫《近代宁波商帮文献史料整理与学术研究述评》认为宁波商帮研究历经起始、外热内冷与复兴三阶段，虽有诸多成绩，但实际仍在低水平徘徊。③

不过，有关冀州商人的专门研究备受冷落，直到 21 世纪方有一定进展。张重艳的《河北省"九州之首——冀州"》④ 全面介绍了有关冀州商人的研究成果。陈旭霞《冀州商帮文化的当代诠释》与孙建刚、冯小红《"冀州帮"及其商业文化特征述论》⑤ 分别概括了冀州商的三大优秀特质及四大特征。杨学新、史佳《冀县商人与保定近代商业》论述了近代保定的冀州商人的商业经营和管理传统，有力地促进了保定商业的发展。⑥ 此外，戴建兵《冀商研究浅议》⑦ 与孙宏滨《发展契机与成长环境——冀商与其他商帮的比较研究》⑧ 皆将冀商与晋商、徽商作了对比研究，指出冀商的不足与未兴起之因，非常有见地。

国外有关北京史的研究成果较多，但商业史方面却寥寥。施坚雅《中华帝国晚期的城市》认为同乡共籍的传统纽带在商人外出经商营利的活动中作用巨大。书中诸如《清初的行会》，大量引用了北京会馆和同业公会等史料来说明行会的特征及其在城市社会中的

---

① 张海鹏、张海瀛主编：《中国十大商帮》，黄山书社 1993 年版。
② 陈梅龙、沈月红：《宁波商帮与晋商、徽商、粤商比较析论》，《宁波大学学报》（人文科学版）2007 年第 5 期；杜正贞：《浙商与晋商的比较研究》，中国社会科学出版社 2008 年版；彭南生、邵彦涛：《同籍专业化模式的演变及其差异——基于潮商与晋商的比较研究》，《苏州大学学报》（哲学社会科学版）2014 年第 1 期。
③ 孙善根、温跃卫：《近代宁波商帮文献史料整理与学术研究述评》，《宁波大学学报》（人文科学版）2019 年第 4 期。
④ 张重艳：《河北省"九州之首——冀州"——历史文化研讨会综述》，《高校社科动态》2010 年第 2 期。
⑤ 陈旭霞：《冀州商帮文化的当代诠释》，《燕赵历史文化研究之三·冀州历史文化论丛》2009 年；孙建刚、冯小红：《"冀州帮"及其商业文化特征述论》，《燕赵历史文化研究之三·冀州历史文化论丛》2009 年。
⑥ 杨学新、史佳：《冀县商人与保定近代商业》，《燕赵历史文化研究之三·冀州历史文化论丛》2009 年。
⑦ 戴建兵：《冀商研究浅议》，《冀州历史文化论丛》2009 年。
⑧ 孙宏滨：《发展契机与成长环境——冀商与其他商帮的比较研究》，《河北学刊》2009 年第 6 期。

作用。① 史明正的《走向近代化的北京城》分析了北京 20 世纪前 30 年开始向近代化转变的艰苦历程②。这些研究虽并不与商铺研究直接相关，但某些内容如城市建设规划、社会状况等也对商铺营业有所影响，其研究方法和理论架构对本书写作也有所启发。此外，还有一些调查资料，价值非常大，如甘博《北京社会调查》③ 对 20 世纪早期的北京社会进行了全面的调查分析，包括历史、地理、人口、政治、卫生、教育、经济、生活、社会问题等。步济时《北京的行会》对北京 42 个行会的成员、组织、集会、财务、功能进行了调查。④

值得一提的是，以笔者目力所及，国外有关中国商铺史研究成果并不多见，但与商铺有关的商人、商帮的研究成果值得借鉴。如日本学者对徽商、晋商的研究，徽商研究以藤井宏《新安商人的研究》、臼井佐知子《徽州商人的研究》⑤ 为代表，晋商研究以寺田隆信《山西商人研究》⑥ 为代表。此外，美国学者韩起澜《苏北人在上海，1850—1980》借鉴吸收了人类学的族群分析理论，对"苏北人"迁入与适应上海生活进行了动态分析⑦；美国学者顾德曼《民国时期的同乡组织与社会关系网络》运用社会网络理论方法，对南京政府时的中国同乡网络进行了分析⑧。这些有助于笔者探究五金商人如何融入北京及如何建构同乡网络等问题。美国学者罗威廉《汉口：一个中国城市的商业和社会（1796—1889）》运用心态史方法，对清末汉口民众的集体心理变迁过程，从历史深层挖掘叙述的突破口⑨，对五金商人的研究也有很大启发。

综观 20 世纪以来商铺史研究的相关成果，学界对经营管理、商铺资本、人力资本、商人、商会或同业公会、行业发展与变迁、铺户户籍等方面的研究可谓成绩喜人，体现了严肃认真的学术作风与探索进取的

---

① 施坚雅：《中华帝国晚期的城市》，叶光庭等译，中华书局 2000 年版。
② 史明正：《走向近代化的北京城——城市建设与社会变革》，北京大学出版社 1995 年版。
③ 甘博：《北京社会调查》，纽约 George H. Doran & Cl. 1921 年。
④ 步济时：《北京的行会》，纽约 AMS Press 公司 1928 年版；赵晓阳编译：《北京研究外文文献题录》，北京图书馆出版社 2007 年版，第 11—17 页。
⑤ ［日］藤井宏：《新安商人的研究》，傅衣凌、黄焕宗译，《安徽史学通讯》1959 年第 1—2 期；臼井佐知子：《徽州商人的研究》，东京汲古书院 2005 年版。
⑥ ［日］寺田隆信：《山西商人研究》，张正明、阎守成译，山西人民出版社 1986 年版。
⑦ ［美］韩起澜：《苏北人在上海，1850—1980》，卢明华译，上海古籍出版社 2004 年版。
⑧ ［美］顾德曼：《民国时期的同乡组织与社会关系网络——从政府和社会福利概念的转变中对地方、个人与公众的忠诚谈起》，《史林》2004 年第 4 期。
⑨ ［美］罗威廉：《汉口：一个中国城市的商业和社会（1796—1889）》，江溶、鲁西奇译，中国人民大学出版社 2005 年版。

学术品格。但毋庸讳言，由于多方面的限制与影响，这些成果仍存缺憾，主要有三。

其一，格局分布不太合理。从时段上看，学者们的视线多集中于明、清两代（尤其是晚清）。研究商铺经营管理的多侧重于明清时期，而专于商会史研究的则多侧重于晚清。民国时期商铺方面的研究较为薄弱。从空间上看，研究者多聚焦于几个特定区域，如苏州、上海、天津、广东、武汉等，且多注重晚清或以前，有关民国北京的研究则十分薄弱，与其长期处于都城的地位很不相称。

其二，微观考察过于欠缺。研究商铺必不能离开对某个行业甚或某个商铺的微观考察，但学者们似乎对于行业或商铺个案的分析甚弱。除20世纪80年代初期上海社科院经济研究所等单位对企业史研究所作努力外，其他年份或省份几乎忽视了这个领域。北京方面除《北京瑞蚨祥》论述较翔实外，他如粮食、燃料、饭馆等行业的研究仍属笼统，这之外的行业或商铺的微观研究几为空白。

其三，在资料运用方面，对丰富的档案史料的利用还十分欠缺，对与商铺管理经营联系最为紧密的账本档案的利用尤显不足。一些近代商业史著作采用已经出版的档案资料与其他学者整理的资料，自己查阅的一手资料颇少。如能搜集整理并利用一些尚未公开出版或未被利用的档案资料进行研究，相信会为北京商业史研究倍添光彩。

第三节　相关概念界定与资料说明

一　相关概念的阐释与界定

北京五金商铺，并非全是北京本土商人所开，多数商铺是由来自全国各地、各民族的商人在京开设，但主要集中于河北枣强、冀县等地。这些外地商人融入北京后，入乡随俗，慢慢地便成为北京商人。他们在逐渐接受北京传统商业习俗的同时，还将自己故乡的一些商业理念融入其中。

其一，对北京的称呼划一。北京，"建都实始于辽，曰燕京，而金拓大之，皆在今城西南。元移东北，建大都，又在今城稍北，至明初，改大都为北平。永乐定都，始名北京"①。明清称京师，通称北京。民国初年亦都于此，后一度改称"北平"（1928年设北平特别市，1930年为北

---

① 金梁：《光宣小记》（平装书），民国癸酉刊本，第9—10页。

平市）；抗战时期，日伪称为"北京"，抗战胜利后又改称"北平"，直至1949年北京解放。为行文便，除引文外，本书按习惯相沿一般统称北京。

其二，五金商铺的界定。商铺，即商业店铺。1936年出版的《辞海》一书认为，"凡以营利为目的，媒介生产物之交换者，皆称商业"①。铺，"贾肆也"②，《古汉语大词典》一书认为，铺指"商店"。③ 而《清末北京志资料》一书则将"商店"分为铺与局两种，"所谓局，即借寺观一部分或旁通民宅而营业者，无特别建筑。所谓铺，即直临街道开设，有作为商店之特殊建筑。铺通常为两层房，门面大小不一，正门面中央设有一二处顾客出入口，冬季挂棉门帘，夏季挂竹帘，正门面正中悬挂门匾，标其字号"④。看来，清末时商铺与商店并非完全相同，只有临街道开设，有特殊建筑的商店才叫商铺。不过，今之商店指"在一定的建筑物内从事商品买卖的经营单位"⑤，与清末所指商铺基本一致。总之，本书所谈"商铺"是指有固定铺房⑥，分布于各商业街区及各大街小巷的有字号、牌匾等商铺标志的主要商品买卖场所。

何谓五金商铺？杨德惠先生称："所谓五金，金、银、铜、铁、锡是也。"⑦ 1935年的《实用商业辞典》中载：五金"普通指金银铜铁锡五种言。……但今不限于此五种金属，实指金银以外之一切金属而言。"⑧ 所以本书所称"五金商铺"即是指经营上述商品的临街开设有固定铺房，并有字号、牌匾等商业标志的主要商品买卖场所。

那么，五金商铺在众多行业商铺中应该归属于哪类商铺呢？1936年出版的《辞海》中载，商业分三种："一，普通商业，以直接买卖为主，如普通之商店是。二，补助商业，以补助商业之进行为业务，如银行业、信托业、堆栈业、保险业、运送业、承揽运送业等是。三，媒介商业，以

---

① 《辞海》（据1936年版缩印），中华书局1981年版，第601页。
② 《辞海》（据1936年版缩印），中华书局1981年版，第2982页。
③ 《古汉语大词典》，上海辞书出版社2000年版，第2060页。
④ ［日］服部宇之吉等编：《清末北京志资料》，章宗平、吕永和译，北京燕山出版社1994年版，第518页。
⑤ 辞海编辑委员会：《辞海》，上海辞书出版社1999年版，第1024页。
⑥ 倪宝森先生认为，铺房是指"因经营商业，开设商店之房屋也。私人住邸，固不待论，即使经营商业，而无商店之外观，或虽有商店之外观，而作住居之用者，均不得谓之铺房。"参见倪宝森《铺底权要论》，北京金华印刷局1942年版，第6页。
⑦ 杨德惠：《五金概说》（一），《商业月刊》1931年第1卷第4期。
⑧ 陈稼轩：《实用商业辞典》，商务印书馆1935年版，第96页。

代人买卖货物为主,如居间商、代办商等是。"① 北京五金商铺应该属于第一种。王永斌认为近代北京商业经营形式大体有四种。一是坐商,有固定的店铺营业,有正式字号、牌匾,不管零售还是批发都属于坐商。二是摊商,在市场或庙市上有固定的摊位进行经营。三是跑合的,为获利,临时从甲方拿走货样子到乙方去推销,这是一种不用本钱的买卖。四是行商,这种商人既没有店铺也没有固定摊,而是走街串巷叫卖做生意,故叫行商。② 而北京五金商铺也属于第一种。《中国商业百科全书》则将商铺分为贩卖类、服务类、保管居间类、金融类四种营业形式。北京五金商铺也属于第一种。这样,北京五金商铺就归属于以直接买卖为主的贩卖类坐商商铺之中。

其三,商铺性质与范围,主要限定在由中国商人出资开设的位于北京城区内的民族资本主义私营商铺,不包括家庭店(或夫妻店)、商场、市场、官办(或官商合办)商业公司企业及外国洋行等,一般不涉及北京城以外区域的商铺情况。据1955年北京私营资本主义工商业改造时期的资料,五金商铺分家庭户和资本主义户两种,职工人数小于或等于1人的是家庭户,职工人数大于或等于2人的属于资本主义户。③ 此处资本主义户即是本书所指的私营资本主义商铺。

其四,在核心资料的运用上,主要集中于下列商铺的账册档案方面。据店员数量、资本额等不同,我们将五金商铺大体分为大、中、小三类商铺,如万和成、万丰泰、万庆成、三益泰等是业内较大商铺,广聚兴、万庆和等是中等商铺,万丰顺、万丰德、万丰成等则属于稍小商铺。由于这些商铺大、中、小俱全,并在五金同业公会中具有一定的代表性,并因资料所限,因此在某些章节的论述中,我们主要是运用这些商铺的原始档案数据进行分析。

其五,本书写作时段虽主要集中于1914—1940年,不过,有时为宏观把握所考察时期商铺的变迁情况,便于前后各个时期的比较研究,一般也要将时段前延或后伸。

此外,在写作过程中,一些与账簿有关的疑难问题已向中南财经政法大学会计史专家郭道扬教授请教,有些与账本相关的用词与表述亦参考了郭道扬先生的《会计史研究:历史・现时・未来》(第三卷)(中国财政

---

① 《辞海》(据1936年版缩印),第601页。
② 王永斌:《商贾北京》,第31—32页。
③ 北京市档案馆:《小五金类型和进销货额调查表》,档号87-23-85,1955年。

经济出版社 2008 年）一书的相关内容，特此致谢。

二　资料运用与说明

　　传统中国政府以商业为末业，贱商轻商的习俗在中国长期沿袭难改，即使到民国后重商风气大开之际，对于社会经济史尤其是商业活动方面的资料，人们却常感珍稀散见，流传至今的资料无非就是一些开业歇业统计，而关于商铺经营管理及变迁的微观记载则尤为稀少。并且仅有的相关商铺资料极为琐碎、庞杂，直接史料更为少见。正因为如此，研究的薄弱点和空白点才比较多，才更显示出其学术价值。为在占有大量翔实资料的基础上加强横向、纵向分析，以增加科学性所需，笔者尽可能地收集、挖掘那些未被利用和未出版过的资料，精心进行梳理和科学归类。本书使用的主体资料主要有档案、回忆录与口述史资料、政府调查统计、报刊、志书等。

　　珍藏于北京市档案馆的档案资料是支撑本书的核心资料，因为"不论从哪个角度看，档案与北京史的研究都是十分密切的。可以说，没有档案文献的记载及对其开发和利用，就不可能完整准确地认识北京的历史和今天，也不可能有北京史研究的繁荣和发展"。[①] 本书利用的档案主要包括账本档案、北平社会局公文档案及 1949 年后资本主义工商业改造档案三部分。开业于 1937 年以前的商铺账本档案主要有万和成、万庆成、万庆和、万庆泰、万丰泰、万丰顺、万丰德、万丰成、广聚兴等五金商铺账本，共 1200 多册，是北京市档案馆所藏各行业账簿中类别最全、册数最多的。社会局公文档较零碎兹不细举。1949 年后资本主义工商业改造档案有《关于北京市私营五金业历史演变的调查情况》《万和成、万庆成等几家私营企业重估财产报告表及公私合营协议书》《五金业历史沿革》等。此外，还有《北京档案》《北京档案史料》《历史档案》等杂志中选登的档案资料，及天津市档案馆的商会档案资料等。

　　那么这些档案是否真实可靠呢？笔者认为北京市档案馆现存的这些商铺的账本及其他档案的可信度是比较高的。

　　首先，店内万金账等账簿内容与股东私人所藏用于备查的账簿之内容和数据基本相同。例如万和成《万年聚金账》主要记载自 1914 年正月初九至 1950 年正月万和成的存货、分红、本号及各分号存货分红情况，而

[①]《档案与北京史国际学术讨论会在北京举行》，《历史档案》1999 年第 4 期。

万和成股东金氏之《金宅底账》①主要记载自光绪二十八年（1902）正月至1950年正月万和成的存货、分红、本号及各分号存货分红情况。经笔者核对，两个账本时间段重叠的部分即1914年至1950年的内容与数据是相同的。由于金氏股东私人所藏账本主要是供自己存底并于平时查看所用，是历年账期分红的记录，也是能否分红和是否有权利参与分红的书面证据，所以无须作假，也不能造假，其与万和成《万年聚金账》的内容相符，这恰证明《万年聚金账》的内容也应该是真实的。

其次，尽管有的书上讲，过去商铺有两三套账本，纯为应付政府税收查账所用，但这并不能说明现在北京市档案馆所藏近代商铺的账本内容是不真实的。相反，由于1949年后的"三反""五反"运动，及资本主义工商业的社会主义改造的鞭策，资本家所上交的账本应该是真实的。如果这些商铺有假账的话，也不可能交给人民政府，他们应该早就销毁了。如果商铺造假账的话，为了不让政府的查账人员查出漏洞，那么，这个商铺所作的假账也应该是各个账本之间有一定的必然联系，起码各类数据增减的比例应该是同步、同比例的。所以，退一步讲，即使我们今天拿到的账本是假账，其中的内容也应该能反映当时商铺发展的基本走势。

最后，民国及1949年年初的一些专家学者特别看重商铺账本对研究近代经济史的巨大作用②。如1958年中国科学经济研究所、中央工商行政管理局、资本主义经济改造研究室的专家、学者们在研究瑞蚨祥时，就特别提到"瑞蚨祥解放前的情况，因为企业的文卷和账册大都丢失，基本上是根据老年职工和资方人员的记忆和口述记录的。有许多问题，还无法去核证。解放后的材料虽然不少，但十分零星，许多重要问题，也多半是根据有关方面口述记录的。在记录之中，也不免有失实之处"③。这表明，当时的专家们十分看中账本的历史价值，如果有账本的话，他们不会去用口述史料。当然这些学者并不是要否认口述史料的价值，而是说账簿史料比口述史料更有价值，更能说明问题。

总之，档案属一次文献，具有内容原始、真实等特性，因此，它在史学研究中的地位和作用也日益受到重视，对研究经济史、商业史的人员来

---

① 北京市档案馆：《万和成五金行》，档号 J86-1-6，《万年聚金账》，1914年。
② 孟天培、甘博：《二十五年来北京之物价工资及生活程度》，李景汉译，国立北京大学出版部1926年版；何廉：《何廉回忆录》，朱佑慈等译，中国文史出版社1988年版。以上学者曾利用商铺账簿进行过相关社会经济问题研究。
③ 中国科学院经济研究所等编：《北京瑞蚨祥》，生活·读书·新知三联书店1959年版，序言第2页。

说，账本档案的重要性更是如此。

回忆录与口述史资料也是主要资料。主要有北京市政协编的《北京文史资料》和中国人民政协选编的《文史资料选编》、北京工商业联合会等编的《北京工商史话》及《北京经济史话》《北京史苑》《天津文史资料》《衡水市文史资料》《冀县文史》《枣强县文史资料》等。此外，还有一些专门介绍或涉及北京老字号的编著也较有价值，如侯式亨主编的《北京老字号》，孔令仁、李德征主编的《中国老字号》，北京政协编的《驰名京华的老字号》等。① 不过，由于写回忆录之人的经历各异，记忆及再现程度亦各有别，致使所写内容难免有失真之处，所以，这些资料要在细加鉴别的基础上运用。

政府调查统计资料主要有：《社会调查汇刊》（第一集）、《北平市营业税特刊》《北平市工商业概况》《北平市市场概况》《北平市统计览要》《北京市商会会员录》《中国经济年鉴》（第三编）等。② 这些资料成为研究北京商铺的重要数据来源。

同时，一些时人所编旅游指南由于比较接近当时实际，目的用于给游客以指引，所以其中一些有关商铺介绍的数据资料成为后人可资利用的宝贵资源，如《北京便览》《北平指南》《最新北平指南》等。③

志书资料绝大多数是官方记载主流社会、政治事件、地方精英等，内容倾向于正统史，但其中有些商业史料仍有参考价值。如《清末北京志资料》就是一本难得的全面记录晚清北京各方面信息的由日本人编写的资料书，内中的商业概况部分对本书的写作很有帮助。④ 吴廷燮、夏仁虎等编纂的《北京市志稿》⑤ 保存了大量民国时期史料，尤其是从官方调集

---

① 杨法运、赵筠秋主编：《北京经济史话》，北京出版社1984年版；侯式亨主编：《北京老字号》，中国环境科学出版社1991年版；孔令仁、李德征主编：《中国老字号》，高等教育出版社1998年版；北京政协文史资料研究委员会编：《驰名京华的老字号》，文史资料出版社1986年版。

② 北平特别市社会调查局编：《社会调查汇刊》（第一集），北平特别市社会调查局印，1930年9月版；北平市营业税征收处印：《北平市营业税特刊》，1931年版；北平市社会局编：《北平市工商业概况》，北平市政府统计室编《北平市市场概况》，档号ZQ3－1－461，1946年版；北平市政府秘书处第一科统计股主编：《北平市统计览要》，1936年版；北京市档案馆：《北京市商会会员录》，1938年刊行；《中国经济年鉴》（第三编），商务印书馆1936年版。

③ 姚祝萱：《北京便览》，中华书局1923年版；北平民社编：《北平指南》，北平民社1929年版；田蕴瑾编：《最新北平指南》，上海自强书局1935年版。

④ 服部宇之吉等编：《清末北京志资料》，章宗平、吕永和译，北京燕山出版社1994年版。

⑤ 吴廷燮等：《北京市志稿》，北京燕山出版社1998年版。

的档案材料，价值较高。其中有一部分工商史料与《北平市工商业概况》内容相似。

记载近代北京商铺相关情况的北京报纸杂志较为丰富，报纸主要有《北平晨报》《晨报》《工商公报》《北平日报》《京话日报》《商务官报》《商业日报》《国闻周报》等。杂志主要有《冀察调查统计丛刊》《政治经济学报》《京师总商会月刊》《社会周刊》《中外经济周刊》《经济半月刊》《经济评论》《经济学季刊》《银行月刊》《社会调查汇刊》《商业月报》《商务报》《商业月刊》《商学期刊》《商学杂志》《商学季刊》《市政评论》《京师税务月刊》《统计月报》《社会研究周刊》等。

总之，史学研究是一个长期不断的艰苦探索过程。在本书的写作中，由于时间紧迫，而笔者的研究能力也相对有限，因而就不可避免地会存在这样或那样的缺点与纰漏，恭请各位同人不吝赐教指正。

第一章　千年局变之新兴行业：北京五金商铺的发展历程

第一节　北京五金商铺历史发展概观[①]

通常情况下，一个城市某个历史阶段的工商业发展都离不开过去的发展基础，即各行各业一般皆与以往各行业或多或少存在一定的历史延续性，北京五金商铺的发展也不脱此历史规律，这主要体现在其演进历程中。其中，诸如五金是什么？五金商铺的称呼，是古已有之，还是近代才出现的？北京五金商铺的发展轨迹如何？有无自己的行业组织？该组织组成原因？对其如何评价？五金商铺由哪些身份的人组成？与其他行业商铺不何不同？诸如此等问题，我们将一一探讨。

一　五金行业的形成与发展

何谓五金？五金有何用途？真正有"五金"及"五金行"（商铺）的称呼，出现在何时？五金商铺是如何发展起来的？其前身源于什么？五金行业又是怎样形成的呢？这些基本问题是首先要弄明白的。

1. 五金概念及五金商铺之源

何谓五金？五金有何用途？所谓五金，"金、银、铜、铁、锡是也。除金银属于消耗富贵首饰外，兼有少数之需用而已。铜铁锡之功用甚大。举凡工业机器、枪砲（炮）、子弹及家用什器，无不赖此以成"。[②]可见五金货品是社会经济发展、武装军备及城市建设必不可少的一部分。五金商品的重要性，早在夏、周、春秋时代就已引起人们的重视。据1935年韩

[①] 本节内容除有特别注释的外，其余数据皆参照北京市档案馆《关于北京市私营五金业历史演变的调查情况》，档号87-23-90，1956年9月25日。

[②] 杨德惠：《五金概说》（一），《商业月刊》1931年第1卷第4期。

作舟先生所撰《五金行公会碑》云："尝考夏书，震泽云梦之地，贡金三品，和夷则饶，璆铁银镂，因之六事修，而百工交。周公董其创置之余，外设□人，内资冶氏，以采以制，则攻金六工之用始宏。自管仲官山之议行，而五金利赖于日用民生者，譬诸布帛菽粟为尤重。洎乎西秦东汉，各置铜铁专官。唐宋以来，并行榷运之法，铜铁所需，遂成为中古一大时代。近自学术昌明，采镕日臻其妙；而懋迁有无，平市实冀北中枢。"① 这表明金属类货品自夏朝即已受局部关注，周朝时始逐步推广，春秋时成为生产生活中的一部分，秦汉时期政府将此据为专营，唐宋时期得到大规模地普及，明清直至近代随着开采冶炼技术的进步及运输、流通速度的加快，北京成为冀北五金货品流通的中心。

虽然五金商品古已有之，但真正有"五金"及"五金行"（商铺）的称呼，还是近代以后才出现的。在此之前，铁铺、磁器店、铜匠铺等是五金商铺前身。

众所周知，五金商铺是商业发展到一定阶段的产物。春秋战国秦汉至隋，北京在各时期的商业皆有不同程度的发展，但未见有关五金商铺的记载。隋唐时期北京称幽州，当时政治安定，经济繁荣，城内商业非常发达，已经开设了一些商铺，据房山《云居寺石经题记》记载有生铁行、炭行、白米行、杂货行等近三十个行业。当时这种"行"是由经营同种商品的商铺组成。② 显然，隋唐时期已经有了作为五金商品一部分的生铁行商铺。清代，北京商业的发展达到了历史上的最高水平，官营手工业渐趋衰落，私营手工业相应扩大，发展最快的是铸铜、造酒、制药等行业；其次是纺织、刀剪、锉、针等行业。③ 许多作坊都是采取前店后坊制，即前院房子设商铺，后院开作坊，兼营商业。如乾隆时西铁锉钢针王麻子就是较为有名的刀剪店，属于后来的小五金生产店。④ 据1932年《北平市工商业概况》载，"平市五金行之原始，与磁器店及铁店，至有关系。磁器店向例兼售铁具，故有磁铁店之称，铁店则收买碎铁，由铁炉镕化，以供造制器皿之用"。⑤ 例如，早在1800年前后北京即出现收售废钢烂铁的商号，所经营之品种全系废旧之类，其销售对象主要有车铺、农具铺、小

---

① 李华：《明清以来北京工商会馆碑刻选编》，文物出版社1980年版，第187—188页。
② 齐大芝：《元代以前的北京商业初探》，《北京社科规划》，互联网地址：http://www.bjpopss.gov.cn/bjpopss/cgjj/cgjj20040913.htm.zh，访问日期2008年3月9日。
③ 刘志宽等主编：《十大古都商业史略》，中国财政经济出版社1990年版，第530页。
④ （清）潘荣陛：《帝京岁时纪胜》，北京古籍出版社1981年版，第41页。
⑤ 北平市社会局编：《北平市工商业概况》，第417页。

作坊以及碎铁的回炉等。此种商号在1840年前共有6户，从业售货员7人，资金900吊钱。所以，北京虽然很早就有以山西人经营的铜、铁、锡业，但是经营的都是用中国传统土法冶炼打造出来的一些铜铁器，如居民日常所需的铜器皿，寺庙供佛用铜、锡器具，农民耕种用的铁制农具等。①1840年后，由于业务不断发展，上述商户见有利可图即纷纷由商铺另行开设字号，这时约有十几户，从业人员35人，资金6万吊，同时开辟了外埠（天津、获鹿等地）进货，仍系废旧商品。可见，在鸦片战争以前，国内出售的金属制品都是由打铁铺、铜匠铺、锡匠铺等手工作坊打制的。这种商铺多为前店后厂，自产自销，商铺一般不是单纯地进行商业买卖，商业与手工业结合在一起，保留着浓厚的小生产气息，这种商铺到近代依旧大量保留。②

总之，近代以前，严格地讲，中国并无近现代意义的五金业。比如，中国最大的五金进口基地上海，"鸦片战争前，传统五金店坊主要有两类：其一，铜锡器店兼有作坊，自产自销各种铜锡器皿；其二，铁器铺坊，由打铁铺等使用土铁做打制农具、木工用具以及日常用具，由打铁铺、冶坊等手工作坊自产自销，或由钉铁油麻店等商铺批购后经营销售"③。在闭关锁国的中国其他区域，所谓的传统五金业亦大致如此，北京也不例外。

2. 千年变局下的中国与北京大环境

近代中国，社会政治经济形势风云变幻，呈现千年未有之变局。北京五金业是千年变局下出现的新兴行业，是在鸦片战争后，在经销洋货五金商品的潮流中产生的。从时代角度来讲，近代中国经历了从晚清到民国的一次巨变，以及中日战争的巨变。

近代以前，中国的科技与文化曾经长期走在世界前列，然至晚清时期，古老的中国发生了千年惊天巨变：1842年中英《南京条约》后开始了五口通商，国门洞开。屈辱的不平等条约接踵而来，1858年《天津条约》与1860年《北京条约》的签订，使开埠口岸增至15个，尤其甲午战败的剧痛，中华民族逐渐出现亡国灭种之危境。中华民国的建立、封建帝制的终结，这是中国前所未有的一大巨变。在此大变局下，尤其是第二次鸦片战争后，天津成为商埠，"洋行增多，洋布、西药、洋油、洋火、

---

① 王永斌：《北京的商业街和老字号》，北京燕山出版社1999年版，第217页。
② 王相钦、吴太昌：《中国近代商业史论》，中国财政经济出版社1999年版，第146页。
③ 上海社会科学院经济研究所主编：《上海近代五金商业史》，上海社会科学院出版社1990年版，第1页。

五金等洋货源源不断涌入中国"①。这样，近代五金钢铁商业应运而生，开始是由外国洋行自行经销五金商品，1862年华商第一家五金商店——顺记五金洋杂货号开设。② 甲午战争后，清政府允许日本在华投资设厂，这时，"国内新式工业兴起，铁路建设加快，对钢铁五金器材的需求日多，该业发展良好。第一次世界大战爆发后，五金商品进口受阻，大幅下降，但价格猛涨"。③ 1919年大战结束后，金属进口量迅速回升，到1920年市场已趋于饱和，五金商号发展遇到了巨大压力。蒋介石统治时期有过短暂的发展。然而，1929年到1933年资本主义世界爆发世界性经济危机，虽对五金业的影响不是太大，但发展也很有限。④ 此时，日本发动侵略中国东北的战争，继而又发动了七七事变，第二次世界大战初期五金业又获得很大发展，但属于"畸形繁荣"。⑤ 不过，"直至抗战前，国内钢铁五金市场特别是城市市场，基本上是由洋货所垄断，如上海五金商业货源中洋货所占比重约为85%—90%"⑥。抗战胜利后，蒋介石又发动内战，国内五金生产非常落后，依赖国外进口的国统区五金业也处于岌岌可危之境地。

在此背景下，作为政治中心的北京也被卷入其中。尤其北京距天津较近，而天津开埠之后跃为华北第一大港，"进口洋货多为机器工业品，其产品质量之优、价格之便宜，无疑为中国手工产品所望尘莫及"。据统计，"1912年往来天津的洋轮以英国居首，其次日本，美国最少；十年后则以日本居首，之后是英美"。⑦ 为便于进货与获取最新市场信息，北京大商巨贾纷纷去天津投资开分号，其中五金行较为显著，因其主营进口五金洋货。

3. 北京五金商铺的出现与发展

晚清时期，中国进口贸易日益活跃，与此相联系的一些行业首先产生并获得发展，比较典型的有洋布、五金、颜料、西药、玻璃等业，这体现了中国商业发展的进步。据现存北京档案《五金业营业状况报告书及会员异动》载，到1935年止，在北京仍正常营业的成立最早的五金商铺中

---

① 上海社会科学院经济研究所主编：《上海近代五金商业史》，第6页。
② 王相钦、吴太昌：《中国近代商业史论》，第146、195、458—460页。
③ 王相钦、吴太昌：《中国近代商业史论》，第146、195、458—460页。
④ 江泰新、吴承明主编：《中国企业史》近代卷，企业管理出版社2004年版，第653、654页。
⑤ 上海社会科学院经济研究所主编：《上海近代五金商业史》，第45页。
⑥ 王相钦、吴太昌：《中国近代商业史论》，第146、195、458—460、557页。
⑦ 吴松弟：《近代中国进出口贸易和主要贸易港的变迁》，《史学集刊》2015年第3期。

的老字号，当属开设于咸丰六年（1856）位于打磨厂 159 号的鸿兴永。①第二次鸦片战争以后，外国商人利用不平等条约中所订的免税条例，逐渐大量地运来铁器等货品。到晚清光绪年间，"外来五金材料，如铁钉铁丝之类，多由磁器店代销，铁店亦渐以兼售外来金属货物为事"②。1898 年"戊戌变法"后，北京的五金行业开始出现，操此行业者以河北省枣强县、冀县人为多数，经营的多是以欧美和日本等发达国家进口的用新式方法生产的钢板、白铁板、钢管、水暖等五金材料及锉、锯条和生产机器等工具。③ 这主要是由于"工厂机器上所需要的标准件，不是旧式的锅铁店产品所能满足的；又由于城市建设的发展，对金属制品的需求量大增"所致④。1900 年以后，随着列强对中国侵略控制势力的加强，大量洋货涌入京城，外国的铁料铁器、煤油、纸烟、洋碱等都逐渐占据了市场。洋货的泛滥，是近代北京经济生活中的新现象。⑤ 不过，北京经营五金业的商号，1910 年以前多称铁铺，⑥"约有 10 余家，均集中在崇外一带，大部为小本经营"⑦。当然，当时已经有少数商铺开始使用"五金"字样，如位于花市西口的公聚德早在 1911 年就称"五金杂货庄"⑧，只是以杂货兼营不太专业而已。民国后，随着城市工业经济的发展和时代之变迁，市民的衣食住行等生活用品也发生了深刻变化，以致铜锡器用也都被铝制锅、洋铁壶、搪瓷碗所代替，这种变化推动着五金业的发展。从商业经营结构来看，民国时期，市场上先后出现了电料、搪瓷、铝制品等新业种。⑨ 至1914 年之前，"各户在经营旧货的基础上陆续增添了新商品，这样初步形成了五金业的雏形"，由于业务的不断进展商户也有所增加，当时已发展到 23 户，从业人员 280 人，资金白银为 7 万两。1914 年《新北京》中记载"五金杂货"商铺主要有花市西口的公聚德、廊房头条的翼记、打磨厂的忠记及崇外大街的三益泰、鸿昌德 5 个商铺。⑩ 这说明到 1914 年以

---

① 北京市档案馆：《五金业营业状况报告书及会员异动》，档号 87 - 23 - 7，1935 年。
② 北平市社会局编：《北平市工商业概况》，第 417 页。
③ 王永斌：《北京的商业街和老字号》，第 218 页。
④ 董少臣：《天津市五金行业的历史回顾》，《天津文史资料》第 32 辑，第 136 页。
⑤ 北京大学历史系《北京史》编写组：《北京史》，北京出版社 1985 年版，第 346 页。
⑥ 北京市档案馆：《北京市自行车零件颜料、五金行业的调查材料》，档号 22 - 12 - 618，1951 年。
⑦ 北京市档案馆：《小五金、自行车零件废铜、证章业调查报告》，档号 4 - 16 - 91，1951 年。
⑧ 中国第一历史档案馆：《宣统三年北京电话史料》（五），《历史档案》1995 年第 2 期。
⑨ 曹子西主编：《北京通史》第 9 卷，中国书店 1994 年版，第 195—196 页。
⑩ 邱钟麟编：《新北京》（第二编），撷华书局 1914 年版。

"五金"为名的商铺数目较1911年增多，只是仍然不专营五金，还以五金杂货店的面目出现。

第一次世界大战期间及之后，北京五金商铺的专业性逐步显现，商铺户数逐渐增加。1914年后（至1918年）由于社会的进展，随之对五金商品的要求亦随之增加，这时进口的洋货主要有火车、消防器材及十数种非五金商品（涂料、植物油类、制革）等也由五金商户来经营。到1917年"一战"结束前夕，曾一度出现外国市场上需要的五金器材从我国市场大量收购的现象，于是引起物价剧烈波动，在北京五金同业中发生抢购现象。在当时外货尚未输入之前，抢购后及时出售的商铺多有盈余。在这阶段五金商铺共有33户，从业人员430人，资金白银165000两。1918年后（至1937年）随着"一战"的结束，外商在中国开办的工矿企业都有显著发展，由于工矿企业及军事上对五金商品需要量的增加，当时该行业有很大发展，商户已发展为50户，从业人员750人，资金银元150万元。到1923年下半年，在万和成、公聚德、义信成三号经理的倡议下，成立了"京师五金同业公会"，标志着北京五金业正式成为一个独立行业。1931年，"京师五金同业公会"又改组为"北平市五金业同业公会"①，标志着行业较前更加完善。

南京国民政府时期，北京五金市场曲折前行，尤其是国都南迁后，加之1933年至1935年由于天津港的封冻造成的物价上涨，又由于德、日进口货物充斥了市场，这使得五金商品形成滞销。这种状况直到1935年实行法币政策后才趋于稳定，慢慢好转，至1937年无大变动。

抗战至北京解放前，北京五金商铺的发展更为曲折。1937年"卢沟桥事变"后至1938年10月，抗战防御阶段五金商铺受影响较大；1938年10月相持阶段初期慢慢好转，1940年出现短期畸形繁荣。此时段，由于战争破坏之处要恢复或重建，需用五金较多，加之日寇幻想长期统治中国，虽然霸占了中国市场并侵入到各工矿、企业，但当时对五金货品的需要是有所增加的，因而行业也就随之发展。1939年全市金属品批发商共35家，一年间之销售总额，可推定为四五百万元，金属品中以铁类之销路最大，占40%，洋钉占30%，其余30%则为其他杂项，主要商品有元铁、马口铁、船钢板、剪口铁、黄铜丝、三角铁、洋钉、黄铜片、新铅丝、平铅铁、方铁、烟筒铁。② 这时外埠同业见有利可图即纷纷迁京经

---

① 北平市社会局编：《北平市工商业概况》，第417页。
② 中国联合准备银行编：《北平市商品交易价额之推测》，中国联合准备银行1939年版，第44页。

营，当时商户增加到 115 户，从业人员 1380 人，资金（准备票）590 万元，不仅如此，营业额较 1937 年上升了 17 倍左右，通称 1940 年是五金业的"全盛时代"，这时在经营的品种中，非五金商品（如油漆涂料、制革原料、植物油等）已经减少，行业的专业性与独立性较前有所增强。该业于 1940 年 12 月美国宣布禁止钢铁出口之后渐衰，1941 年 12 月太平洋战争爆发后急剧衰落；解放战争时期虽有所恢复，但仍不能恢复到战前水平。

值得一提的是，抗战时期，上海五金工业的"繁荣是从 1939 年开始，在 1940 年的时候进入了它的黄金时代，1941 年开始退下来，1942 年剧跌，因为那时候敌人已成为上海的统治者了"①。这说明，1940 年同是北京与上海五金业发展的高峰。

总之，在近代中国发生千年剧变的大背景下，受多种因素影响，民众思想与生活观念日益开放，北京城市建设加快，需用五金商品与材料日增，五金业遂与西药、洋布、百货等新兴行业一样迅速崛起。并且，随着"新式建筑，日益增多，机器事业亦趋于发展，于是外来之五金货品，甚感需要。各铁商为扩充营业起见，因相率运销外洋五金材料，并仿效上海改用五金行名称，现时平市营此业者，多为河北人，盖大半为旧有铁店所嬗变也"②。这表明，北京五金行不仅与时俱进，与市政建设、洋货贸易联系紧密，而且向沿海大都市上海学习，团结同业共同发展，最终形成一个独立的新兴行业。不过，该业商铺多由以前的旧铁铺嬗变而来，致使因袭成分较多，这就要求该业必须加快革新步伐，才能不被时代所弃。

4. 五金商铺"新"在何处

五金业作为一新兴行业，其"新"主要表现如下。

其一，销售的商品新，多为进口洋货。五金商业作为新兴商业行业，从经营范围看，除一般金属材料以外，还包括工具、机械配件、建筑材料等，早期还兼营进口煤油。如位于天津第一区兴安路北口 63 号的恒康泰五金号，专售中西各国大小五金，路矿局所、纺织工厂建筑材料。③ 当然，五金商号进口商品并不局限于此，还售卖其他非五金商品，如位于上海北京路 701 号的森昌五金号，"独家经理荷兰国龙牌橡皮带，

---

① 王卫：《上海的五金工业》，《经济周报》1945 年第 1 卷第 3 期。
② 北平市社会局编：《北平市工商业概况》，第 417 页。
③ 天津恒康泰五金号：《五金手册》，1939 年初版，书中广告页。

自运欧美各厂各种红黑橡皮管，黑白铁管子及配件，各色油漆以及钢珠、轴领等等，无不具备。独家经理邓禄普三角绳。品质超群，经久耐用"[1]。其二，进货来源途径方式新，多依赖国外订货，主要源自欧美、日本等地，北京万丰泰五金行还在日本大阪设有坐庄以备货。其三，销售对象用途新，多为工矿军工企业、铁路及各类建筑业方面，当然也有诸多居民消费。其四，预测及抵御风险的能力与意识新。由于五金业关涉国际订货与预付款等，常因货币汇率变动与海上运输、自然灾害等因素产生纠纷，因此促使五金商人要学习与熟悉相关方面的知识与时事动态。其五，员工素质及业务要求新，即员工、学徒必须识字，思维敏捷，记忆力好，只有这样，才能记住繁杂的五金商品名称与型号、规格，以便给客户讲解与售卖。这是由于五金业之行业特殊性所致，以及随着"工业、农业日臻发达，五金各货亦日新月异，以应需要。大之国防器械、交通用具，小之都市建筑，农工零件，莫不以五金材料为中坚也。惟五金各科样式名称异常繁多，价格之规定，尤依据各国国有之算法，是以成本之审核，货物之度量，老于此道者，亦往往不能运用自如"[2]。因此，国家形势促使五金业员工的文化水平与业务素质要随之提高。

　　需要注意的是，五金业作为一新兴行业，与传统五金业之间有着一定继承和变异关系。因为在旧中国的北京社会，传统与现代因素并未出现断裂，而是相互融合，因袭传统与因时随势的革新是民国北京五金商号发展的主旋律，即传统和现代因素的合力共同推动了五金商铺的发展。（详见第七章）

　　5. 北京五金商铺的类属

　　北京五金业在没有独立成为一行业之前，时人对其归类多有不同。徐珂编撰的《清稗类钞》一书将作为交易之所的商店分为食料店、燃料店、衣饰店、金类店、杂货店等16大类[3]，其中金类店又包括金店、铜器店、铁行、冶铁店、铜丝铁丝店、剪刀店、洋铁器店、锡器店、锡箔店。显然，经售铁铜器等五金商品的商铺被归入金类店中。成书于清末的《老北京商铺的招幌》一书，收彩绘200余家商铺招幌，按经营商品的不同，将商铺大体分为食品业、服饰业、日用百货类、手工业及手

---

[1] 戴沅陵、叶仲南编辑：《五金手册》全一册，翁经琳校纂，上海南衡出版社1939年1月初版，1939年7月再版，书中广告页。
[2] 戴沅陵、叶仲南编辑：《五金手册》全一册，翁经琳校纂，1938年李鉴亭作序。
[3] 徐珂编撰：《清稗类钞》第五册，中华书局1984年版，第2279页。

工艺类、医药及其他六大类。其中手工业及手工艺类又包括铜器铺、铜锡铺、锡器铺、银碗铺、红铜铺、刀剪铺、军刀铺、乐器铺等。① 也就是说，此书将五金商铺归入手工业及手工艺类，这可能是由于当时的五金货品多是手工业主自产自销，外洋进口的较少见，当然单独经销五金商品的商铺也很少存在，一般是产销结合式的商铺。而《清末北京志资料》一书则按行次将北京各业划分为广货行、药材行、铁货行、平布行等38行②，即将五金店归于铁货行。同时，该书又将北京商铺归为财宝类、金融类、交通运输类、器皿类、服饰类等十大类。其中器皿类又包括磁器店、锡器店、铁铺、铜器店、车铺、玻璃店、白炉铺、车围铺等③，即五金店被归属于器皿类。这种归类表明时人已经不是单纯地将五金商铺看作产销结合型的手工业商铺了，有的商铺可能就是单独经销铜铁类商品而非自产，这与1932年《北平市工商业概况》中对北京五金行的归类基本一致。当时的北平市社会局将北京工商业依性质范围分为特品（凡关艺术殊产）、服饰（凡用为修容被体及其原料附品）、饮食（凡关食料药材）、器用（凡关金石电矿土木等产制之品）、杂项（凡不属于以上各种之商品）五大类，共165业。④ 也就是说，在五金行已经成为独立行业的情况下，社会局将五金店归为器用一类中，表明五金商铺已经是专门销售五金商品的商店，而非自产自销。当然，也不绝对，有的商铺在主销外洋进口商品的同时，也零星承揽加工业务，如万庆成五金商铺就是一例。⑤ 研究五金商铺之类属变化，从中亦可管窥其形成轨迹。

二　总体发展的主要表现

如何判定五金商铺是否获得了发展？发展力度如何？这首先应体现在商店数量、从业人数与资本额的增加等方面。下面通过表1-1中的数据给予证明。

---

① 林岩等编：《老北京店铺的招幌》，博文书社1987年版，目录部分。
② ［日］服部宇之吉等编：《清末北京志资料》，章宗平、吕永和译，第352页。所谓行次，即海关之代办业者，居于税务衙门与商人之间，代替商人办理输入运货关手续，介绍租用仓库等。
③ ［日］服部宇之吉等编：《清末北京志资料》，章宗平、吕永和译，第326—332页。
④ 北平市社会局编：《北平市工商业概况》，序言第2—3页。
⑤ 徐珂：《实用北京指南：增订》第七编，上海商务印书馆1923年版。

表 1-1　　　　　　　历年五金商铺数量、从业人数统计

	年份	商铺 户数（户）	指数（以1914—1918年为100）	从业人员 人数（名）	指数（以1914—1918年为100）	资本额 总数（两）	指数（以1914—1918年为100）
①	1840年前	6	18.18	7	1.63	900 吊	
	1840年后	10	30.30	35	8.14	60000 吊	
	1914年前	23	69.70	280	65.12	70000	42.42
	1914—1918	33	100.00	430	100.00	165000	100.00
	1918—1937	50	151.52	750	174.42	1500000	909.09
②	1923	30	90.91				
	1932	54	163.64	492	114.42		
	1933	55	166.67	469	109.07		
	1934	57	172.73	487	113.26		
	1935	52	157.58	553	128.60		
③	1936	41	124.24				
	1938	55	166.67	631	146.74		
④	1939	65	196.97				
⑤	1940	77	233.33				

注：1. 1923年五金商铺户数，据徐珂《实用北京指南：增订》（第七编）（上海商务印书馆1923年）载共有48个，但这当中既包括外国人开设的外资五金商铺，又包括中国人开设的民族资本商铺，所以不好确认民族商铺有多少，故此数据未予采用。

2. 由于各统计单位对数据统计的标准不一，所以可能会造成某些数据不一致，但总体看，基本能反映五金商铺的发展趋势。

资料来源：①北京市档案馆：《关于北京市私营五金业历史演变的调查情况》，档号87-23-90，1956年9月25日。②北京市档案馆：《小五金、自行车零件废铜、证章业调查报告》，档号4-16-91，1951年。③北平市政府秘书处第一科统计股主编：《北平市统计览要》，1936年版，第33页。④北京正风经济社编：《北京市工商业指南》，中华书局1939年版，第145—146页（共68家，其中有三个好像不属于五金行，分别是中国酒精京津分处、大昌实业公司、志成石棉厂）。⑤北京市档案馆：《五金业委员会员名册》，档号87-23-13，1940年。其他年份数据参见北京市档案馆《五金业铺捐人数调查及会员异动》，档号87-23-2，1932年；《五金业会员名册及异动》，档号87-23-4，1933年；《北平市商会会员录》，档号ZQ8-1-61，1934年10月刊印；《五金业营业状况报告书及会员异动》，档号87-23-7，1935年；《北京市商会会员录》，档号ZQ8-1-62，1938年6月刊印。

表1-1中，按《关于北京市私营五金业历史演变的调查情况》中的数据，无论商铺总数、从业人数，还是资本额都是逐年增加的，且各时期也是逐年增速。仅从商铺总数看，1914—1918年33个，1935年52个，到1940年增至77个，依次增长了57.58%、75.75%，其中，1940年比1914年增长133%之多，这表明商铺的发展速度是越来越快，到1940年达到一

高峰。1923—1940 年的数据来自各种资料的综合统计,除 1936 年的商铺个数有明显减少外,其余各年基本呈上升之势,1936 年的数据估计是统计不准所致。从业人数各个时期也是逐年增加,为更清晰地厘清其发展状况,我们将表 1-1 中的从业人员数据扩展成表 1-2 进行研究。

表 1-2　1932—1938 年北京五金商铺店员人数、商铺个数变动统计

店员人数	商铺个数					
	1932 年	1933 年	1934 年	1935 年	1938 年	平均
1—4	5	4	4	0	0	2.6
5—10	35	37	39	32	25	33.6
11—15	11	12	12	11	19	13
16—20	2	2	2	9	11	5.2
21—30	1	0	0	0	0	0.2
店员人数总计	492	469	487	553	631	526.4
店员人数平均	9.1	8.5	8.5	10.6	11.5	9.64

资料来源：北京市档案馆：《五金业铺捐人数调查及会员异动》,档号 87-23-2,1932 年；《五金业会员名册及异动》,档号 87-23-4,1933 年；《北平市商会会员录》,档号 ZQ8-1-61,1934 年 10 月刊印；《五金业营业状况报告书及会员异动》,档号 87-23-7,1935 年；《北京市商会会员录》,档号 ZQ8-1-62,1938 年 6 月刊印。

表 1-2 显示,从总体上看,店员总人数各年基本是逐年增加的,1933 年 469 人,到 1938 年增至 631 人,后者比前者增加了 162 人,增长率约为 35%。商铺店员人数小于 4 人与大于 21 人的皆居少数,即规模太小的和规模太大的商铺都不占主要地位。普遍存在且数量最多的是 5—10 个店员的商铺,其次是 11—15 人的商铺。5—10 位店员的商铺个数,1932—1934 年是逐年上升的,但 1934—1938 年又是逐年下降的；然而,11—15 个、16—20 个店员的商铺个数,1935—1938 年却是迅速增长,这说明 1934 年后规模较大的商铺个数在迅速增加,小型商铺个数在减少。另外,1935—1938 年小于 4 人的商铺个数为零,也说明五金商铺的店员数量在随形势的变化而增加,这主要和 1935 年后中外经济形势的好转有关。值得一提的是,北京五金商铺由于行业的特殊性,致使各商铺店员人数没有太多的,20 人以上的是少数,而北京其他行业商铺店员人数则相对较多,如 1934 年同仁堂药店的店员人数多达 126 人,瑞蚨祥绸布店总号的店员人数 85 人,瑞蚨祥分号鸿记人数为 60 人,谦祥益 82 人[①],而五金行店铺人数最多的是

[①] 北京市档案馆：《北平市商会会员录》,档号 ZQ8-1-61,1934 年 10 月刊印。

信昌号，也只有 28 人。可见，绸缎业、药业店铺的店员人数远远超过五金商铺，这至少说明五金业在北京商铺中不算是大行业。

其次，营业额的历年增长也是商铺发展的一大表现。鸦片战争以前，五金商铺的全年流水约为 4 万吊钱。鸦片战争后，由于销货对象的扩大和经营品种的增加与改变，同业在业务上逐渐发展，这时每户每年流水平均达到 15000 吊左右。19 世纪末，随着进口五金器材的经销，同业业务获得显著发展，到 1914 年全年流水为白银 45 万两以上。第一次世界大战至抗日战争以前，总体来说，业务是不断发展的，大户每年流水额达到 5 万元，中户达到 36000 元，小户达到 15000 元。由于在业务上不断和日本有联系，在这阶段业务虽有很大发展，但是很不平衡。总之，从营业额看，五金行总体上也是逐年增加的。

最后，商铺安装电话的户数多少，也体现了五金行的发展快慢。近代中国的电话事业，是于 19—20 世纪之交"由开埠城市上海推广到首善之地北京，光绪二十七年（1901）北京始设电话，北京地区的人们接受电话这个西方近代科技产物时掺杂着痛骂与嘲讽、揶揄与猜测、观望与疑虑，往往怀着好奇、观望甚至逃避、敌视等斑斓心态"[1]。光绪三十年（1904）时北京用户主要是各国驻华使馆及部分衙署，总计不满百家。[2]到宣统三年（1911），京城电话装机容量已达 3000 门，主要是当时京城政府机构、外埠驻京机构、皇族府邸、达官贵人、驻京外籍人士、银行、学校、医院、报馆、工厂、书局、店铺等用户。其中店铺用户很少，且以金店、绸缎庄、钱庄、当铺、饭庄等行业商铺中的大户为主。[3] 民国时期，尽管新旧两种思想观念杂糅相间、融合与冲突相互交织，但除旧布新却成不可逆转的时代主流，当时凡是与天津中转批发市场有直接业务联系的行业，一般都设有电报、电话。如金店每日黄金行情都由天津电报转达；米面、五金等行业的商家安装电话十分普遍。[4] 也就是说，规模小、盈利少且对天津等外地无直接业务联系的商铺，一般不安装电话，即不是所有商铺都想安装电话，也不是所有商铺都要安装电话，更不是所有商铺都能安装电话。因为除了观念保守或没必要安装等因素外，还有一重要因素，就是商铺安装电话毕竟要有一定花费。据 1932 年《北平晨报》载，

---

[1] 王娟：《晚清北京地区电话传入与大众心态》，《北京理工大学学报》（社会科学版）2007 年第 3 期。
[2] 邮电史编辑室编：《中国近代邮电史》，人民邮电出版社 1984 年版，第 114 页。
[3] 中国第一历史档案馆：《宣统三年北京电话史料》（一），《历史档案》1994 年第 2 期。
[4] 曹子西主编：《北京通史》第 9 卷，第 211 页。

"电话之价目,计分甲乙丙三种,甲种每月七元,机关公益团体及住宅等类属之。乙种八元,普通商号属之。丙种九元,旅馆饭庄娱乐场所等属之"①。因为这笔电话费用,1916年春夏交通部下令给北京商铺用户的电话加价,引起众商不满,连续上书呈请变革。② 看来,电话费用问题对商铺而言应该是一个较为看重的方面。所以笔者认为有些学者只将北京安装电话用户少的原因归结于"北京地区大众心态里最本质的那种傲慢与自大、逃避与恐慌顽结"一个方面③,看来是有些偏颇的。总之,商铺安装电话可以说在一定程度上显示一个商铺的实力、经营观念与业务发展程度。北京五金行作为新兴行业,与天津同业联系又非常密切,所以其安装电话家数的多少在一定程度上可以反映其发展进程(见表1-3)。

表1-3　　　　　部分年份五金商铺安装电话户数统计

年份	商铺总数 (户)	已装电话家数 (户)	未装电话家数 (户)	已装电话家数 占商铺总数的%
1911	10—23	2	8—21	20—8.7
1923	48	39	9	81.25
1934	57	43	14	75.44
1938	55	47	8	85.45
1939	65	57	8	87.69
1941	90	72	18	80.00

资料来源:中国第一历史档案馆:《宣统三年北京电话史料》(一),《历史档案》1994年第2期;中国第一历史档案馆:《宣统三年北京电话史料》(五),《历史档案》1995年第2期;徐珂:《实用北京指南:增订》(第七编),上海商务印书馆1923年版;北京市档案馆:《北平市商会会员录》,档号ZQ8-1-61,1934年10月刊印;《北京市商会会员录》,档号ZQ8-1-62,1928年6月刊印;北京正风经济社编:《北京市工商业指南》,中华书局1939年版,第145—146页(共68家,其中有三个好像不属于五金行,分别是中国酒精京津分处、大昌实业公司、志成石棉厂);《五金业委员会会员名册和店员数调查表》,档号87-23-14,1941年。

表1-3中,商铺总数逐年增加,1911—1923年与1938—1939年及1939—1941年增幅最大;与此相应,已装电话家数也呈逐年上升之势,变化规律与商铺总数的规律基本一致,唯增幅差异较大,1911—1923年已装电话家数的年均增速为154.2%,而1938—1939年增速仅为21.3%,

---

① 《平市电话用户12024家》,《北平晨报》1932年11月18日。
② 《呈请交通部电话取费,众商暂允搭现,惟嗣后物料价平,租费应予核减文》,《京师总商会月报》第一年第二号,1919年。
③ 王娟:《晚清北京地区电话传入与大众心态》,《北京理工大学学报》(社会科学版)2007年第3期。

其他时段就更小了，这表明五金商铺对电话的接受也有一个渐近的过程，民国后急速增长，1923年五金同业公会成立前增长最快，1938年后次之。从已装电话家数占商铺总数的百分比看，1923年前后至1941年多在80%以上，从其总趋势看，基本呈增势，但1934年、1941年出现两次百分比稍为减少的情况，主要是由于当时新开设的商铺因资金不足故未装电话。

总之，由于五金商铺经营多为洋货，并多由天津进货或中转，长期和西洋事物打交道，接受新事物速度较快，经营观念较先进，所以一般商铺皆有安装电话的必要，并且安装电话的家数是逐年增加的，尤以五金公会成立前后为最，这不仅表明五金商铺有实力安装电话，而且也昭示着他们在社会心态领域及经营意识方面已经朝着近代化的方向渐趋嬗变。

第二节　商之统一互保组织：北京五金同业公会的形成及作用

一　同业公会的形成

民国时期，北京五金业与其他行业一样，能顺应时势，逐步建立了自己的行业组织——同业公会。

同业公会主要是为保护本业商人利益及进行产品、信息融通而成立的一团体，其与商会、劝工陈列所等组织一样，是有利于北京商业发展的。但"由于满清政府的长期限制，所以此种组织在清末以前始终未出现。直到1906年随着社会经济变革声音的渐强，京师商务总会的成立才使此情形有所转变。但其性质作用实与明清时期的会馆、公所一样，既非商人的自发组织，亦不能真正保护商人之利益，不过是为官府管理控制商人而设。1914年以后出现的京师总商会应该说是真正意义上的北京商会"。[①]之后，一些行业公会相继建立，不过，新同业公会也因袭了旧行会的某些特征，如地域性和同乡性等。据日本学者对北京商会会员业别和籍贯的调查表明，在北京经商的以河北人最多，依次为山东、山西、浙江、江苏和安徽人。从行业看，多数行业由河北人经营，估衣、米面、白油、猪肉、饭庄和井业以山东人为多，帐业和颜料业以山西人为主。如果进一步以县划分，染业、估衣、细毛皮和布业，多由山东福山、掖县、昌邑人经营；洋货多由山东章邱人经营；纸烟多由河北衡水人经营；钱业、书业多由河

[①] 刘娟：《近代北京的商会》，《北京社会科学》1997年第3期。

北深县、冀县人经营；颜料业多是山西平遥人经营；浴堂业多由河北定兴、涞水、易县人经营。① 这种情况充分说明新同业公会的地域性和同乡性仍较明显，尽管如此，但随着社会经济的发展与商人开放意识的渐强，同业公会毕竟已经不像旧行会那样过分抑制业内竞争与进行市场垄断了。北京五金业作为一新兴行业，其地域性和同乡性特征也较为显著，多由直隶枣强、冀县等冀州人经营，并建立了以冀州人邸占江为主席（从公会成立一直到抗日期间）的五金业同业公会。上述学者显然并未注意到该行。该同业公会的成立与发展，是五金商人抗争、团结互保、时刻不忘自身社会责任之交融的结果。

五金业是清末民初兴起的新行业，商铺户数不多，规模不大，之前该业既无行会组织，更无同业公会。五金业同业公会源于1923年9月1日成立的京师五金同业公会，其成立原因主要是"当时由于国内军阀混战，致使市场甚是波动，又因对五金商户税收的加重，铁路运输费的提高，各户在不同程度上受到一定影响，因此各户纷纷要求集体组织领导以便搞好业务"。② 其中，以各商户深受崇文门税关之害为巨，那时关税不仅"未能自主，厘征更中外悬殊"，而且"崇关主者，无暇顾念商艰，又复就重移轻，摧残剥削。……以致业斯业者，同感如虎之苛"。为同业生存虑，各户"推万和成邸君占江，偕同义信成马君汇田、公聚德孟君玉兴等，代表同业上书主管机关，据理以争，几至声嘶力竭。幸蒙当局证其违法稽征之弊，谅我维护公益之诚，卒将例外苛罚一律剔除，并予修正合法税率，至十数项之多。自此运税既得其平，售价因而大减"。五金商铺代表经过与政府力争取得一定成功，初步显示了集体合力的作用，但"常关税收，较前尚有增无损"，各商仍受其害。③ 1923年6月，"有同业商号数家，自天津购来圆铁等货，税局令按比圆铁税额较高之铁条税额纳税，众商未允，遂被扣押货物，归不放行，同业以血本攸关，设法挽救，经推举代表，晋谒税务当局呼吁，请求减纳，终以折中缴纳"。事已解决，各商因而联想到，"遇事由一商号单独请求，难博采纳，不如联合同业，援照其他行业成立公会"④，以便群策群力，谋求共同发展。加强同

---

① ［日］泽崎坚选：《北京市商会の同乡性》，《经济论丛》1954年第52卷第5号；转引自曹子西主编《北京通史》第9卷，第216页。
② 北京市档案馆：《关于北京市私营五金业历史演变的调查情况》，档号87-23-90，1956年9月25日。
③ 李华：《明清以来北京工商会馆碑刻选编》，第188页。
④ 北京市档案馆：《五金业历史沿革及组织简章》，档号87-23-35，1950年。

业团结成为同业有识之士的共识,认识的转变是推动公会形成的不可忽视的因素。

此外,上海、天津五金业同业公会的相继成立也对北京五金同业公会的建立有一定的促进作用。当然,政府为了税收,也企图通过同业公会组织,对工商业资产阶级进行严格的"监督管理",以便达到巧取豪夺之目的,即同业公会的成立也是统治阶级的要求。经筹备数月,在万和成、公聚德、义信成三号经理的倡议下,"于民国十二年九月一日,拟具规程,成立京师五金行同业公会,选定邱君占江总董其劳,藉谋团体业务之发展"。① 该会宗旨为"谋求同业中的共同利益及矫正业务上的弊害"②,"联络同业感情";1931年奉令改组,其宗旨遂改为增进同业公共利益③,并定名为"北平市五金业同业公会"④。该会开创之初,事多简陋,办公地点辗转借居,"初原借居于茶食胡同三十七号万丰泰栈房,后迁移于崇外大街五十一号院内,去冬(1934年)始由万和成邱占江、同义德李全恩、庆顺和刘仁泽暨全体执行委员会会员等开会,通过购置斯址,施工修筑,以利办公"。于是,公会"购置崇外大街五十四、五两号市房一所,绘图勘测,葺而新之,阅四月而落成"。⑤ 之后,五金业同业公会始稳定下来,成为各商家发展的有力推动力量。

二 入会与退会

北京五金同业公会作为一个同业组织,为更好地维护同业利益,有一套严格的入会与退会程序及相关规定。五金商户由于经营商品的特殊性,多系进口货,受国际市场行情的影响,价格变动较频繁,风险较比其他行业为大,所以该业商户为取得同行的帮助,一般都加入同业公会。据1932年《北平市工商业概况》载,"平市五金行之在会者,共有五十余家,未入会者尚系少数"。⑥ 不入公会的多为一些规模很小的连家铺,但也有极少数传统守旧的老字号商铺对公会持观望态度,当然最终还是入会以保平安。如鸿兴永作为北京成立较早(咸丰六年)的五金商

---

① 李华:《明清以来北京工商会馆碑刻选编》,第188页。
② 北京市档案馆:《关于北京市私营五金业历史演变的调查情况》,档号87-23-90,1956年9月25日。
③ 北京市档案馆:《五金业历史沿革及组织简章》,档号87-23-35,1950年。
④ 北京市档案馆:《五金业委员名册及章程》,档号87-23-10,1936年。(注:此处档案时间有误,应改为1946年)
⑤ 《民国二十四年北平市五金行公会碑记》,《北京档案史料》1996年第3期。
⑥ 北平市社会局编:《北平市工商业概况》,第417页。

第一章　千年局变之新兴行业:北京五金商铺的发展历程　39

铺,资本洋10000元,然而,就是这样一个老字号,直到1931年才加入五金公会。① 五金商铺加入同业公会一般要写入会申请书,言明情愿遵章交会费,并请介绍人介绍与作证。1933年聚昌泰五金行申请入会时所写《入会申请书》及所觅介绍人的《入会介绍信》摘如下②:

入会申请书

敬启者,敝号设在崇文门外大街路西,门牌一百六十九号,情愿加入贵公会,并遵守会章,担负经费,即请转请市商会注册,发给凭单、瓷牌,以资执守,业经遵章觅妥介绍人一家,另函书呈,即希查照,鉴准为荷,此致

北平市五金业同业公会

聚昌泰　盖店章　二十二年七月三十日
经理朱左泉,年三十七岁,山东省德平县人
民国二十二年七月三十日

入会介绍信

敬启者,查崇外大街聚昌泰五金行,营业殷实,并实际股经理朱左泉,系诚实可充会员,敝号等愿介绍该号加入贵公会,恳请转报立案为盼。此致

北平市五金业同业公会

七月三十日
北京万和成　章

上述入会申请书与介绍信表明,公会对会员资格有一定要求,即营业须殷实,经理人须诚实可靠,确保按时交会费,这些是担当介绍人的商铺所给予保证的。五金商铺入会介绍人可以是自然人,也可以是某商铺,但须是五金同业公会的正式会员,这种商铺的介绍与担保多被称为"铺保"。要成为正式会员,除向五金业同业公会递交申请与找介绍人外,公会还要将此材料上报北京市总商会,经总商会批准注册后,发给凭单、瓷牌方可成为正式会员。这些商铺之所以能虔诚地申请入会,是因他们意识到"团体组织足以领导群众,既现团结精神,复赖业务竞进,缘是极端

---

① 北京市档案馆:《五金业营业状况报告书及会员异动》,档号87-23-7,1935年。
② 北京市档案馆:《五金业会员名册及异动》,档号87-23-4,1933年。

乐附"。①

当然，也有些商铺由于经营不善、盈利不佳或其他原因，不能正常营业或交不起会费，所以就申请退会。如1937年7月18日利生行"近因涉讼，暂停营业"，所以请求退会。这时，五金业同业公会要查核该商铺退会原因的真实性，经查属实后，方可准其退会。同时，五金业同业公会还要将"该号凭单、会员证、函请大会（北平市总商会）查核，准将该号会籍予以注销"。② 可见，会员退会程序也是很严格的。

总之，五金业同业公会对五金商铺入会、退会的严格要求，体现了新兴行业公会管理的正规化与严肃性，这将会有利于激发会员的守会规意识及集体协作精神，对五金行的整体发展有着一定的促进作用。

三 同业公会对商铺发展的作用

"公共话语空间"源于哈贝马斯"公共领域"概念。作为交往行为理论，哈贝马斯认为，"公共领域是介于国家与社会之间进行调节的一个领域，在这个领域中，作为公共意见载体的公众形成了"。公共话语空间是"有判断能力的公众所从事的批判活动"，并非任意的情感表达。③ 因此，笔者认为公共话语空间排除了政权干扰，商民可在此运用话语权进行信息传播与自由言论，以促进社会信息通流、维护社会团结稳定之目的。北京五金同业公会即是五金商人发表言论、传播信息的平台与公共话语空间，有时还在此空间内集体协商如何与政府进行博弈。

五金同业公会与其他行业公会一样，作为新的行业组织，与封建行会组织有本质区别，保守的与排他性的东西减少，并由于中国早期的民族资产阶级是进步的阶级，因而在当时历史条件下，工商业同业公会，是起着进步作用的。④ 那么，五金业同业公会对本业商号的发展有何积极作用呢？这主要体现在传达总商会的有关文件，反映会员的意见和要求，保护会员享有正常的业务经营权利，并在代表同业要求政府降低税率及运输费用⑤等方面。具体而言，笔者总结出以下几点。

---

① 北京市档案馆：《五金业营业状况报告书及会员异动》，档号87-23-7，1935年。
② 北京市档案馆：《北平市绦带业、五金业等公会关于商号歇业、退会的函（附：入会凭单）》，档号J71-1-13，1937年。
③ [德]哈贝马斯：《公共领域的结构转型》，曹卫东等译，学林出版社1999年版，第1、115页。
④ 李华：《明清以来北京工商会馆碑刻选编》，第26—27页。
⑤ 北京市档案馆：《关于北京市私营五金业历史演变的调查情况》，档号87-23-90，1956年9月25日。

首先，公会代表同业参与商会为商请命活动，争取政治上的发言权。伴随商人地位的提高及重商政策的运行，参政意识渐强的近代商人，逾越"在商言商"之传统，代之以"在商亦言政"，且同业公会在制定经济政策上拥有一定的发言权。① 作为新兴行业的商人组织，北京五金同业公会，也积极融入争取政治发言权，维护同业甚至是全市商民利益之列。如1927年4月五金业联合杂货、火柴、煤油各业代表20余人，特呈赴总商会，要求商会派员同赴省公署，往徐州谒褚玉璞请愿，要求取消特种物品用户捐改归省办的指令。② 这不仅表明五金公会对政府乱收苛捐行径所持的严正立场，且也说明该会已融入与其他行业公会联合争取政治发言权的行动之中。

更有甚者，五金公会还与他业进行密切联合，共同对国都南迁与崇文门税关害商表示抗议，参加集体向当局最高统治者蒋介石的请愿活动。1929年7月北京总商会决定向蒋中正请愿，请求将国都仍行移回北平，并速将崇关撤销，以轻民众担负。请愿代表来自87个行业，共分6组，五金行被编入第4组，由白品三领导，计玉器行5人，猪肉食品5人，钟表行5人，鸭业5人，灰行5人，丹华公司1人，华宁公司1人，恩成公柜1人，同庆公司1人，煤铺同业5人，五金行10人，马行5人，颜料行10人，铜铁锡行5人，猪行5人，电车公司1人，首饰行20人，糕点行5人。③ 显然，在第4组18个行业中，五金行代表人数为10人，仅次于首饰行，与颜料行并列为第2名，这不仅说明五金行热心于集体性的政治参与活动，而且也意味着该行在此种活动中占有一定的地位，并发挥着重要作用。从一定意义上讲，这是"出于商人自身利益的主动性政治表达"④，有利于当地商民权益的维护与政治民主进程的加快。

其次，公会是同业商人协调与地方社会关系的桥梁。当会员遇到关涉与政府打交道的困难之事时，五金行公会代会员呈请总商会，由总商会出面与政府交涉协调，以维护本业会员的利益不受侵害。1927年5月，万庆和五金行欲购置坐落在崇外莲子胡同的某地段，五金业公会呈请总商会，再由总商会"请转警厅减少索价"。这是会员与警察厅的交涉情况，

---

① 刘俊峰、张艳国：《同业公会在近代社会变迁中的作用》，《光明日报》2008年4月13日。
② 《直省商联会电请取销特种物捐，建商反对两种特捐》，《世界日报》1927年4月4日。(注：凡本书所引《世界日报》各年相关资料皆是自《世界日报全文检索系统》中查询而得，互联网址：icd.shu.edu.tw/search2/index.php，访问日期2009年8—10月。下同)
③ 《北平商会昨日向蒋中正请愿》，《世界日报》1929年7月9日。
④ 魏文享：《近代工商同业公会的政治参与（1927—1947）》，《开放时代》2004年第5期。

然而更多的是会员经常遇到与税局的交涉，也得由五金公会呈请总商会出面摆平。如1927年5月，协成五金行售于信义药房火酒十桶，"每桶贴印花九角，被查扣留，令罚十元，当请卓宏谋顾问前往交涉，此件已蒙蒲志中允准从轻免罚"①。显然，如果没有五金公会从中周旋，这些五金商铺解决上述问题不知要费多少周折。

此外，在某些特殊时期，五金商铺还要经常与反日会等组织发生纠纷，最终还是要由五金公会呈请总商会设法解决。1929年3月据五金行公会报称，崇外木厂胡同万庆和五金行"于本月五日现蒙万庆□五金行三尺六铅铁六张，转售西四牌楼南德华铁工厂，送该货至前门内被西□七检查所阻查。始知未带救国基金发票，因此将货扣留。查该商不明送日货手续，应带救国基金发票即可通行，该号既不明定章，应切实告知，以后照办，并将该货发还"。然而，此问题多日并未得到解决，五金公会呈请总商会替商请命，"设法解除被检查日货各家之各种痛苦，以符对外之原旨，实为公便"。②紧接着，鸿昌德五金行发往汤山聚庆公铅丝洋钉等项货品，至安定门被反日会检查并扣收。为此，五金公会还得呈请总商会去与反日会协调，"明明照贴基金票，绝非有心取巧，应请设法请求原谅发还……以维血本，而恤商艰"。总商会认为对反日会的不法行径"长此以往，如不设法抵抗，任其操切独行，商民不能忍受，将来恐有绝大事故发生"。③总商会的积极运作与态度，一定程度上与五金同业公会为本业会员的积极呈请有关，可见公会在对会员利益维护中的作用是非常大的。

再次，在经济方面为同业商铺的顺利经营与发展积极运筹，是本行业利益的忠实维护者，对行业发展起着不可或缺的重要作用。有学者认为"近代工商同业公会从其诞生之时就具有保护行业利益、完善市场及行业自律的经济职能"④，诚如是。例如，五金公会鉴于该行各商铺与天津同业联系较为密切，天津成为北京五金货品的货源地，所以对"天津胜义各栈，骤增承运脚金，每担加至六分或一角四分不等"之现象，积极进行协调，并"以公会名义，另觅津京转运公司，议定运价，每担旧货三

---

① 《昨日总商会开第二次常会，议决事项七件》，《世界日报》1927年5月3日。
② 《北平总商会之通电（续）——关于反日会处置日货问题》，《世界日报》1929年3月11日。
③ 《北平总商会之通电（续）——关于反日会处置日货问题》，《世界日报》1929年3月15日。
④ 刘俊峰、张艳国：《同业公会在近代社会变迁中的作用》，《光明日报》2008年4月13日。

角二分，新货三角七分。比较胜义各栈原价，平均每担低减五分有奇"。①这样，在公会的运筹下，五金同业的运费成本降低，利润因而增加，这大大提高了各商铺经营的积极性，从而大大保护了同业利益。

五金公会为本业商铺的盈利虑，还积极转变观念，带领同业进行金融投资。1928 年 9 月，"北平市民银行开始招股……因为是纯粹商办银行"，五金行公会代表与其他行公会一致赞同入股，每家商铺五十元。② 这充分体现了五金公会投资经营意识的先进，从长远看，对本行各商铺的发展是有所裨益的。此外，五金公会还向业内会员商铺介绍引进新经营项目，如1938 年 3 月总商会托五金公会向五金行介绍推销朝鲜制造的大米膨胀点心机器，因此种机器"在满推销颇呈好状"③，所以公会为业内发展计，就向北京五金机器商人介绍。不管能推销多少，或最后盈利多少，公会为会员发展所起的作用是值得肯定的。

最后，带领本行业会员积极参与当地的社会公益事业。公会通过积极参与社会公益，在聚合同业力量、争取同业团结、实现本业与他业的融通，甚至在保持社会和谐与稳定社会秩序等方面发挥着重要作用。因为"近代同业公会在一定程度上打破了传统商人的家族性、地域性，更能站在国家、社会的立场上来履行自己的社会责任"。④ 例如，1927 年 7 月五金同业公会组织会员商铺积极参与总商会组织的卫生救急等公益活动，并担任重要角色。此次公益活动主要针对"在烈日之下，挥汗如雨，情极可悯"的洋车夫，在全城设茶缸 68 处，供酷暑中的洋车夫及路人免费饮用，五金行公会担任 4 处，分设东西南北四城；总商会公推救护干事 32 人，共 30 行，五金行邸泽民、高式卿 2 人入选，除西药行、中药行有两人入选外，其他 28 行业皆只 1 人入选；各行举出救护自行车队队员 38 人，属于 11 个行业，五金行在北京众多行业中虽是小行业，然而却被选出刘元和、吕浩明 2 人成为救护队员，遇有中暑之人，及时进行救护。⑤以上数据表明五金业虽是个小行业，但在此等公益活动中却担任重要角色，这将有助于树立该行会员的社会公益形象，从而使市民增进对此行业商铺的信任，继而对其所营商品和所提供的服务亦深信不疑，并将最终为

---

① 李华：《明清以来北京工商会馆碑刻选编》，第 188 页。
② 《北平百行商会入股市民银行》，《世界日报》1928 年 9 月 8 日。
③ 北京市档案馆：《磁业、五金业、服装业等日业公会和大阪府立贸易馆天津分馆等为调查商号情况及推销商品等与北京商会的来往函》，档号 J71-1-67，1938 年。
④ 刘俊峰、张艳国：《同业公会在近代社会变迁中的作用》，《光明日报》2008 年 4 月 13 日。
⑤ 《总商会昨又讨论暑热急救事宜》，《晨报》1927 年 7 月 27 日。

本行业客户群的增加与商铺盈利奠定基础。当然，五金同业公会的这些社会公益活动，从另一角度讲，也无形中为政府分了忧、解了围，减少了社会的不稳定因素，对当时社会的稳定与和谐也有一定积极作用。

尽管公会对同业的发展有以上诸多积极作用，但也并非十全十美，亦存在某些消极影响。例如，公会日常开支都由各会员所交会费中出，当会费紧张时，就要让会员分摊或巧立名目进行筹款，并采取强征手段，不仅造成公会与商铺之间的矛盾重重，而且也使得商铺与商铺之间出现纠纷。1934年北平市五金业同业公会建筑会所，修葺并添盖西房5间，前院则将原有过厅及临街勾连房全部拆去，改建临街正房5间、东房5间、南北厢房各3间，开辟大门1座，共花费大洋12626.22元。① 这些花费从哪里来？

下面我们计算一下，如果这笔费用仅从会费中出，需要多少年的会费积累才能补足这1.2万多元的赤字。按规定每个会员每年应该出多少会费呢？据《万丰泰五金行民国二十五年存货账》载，1936年万丰泰需交五金公会的全年经费为13元②，这与1938年《五金业委员名册和会员委员调查表》中所载五金同业公会会费标准的甲级商号的会费相同。当时会费分4个等级，"每商号每年甲级13元，乙级10元，丙级7元，丁级4元，共计全年收入400余元"。③ 这说明，1936—1938年的会费标准是基本相同的，未有太大变化。如果我们以1938年的会费标准来计算的话，每年会费总收入400元，12626.22元的修盖会所之费得需至少31年才能补足。由于1934年、1935年的会费标准应该与1936—1938年的相同或稍少，所以如果要按1934年、1935年的会费标准来计算的话，上述修盖会所的花费也至少需要31年的会费积累方可补足。

当然，公会是不会坐等这31年的，既然会费远不敷用，就只好想方设法从会员身上抠。1935年8月五金公会向会员开征"栈房加公会担头费"，此费"系北平五金公会盖房及一切布置共亏洋数千元之谱，已拟定由各家来货每担加洋1毛，实与公会筹款也"。虽是"公共之事，尚未闻有何谬葛耳"，并"曾通过及开会，但亦有不赞成者"。④ 由于"尚有少数（会员）不认可抽此经费者"，尽管公会规定"无论谁家来货，得交在会之栈房"，并由栈房抽此经费，但对"如果交不在公会之栈，来货者如何

---

① 《民国二十四年北平市五金行公会碑记》，《北京档案史料》1996年第3期。
② 北京市档案馆：《万丰泰五金行民国二十五年存货账》，档号J88-1-113，1936年。
③ 北京市档案馆：《五金业委员名册和会员委员调查表》，档号87-23-11，1938年。
④ 北京市档案馆：《万丰泰五金行》，档号J88-1-63，《通信留底》（京字第106号信），1935年。

罚办等情并未谈及",所以公会只好"含忽（糊）施行"。① 含糊施行抽捐本身就意味着在执行上漏洞百出，存在诸多不公平，各商铺多有抱怨。

为尽快筹集所需经费，公会对由天津来货严加管束，声明"如各家来货，得交在会之栈房，如不在会之栈房，均不得交其货。并……不时派人赴车站查看"。② 公会的声明，使一些商铺为逃此捐纷纷将货交不在公会之栈房，而在会之栈房的生意就相应减少，这样又促使某些栈房退出公会，如"京津公司已退出公会，故其不加担头也"。③ 又如"胜义栈已退出公会一节，确否尚不预定"。公会方面为避免栈房及商铺退会，继而又规定"交栈房来货，无论在会与否，公会亦得抽捐"，并时常"派人赴车站侦察，何栈与何家所来何货，均有详细留底"，这使得各商铺"不认此捐恐办不到"。虽然公会之规定基本划一，但却使栈房与商铺间矛盾与纠纷仍不时存在，如北京万丰泰五金行"因前者交京津公司与京发来之货，公会已如数抽捐，惟京与该栈之账，至今仍未算清。因该栈非要此款不可，京号决不照付，数度交涉，仍无办法"。④ 也就是说，在公会委托栈房抽捐过程中，存在重复抽捐之弊，或故意刁难，遂造成会员商铺与栈房、公会之间的矛盾时有发生，这其实是不利于行业团结、和谐与共同发展的。

退一步讲，即使修盖会所的费用补足之后，也并不意味着会员以后除交会费外就不会有其他负担了，因为会费仍远不敷公会日常所用，1938年会费全年共400元，而公会"经常费全年需1000元上下，收入之项不足开支时，由全体会员分担补助费补足之"。⑤ 这样，只要是公会会员，会员商号的会费负担也就不会停止，会员与公会间的矛盾也相应或多或少地存在着。

总之，五金同业公会在同业发展过程中虽存在某些消极影响，但这不是主要的，其对五金行发展的积极作用是主导方面，在与北京总商会及其他行业联合进行与政府抗争及积极进行社会公益方面发挥了一定的积极作用，这体现了时代潮流与商业发展的进步，应该得到学术界的充分肯定。

综上，五金业作为经销洋货五金商品的新兴商业行业，以1923年下半

---

① 北京市档案馆：《万丰泰五金行》，档号J88-1-63，《通信留底》（京字第109号信），1935年。
② 北京市档案馆：《万丰泰五金行》，档号J88-1-63，《通信留底》（京字第107号信），1935年。
③ 北京市档案馆：《万丰泰五金行》，档号J88-1-63，《通信留底》（京字第106号信），1935年。
④ 北京市档案馆：《万丰泰五金行》，档号J88-1-63，《通信留底》（京字第127号信），1935年。
⑤ 北京市档案馆：《五金业委员名册和会员委员调查表》，档号87-23-11，1938年。

年"京师五金同业公会"的成立为标志，1931年改组为"北平市五金业同业公会"后，该业较前更加完善，1940年达到五金业的"全盛时代"，这期间虽有短期不景气，但总趋势还是乐观上升的。五金商铺的发展，主要体现在商店数量、从业人数与资本额的增加等方面。北京五金行公会为商人提供公共话语空间，并代表同业争取政治上的发言权，成为同业商人协调与地方社会关系的桥梁，是本行业利益的忠实维护者，并通过积极参与社会公益，在聚合同业力量、争取同业团结、实现本业与他业的融通，甚至在保持社会和谐与稳定社会秩序等方面发挥着重要作用。五金同业公会虽存在某些消极影响，但其对五金行发展的积极作用是主导方面。

第三节　商之同乡网络组织：冀州五金商帮形成

　　由上节知，北京五金同业公会由同业各家自保互利与协调组织，会员来自全国各地，只是皆在京经营五金生意，其中直隶冀州籍会员较多，久而久之，于是形成冀州五金商帮这一社会网络。

　　社会网络体现个体间的社会关系，是"用来刻画具有社会属性的直接或间接连接的各种关系网络，是人类的社会关系链接集合，如友谊关系、同事关系、信息交换关系等，其结构特性包括互惠性、复杂性、正式性、交互性、同质性、地理分散性、方向性，且具备一定的关系情感等八个方面"。① 笔者与诸多中外学者一样，对此比较认同。北京五金同业公会及冀州帮同人间，实际上，经过多年往来，基于同业、同事、同乡等关系，皆结成较为固定的社会网络，其结果，就是互助、互惠并夹带某种关系情感等。这种情感，实质上也正是心态认同。当然，彼此认同的心态，使个体内在的看不到的思想、精神与外在的行为、态度等密切结合在一起，又加固了上述社会网络。

一　冀州五金商帮之形成

　　"商"在近代是个涵盖极广的概念，实际上包括各个经济领域的投资者和经营者，即工商皆为商。② 商帮是指某客籍商人以地缘为主，以血缘

---

① 转引自王宗水等《社会网络研究范式的演化、发展与应用》，《情报学报》2015年第12期。
② 《商人通例》（1914年3月），《中华民国法规大全》第一册，商务印书馆1936年版，第133页。

和业缘为纽带组成的商人群体。冀州人以善于经商著称，足迹遍华夏，尤以近代旅居京津的冀州商人为多，遂形成冀州商帮。据王槐荫、刘续亭二先生讲，冀州，"从狭义的范围说，是指明朝设置的，至清雍正二年（1724）又改为直隶省的冀州，辖今冀县、衡水、武邑、枣强、南宫、新河六县；从广义的范围说，除上述六县外，还包括深州及其所属各县，即深县、武强、饶阳、安平、束鹿。故又称为深、冀州帮"。① 为便于叙述与直观理解，我们采用其狭义范围的冀州释义，即冀州帮之来源并非只指冀县，还包括清代冀州所辖衡水、武邑、枣强、南宫、新河五县商人。

冀州帮与京帮，在民国时期，对京津一带的冀州人而言，系同一概念，往往是混称的，尤其在天津的钱业和五金业中。这是由于冀州一带的人先在北京从事这两个行业，而后在天津设立分号，所以称京帮，也称冀州帮。② 为便于叙述，我们直接将京津一带的冀州商人统称为冀州帮。

冀州商帮从事的主要行业颇多，北京冀州帮主要从事五金业、铜铁锡品业、书业、古玩业、老羊皮货业、细皮毛业、新旧木器业、布业等行业；天津冀州帮则多从事五金业、皮货业、磁业、绳麻业、玻璃镜业、南纸书业等行业。如此多的行业由冀州人经营或操纵，足以称为一帮。其中，五金商帮只是冀州商帮之一行业分支，且京津两地的冀州五金商人同属一帮。

在北京五金业中，冀州商人开设最早的一家，据目前笔者所见资料，当属咸丰九年（1859）开设的万和成铁铺。随着万和成的发展，其联号遍布京津冀及包头、大连、上海等地。北京早期冀州帮的字号大都带有"万"字，如万丰泰、万庆和、万和成、万庆成等。天津开埠后，"许多原来在北京经营的商号，也纷纷来津设立分号，如钱业的聚义、全聚厚、永增合，五金业的'万'字号等。"大约在19世纪80年代，北京万丰泰五金行在天津设立分号，天津才出现了由冀州人开设的五金商号。据王槐荫回忆，天津冀州帮中最早的一户——万丰泰五金行，是与天津帮中最早的一户——聚兴成五金行同在1884年开业，但以后的20年中，并没有什么发展，直到第一次世界大战前一两年，冀州帮才有三益泰、开泰祥、同发祥、峻源永几家五金行陆续开业，经营的商品以大五金为主。至20世纪30年代业务日益兴隆，在天津大五金行业中，冀州帮的资金已占全部资金的50%。可见，冀州帮之所以形成为帮，是在1900年以后，到1937

---

① 王槐荫、刘续亭：《天津工商业中的冀州帮》，《天津文史资料》第32辑，天津人民出版社1985年版，第120页。

② 王槐荫、刘续亭：《天津工商业中的冀州帮》，《天津文史资料》第32辑，天津人民出版社1985年版，第123页。

年卢沟桥事变以前，遂形成为冀州帮。① 天津的冀州帮以"三泰二祥"（即万丰泰、三益泰、万庆泰、开泰祥、同发祥等）地位较为突出，其中万丰泰资金雄厚，被尊为五金行业冀州帮的创始人。② 万丰泰在1923—1924年一年间盈利即达10万余两，居冀州帮五金行业中之首，且由于其经营上的特殊条件，在日本有驻庄，对有色金属制品已达到垄断地位。③

值得一提的是，冀州帮的形成，尽管从时间上晚于广东、宁波、山西各帮，但从其后来的发展看，所涉及的行业及开设的家数则超过上述各帮。在一些行业中，有的从一开始即占一定优势，如瓷器、货栈；有的是起初不多而后来居上，如钱业、五金；有的是一开始即能与其他帮相抗衡，如颜料、玻璃；有的虽户数不多，但在行业中比较突出，如生生线毯厂、宏中酱油厂。④ 这也是冀州帮不同于其他客帮之特色之一，因为他们最初多半是由于生活所迫而来京津谋生，本身并无多少资金，根本谈不上投资什么买卖，与晋商、徽商、宁波商、鲁商等皆无法相比，即使有些后来在某些行业中成为大户，也多是由小商小贩开始逐渐发展起来的。⑤ 因此，冀州帮之创业精神、吃苦耐劳与拼搏精神是难能可贵的。

二 冀州五金商帮形成之原因

其形成之因主要有以下几点。

1. 冀州一带人多地少，农业不能自给

近代中国由于土地多是集中于地主之手，一般农民并无多少土地，有的甚至无地，所以人多地少现象非常普遍，遂造成劳动力过剩，收入颇低。这在冀南，甚至华北平原应该是个普遍现象，冀州一带也不例外。冀县在河北（或直隶）省南部，位于京汉、津浦两铁路之间，有滏阳河通达天津。该县可耕地不足90万亩，每人平均2亩余，"农稔之年尚可支持生活"。⑥ 这意味着，由于地少人多，冀县农民非丰收年景就难以维持生活。事实上，由于天灾及战乱，近代冀州一带的丰收年景并不多，农民收

---

① 王槐荫、刘续亭：《天津工商业中的冀州帮》，《天津文史资料》第32辑，天津人民出版社1985年版，第121—126页。
② 董少臣：《天津市五金行业的历史回顾》，《天津文史资料》第32辑，第140页。
③ 董少臣：《天津市五金行业的历史回顾》，《天津文史资料》第32辑，第144页。
④ 王槐荫、刘续亭：《天津工商业中的冀州帮》，《天津文史资料》第32辑，第123—124页。
⑤ 王槐荫、刘续亭：《天津工商业中的冀州帮》，《天津文史资料》第32辑，第123页。
⑥ 陈劭南：《叙述的社会学》，《社会学杂志》第1卷第5期。

入十分微薄，据1922年戴尔仁对河北、安徽、江苏、浙江等9个县的调查，农户人均收入在50元以下的约占45%，其中以河北冀县、唐县、遵化、邯郸4县人均收入在50元以下的比例数最高，约为62%。[1] 这表明冀县农民收入在河北省居于较低之列。于是，冀县农民为生存与摆脱贫困，人们纷纷外出寻求生路，有的经商，有的学艺，当然，他们的首选是京津2地。北京万丰泰五金行的创始人李德合（枣强人）"穷苦人家出身，创立五金行也是让穷逼出来的"。[2] 著名书商雷梦水（冀县人），1936年15岁时高小肄业，即因"家庭生活艰难，投舅父孙殿起为师，于北京琉璃厂通学斋书店学业"。[3] 他如妇孺皆知的北京全聚德烤鸭店的创始人杨全仁（冀县人）、天津金鸡牌鞋油的创立者傅秀山（冀县人）以及我国第一个肥皂厂和第一个独资搪瓷厂的创建者史东初（冀县人）最初皆因家贫或连年水旱，生活维艰，而分别去京津闯荡而后才出名的。[4] 此等事例不胜枚举，据民国陈劲南统计，仅冀县人在北京经商的不下4万人，在天津营商者，亦有两万余人，他认为"这实在是冀县农业不能自给的原故"。[5]

2. 冀州人有外出经商之传统

由于冀州一带人多地少，很早就有外出经商的传统，至清朝中晚期，各地已经出现经营有道的"冀州帮"[6]，其中尤以冀县人善商。民国《河北通志稿》云："河北诸县，惟冀人为善经商，通计中国土地之广，无一处无冀人坐贾其间。"[7] 另据民国《冀县新乡土教科书》载："冀县僻邑也，无富商大贾，而在外营商者颇多。近者京、津、保，远者江苏、奉天、库伦，几于全国二十二行省，无一处无冀人之行踪。"[8] 这种热衷于外出经商

---

[1] 戴乐仁：《中国农村经济实况》，1928年，第96—97页。
[2] 王者香：《北京万丰泰五金行》，中国人民政协河北省枣强县委员会文史资料委员会编《枣强县文史资料》第9—10辑，2000年，第256页。
[3] 雷梦水：《我和古书》，中国人民政协河北省委员会文史资料研究委员会编《河北文史资料》第26辑，1988年，第89页。
[4] 杨奎昌：《全聚德烤鸭店的百年沧桑》，《中华文史资料文库》经济工商编第十三卷，中国文史出版社1996年版，第92页；武岩生：《傅秀山创立金鸡鞋油久鸣不衰》，《燕赵都市报》2006年6月3日；史延年、张嘉琦：《史东初和他在天津创办的工业》，中国人民政协河北省冀县委员会文史资料研究委员会编《冀县文史》第2辑，1987年，第35页。
[5] 陈劲南：《叙述的社会学》，《社会学杂志》第1卷第5期。
[6] 武岩生：《傅秀山创立金鸡鞋油久鸣不衰》，《燕赵都市报》2006年6月3日。
[7] 民国《河北通志稿》第二册，北京燕山出版社1993年版，第1722页。
[8] 马维周编：《冀县新乡土教科书》，据1923年冀县赞化石印局石印本抄。

赚活钱之风，应该说是近代冀州社会的一大传统。当地衡量人也以能否经商赚钱为标准，于是男孩十五六岁就离家外出学徒、做买卖成为常事。① 上述冀州人的经商传统也可在其村名中见一斑，如冀州的一铺村、二铺村、三铺村、贾村、纸坊头村、李瓦窑村、黄瓦窑村等皆以与工商业密切相关的字眼命名即为明证。②

3. 京津发展对冀州人的吸引

北京为古都，谋生之路颇多，历来是各地民众向往之地，当然冀州人也不例外，尤其是在贫困交加，遭受天灾人祸之时，由于冀州距北京较近，加之交通较为便利，所以北京成为冀州人求生避难发家的首选之地。如家境非常贫困的枣强人李德合，在枣强当地谋生不易，朋友就曾劝他："上京城吧！听人说那里是养穷人的好地方。京城人多，五行八作干什么都有，有本钱做大买卖，本钱少做小买卖，就是要饭吃也比咱家里强的多。还有些慈善人家年年开粥场放粥，发放棉衣。就是不要饭吃，去捡破烂，也能捡上吃了，有的还能发了财。"③ 事实确实如此，李德合后来成为京津二地赫赫有名的万丰泰五金行的创始人就是一例。他如钱业、旧书业、布业、地毯业和皮毛业等亦多由冀州一带人经营。④

晚清天津开埠，尤其是津浦铁路通车后，该地迅速崛起并一跃成为北方商贸中心。如天津口岸在华北六港进出口贸易总值中所占比重，均在55.5%—67.9%，典型年份的平均值亦在60.4%以上。京冀遂成为天津口岸居于首位的洋土货输入输出的最大市场和货源基地。⑤ 这样，天津给人们提供的谋生之道较之北京更为宽广，在此强大吸引下，冀州一带百姓逐渐转向天津发展。这其中也包括一些冀州帮原在北京与冀州当地的大商号纷纷来津开设分号，如在京冀州人所营五金业的"万"字号，"钱业的聚义、全聚厚、永增合等"⑥；又如南宫庆成恒棉布庄总店于光绪初年（1875年前后）来天津设立分号，不论是早期的土布外

---

① 《因"商"形成的冀州"十大"特色习俗》，《冀州论坛》网址：http://www.jizhoubbs.com/bbs/，访问时间2011年3月1日。
② 《从村名看冀州历史上的"行业"》，《冀州论坛》网址：http://www.jizhoubbs.com/bbs/forumdisplay.php?fid=79，访问时间2011年3月1日。
③ 王者香：《北京万丰泰五金行》，中国人民政协河北省枣强县委员会文史资料委员会编《枣强县文史资料》第9—10辑，第257页。
④ 王槐荫、刘续亭：《天津工商业中的冀州帮》，《天津文史资料》第32辑，第121页。
⑤ 胡光明：《清末民初京津冀城市化快速发展的历史探源》，黎仁凯等编《义和团运动·华北社会·直隶总督》，河北大学出版社1997年版，第325—326页。
⑥ 王槐荫、刘续亭：《天津工商业中的冀州帮》，《天津文史资料》第32辑，第122页。

销还是后来的洋布内运,都以天津分号为枢纽。① 一些在北京冀州帮商号的学徒出号后也有不少人到天津开新店,他们最初从事五金、铸铁、货栈、瓷器、藤竹货等,以后逐渐发展到钱业、颜料、玻璃、棉花栈、茶叶、文具、旧书等业。至30年代前后,冀州帮在天津工商业中已有一定的声势。② 值得一提的是,冀州帮充当了京津冀某些行业密切联系的纽带。

4. 三缘关系成为凝聚冀州人的纽带

在传统中国,人总是由亲缘、地缘、业缘等社会纽带联系在一起的,所以,人们外出经商、学生意一般都离不开投亲、奔友、找乡邻。而人以乡聚,同乡互助,又是热爱乡土的一种朴素感情的体现,明清时期的许多商业团体都是以同乡关系为纽带组合起来的,某些行业也被这样的商业团体所左右。③ 这种现象到近代依然延续,京津两市的五金业多为冀州人所经营就离不开乡缘这一纽带,琉璃厂的书业、古玩业多为冀州人所营亦是如此。1955年北京五金同业公会对259名从业人员的调查结果显示,与资方是同乡关系的有204人,亲戚关系的有37人,朋友关系的17人,师生关系的1人,间接介绍的无,其中,同乡关系的最多,占总人数的79%,亲戚关系的占近15%。④ 这表明,因同乡关系入五金行当学徒的最为普遍,其他各种关系虽然比例偏小,但与资方也是非亲即故,于是造成了商铺所招学徒具有很强的地域性。清末民国时期,"冀县、衡水等诸县来京者增多,彼此引荐子侄、乡里、亲朋"⑤,遂使琉璃厂书业、古玩业多为这两地人操纵,到民国时,仅"冀县人在京开设大小书铺的,已达七八十家之多"。⑥ 所以出外闯荡找亲朋或老乡成为当地传统与风气,长此以往,各行各业的铺东、掌柜、店员、学徒、工人、厨师、杂役等盘根错节,互相推荐援引,于是越聚越多,遂成为冀州商帮。

---

① 李步峰:《冀州帮在天津的商业先驱——庆成恒棉布庄》,中国人民政治协商会议天津市委员会文史资料委员会编《天津文史资料选辑》第4期(总第92辑),天津人民出版社2001年版,第13页。
② 王槐荫、刘续亭:《天津工商业中的冀州帮》,《天津文史资料》第32辑,第122页。
③ 李乔:《烈日秋霜》,福建人民出版社2004年版,第229页。
④ 北京市档案馆:《中华全国总工会政策研究室关于北京市私营商业调查材料前门区五金、百货纸张批发商中心商店、家庭店调查部分》,档号39-1-567,1955年。
⑤ 肖新棋:《北京琉璃厂古书业之衡水人》,中国人民政协河北省衡水市委员会编《衡水市文史资料》第4辑,1989年,第99页。
⑥ 雷梦水:《在京经营古旧书业的冀县人》,中国人民政协河北省委员会文史资料研究委员会编《河北文史资料》第26辑,1988年,第94页。

5. 冀州人重视教育，奠定了外出学徒经商的基础

在近代，经商者，起码应该能识字、会算数。由于冀州人经商的多，他们为了后代传承，所以冀州人普遍十分重视教育。① 清乾隆《冀州志》载：冀州人"读书修业，不限贫富"。民国《冀县新乡土教科书》亦云：冀州人"幼而读书，长而经商"。看来，冀州人读书是为了更好地去经商，读书、经商到民国时期已成当地顺理成章的习惯。1923年冀县"男女学校，共二百四十余所，学生七千余人，教育之发达倍于义学、社学"。这些新式学校"有省立者，有县立者，有区立者，有私立者"。其中，省立第十四中学的运动场"平坦宽广，冠于津南各县"。② 据现健在的老人回忆，1937年"卢沟桥事变"前，今冀州市南午村镇田村就有20多名大学、中等院校、师范毕业生。③ 这表明，冀县教育在当时是较为发达的，为人们外出经商或学徒奠定了可靠的知识基础。

综上，在近代人口流动较大的情况下，冀州一带由于地少人多，农业不能自给，于是在经商传统的影响下，在京津发展对外地人的吸引下，以三缘关系为纽带，以外出学徒经商之人有一定知识为凭借，这些因素的融合最终促成冀州商帮在京津的形成并迅速崛起。这意味着"京津冀人口的移动与组合，京津两市冀州商帮的崛起，北京冀州商帮向天津的移动，都使京津冀更紧密地结合在一起，使之成为共同推动京津冀城市化进程的合力"。④ 因此，对冀州五金商帮在京形成原因的研究，希望能为京津冀经济一体化提供历史借鉴与现实启示。

---

① 《因"商"形成的冀州"十大"特色习俗》，《冀州论坛》网址：http://www.jizhoubbs.com/bbs/，访问时间2011年3月1日。
② 马维周编：《冀县新乡土教科书》，据民国十二年冀县赞化石印局石印本抄。
③ 《因"商"形成的冀州"十大"特色习俗》，《冀州论坛》网址：http://www.jizhoubbs.com/bbs/，访问时间2011年3月1日。
④ 胡光明：《清末民初京津冀城市化快速进展的历史探源与启示》，《河北大学学报》（哲学社会科学版）1997年第1期。

第二章 以人为本：北京五金商铺的人事制度与激励机制

　　商铺的盈利与发展，靠什么？答案很明确，一是适合自己的管理制度，二是科学的经营方式与方法。北京五金商铺之所以能够盈利较高、较长期顽强生存于乱世，其有哪些适合自己的管理制度？这些制度有哪些特点？又是如何运作的？如何评价？弄清这些问题，有助于我们对五金商铺的深入认知。

　　制度主要指"约束社会中人们行为的各种规则，大体分为有形制度和无形制度两种"[①]。事实上，对商铺管理起主要作用的应是"世代因袭的无形制度，即非正式制度，因为一个社会的文化传统、思想意识与风俗习惯等非正式约束非一朝一夕就可改变的"[②]。第一次世界大战后，北京五金商铺作为新兴行业商铺，与其他一些新兴商铺如西药房、百货店等稍有不同，除在新形势下，顺应潮流，不断革新，吸取资本主义先进的管理制度，改变封建式家长制模式，实行决策与管理相分离的制度外，其因袭的传统成分比他业新兴商铺要稍大一些。有学者指出，"研究商业企业的管理制度一般是从那些有代表性的行规、店规上入手，由于这些制度规定是依传统习惯，通过心授口传的约定俗成方式沿袭而来，因此各地、各行业及各企业间的情况差异大且较复杂"[③]。所以，考察五金商铺的账簿制度、人力股制度、学徒制度和铺规等管理制度，大多也没有成文的或者完整系统的制度记载，并因资料所限，我们也主要根据现存账本、合伙契约

[①] 朱荫贵：《论近代中国股份制企业中制度的中西结合》，张忠民、陆兴龙主编《企业发展中的制度变迁》，上海社会科学院出版社2003年版，第32页。
[②] 王玉茹：《中日近代股份公司制度变迁的制度环境比较》，张忠民、陆兴龙主编《企业发展中的制度变迁》，上海社会科学院出版社2003年版，第46页。
[③] 齐大芝：《近代新式商业的产生及与旧式商业的区别》（节选），《北京社科规划》互联网地址：http://www.bjpopss.gov.cn/bjpopss/cgjj/cgjj20030401.htm.zh，访问日期2008年12月15日。

及其他原始档案对其进行管理方面的研究。

本章主要探讨人事制度与激励机制，下章主要谈资本来源积累与财务制度。

第一节 北京五金商铺从业人员的基本构成

北京五金商铺的从业人员有何分工，有何称呼，各自职权范围是什么，与其他行业有何异同？这些细节问题，看似无关紧要，但传统中国，在人们还十分注重身份、地位、名誉、要面子的时代，商铺能否将此处理得当，对一个商号的长远发展也很重要。甚至到近代，亦是如此。

1914年民国政府公布的《商人通例》将商号的员工称为商业使用人，其定义为"从属于商业主人以助其营业者"，分为经理人、伙友、劳务者三类。① 王永斌认为有东家的买卖，掌柜和账房先生皆属于伙计。② 以现代企业管理的理念划分，经理阶层是企业员工的一部分，但其本质特征是股东的代理人。如此看来，商铺员工中包括经理人，而不包括铺东，那么，铺东是不是可以算作从业人员呢？有学者认为，旧式商铺的人员结构，除自东自掌很少雇工的小商铺外，一般依身份和职责归为店东、掌柜、帮伙、学徒四类，并且这种人员结构能够在相当长的时间里比较稳定地维系和有效存在着，甚至后来的许多新式企业也沿袭使用。③ 笔者同意此种将铺东视为从业人员的看法。北京五金行商铺系新行业，但多由旧式铁铺、铜铺过渡而来，所以内部从业人员仍多沿袭过去的称呼与职责分工，主要有铺东、掌柜、店员、学徒、司务五部分。④ 有些商铺后来将掌柜改称经理，伙计改称店员，学徒改称练习生，有的增加协理、监理等职务，并领有人力股。不过，有些规模较小商铺为节省开支，一般没厨役等勤杂人员。五金行的这种人员结构在北京各业中也是较为普遍的，如北京粮食业分财东、正副经理、店

---

① 《商人通例》（1914年3月），《中华民国法规大全》第一册，商务印书馆1936年版，第133页。
② 王永斌：《商贾北京》，第31页。
③ 齐大芝：《近代新式商业的产生及与旧式商业的区别》（节选），《北京社科规划》互联网地址：http://www.bjpopss.gov.cn/bjpopss/cgjj/cgjj20030401.htm.zh，访问日期2008年12月15日。
④ 由于有些商铺是自东自掌型的，所以铺东与经理由一人兼任，尽管有些商铺铺东不直接参加铺内劳动，但因铺东是出资者，与商铺有直接关系，故也把铺东作为从业人员的一部分。

员三种，店员又按职责分管上市、采购、司账、门市售货、后厂加工等工作。① 不过，以上商铺的员工职责分工专业性不强，到20世纪30年代有专业人士提出较为先进的职工管理分工方案，"一家普通的商号，行政方面，除掉掌柜之外，应当分做三股：其一庶务会计股（即旧日所谓的先生），其二营业股（专司应酬买卖），其三交际股（包括广告宣传及跑外），这样各股负各股的责任，很能促进商号进展"②。这种方案是在适应新形势下专为商铺出现的各种新现象而设计的，分工更加明确。五金商铺即是朝着这种分工方向发展的，如生积五金行即将职工分为写账、卖货、走街等几大职责类型。③ 为全面了解五金商铺从业人员的基本构成情况，我们列表（表2-1）如下：

表2-1　　　　　五金商铺从业人员的基本构成统计　　　　　（单位：人）

铺名	总人数	经理或掌柜	副理	店员	司账	跑外	售货员	其他	厨役	学徒或练习生
万丰泰	21	经理1	1	19					1	
万和成	16	经理1	1	13						1
广聚兴	21	铺长1		19					1	
万庆成	23	经理1		17					1	练习生4
万丰德	17	经理1	1	7	2	3				3
万丰顺	6	铺长1		5						
万庆和	14	铺长1		9					1	3
和记	11	经理1	1		1					6
义聚隆和记	9	经理1	外柜2		1				1	4
双泰山	6	经理1		2						3
天益公	11	铺长1			1		3	送货1		5
同义德	14	总理1，经理1	1		4	交际3		送货3、看库房1		
义丰号	6	经理1		1	1	1				2

---

① 迟子安：《旧北京的粮食业》，中国民主建国会北京市委员会等编《北京工商史话》第二辑，中国商业出版社1987年版，第148页。
② 廉君：《商人常识——商家应注意的四点》（二），《北平晨报》1931年2月3日。
③ 北京市档案馆：《五金业会员调查表》，档号87-23-17，1942年。

续表

铺名	总人数	经理或掌柜	副理	店员	司账	跑外	售货员	其他	厨役	学徒或练习生
广泰成	14	经理1	1		2	外交3			1	6
广聚丰	11	铺东1，掌柜1		2	先生1	1				5
庆顺茂	11	铺长1		3						7
裕丰泰	10	掌柜1		4						1
庆德成	11	掌柜1		9						
裕丰号	18	掌柜1		16					1	
义信成	10	掌柜1		5						4
成记	7	掌柜1		4						2
聚兴隆	11	掌柜1		9					1	
合发长	15	掌柜1		11						3
同聚成	10	掌柜1		5						4
盛昌号	8	掌柜1		5						2
积兴号	9	掌柜1		2						学徒5、练习生1
泰昌祥	19	掌柜1		13					1	练习生1
天兴顺	13	总理1	2		1	推销员4			1	4
仁记	10	掌柜1		9						
生积	15	经理1			2	走街3	2		1	6
益和祥	12	掌柜1		7					1	3
玉顺恒	16	经理1	外柜1	7	2				1	4
鸿昌德	28	经理1		24					1	练习生1
万盛号	6	经理1		3						2
万盛祥	7	掌柜1		3						2
万德成	10	掌柜1		5						4
复聚成	9	掌柜1	外柜1	3	1				1	2
德兴泰	26	经理1，掌柜1		19	5					
复兴隆	19	掌柜1		17	1					
开泰恒	14	掌柜1		12				雇工1		

第二章　以人为本：北京五金商铺的人事制度与激励机制

续表

铺名	总人数	经理或掌柜	副理	店员	司账	跑外	售货员	其他	厨役	学徒或练习生
华利鑫	3	经理1		1				同人1		
同合义	6	经理1		5						
余兴诚	7	掌柜1			1		3		1	1
德隆号	11			11						
全祥义	17	掌柜1		7						9
万德新	16	经理1	1	13					1	
德丰号	12	经理1	1	4	2				1	3
新立泰	8	经理1		7						
聚泰成	8	经理1	柜头1		1	2				3
万丰号	13	掌柜1		6						6
天庆元	9	掌柜1		3	1					4
恒聚隆	11	掌柜1		4	1					4
中和	5	经理1	1	3						
源隆华记	6	掌柜1		2	1					2
三义成	12	掌柜1		10					1	
三义和	11	掌柜1		10						
万庆公	20	经理1	1	17					1	
天增义	17	经理1	助理1		1	推销4	1			9
聚和成	10	掌柜1		9						
正兴忠记	9	掌柜1			1		1	买货1	1	4
协成	14	经理1		12					1	
信昌	19	掌柜1		17					1	
三盛合	8	掌柜1			1	外务2	1			3
聚和泰	19	掌柜1		18						
万庆德	15	掌柜1		6				住间2	1	7
祥盛德	16	掌柜1		10					1	4
三益泰	20	掌柜1		19						
永丰泰	10	掌柜2		4						练习生4
恒兴义	5	掌柜1		2						2
义丰长	11	掌柜1	2	8						
同和祥	13	掌柜1		2	1	外交1				练习生6

续表

铺名	总人数	经理或掌柜	副理	店员	司账	跑外	售货员	其他	厨役	学徒或练习生
万庆祥	8	掌柜2		2			2			4

注：1. 郑殿邦，是广聚丰五金行的铺东，48岁，衡水人，小学4年级文化。他曾是广聚兴的股东之一，后来于1935年退股，开设广聚丰。

2. 表中有的商铺总人数小于后面各分项之和的人数，如万丰泰、万庆德、万庆祥，原因不详；还有的商铺总人数大于后面各分项之和的人数，如和记、裕丰泰、庆德成、泰昌祥、鸿昌德、万盛祥、恒聚隆、同和祥，原因不详，笔者猜测，可能是时人将各铺东家人数或退休掌柜（经理）统计在各铺总人数之内所致。

资料来源：北京市档案馆：《五金业会员调查表》，档号87-23-17，1942年。

表2-1比较全面地反映了五金商铺人员构成情况，较之传统旧式商铺有了一些新变化，职责分工更加细化，如伙计中又分出了跑外、送货、外交等专职人员。当然还有其他一些变化，这在下面的分述中将再细谈。

一 铺东与掌柜（或经理）

铺东，即商铺业主，系投资人，在北方多称东家，南方则多称店主。在近代，铺东属于商业资本家，是商业企业的出资者和利润占有者。铺东（股东）分为两种，一种是在店的铺东和当权股东，掌握着企业的经营大权，俗称"老板"；一种是不在店的股东，其中一部分是隐名股东，不参与企业经营，以资本分占利润，俗称"岸上老板"。[①] 五金商铺的铺东也基本与上述情形类似，分为两种，一种是自东自掌的掌握着商铺经营大权的东家，即投资人自己做东，自己经营当掌柜。这种所有权与经营权集于铺东一身的商铺多为独资的小商号，如华泰五金行即如此类。不过，铺东集权的五金商铺也有规模较大一点的，如1935年改组后的广聚兴玉记独资的五金行即是如此。当然，多数五金行的铺东在铺内不执行业务，只领有银股若干，到账期进行铺内的红利分配，如万和成、万庆成、万丰泰、1935年前的广聚兴、万盛铁号等皆是。值得注意的是，五金行的此种不执行业务的铺东不同于隐名合伙中的出资人，因为前者只是不执行铺内业务而已，其与领东掌柜一般都订有正式的书面合约，并不隐名。

五金行铺东来源有四：原来铁铺、铜铺铺东转化；五金行经理、店员或学徒学成后出号自立门户；五金行内的从业人员另在他处开新店，自己还在原店工作；五金行另开分号，原铺东也就成为新铺东。以上四种形式

[①] 张其泖等主编：《中国商业百科全书》，第82页。

的铺东有一共同特点,就是一般都和五金行打过交道,起码是对五金业不陌生,有的是五金业内从业人员,有的从小就是五金行学徒,业外人士很少涉足此业,更何谈成为铺东了。如万盛铁号的铺东王万柱,枣强人,1909 年来京铁行学生意三年,1912 年自己做生意,1927 年与人合伙开设万盛铁号。[①] 又如在万德新不执行业务的铺东王俊峰,还是天津万德栈的司账。[②]

掌柜,亦称经理,是代理铺东直接掌握、运用资本进行企业管理经营并享有盈余分配的人。作为铺东的代理人,掌柜也分两种:一种叫作领东掌柜,即企业的实际创办人,他们领东本开办和经营企业。东家对他们不能任意辞退,其职务一般是终身的,有的甚至是世袭的。另一种叫作水牌掌柜,即普通掌柜,东家任用他们来管理企业,是店东的代理人,当认为不合适时,可以随时辞退。掌柜有不少是从店员中蜕变而来的,与店员往往有师徒关系,因此,掌柜又被看成店员的代表,被统称为西家,与东家相对。[③] 北京五金商铺的掌柜或经理情况也大致如此,只是领东掌柜(或领本掌柜)、"水牌"掌柜的主要区别是看掌柜与东家是否订有合约,有合约者为领东掌柜,无合约者则为水牌掌柜。五金业各商铺经理、掌柜的称呼并不统一,如表 2 - 1 所示,单独称经理的有 23 个商铺,称掌柜的有 40 个,称铺长的有 5 个;有的商铺还有总理、经理之分,如同义德等;而德兴泰是经理与掌柜各有 1 个;有的商铺还设有副理,这些一般是规模较大的商铺,如以万丰泰为代表的大商号。当然,一些小商号也有副理,如义丰、中和等,虽只有五六个店员,但却有经理和副理之分。此外,像玉顺恒、复聚成等商铺还设有外柜,天增义设有助理 1 人。这些都是五金商铺内部分工较细的表现。

五金商铺经理一般是由本店学徒学成后在店工作成为店员,后经提拔而成。学徒自入店到初为经理时的时间间隔有一定规律,初为经理时的年龄一般也有限制。当然,也有的商铺经理是从他铺挖来的,或他铺学徒、店员来此铺后经考查合格提拔而成,不过,这只是少数。下面我们对 22 家五金商铺经理人的情况进行分析,从中得出对经理人的籍贯、年龄及入号到出任经理时的间隔等问题的一般认识(详见表 2 - 2)。

[①] 北京市档案馆:《万盛铁号》,档号 22 - 4 - 872 - 3,1952 年。
[②] 北京市档案馆:《万德新五金行》,档号 22 - 4 - 854,1952 年。
[③] 张其泮等主编:《中国商业百科全书》,第 82 页。

表2-2　　　　　　　1938年22家五金商铺经理人情况统计

经理人姓名	籍贯	所属商铺	职务	年龄（岁）	出生年份	入号时年份（年）	入号时年龄（岁）	任经理时年份（年）	任经理时年龄（岁）	入号到任经理间隔年数（年）
邸占江	枣强	万和成	主席	52	1886	1902	16	1917	31	15
王丽泉	深县	义昌号	常务委员	37	1901	1918	17	1930	29	12
段宗绍	枣强	同义德	常委	42	1896	1917	21	1933	37	16
张凤藻	枣强	义信成	执行委员	42	1896	1912	16	1925	29	13
郭子宾	济南	万德新	执行委员	39	1899	1917	18	1932	33	15
李玉振	枣强	万庆成	执行委员	52	1886	1902	16	1919	33	17
李鸿崑	冀县	三益泰	执行委员	54	1884	1901	17	1911	27	10
谢永昌	南宫	万和成	会员	41	1897	1913	16	1926	29	13
张文博	冀县	义昌号	会员	36	1902	1918	16	1930	28	12
李全恩	枣强	同义德	会员	42	1896	1917	21	1933	37	16
乔森廷	枣强	万庆成	会员	42	1896	1912	16	1927	31	15
张立成	枣强	三益泰	会员	60	1878	1896	18	1911	33	15
王长兴	枣强	万丰泰	会员	54	1884	1900	16	1917	33	17
郑全	南宫	万庆和	会员	52	1886	1904	18	1917	31	13
彭振纲	枣强	万丰德	会员	65	1873	1906	33	1924	51	18
田宝兴	深县	益和祥	会员	36	1902	1918	16	1926	24	8
郭英豪	深县	全祥义	会员	28	1910	1927	17	1934	24	7
刘子绅	通县	元丰行	会员	32	1906	1921	15	1934	28	13
李振镐	枣强	恒兴义	会员	44	1894	1916	22	1934	40	18
蒋锡之	博山	鸿兴永	会员	64	1874	1889	15	1926	52	37
张少岩	北京	大东行	会员	35	1903	1921	18	1934	31	13
张凤锁	枣强	开泰恒	会员	26	1912	1931	19	1936	24	5
平均				44			18		33	14.5

资料来源：北京市档案馆：《五金业委员名册和会员委员调查表》，档号87-23-11，1938年。（表中数据是笔者据原资料进行统计归纳而得）

表2-2中，22名经理的籍贯以枣强籍的最多，共11人，其次深县的3人，再次冀县、南宫的各2人，最少的通县、博山、北京、济南的各1人，即枣强加上邻县的深县、南宫籍的经理共16人，占总人数的约73%，而其他各地的只占总人数的约27%，可见，五金行经理的地域性特征较强。这在下面店员、学徒的籍贯分析中也会得到证明。

22名经理的年龄，平均44岁，这时无论从经理的经验阅历，还是知识积累等方面看，都是较为适宜的当经理的年龄。22家五金商铺中，经理年龄最大的是65岁，最小的26岁，这样的年龄充任经理好像偏大或偏小。从各年龄段的人数看，20—29岁间的有2人，30—39岁间的有6人，40—49岁间的有6人，50—59岁间的有5人，60—69岁间的有3人，可见30—49岁之间的经理人数最多，可能此年龄段较为适宜任经理。不过，此年龄段是当时已任经理1年或多年的经理年龄，较之初任经理时的年龄要大一些。

初任经理时的年龄，平均为33岁，最大52岁，最小的只有24岁。从各年龄段的人数看，24—29岁间的有9人，31—39岁间的有10人，40—49岁间的1人，50—59岁间的2人，其中31—33岁间的有8人，占总人数的36%，比重最大，也较为集中，这个年龄段可能是最初被提为经理时的最佳年龄段。

表中人员自入某商号到任经理时的间隔，平均为14.5年，间隔最大的是37年，最小的5年，但以13年、15年为最多，共有9人，占总人数的近41%，而间隔少于10年的只有3人。如果从某人入某商铺当学徒时算起，学徒3年，然后转为店员，如果以3年一账期计，一般要经过三个至四个账期的锻炼与考查方可被确选为经理。当然，入号5年、7年就当上经理的毕竟是少数，这些人当经理时才是24岁、25岁的年轻人，其所以能当经理的原因，一是这些商铺是新开之铺，急需人才而又因生意小挖不来大人物；或因这些人入号时已经学成生意，直接充任店员，不用再经学徒阶段；或是因这些人与东家有着特殊关系。

二 店员、学徒与司务

五金商铺的普通职工被称为店员，也有的称伙计、铺伙、店伙、商伙、伙友等①，承担日常业务工作。有关店员的所指范围多有差异，据《中国商业百科全书》载，店员是商业企业中的雇佣劳动者，旧时商号中的伙计为近代店员的前身。根据店员在企业中所处的地位和工种的不同，可分为若干等级，大体上有高级职员、营业员（伙计）、司务、学徒（练习生）等。高级职员包括会计、跑街、柜头、进货助手等。营业员是店员中的主体，主要从事销货业务，旧称伙计。营业员有一定的业务知识，技术熟练，劳动强度也大，一般占企业从业人员的50%—60%。② 这说明

---

① 参见北京市档案馆《五金业会员调查表》，档号87-23-17，1942年。
② 张其洴等主编：《中国商业百科全书》，第83页。

店员是指除经理之外的铺内从业人员。而在五金同业公会的相关档案（参见表 2-1）记载中，店员的所指范围与此有一定差异，五金业店员主要有以下六种情况：第一种店员既包括经理或掌柜，又包括伙计、学徒与厨役，即指商铺内全体从业人员。如德隆号的店员 11 名，其实这 11 名店员是经理、副理、店员、学徒等人员的总和，即所有从业人员皆为店员。第二种店员指除经理之外的店内人员，如聚和泰从业人员 19 人，包括掌柜、店员两部分，显然，店员中不包括经理或掌柜，经理之外的司账、营业员、跑外、学徒、厨役等人皆可为店员。再如三益泰、义丰长等也是这种情况。第三种店员指除经理、学徒之外的铺内人员，如万和成从业人员 16 人，包括经理、副理、店员、学徒四部分，显然，店员中不包括经理、副理、学徒人员。又如全祥义、合发长等商铺也同此情况。第四种店员仅指除经理或掌柜、厨役之外的人员，如万丰泰从业人员 21 人，包括经理、副理、店员、厨役四部分，这么大的商铺，不可能没有学徒和司账、跑外等人，显然，店员中包括了除经理、厨役之外的司账、营业员、跑外、学徒等人。他如广聚兴、信昌、万庆公、万德新、裕丰号等商铺也属此类。第五种店员是除经理、学徒、厨役之外的铺内人员，如鸿昌德从业人员 28 人，包括经理、店员、学徒、厨役四部分，显然，店员中不包括经理、学徒、厨役人员。又如泰昌祥、万庆成、万庆和等亦是。第六种店员所指范围更小，专指营业员，与司账、跑外、学徒等并列，如万丰德从业人员 17 人，包括经理、店员、司账、跑外、学徒五部分，显然，此处店员仅指营业员。再如广聚丰、玉顺和、源隆华记、复聚成等商铺亦属此类。以上五金行六种店员范围的出现，主要是时人对店员的认识与理解不同造成的。对店员范围的认识，1927 年 7 月 2 日《汉口民国日报》载，"店员从广义言之，凡在商店内作工而取得工资者，无论其为股东或大公司之经理，均得谓之店员，唯武汉店员，即凡有股本的都属店东，不在店员之列"，店员成分主要包括"〈一〉在职店员，不包括股东经理在内，〈二〉司务，有技艺之熟练工人，〈三〉学徒，〈四〉外班，□似码头工人，而为店中所经常雇佣者"。[①] 这说明广义的店员包括经理，狭义的店员包括在职店员、司务、学徒等，但不包括经理；这当中还有更狭义的店员，就是在职店员，即营业员，不包括股东、经理、司务、学徒等在内。这当中，广义的店员与北京五金行的第一种店员范围相同；狭义的店员与北京五金行的第二种店员范围相同，并与《中国商业百科全书》中店员范围

---

① 《武汉店员概况》，《汉口民国日报》1927 年 7 月 2 日。

也相同；更狭义的店员，即在职店员，与北京五金行的第六种店员范围相同。此外，汉口五金业店员的通常所指的范围也与北京五金行的第六种店员范围同，因据1927年7月7日《汉口民国日报》载，武汉店员总工会对第七分会（金银、五金、铜铁）的店员进行过统计，有"店员七五八人，学生三九七人，司务二二二人，女工无，共计一三七七人"。① 很显然，总工会统计的店员是专指在职店员，不包括学徒、司务。这应该是最常见的一般情况下的店员范围。另外，邓亦兵的研究也为我们研究店员的范围提供了佐证，邓认为"伙计实际是泛指经营业务的人，并非专指合伙人的意思"。②

综合北京五金行店员的以上六种情况，并结合《中国商业百科全书》、汉口五金业的情况，我们将店员界定为包括司账（又称写账、记账、先生）、营业员、送货员、推销员、跑外（又称走街）、交际员等与铺内业务直接相关的除经理、学徒、厨役以外的从业人员。由于五金业是新兴行业，所以店员中分工较细：有专门的推销员、送货员，如天兴顺有推销员4人，天益公有送货员1人，同义德3人；有的商铺还有专门的外柜、外交、交际员，如玉顺恒、复聚成等有外柜1人，同义德有交际员3人，广泰成有外交3人。

店员一般来源于本店学徒期满后的转化，当然有时因业务所需，商铺也接收一些本业其他商铺的店员，但这些店员一般要找保人或铺保担保方可被接收。商业店员与产业工人不同，他们不是由于在农村破产才到城市找寻工作的，相反，他们绝大部分是中农以上的成分，在农村中还比较过得去。③ 店员的食宿由各商铺供应，平时不得随意外出。由于多数商铺实行人力入股制度，所以店员又分为有人力股的店员和无人力股的店员两种，这样，参与分红的人力股制度与雇员性质的店员制度并存。不过，无论哪种店员，一般与铺东、掌柜之间普遍存在"三缘"，即血缘、亲缘、地缘关系，亦谓同乡或亲属关系，这是雇佣劳动关系之外的另一种人的关系。这在上面对经理或掌柜来源的地域性特征中业已得到证明，因为那些经理也是由店员提升而来，这些店员有些以后也会成为经理。不过，上面的证明只是总体情况，我们再以某一商铺的店员籍贯情况进一步进行分析（详见表2-3）。

---

① 《武汉店员总会之统计》，《汉口民国日报》1927年7月7日。
② 邓亦兵：《清代前期的商业资本》，《首都师范大学学报》（社会科学版）1999年第5期。
③ 北京市档案馆：《中华全国总工会政策研究室关于北京市私营商业调查材料前门区五金、百货纸张批发商中心商店、家庭店调查部分》，档号39-1-567，1955年。

表2-3　　　　　1928年万庆成五金行众伙友家庭通信地址统计

姓名	籍贯地址	统计（人）	占比（%）
张翰桐	枣强县张家郝村	枣强县4人	40
傅钟钰	枣强县傅家雨淋沼村		
崔熙桐	枣强县崔村铺村		
刘立柱	枣强县刘家庄村		
戴报栓	深县城西南磨头镇太左庄交祥瑞昇	枣强附近县4人	40
蔡欣波	深县西景明村　仁寿堂药局		
白守信	新河县城内，交福和兴转白神首村		
马润田	肃宁县城南紫里村中街		
樊金钰	京西良乡县东关	北京周边县2人	20
王燕	京北昌平县上念头村		
合计		10	100

资料来源：北京市档案馆：《万庆成五金行》，档号J85-1-16，《众伙友支使老账》，1928年。

表2-3显示，万庆成五金行商店中的伙友共10人，其中4人来自枣强县，而这正好是万庆成掌柜的故里；2人来自深县，1人来自新河县，1人来自肃宁县，而这3县恰是枣强附近邻县；2人来自北京周边县，而北京是万庆成商店所在地，周边县的商人或其他身份的人离京较近，在京谋生或供职者也肯定较多，有的可能就是万庆成的熟人或是万庆成有所求的人，所以就有了推荐店员或学徒的面子。种种迹象表明，万庆成的伙友来源构成富有极强的地域性，正宗老乡占总人数的40%，准老乡占40%，北京周边县的所谓"地主"占20%。伙友与铺东、经理的这种普遍性的特殊关系，主要是管理者出于对乡邻亲戚知底细、用着顺手等原因。这种关系在一定程度上可能会使商铺的人才更新缓慢，效率低下，不利于形成店内公平公开的竞争精神。20世纪30年代有人对此进行了一针见血的讽刺："不管你怎么样目不识丁，山村俗子，性情鲁暴，仪貌缺整……只是你肯牺牲工资的低廉，或有情面上的帮忙，这一点小小的售货，总可弄到手的。"[1] 这些描述，看似有点夸大，但确实道出了当时某些商铺在招收店员方面的欠缺之处。鉴于此，时人呼吁商店要重视售货员的人选，并提出十大标准：外表、和气、正直、敏捷、机智、声调、殷勤、健康、普通

---

[1] 《商人常识——选择售货员的十大标准》（一），《北平晨报》1931年1月9日。

常识、贩卖心理学。① 值得注意的是，尽管五金商铺店员的地域性特征非常浓重，但也不一定就是商铺发展的严重障碍。相反，在特定的历史时期，这种用传统纽带来维系的圈子具有雇用职工的低成本、易找、好管理、稳定性强等优点，不仅在一定程度上利于保持商铺人员的相对稳定，而且利于形成东伙齐心协力、共谋商铺发展的积极局面。

五金商铺的店员除上述标准外，还要具有一定的文化知识与年龄要求（详见表2-4）。

表2-4　　　北京五金商铺店员年龄结构、教育程度统计　　（单位：人）

商铺总数 90	店员总数	店员年龄结构					教育程度			
^	^	15—20岁	21—30岁	31—40岁	41—50岁	51—60岁	大学	中学	小学	无
恒兴义	7	3	0	0	4	0			7	
全祥义	20	10	5	1	3	1	留学东洋1		19	
正兴忠	10	7	1	1	1	0			9	1
同义德	15	9	5	0	1				15	
万庆和	10	3	4	2	0	1			10	
万和成	20	6	6	4	2	2			20	
万庆成	22	7	9	3	2	1			22	
三益泰	24	8	5	4	5	2			24	
万丰泰	22	6	6	4	2	4			22	
万丰德	12	6	3	2	1	0			12	
万丰顺	6	3	1	0	2	0			6	
广聚兴	25	11	7	7	0	0			25	
仁记	8	4	1	2	1	0			8	
义丰长	28	15	8	4	1	0			28	
亿昌	16	7	5	2	1	1			16	
万德新	17	9	6	1	1	0			17	
鸿兴永	14	4	5	3	1	1			14	
华泰	8	4	3	1	0	0			8	
信昌	18	9	4	1	1	3			18	

---

① 《商人常识——选择售货员的十大标准》（一），《北平晨报》1931年1月9—16日。

续表

商铺总数 90	店员年龄结构						教育程度			
	店员总数	15—20岁	21—30岁	31—40岁	41—50岁	51—60岁	大学	中学	小学	无
成记	4	1	2	0	1	0			4	
合计	306	132	86	42	30	16	1	0	304	1
指数	100	43.14	28.1	13.73	9.8	5.23	0.33	0	99.35	0.33
行业总人数	1237	597	335	174	92	39	1	0	1232	4
指数	100	48.26	27.08	14.07	7.44	3.15	0.08	0	99.6	0.32

注：表中店员人数中包括了学徒、店员、经理等所有从业人员。
资料来源：北京市档案馆：《五金业委员会会员名册和店员数调查表》，档号87-23-14，1941年。

表2-4选取了五金业内较具代表性的大、中、小商铺20家，大商铺一般10人以上，中等商铺一般8—10人，小商铺一般4—7人。店员人数最多的是义丰长28人，最少的是成记五金行只4人。无论商铺店员总人数多与少，总体上看30岁以下青壮年店员占总人数的70%以上，这主要和五金商铺所售货物的性质有关；30岁以上的还占不到店员总数的30%，而这30%的人员可能基本上皆是领导层，这在上面对初任经理时的年龄平均为33岁的论述中已得到了证明。30岁以下青壮年中，15—20岁的人员所占比例最高，达43%以上，这里面学徒应该占主要部分，说明五金商铺大量使用学徒这种廉价劳动力进行廉价劳动的事实。从教育程度来看，99%以上的店员是小学文化，受过高等教育的只1人，不识字的也只1人。尽管绝大多数店员只有小学文化，但当时也出现了一种可喜的现象，即业内已经出现一位留学东洋归来的大学生在全祥义工作，不管其是普通店员还是领导层，都可在一个侧面说明五金业内对人才的引进趋势与业内需要有一定文化基础之人的事实。也就是说，在五金业内，由于专业性较强，无文化根底的人很难在此业内长期工作。1939年一位业内资深专家曾感慨于斯，叹道："五金种类繁多，价格不一，虽有充足之脑力，然难以一一记忆，此工特初习斯业者，茫无头绪，即老于此途者，亦未必完全明了。"[①] 专家既然感慨如此，可以想象，如果业内店员不识字，也就将无法识别与记忆这繁杂的商品。这种现象在上海及全国各地五金业内皆不同程度地存在。上述分析只是就表中所列五金商铺店员情况而言，如果就整个北京五金业来说，其程度与此大体相似，只是15—20

---

① 《五金手册》，上海南衡社1939年初版，1951年32版，序言二。

岁的年青店员所占比例要高出上述分析数据5%，可见，整个行业使用学徒劳动的普遍性更高一些，同时也说明五金业对从业人员的年龄有一定要求。

五金行由于营业较为稳定，利润较高，所以一般不会任意开除店员，除非店员所犯错误性质恶劣。开除店员一般是在端午、中秋、年节办理，尤以旧历年节对店员进行考核后最为常见。当然，店员平时如果触犯铺规犯下大错，也可随时被辞退，如1924年8月11日、21日华泰五金行先后两次失火，铺东遂将铺掌、店员及相关学徒全部辞退。① 如店员涉及经济问题，除立即辞退外，还要找保人或介绍人赔偿或作证，如前述万丰顺五金行店员刘治森于1939年因"偷支暗使及暗借使外人款项之过"被辞退，同时找"中人李瀛洲、张喆生、张英斌、张德臣作证"②，以绝后患。不管店员是自辞或被辞，如果在铺内预支过款，一般都要将账算清；如其在铺内有人力股，一般还要找商铺厚成。自辞的如万丰泰的刘江同"只因家中无人，不能久在外佣工，账下情愿辞柜出号，当将身力股五厘裁去，所有津口分号以及各连号所余之厚成一切，笔下一律找清"。被辞的如于春长"只因东伙意见不合，账下被辞出号，当将身力股八厘裁去，所有津口分号以及各连号所余之厚成一切并长支短欠，一律笔下算清"。③ 事实上，商铺要立于不败之地，掌柜对那些不守铺规、服务态度差、损害商铺信誉等影响商铺发展的店员应该决不姑息，只有这样，才能吐故纳新，吸取新鲜血液，增强商铺生存的能力。

总之，五金商铺的店员是商铺从业人员的主要组成部分，不仅在带领学徒劳动与学习方面有一定积极作用，而且有些骨干店员还成为经理、副理的后备人选，是商铺发展的主要依靠力量。

学徒，从师学艺的劳动者。中国旧时商号的学徒，俗称"文场"。学徒拜店主和掌柜为师，称先生，自称学生。学徒年限一般为3年，学徒要有一定文化和家底，学徒进店要有店主或掌柜的亲朋或有名望者介绍，商人子弟在同行业中常互相介绍为学徒。学徒一般没有工资，店主只供应伙食，逢年过节可能有一点节赏。④ 北京五金商铺的学徒基本上也是这样。

---

① 北京市档案馆：《京师警察厅外左一区分区表送华泰五金行不戒于火形甚可疑将张锡寿等解请讯办一案卷》，档号J181-19-42841，1924年。
② 北京市档案馆：《万丰顺五金行》，档号J203-1-3，《万丰顺万金老账》，光绪十四年（1888）三月十五。
③ 北京市档案馆：《万丰泰五金行》，档号J88-1-2，《万金老账》，光绪十二年（1886）立。
④ 张其洴等主编：《中国商业百科全书》，第83页。

到抗战时期有的商铺学徒改称练习生,如万庆成、鸿昌德、永丰泰、同和祥等,而积兴号则是学徒与练习生并存,且学徒人数是练习生的5倍,说明此铺学徒称呼处于向练习生转化时期。在所有从业人员中,店员与学徒人员的比重较大。一般是店员多于学徒,不过,有的商铺学徒人数已超过了店员,如同和祥的练习生人数为6人,而伙友、司账、外交共4人,练习生多于店员2人。又如天增义学徒9人,而司账与推销员共5人,学徒多于店员4人。学徒的增多,不仅为商铺提供了最廉价的劳动力,而且为商铺的发展准备了专业人才。

此外,五金商铺中还有一种类似厨役之类的勤杂工,即司务,担负着企业中一切繁重的杂务工作,他们在企业中属于最底层。① 商铺店员人数在10人以上者一般都有厨役,多数只有1人,10人以下的商铺雇用厨役的不多见,当然也有,如余兴诚只有7名从业人员,也雇用1名厨子。

综上,北京五金行商铺内部从业人员主要有铺东、掌柜、店员、学徒、司务五部分。店员、学徒与铺东、掌柜之间普遍存在"三缘"关系,这是雇佣劳动等经济关系之外的另一种人的关系,尽管这种传统因素的历史延续性非常浓重,但也不一定就是商铺发展的障碍,为此,法国著名的中国史专家白吉尔曾指出:"家族的团结和同乡的忠诚是新兴资产阶级赖以发展的基础,同时也是中国社会组织的基石。这些难能可贵的东西并不为现代经济部门的精英们所特有,然而他们已经清楚地懂得如何利用这些传统的遗产来为经济发展新目标服务。"② 由于五金商铺多由以前的旧铁铺嬗变而来,因袭成分较多,这就促使该业不时变革,与时俱进,并与市政建设、洋货贸易紧密相连,同时向上海等兄弟城市学习,团结同业共同发展。

第二节 职业教育:以学徒制为代表的廉价用人机制

旧时一般工商业中对于学艺的徒工,手工业称学徒,商业称学买卖的。通常情况下,学买卖的要比工业、手工业学徒的地位高一些。③ 南方

---

① 张其泮等主编:《中国商业百科全书》,第83页。
② [法]白吉尔:《中国资产阶级的黄金时代(1911—1937)》,张富强、许世芬译,上海人民出版社1994年版,第157页。
③ 高叔平:《旧北京典当业》,中国民主建国会北京市委员会等编《北京工商史话》第一辑,中国商业出版社1987年版,第125—126页。

一些地区称为学生意,也有人尊称为"小伙计"。① 为便于叙述,本书将其通称为学徒。

中国的学徒制兴起于奴隶社会,发展完善于封建社会,是"中国古代职业教育中时间保持最长也是最为普遍、受教育者人数最多的一种教育形式"。② 这是因为"中国素来以农立国,向以工商二业为下等阶级。其于商人训练之法,以收集学徒为唯一门径"③。近代以来,"商事尚无学堂,必须投入商号学习。故各种商号皆收徒弟"④,这种传统职业教育机制得到了一定程度保留,其对学徒招收数量的限制被突破,这是传统学徒制度在近代变迁中的关键环节,使学徒群体成为能与一般工人、店员同等工作而薪资更低的廉价劳动力。⑤ 有关学徒制的研究,近年来取得一定成果⑥,不过,这些成果不是集中于学徒制的某一方面,就是过于零碎,不能较为全面地对其进行集中论述,且有关北京商铺尤其是北京某一行业商铺学徒制的研究几成空白。这里主要对北京五金商铺学徒的选择标准、学徒比重、待遇及对商铺的积极作用与消极影响等方面进行论述,指出其因袭传统与改革创新的特色之处,从而丰富并深化对学徒制的认识,同时为当今大批农民进城顺利实现职业角色转变提供借鉴。不妥之处,请方家指正。

一 学徒的择选标准

学徒制度是北京商铺内部劳动组织的基础,多数商铺大量使用学徒劳动,是其中最廉价的劳动力。据1933年《北平晨报》载"平市人口众

---

① 齐大芝:《近代中国商号内部结构的等级系统问题初探》,《北京社会科学》1994年第2期。
② 芮小兰:《中西方学徒制的比较及启示》,《教育前沿》2008年第10期。
③ 赵靖:《穆藕初文集》,北京大学出版社1995年版,第201页。
④ 彭泽益:《中国工商行会史料集》,中华书局1985年版,第527页。
⑤ 彭南生、严鹏:《试论近代工商业学徒对中国早期工业化的影响》,《徐州师范大学学报》(哲学社会科学版)2007年第4期。
⑥ 彭南生、严鹏:《试论近代工商业学徒对中国早期工业化的影响》,《徐州师范大学学报》(哲学社会科学版)2007年第4期;李忠、王筱宁:《学徒教育在底层民众实现社会流动中的方式与作用——以近代学徒教育为例》,《大学教育科学》2008年第2期;殷俊玲:《晋商学徒制习俗礼仪初考》,《山西大学学报》(哲学社会科学版)2005年第1期等文章对学徒在早期工业化、礼仪、教育等方面进行了集中论述。此外,还有一些著作对学徒制进行了零星论述,如齐大芝:《近代中国商号内部结构的等级系统问题初探》,《北京社会科学》1994年第2期;彭泽益:《民国时期北京的手工业和工商同业公会》,《中国经济史研究》1990年第1期;中国科学院经济研究所等编:《北京瑞蚨祥》,生活·读书·新知三联书店1959年版;上海百货公司等编著:《上海近代百货商业史》,上海社会科学院出版社1988年版;上海社会科学院经济研究所主编:《上海近代五金商业史》,上海社会科学院出版社1990年版。

多,商店林立。……平市商店学徒,占全市人口十分之二。仅平市及四郊,共有学徒31400余人"①。不同行业的商铺对学徒的要求与选择标准不尽一致,不过,一般着眼于学徒的籍贯、年龄、文化程度、家境出身及举荐人资历等方面。就五金行而言,由于该业属新兴行业,所经营五金商品需要业务上的技术性较强,又有和顾客之间的经常往来关系,因此店方要求从业人员既要有业务上的知识技能,还要手腕灵活,善于交际。这就要求店内高级人员至一般职工,大都是行业学徒出身,非本业学徒出身的从业人员为数甚少。学徒主要在工作实践中学习五金商品知识以及业务经营方法。这样,五金行业吸收学徒的要求就比一般行业高些,特别是五金、钢铁商业,如在中国五金业龙头的上海,五金行学徒通常要有高小或初中文化程度,年龄在十六七岁。②北京五金行对学徒的籍贯、年龄及文化素质、出身等方面也有一定要求,并具有了某些自身特色。

首先,学徒的籍贯是一些商铺选择学徒的一大标准,因为当时五金行的出资人与从业人员的地域性非常强,很多学徒与资方的关系多是非亲即故或同乡,同乡共籍是当时商界选择学徒时所遵循的一条主要规则(见表2-5)。

表2-5　　11家五金商铺45名学徒籍贯、文化程度统计

姓名	年龄(岁)	所属商铺	籍贯	文化程度
赵贵才	18	万和成	冀县	私学5年
李映江	15	和记	山西忻县	小学
吉玉珂	17	和记	束鹿	小学
吴占和	19	和记	衡水	小学
李元义	17	和记	枣强	小学
南金凯	15	和记	枣强	小学
刘书绅	17	和记	景县	小学
王进朋	20	义聚隆	冀县	小学
刘庆福	18	义聚隆	枣强	小学
裴世达	16	义聚隆	枣强	小学
王连凯	15	义聚隆	衡水	小学
颜设俊	17	双泰山铁庄	枣强	小学

---

① 《北平的商店学徒,苦头多于甜滋味》,《北平晨报》1933年12月11日。
② 上海社会科学院经济研究所主编:《上海近代五金商业史》,第109页。

续表

姓名	年龄（岁）	所属商铺	籍贯	文化程度
王新双	17	双泰山铁庄	枣强	小学
于存江	16	双泰山铁庄	枣强	小学
王鸿恩	20	源隆华记	冀县	小学
戴保童	17	源隆华记	深县	小学
赵凤吉	21	天益公	衡水	小学4年级
王云坤	17	天益公	枣强	小学3年级
边仲轩	16	天益公	枣强	小学3年级
高世兴	15	天益公	枣强	小学3年级
刘石玉	16	天益公	故城	小学4年级
陈占周	18	万庆成	枣强	小学
张殿维	17	万庆成	枣强	小学
张玉绅	15	万庆成	枣强	小学
乔长根	16	万庆成	枣强	小学
亶存领	17	义丰号	故城	小学4年级
刘春坡	17	义丰号	冀县	小学4年级
李锡中	19	万丰德	枣强	小学
李俊尧	16	万丰德	枣强	小学
史以振	17	万丰德	枣强	小学
桂增动	17	广聚丰	冀县	小学2年级
张庆花	17	广聚丰	枣强	小学2年级
刘荣祥	18	广聚丰	深县	小学2年级
李恒德	18	广聚丰	武邑	小学3年级
郑芳连	19	广聚丰	衡水	小学2年级
司鸿动	18	庆顺盛	冀县	小学3年级
李书栋	19	庆顺盛	衡水	小学3年级
常秋普	18	庆顺盛	冀县	小学3年级
步其绍	17	庆顺盛	枣强	小学2年级
黄英泉	17	庆顺盛	冀县	小学2年级
翟福起	18	庆顺盛	束鹿	小学3年级
崔双柱	17	庆顺盛	冀县	小学2年级
王世昌	18	万庆和	枣强	小学
张书波	17	万庆和	枣强	小学

续表

姓名	年龄（岁）	所属商铺	籍贯	文化程度
宋鸿昌	17	万庆和	南宫	小学
平均年龄	17.24			

资料来源：北京市档案馆：《五金业会员调查表》，档号87-23-17，1942年。

表2-5中，共11家商铺，45名学徒，从各学徒籍贯看较为集中，大多集中于河北省枣强县或枣强周边县，即当时冀州所辖县区。为便于研究，我们将表2-5简化为下表（表2-6），并用1955年的统计数据与其进行进一步印证。

表2-6　　1942年与1955年部分五金商铺学徒籍贯统计　　（单位：人）

年份		枣强	冀县	衡水	武邑	南宫	新河	深县	束鹿	保定	威县	肃宁	景县	安国	其他各地	合计
1942	人数	21	9	5	1	1		2	2				1		3	45
	指数	46.67	20	11.11	2.22	2.22		4.44	4.44				2.22		6.67	100
1955	人数	132	30	6	2	3	1	1	5	2	1	2	2	2	15	204
	指数	64.71	14.71	2.94	0.98	1.47	0.49	0.49	2.45	0.98	0.49	0.98	0.98	0.98	7.35	100

资料来源：北京市档案馆：《五金业会员调查表》，档号87-23-17，1942年；《中华全国总工会政策研究室关于北京市私营商业调查材料前门区五金、百货纸张批发商中心商店、家庭店调查部分》，档号39-1-567，1955年。

表2-6中，籍贯是枣强县的学徒人数所占比例最大，1942年占到总人数的近50%，1955年则高达约65%；其次是冀县，分别是20%、约15%；再次就是衡水，其他县区所占比重较小。1955年数据不仅从一定程度上为20世纪40年代初之前五金行学徒来源的地域性特征给予进一步印证，而且还说明1955年学徒的地域特征较前趋强。枣强县学徒之所以最多，如上章所述，北京五金行的老字号多是枣强人所开，且经理也多是枣强人，经过多年的业内繁衍，枣强籍人开设或经营的大小五金店在北京五金业内占绝对多数①，所以枣强县的学徒就比较多。又由于枣强自清代起属于冀州辖，而冀州，"从狭义的范围说，是指明朝设置的，至清雍正二年（1724）又改为直隶省的冀州，辖今冀县、衡水、武邑、枣强、南宫、新河六县；从广义的范围说，除上述六县外，还包括深州及其所属各县，即深县、武强、饶阳、安平、束鹿。故又称为深、冀州帮"。② 这样，枣强与其邻县青少年出于地缘关系来京五金行学徒的就较多，如果按广义

---

① 详见"本章第一节一、铺东与掌柜（或经理）"部分。
② 王槐荫、刘续亭：《天津工商业中的冀州帮》，《天津文史资料》第32辑，第120页。

冀州来讲，冀州籍学徒则占到学徒总人数的90%以上；如按狭义冀州来讲，冀州籍学徒也占到80%以上。这表明，学徒和资本家之间除了师徒关系之外，绝大多数还有同乡关系，有些亦有亲戚关系，外行人不易闯入。据1955年同业公会对259名五金商铺从业人员的调查结果显示，与资方是同乡关系的有204人，亲戚关系的有37人，朋友关系的17人，师生关系的1人，间接介绍的无，其中，同乡关系的最多，占总人数的79%，亲戚关系的占近15%，朋友关系的占近7%，师生关系的仅占不到1%。① 这表明，因同乡关系入五金行当学徒的最为普遍，其他各种关系虽然比例偏小，但与资方也是非亲即故，于是造成了商铺所招学徒具有很强的地域性。由于五金行的店员也多源于本业学徒，所以此结论与对店员籍贯的研究结论是一致的。当然，五金业以枣强人为最多。

其次，五金商铺对学徒的文化程度也有一定要求，不识字、没念过书的一般不予录用。这主要是由于"五金种类繁多，价格不一，虽有充足之脑力，然难以一一记忆，此工特初习斯业者，茫无头绪，即老于此途者，亦未必完全明了"，以致一些业内专家也对"各种表格，勉强附会，多有未臻完全之处"。② 这足以说明五金业的专业性非常强，没有一定文化功底的很难从事此业。

表2-5中所列45名学徒皆为小学文化，无一是文盲，小学二年级的共7人，三年级的8人，四年级的4人，五年级的1人，分别占总学徒人数的约15.56%、17.78%、8.89%、2.22%。这些是明确记载该学徒上到几年级的情况，四年级以上的学徒数所占比例过低，然而，档案未写明几年级，只笼统登记为"小学文化"的共25人，占总人数的近56%。这25人中，是小学毕业，还是曾中途退学，我们对此不好妄言。不过，据笔者推测，这25人应该是小学未毕业，至少部分是，否则在上述登记表中是应该写清楚的，因为其他人员明确写着"小学三年"等字样。这说明当时一些人为证明自己曾有的文化程度尽可能地写详细；也有些人由于曾经上过学，但中途可能又退学，所以就写得较含糊，不愿让外人知道他到底上过几年学。因为在当时，谁上学时间长，谁的文化水平高是倍受人尊重的。又据王者香介绍，"来万丰泰五金行学买卖的人，都小学三、四

---

① 北京市档案馆：《中华全国总工会政策研究室关于北京市私营商业调查材料前门区五金、百货纸张批发商中心商店、家庭店调查部分》，档号39-1-567，1955年。
② 《五金手册》，序言二。

年级"①。总之，五金商铺的学徒一般上过学，有一定文化功底，具备进店学生意的基本条件。另据1941年对1237名店员的调查，小学文化的占99.6%，中学的无，大学文化的不到0.1%，无文化的0.3%。②当初调查时所指店员既包括经理、伙计，也包括学徒，又由于这些经理、伙计一般都有过学徒阶段，也就是说，不管当时是学徒，还是数年前是学徒，总之，一般都上过小学，即有一定的文化功底。尤其对于从有经商传统的冀州、枣强一带出来的学徒更是如此。天津五金同业也基本如此，如枣强县人邸玉堂，"出身于商人家庭，父亲和叔父都是商人。幼时上过几年私塾，又上过几年小学。其上学的目的就是为将来经商作准备，学会记账的本事"。③

如果将五金业学徒的文化程度与专业性更强的北京文物业学徒相比，则显得稍有逊色。据文物业14名经理人的资料显示，他们初为学徒时文化水平最高的是初中一年级，仅1人，最低的是私塾3年级，亦为1人；念过私塾的共7人，私塾5、6、7年级的各为2人，私塾3年级的1人，占总人数的50%；有两人只写小学文化，还有两人分别登记为公立小学和村立小学④，所以尚无法判断他们是小学毕业还是中途退学。不过，上述资料至少表明两点，一是文物业学徒的文化程度要稍高于五金业，这是由于文物业的专业性较五金业更强所致；二是文物业学徒一般家境较为富裕，毕竟那时能上私塾的是少数，多数穷苦人家的孩子是上不起学的。一般情况下，能上学和能上几年学与家境的富裕程度有很大关系。不过，五金业学徒的平均文化程度如果与饮食、鞋帽、服装、旅馆等对学徒文化水平无太高要求的行业学徒相比，可能要高一些。当然，北京五金行学徒文化程度与前述上海五金行学徒相比也有差距，因为上海同业学徒通常要有高小或初中文化程度，这主要由于北京五金业规模远比不上上海，相应对学徒的文化要求也就稍低。

再次，五金商铺对学徒的年龄也有一定要求。行业不同，对学徒的年龄规定也有差异，近代学徒"年龄最小者，类自十一二岁以上，大不过十七八岁以下"⑤，有学者认为学徒进店时大都是13—14岁⑥，甘博认为

---

① 王者香：《北京万丰泰五金行》，中国人民政协河北省枣强县委员会文史资料委员会编《枣强县文史资料》第9—10辑，第266页。
② 北京市档案馆：《五金业委员会员名册和店员数调查表》，档号87-23-14，1941年。
③ 邸玉堂：《我是怎样发家致富的》，《天津文史资料》第32辑，天津人民出版社1985年版，第155页。
④ 北京市档案馆：《1953年外贸文物业委员名单简历章程历史沿革》，档号87-41-25。
⑤ 彭泽益：《中国工商行会史料集》，中华书局1985年版，第527页。
⑥ 齐大芝：《近代中国商号内部结构的等级系统问题初探》，《北京社会科学》1994年第2期。

学徒年龄是 14—15 岁①。以上观点并未区分工业学徒与商业学徒,工业学徒年龄可能要比商业学徒稍小一些。笔者统计表 2-5 中的 11 家商铺 45 名学徒的平均年龄为 17.24 岁,其中 15 岁的 5 人,16 岁的 6 人,17 岁的 18 人,18 岁的 9 人,19 岁的 4 人,20 岁的 2 人,21 岁的 1 人。如果按学徒期限为三年零一节算的话,这些学徒当时已是入店学生意的第 1—3 个年头,这样上述数据则折算为:初为学徒时的年龄 12—14 岁的 5 人,13—15 岁的 6 人,14—16 岁的 18 人,15—17 岁的 9 人,16—18 岁的 4 人,17—19 岁的 2 人,18—20 岁的 1 人。此数据至少表明以下两点,一是初为学徒的年龄存在十七八岁的,已占到学徒总数的 13%,而非"大不过十七八岁";二是初为学徒的年龄 14—16 岁的最多,占总人数的比重已达 40%,15—17 岁的次之,占总人数的 20%。为进一步证明此结论,笔者又对部分五金商铺学徒初入店时的年龄进行统计如下(表 2-7)。

表 2-7　　　　　　　部分五金行学徒初入店时的年龄统计

姓名	籍贯	所属商铺	出生年份(年)	初入号学徒时			所在商铺
				年份(年)	年龄(岁)	文化程度	
朱玉峰	冀县	广聚兴玉记	1901	1916	15	小学 5 年级	天增义
邹震寰	枣强	万丰顺	1917	1932	15		万丰顺
张树棠	枣强	万丰泰	1884	1899	15		万丰泰
张鉴塘	枣强	万丰泰	1888	1904	16		万丰泰
贺书森	枣强	万丰成	1898	1914	16		万丰成
李玉振	枣强	万庆成	1886	1902	16		万丰泰
张树梧	枣强	志和顺	1920	1939	19		志和顺
刘英魁	束鹿	复兴隆	1908	1925	17		复兴隆
徐通域	冀县	祥盛德	1902	1918	16		祥盛德
许福堂	枣强	万盛铁号	1918	1934	16	小学 3 年级	万盛铁号
吴景周	枣强	万盛铁号	1924	1941	17	小学 4 年级	万盛铁号
江德谦	枣强	开泰恒	1906	1923	17		同义德
李节臣	束鹿	义丰长	1904	1919	15	小学毕业	义丰长
马头荣	衡水	义丰长	1910	1926	16		义丰长
郑甲臣	霸县	聚和泰	1910	1926	16		鸿昌德

---

① [美] 步济时:《北京的行会》,赵晓阳译,清华大学出版社 2011 年版,第 139 页。

续表

姓 名	籍贯	所属商铺	出生年份（年）	初入号学徒时			所在商铺
				年份（年）	年龄（岁）	文化程度	
李炳刚	束鹿	万庆公	1920	1937	17	高小毕业	万庆公
王星臣	枣强		1895	1911	16	小学3年级	来京铁行
王万柱	枣强		1887	1909	22	小学4年级	来京铁行
平均年龄					16.5		

资料来源：北京市档案馆：《万庆成五金行》，档号22-7-644，1951年；《万丰泰五金行》，档号22-7-457，1951年；《广聚兴五金行》，档号22-4-539，1951年；《庆德成五金行》，档号22-7-308，1952年；《万庆公天记五金行》，档号22-4-714，1952年；《义丰长五金行》，档号22-7-305，1953年；《聚和泰五金行》，档号22-7-302，1954年；《万丰顺五金铺》，档号22-4-564，1951年；《万丰成铜铁工具店》，档号22-4-571，1951年；《万和成铁行》，档号22-4-212，1951年；《庆顺和五金工具行》，档号22-9-327，1950年；《复兴隆五金行》，档号22-7-499，1952年；《北隆和五金行》，档号22-4-763，1951年；《万德新五金行》，档号22-4-854，1952年；《振兴隆铁庄》，档号22-4-872，1951年；《开泰恒五金行》，档号22-7-281，1951年；《祥盛德五金行》，档号22-7-367，1952年；《万盛铁号》，档号22-4-872-3，1952年；《五金业营业状况报告书及会员异动》，档号87-23-7，1935年；《五金业委员会员名册》，档号87-23-13，1940年。

表2-7中，18名学徒平均年龄16.5岁，15岁的4名，16岁的8名，17岁的4名，19岁、22岁的各1名，分别占总人数的22%、44%、22%、5%。这样，结合上面的结论，我们认为学徒初入店号的年龄一般是14—17岁，15—16岁为最多，小于14岁或大于等于18岁的虽存在，但为数较少。如1936年2月全聚德介绍某人来北京万丰泰学生意，"岁约有20余岁之谱，京看用着不正相宜，京打算试一二日即与该送回"。① 也就是说，由于全聚德介绍的学徒岁数稍大，不适宜在五金行学生意，而万丰泰又碍于介绍人的情面，所以试用两天就辞退。可见，学徒的年龄是当时五金商铺选择学徒的主要标准之一。另外，1955年对北京五金行的调查结果显示："这些店员和资本家都是非亲即故或同乡，在十五六岁就来到北京学这行买卖。"② 这也间接对上述结论给以辅证。又如，天津五金同业的邸玉堂，出身商人世家，15岁时（1915年）从枣强老家到天津，入五金行业学生意，曾两度被辞。17岁（1917年）时又在裕庆隆五金行学生意。③ 邸玉堂是北京五金业内资深人士邸

---

① 北京市档案馆：《万丰泰五金行》，档号J88-1-112，《天津、张垣各联号通信底账》（京字第11号信），1936年。
② 北京市档案馆：《中华全国总工会政策研究室关于北京市私营商业调查材料前门区五金、百货纸张批发商中心商店、家庭店调查部分》，档号39-1-567，1955年。
③ 邸玉堂：《我是怎样发家致富的》，《天津文史资料》第32辑，第155页。

占江的侄子，又是经商世家，多大岁数外出学五金买卖最为合宜，其父、叔心里最清楚。

如果将五金商铺学徒初入店时的年龄与其他行业学徒对比，此结论亦成立（见表2-8）。

表2-8　　　　北京部分行业学徒初入商铺时的年龄统计

初为学徒时年龄（岁）	五金行学徒人数（人）	绸缎绒线业学徒人数（人）	文物古玩业学徒人数（人）	油盐酱醋业学徒人数（人）	总计（人）
11				1	1
12					
13			2		2
14			1	3	4
15	4	1	2	2	9
16	8	1	4		13
17	4	1	1	1	7
18		2	1	3	6
19	1			1	2
20				1	1
22	1				1
总人数	18	5	11	12	46
平均年龄（岁）	16.5	16.8	15.4	16.1	16.2

资料来源：北京市档案馆：《北京市私营企业设立登记申请书——瑞蚨祥》，档号22-7-42；《北京市私营企业设立登记申请书——万丰泰五金行》，档号22-7-457；《北京市私营企业设立登记申请书——万庆成五金行》，档号22-7-644；《北京市私营企业设立登记申请书——万丰顺五金行》，档号22-4-564；《北京市私营企业设立登记申请书——万丰成铜铁工具店》，档号22-4-571；《北京市私营企业设立登记申请书——广聚兴五金行》，档号22-4-539；《1953年外贸文物业委员名单简历章程历史沿革》，档号87-41-25；《油盐醋酱业公会筹委会历史沿革委员名单会员统计职工调查组长等级表移交清册及整改工作总结》，档号22-12-457。

表2-8显示，几个行业学徒的平均年龄为16.2岁，因此16岁应该是学徒的最佳年龄，这时无论是知识积累，还是为人处世方面都较合适。不过，各行业学徒年龄也有差异，除五金行与文物业因专业性颇强从而使学徒年龄集中于15—16岁之外，其他行业学徒年龄不是偏大就是偏小，如油盐酱醋业学徒年龄最小的仅11岁，14岁、18岁的学徒人数最多，各为3人，各占其总人数的25%，这在五金商铺中并不多见，可能是油盐酱醋业对学徒年龄要求不高的缘故。从各行业总体上看，11—14岁的学徒较少，19岁以上的最少。这种年龄要求与国际学徒制的相关规定也

是基本一致的，如"英国1814年以前的《工匠学徒法》规定14岁方可当学徒"①，1997年英国"把16—18岁的青年纳入基础现代学徒制，2004年又将14—16岁的纳入青年学徒制项目"②。可见，16岁左右应该是学徒的最佳年龄。总之，北京五金商铺中，15岁、16岁的孩子当学徒是最普遍的现象，即基本符合学徒的最佳年龄。

另外，学徒出身方面，就一般情况而言，五金商铺学徒不同于手工业，他们一般出身于中农以上家庭。据新中国成立初期对173个五金商铺店员的统计，中农成分的114人，富农17人，地主6人，贫农32人，城市贫民4人，即中农以上者占总人数的近79%。并且这些店员来北京的目的，"不是为了养家，而是为了学买卖，积蓄几个钱，然后爬上做一个资本家"③。此种说法尽管有些绝对，但却从一个侧面说明了五金商铺的学徒大多数并非出身于贫困家庭，养家糊口不是他们的主要负担。因为在学徒期间（三年零一节之内）无工资，一切本人所用之物品皆由学徒自己家庭负担④，这就使得某些贫困人家子弟根本无入五金行的物质条件。这种因出身状况对商铺学徒的限制在其他行业也普遍存在（见表2-9）。

表2-9　北京五金行与百货业、瑞蚨祥的学徒出身情况比较

行业	出身	地主	富农	中农	贫农	城市贫民	其他	合计
五金行	人数（人）	6	19	136	39	4		204
	指数	2.94	9.31	66.67	19.12	1.96		100.00
		78.92			21.08			
百货业	人数（人）	7	4	70	24	2	6	113
	指数	6.19	3.54	61.95	21.24	1.77	5.31	100.00
		71.68			28.32			

---

① 王川：《论学徒制职业教育的产生与发展》，《职教论坛》2008年第10期。
② 关晶：《英国学徒制改革的新进展》，《职教论坛》2010年第1期。
③ 北京市档案馆：《中华全国总工会政策研究室关于北京市私营商业调查材料前门区五金、百货纸张批发商中心商店、家庭店调查部分》，档号39-1-567，1955年。注：注释③数据与表2-9不同，是因属于不同年份的两次调查材料。原档很多页都未标注年份月份，但可断定在1949年10月—1955年12月之间。为全面认识学徒出身，故用了两种不同数据，但结论一致。
④ 北京市档案馆：《关于北京市私营五金业历史演变的调查情况》，档号87-23-90，1956年9月25日。

续表

行业	出身	地主	富农	中农	贫农	城市贫民	其他	合计
瑞蚨祥	人数（人）	37		72	25			134
	指数	27.6		53.7	18.7			100
		81.3			18.7			

资料来源：北京市档案馆：《中华全国总工会政策研究室关于北京市私营商业调查材料前门区五金、百货纸张批发商中心商店、家庭店调查部分》，档号39-1-567，1955年。中国科学院经济研究所等编：《北京瑞蚨祥》，1959年，第31页。

表2-9显示，五金行的学徒出身于中农以上的人数占总人数的比例要稍高于百货业，而又稍低于绸缎业的龙头企业瑞蚨祥。这表明，五金业作为一新兴的小行业，其学徒出身于中农以上的人数比重还是比较高的。

除上述选择学徒时的籍贯、学历、年龄、出身四个标准外，有时某些商铺还对学徒的外貌有一定要求。1936年2月北京万丰泰对全聚德介绍来学生意之人，本应接纳，但"无奈此学生意的身量太大且胖"，所以万丰泰觉得"不正相宜，打算试一二日即与该送回"。[1] 也就是说，由于此学徒长相与体态的原因，而将被万丰泰挡在门外，尽管介绍者是京城著名的老字商号全聚德，并且全聚德的东家也是冀县杨姓老乡。[2]

一个想学生意的人，具备了以上各标准，并不意味着一定能入五金行当学徒，还要有举荐人举荐方可成就。由于五金业历来是一个赚钱的行业，对社会一般人的吸引力颇大，"僧多粥少"，能够到五金业内当学徒亦非易事，所以多数学徒皆"托亲靠友，求谋职业"。[3] 也就是说，学徒进店一般要有介绍人，即举荐人，通常也称保证人，也有的还要另找铺保，对学徒的一切行为乃至人身向资方负责。[4] 举荐人的举荐形式主要有：由铺东、掌柜及其亲友介绍；同业铺东、掌柜之间相互交换介绍；店

---

[1] 北京市档案馆：《万丰泰五金行》，档号J88-1-112，《天津、张垣各联号通信底账》（京字第11号信），1936年。

[2] 全聚德的创始人杨全仁，字寿山，是冀县杨家寨人。1850年左右，因家乡遭受水灾，年仅十几岁的杨全仁从河北来到北京，在前门大街上，摆了个卖生鸡生鸭的小摊。1864年，45岁的杨全仁的手里有了足够的积蓄，便盘下了一家叫德聚全的干果店，把它变成自己的烤鸭店。后由杨庆茂等人接任东家。详见《跨越世纪的百年炉火——中华老字号全聚德的百年之歌》，《搜狐·历史》：http://www.sohu.com/a/157962338_786053，发表日期2017年7月17日。也有文章称杨全仁1834年因家乡遭受水灾，15岁从河北来到北京。见《全聚德的传奇》，《虫虫福衣的博客》http://blog.sina.com.cn/s/blog_4b895d520100068c.html，转贴日期2006年12月4日。

[3] 《商界学徒甘苦滋味》，《商业日报》1918年第917号。

[4] 《北平的商店学徒，苦头多于甜滋味》，《北平晨报》1933年12月11日。

号的大客户介绍。如 1936 年 1 月天津万丰泰举荐高嗣墉来北京义聚合五金行学生意，北京万丰泰负责将高嗣墉送往义聚合。[①] 又如 1936 年 2 月全聚德曾介绍某人来北京万丰泰学生意，而该学徒此前是在信昌号五金行学生意。[②] 显然，天津万丰泰、全聚德充当了学徒的举荐人，尽管全聚德举荐的学徒最后因特殊原因未被万丰泰录用，但毕竟该学徒在万丰泰被试用了两天，否则如无举荐人的话，该学徒连被试用的机会可能也不会有。

二　学徒比重、日常工作与待遇

1. 学徒比重

学徒在各五金商铺中是较为普遍存在的，各铺学徒人数多寡不一，那么，各铺学徒占其从业人员总数的比重一般是多少呢？彭泽益先生认为，北京各行业有广泛使用学徒的传统，大多数公会学徒和工人的比例，一般为三个或四个工人带一个学徒。有学者曾"对北京某一区的全部商铺详细研究之后，证明该区的比例为一个学徒对 5.8 个工人"。[③] 这是针对工人学徒而言的，那么五金商铺中一个学徒对应几个店员呢？这可从以下对 44 家五金商铺学徒人数的统计中得到初步认识（见表 2 - 10）。

表 2 - 10　　44 家五金商铺学徒人数与店员人数的比较　　（单位：人）

铺名	从业人员总数	店员人数	厨役人数	学徒人数	学徒占从业人员总数的比重（%）	1 个学徒对应的店员人数
积兴号	9	3		6	66.67	0.50
庆顺茂	11	4		7	63.64	0.57
和记	11	4	1	6	54.55	0.67
全祥义	17	8		9	52.94	0.89
天增义	17	8		9	52.94	0.89
双泰山	6	3		3	50.00	1.00
义聚隆和记	9	4	1	4	44.44	1.00
正兴忠记	9	4	1	4	44.44	1.00

---

① 北京市档案馆：《万丰泰五金行》，档号 J88 - 1 - 112，《天津、张垣各联号通信底账》（京字第 8 号信），1936 年。

② 北京市档案馆：《万丰泰五金行》，档号 J88 - 1 - 112，《天津、张垣各联号通信底账》（京字第 11 号信），1936 年。

③ S. D. Gamble, Op. cit., pp. 187 - 188；转引自彭泽益《民国时期北京的手工业和工商同业公会》，《中国经济史研究》1990 年第 1 期。

第二章 以人为本：北京五金商铺的人事制度与激励机制

续表

铺名	从业人员总数	店员人数	厨役人数	学徒人数	学徒占从业人员总数的比重（%）	1个学徒对应的店员人数
万庆祥	8	4		4	50.00	1.00
万庆德	15	7	1	7	46.67	1.00
广泰成	14	7	1	6	42.86	1.17
万丰号	13	7		6	46.15	1.17
天益公	11	6		5	45.45	1.20
广聚丰	11	6		5	45.45	1.20
天庆元	9	5		4	44.44	1.25
生积	15	8	1	6	40.00	1.33
恒兴义	5	3		2	40.00	1.50
义信成	10	6		4	40.00	1.50
同聚成	10	6		4	40.00	1.50
万德成	10	6		4	40.00	1.50
聚泰成	8	5		3	37.50	1.67
三盛合	8	5		3	37.50	1.67
恒聚隆	11	7		4	36.36	1.75
义丰号	6	4		2	33.33	2.00
万盛号	6	4		2	33.33	2.00
源隆华记	6	4		2	33.33	2.00
天兴顺	13	8	1	4	30.77	2.00
成记	7	5		2	28.57	2.50
万盛祥	7	5		2	28.57	2.50
益和祥	12	8	1	3	25.00	2.67
德丰号	12	8	1	3	25.00	2.67
玉顺恒	16	11	1	4	25.00	2.75
祥盛德	16	11	1	4	25.00	2.75
盛昌号	8	6		2	25.00	3.00
复聚成	9	6	1	2	22.22	3.00
万庆和	14	10	1	3	21.43	3.33
合发长	15	12		3	20.00	4.00
万庆成	23	18	1	4	17.39	4.50
万丰德	17	14		3	17.65	4.67

续表

铺名	从业人员总数	店员人数	厨役人数	学徒人数	学徒占从业人员总数的比重（%）	1个学徒对应的店员人数
余兴诚	7	5	1	1	14.29	5.00
裕丰泰	10	9		1	10.00	9.00
万和成	16	15		1	6.25	15.00
泰昌祥	19	17	1	1	5.26	17.00
鸿昌德	28	26	1	1	3.57	26.00
平均	11.68	7.55		3.75	34.39	3.30

资料来源：北京市档案馆：《五金业会员调查表》，档号87-23-17，1942年。（表中有些数据是笔者据原资料进行统计归纳而得）

表2-10显示，44家五金商铺中，学徒人数最少的为1人，最多的为9人，平均每家商铺有3—4个学徒。一个商铺学徒人数的多少与该铺从业人员总数无直接关系，与该铺的店员总数也无直接联系，即规模大、从业人员或店员人数多的商铺，其铺内学徒并不一定多。如万和成、鸿昌德等规模较大的商铺，虽然从业人数较多，但学徒人数却非常少，远达不到44家五金商铺的平均水平。其中，鸿昌德的学徒仅1人，而从业人员却高达28人，前者还占不到后者的4%。相反，一些规模较小，从业人数较少的商铺，其学徒人数反而较多，如积兴、庆顺茂、和记、双泰山等商铺即如此，其中积兴号的学徒6人，从业人员总数9人，前者占后者的近67%。然而，上海五金业学徒人数的多少一般与各商铺的规模大小有直接联系，如上海"大型五金店号通常有六七个学徒，中型的有三四个，小型的也有一二个"。[①] 北京与上海在学徒人数同商铺规模的关系方面的差异，主要是由于上海五金市场是全国性具有批发性质的综合市场，各铺营业较为稳定，所以所招学徒的人数也较有规律并较为稳定，这是北京远不能及的。

学徒占从业人员总数的百分比值与1个学徒对应的店员人数基本呈同比例变化。学徒占从业人员总数的百分比值平均为34.4%，与上海五金行业学徒占在职人员比重30%—40%的结论基本一致。[②] 从1个学徒对应的店员人数方面看，以积兴号为代表的5家商铺的学徒人数已超过店员人数，其中积兴号的学徒人数是店员人数的2倍；以双泰山为代表的5家商铺的学徒人数与店员人数相等；而万和成、鸿昌德、泰昌祥等规模较大的

---

① 上海社会科学院经济研究所主编：《上海近代五金商业史》，第110页。
② 上海社会科学院经济研究所主编：《上海近代五金商业史》，第111页。

商铺的 1 个学徒对应的店员人数则远达不到 44 家商铺的平均值。各铺出现如此差异的原因概与该铺在某时期的具体的人事管理策略有关，当然也和当时国内外经济形势及该铺的经营状况有关。44 家商铺的平均值为 3.3，即 1 个学徒对应 3.3 个店员，这表明在五金商业中，1 个学徒对应的店员人数要低于彭泽益先生所研究的手工业方面 1 个学徒对应 5.8 个工人的情况，即五金商业方面招收学徒的情形较比手工业方面更普遍。

2. 学徒日常工作与待遇

北京五金商铺学徒的日常工作比较繁杂。据王者香回忆："学买卖的白天有的在客房侍候客人，有的站柜台售货，有的外出送货提货，都是勤勤恳恳地忙一天。到晚上关门后，首先给掌柜的、大师兄们搭上铺，备好尿盆。然后进入自己学习时间，熟悉商品价格，商品的性能、规格、作用。熟悉斤秤留法，磅秤留法，习练算盘的加减乘除法。柜上常备有文房四宝，以使学买卖的学习书法，有的专门抄写来往信件留底。有时信件多达 60 余封。学买卖的睡觉总是在十二点钟以后，第二天天不亮就抓紧起床，起来立即清理卫生，给掌柜们和大师兄们，拾起铺，端出尿盆，再一份份打洗脸水，漱口水，给掌柜们备好茶水。如有客人住着，还得给客人买早点，再去厨房准备上午开饭。"[①] 看来，五金商铺学徒与其他行业学徒基本一样，白天忙店里业务，晚上侍候师傅、师兄，自学算盘、练习写字及其他基础业务知识，很不容易。因此，经过三年零一节的磨炼，五金商铺"所培养的人都很正派守铺规，不但精通经营交易方法，而且培养的人对社会交际应酬这一套……也都会"[②]。

与北京毗邻的天津五金商铺学徒的日常工作，比北京同业更累。比如，天津峻源永五金行，充分利用学徒去干一些又脏又累的繁重劳动，如大五金铁货商品不但体积大、分量重，又有铁锈，装货、卸货、搬倒码垛等，这些任务从不花钱找外人来做，全部落在徒弟肩上。学徒在学生意的三年间，大都是干这种活。一个人一条帆布围裙，一天到晚十几小时不得闲，比当时的脚行还累还苦。下雨天就安排屋内、库内的活：整理货架、开箱打包、铅丝做把、包包、劈铅丝，等等。[③] 当然，要做好这些工作，

[①] 王者香：《北京万丰泰五金行》，中国人民政协河北省枣强县委员会文史资料委员会编《枣强县文史资料》第 9—10 辑，第 265 页。

[②] 王者香：《北京万丰泰五金行》，中国人民政协河北省枣强县委员会文史资料委员会编《枣强县文史资料》第 9—10 辑，第 266 页。

[③] 红桥区民建、工商联：《河北大街五金铁货业兴衰简史》，中国民主建国会天津市委员会编《天津工商史料丛刊》第一辑，崔中德、朱华圃供稿，程欣三整理，1983 年，第 101—102 页。

也不容易,学徒必须经过长期学习与培训尚可完成。峻源永五金行对学徒进行业务知识培训内容包括①:

> 首先,商品知识:品种规格、型号、尺寸大小、计算方法、计量单位、物品性能……除随时随地学习外,晚上上门后还要进行学习。其次,在门市售货:顾客一进门,主动打招呼,先问顾客要什么?不能等顾客先问,做到有问有答。对顾客挑选物品如压在底层,想办法倒出来不能怕费事,顾客对货物挑选不上不能有怨言,叫顾客笑着来乐着走。即便卖不上货,也必须把话说到家。最后,对哪种牌号商品顺销或滞销,哪种该进货,哪种积压,要求必须心中有数,不能一问三不知。由此可见,五金行学徒不仅要具备普通行业学徒的基本待客知识,还要学习繁杂的五金专业知识,并且有时还得干繁重的力气活。

尽管学徒工作如此辛劳与艰苦,但他们还是老老实实、服服帖帖地给店内卖命,因为学生意的三年中间,就怕"砸锅"(解雇)。在当时找职业非常不易,一旦砸锅,再找职业人们都说是"回炉货",哪家都不要,找事就更难。即便回原籍也要遭邻居白眼,精神压力很大,只得硬着头皮干。峻源永五金行掌柜"刘香五对学生意的情况和心理状态知之甚稔。所以他所用的学生意大都是由农村外地来津谋生的。因为他们老实听话,能吃苦受累"②。北京五金行同业情况也大致如此。

北京商铺的学徒待遇多不一致,多数商铺"每日除由店主供给膳宿外,大半均无工资"。③ 北京五金商户在晚清时,学徒期间三年为满,学徒期无工资,到春节有馈送制度,每年为一二两银子,期满后每年工资12两左右,每年结账后再送给银子10两。民国时期,学徒待遇上述情况基本未变,但学徒期满后例送白银40两,三年结账时馈送按工资的一倍至二倍发放酬劳。1937年以后学徒未满仍不挣工资,还是采取年终馈送的办法,一年徒工送100—150元,二年徒工送200—300元,三年徒工送500—600元。④ 天津峻

---

① 红桥区民建、工商联:《河北大街五金铁货业兴衰简史》,中国民主建国会天津市委员会编《天津工商史料丛刊》第一辑,崔中德、朱华圃供稿,程欣三整理,1983年,第100—101页。
② 红桥区民建、工商联:《河北大街五金铁货业兴衰简史》,中国民主建国会天津市委员会编《天津工商史料丛刊》第一辑,崔中德、朱华圃供稿,程欣三整理,1983年,第102页。
③ 《北平的商店学徒,苦头多于甜滋味》,《北平晨报》1933年12月11日。
④ 北京市档案馆:《关于北京市私营五金业历史演变的调查情况》,档号87-23-90,1956年9月25日。

源永五金商铺对学生意的待遇只是管饭,没有工资。到年终第一年学生意的馈送2元,第二年馈送4元,三年开始定薪每月2元。学生意一年到头白吃累,根本得不到什么报酬,有的学生意因为穿衣穿鞋,在三年学生意期间,还要拖三四十元的账。[①] 上海五金业学徒期限虽一般规定为3年,如有特殊情况也可能被延长一年或两年。学徒每月发一些"月规钱",即零用钱。抗日战争前一般是5角至1元,相当于理发、洗澡和买几块洗衣肥皂等费用。年终发一点压岁钱,无一定标准。[②] 瑞蚨祥学徒的待遇从光绪年间一直到1949年,除了币制单位变化外,几乎无变动,第一二年是10吊钱,合5两多银子,废两改元后改为10元,所值无变化。这10元在当时不足以维持他们自己劳动力的再生产,更谈不上照顾家庭了。[③] 如此看来,北京五金业学徒与天津、上海五金业、北京瑞蚨祥相比,其待遇大致相当,皆处于穷困状态。

不过,另一则材料给予笔者以启发,虽然北京"各店铺学买卖的,在这三年零一节中,都很艰苦,日日夜夜忙个不停,可是只管吃饭无工资,只是到年底给一点穿衣裳铺。看上去学买卖的是很苦的",但实际上,万丰泰"学买卖的不是这样。因买卖干得大,交易市场面宽,客户多。经常有外地客户常住,尤其到五月节、八月节,年节各交往,客户都到万丰泰五金行交际一场,打牌、吃喝玩乐,学买卖的更累,厨房大师傅更忙,可累不白累,忙不白忙,这些客人都对学买卖的和大师傅有赏,平时外地常住的客人,临去时对学买卖的和大师傅也有赏"。[④] 即,规模稍大五金商铺的学徒虽累,但有机会获得客户赏钱,数额可能不太少,这也是学徒努力工作的潜在动力吧。

三 学徒制的利弊考察

既然五金商铺中普遍使用学徒劳动,只是各铺学徒人数的多少而已,那么,学徒制对商铺发展的利弊考察就成为不可回避的问题,其积极作用主要有以下两点。

首先,学徒制可在一定程度上节省管理成本。从上面的论述可知,学

[①] 红桥区民建、工商联:《河北大街五金铁货业兴衰简史》,中国民主建国会天津市委员会编《天津工商史料丛刊》第一辑,崔中德、朱华圃供稿,程欣三整理,第102页。
[②] 上海社会科学院经济研究所主编:《上海近代五金商业史》,第110页。
[③] 中国科学院经济研究所等编:《北京瑞蚨祥》,第38—39页。
[④] 王者香:《北京万丰泰五金行》,中国人民政协河北省枣强县委员会文史资料委员会编《枣强县文史资料》第9—10辑,第264页。

徒普遍无工资，只是年终有点馈送，但馈送数额非常有限，这无疑给商铺节省了大量的工资费用。同时，由于学徒多为年轻人，又都有点文化功底，学知识较快，两年后一般就能为商铺创收，这又无疑在一定程度上为商铺增加收入。此外，由于商铺学徒与"资方的同乡共籍或非亲即故关系的普遍存在，即商铺的大多数学徒来自同一乡村、城镇、州县的情况比比皆是，而这些学徒无论进入哪家五金行一般都要有举荐人，有的还要有铺保担保，这种担保制度使用工的交易成本减至最低"①。这样，无形中强化了商铺对于学徒的支配地位，使学徒比其他店员更为安分守己。② 例如，万丰泰五金行所用之人，都是自己柜上培养出来的。来万丰泰五金行学买卖的人，学三年零一节算是学满，根据本人能力而分担工作。所培养的人都很正派守铺规，精通经营交易方法与社会交际应酬。③ 因此，学徒制不仅可节省管理与监督学徒的成本，而且还能提高学习与工作效能，最终为商铺的盈利奠定基础。正因为如此，所以一些商铺就愿意多用徒工与延长徒工的学徒时间，有的商铺甚至在学徒快要期满时就更换徒工。

其次，学徒制可为商铺培养与储备人才做准备，一些学徒成为后来各铺的经理（或掌柜）、出资人即为有力证明。如前述表2－7中所列邹震寰、张树棠、张鉴塘、贺书森、徐通域、许福堂、李节臣、马头荣等学徒，初入号时都是十五六岁的孩子，学成后又都在学徒时的商铺工作，后来皆成为各属商铺的经理。也有的学徒学成后到他铺工作也慢慢成为经理，如李玉振16岁时在万丰泰学徒，学成后到万庆成工作，后来成为万庆成的经理。④ 万丰泰为五金业培养了大批人才，该铺由原二十几人扩展到一百余人，如北京市的万庆成五金行、万和成五金行、天津市万丰泰五金行，北京、天津所开设的20余家五金行所用的骨干人员都是万丰泰五金行培养出来的，并且该铺培养的百分之八十的人是跑外的，分布到北方各个城市。⑤ 由于五金行的专业性非常强，业外人很少入此行，所以一些学徒学成出师后自立门户，或在该铺工作几年后又同他人合伙开设新商铺，从而成为新开商铺的出资人，有的还担任经理职务，如郑甲臣1926

---

① 杜恂诚:《儒家伦理与中国近代企业制度》,《财经研究》2005年第1期。
② 裴宜理:《上海罢工》,江苏人民出版社2001年版,第266页。
③ 王者香:《北京万丰泰五金行》,中国人民政协河北省枣强县委员会文史资料委员会编《枣强县文史资料》第9—10辑,第266页。
④ 北京市档案馆:《万庆成五金行》,档号22－7－644,1951年。
⑤ 王者香:《北京万丰泰五金行》,中国人民政协河北省枣强县委员会文史资料委员会编《枣强县文史资料》第9—10辑,第266页。

年 16 岁时在鸿昌德五金行学徒,连同做事 11 年,嗣后组织聚和泰五金行,遂成为聚和泰的经理。① 又如朱玉峰最初在天增义学生意,后开设广聚兴玉记②。另外,1955 年对五金行调查后也认为"这些资本家全部是由店员出身的,他们一般是从小来京学徒"③。即当初的学徒后来一般成为新五金商铺的开设者。之所以如此,是因为学徒制使学徒出身的企业家养成了以勤劳俭朴、脚踏实地为核心的"学徒精神","这种学徒精神乃是一种独特的企业家人力资本"。④ 所以学徒制为五金行的发展培育了大量的专业人才,是各商铺业务骨干、出资人的主要来源,并为五金商铺的繁衍壮大创造了条件。正如某些学者所言:"学徒教育是底层民众获得谋生技能和实现社会流动的重要方式。"⑤

除上述积极作用之外,学徒制对五金商铺的发展也存在一些消极的影响。由于商铺学徒既廉价,数量又多,在经济不景气时,可能无形中就会成为社会的大量潜在失业群体。同时,由于多数商铺学徒的待遇低下,在商铺中处最底层,不受人重视,再加上商铺学徒良莠不齐,如果管理不善或不能正确处理其内部关系,有时还会出现意想不到的危害商铺之事发生。有的学徒见利忘义,拐走商铺外欠货款,如 1927 年 3 月崇外大街三义泰五金行铺掌朱星垣派学徒李保忠(17 岁,在铺已两年多)到主顾家取货款,计一百多元,不料李某竟携此货款不辞而别。铺掌朱某只好找原介绍人交涉,并开具年貌,报告该管外左二区请代查缉。⑥ 按常理看,学徒李保忠在铺已两年多,也算是老学徒了,怎么会因一百元货款而起不良之心,其主要原因笔者认为可能是其学徒期间待遇太低、不挣钱,生活困难所致,当然也与此学徒的个人品质有关。又如 1928 年 1 月崇外打磨厂同义德五金行铺掌张荫棠,因到年关,张某派学徒宋鼎三骑柜上脚踏车到各交易主顾家要账,不料宋某竟一去不回,拐走现款 55 元和脚踏车潜逃。⑦ 这些现象的出现,固然和学徒个人的修养与品性有关,但学徒的收

---

① 北京市档案馆:《聚和泰五金行》,档号 22-7-302,1954 年。
② 北京市档案馆:《广聚兴五金行》,档号 22-4-539,1951 年。
③ 北京市档案馆:《中华全国总工会政策研究室关于前门区五金、百货、纸张、绸布等行业批发商情况调查报告》,档号 4-10-535,1955 年。
④ 彭南生、严鹏:《试论近代工商业学徒对中国早期工业化的影响》,《徐州师范大学学报》(哲学社会科学版)2007 年第 4 期。
⑤ 李忠、王筱宁:《学徒教育在底层民众实现社会流动中的方式与作用——以近代学徒教育为例》,《大学教育科学》2008 年第 2 期。
⑥ 《徒弟拐款而逃,一百多元》,《世界日报》1927 年 3 月 8 日。
⑦ 《学徒拐款潜逃,并拐脚踏车一辆》,《世界日报》1928 年 1 月 17 日。

入与待遇的低下也是促其铤而走险的原因之一。不过,诸如此种学徒拐款现象并不多见。由于学徒年纪较轻,安全意识差等原因,在商铺对其管理不到位时,有时也会对商铺造成一些意外损失。1924年8月华泰五金行学徒张维平不慎将洋烛碰倒,引燃桌上报纸导致火灾,华泰损失洋四五十元,左右相邻商铺也受惊扰,此学徒随即被辞退。[①] 有的学徒由于安全意识差而又不服管教,从而给自己带来麻烦。如1928年5月金记五金行某学徒于夜里九点多钟在西草厂胡同骑自行车长时间绕圈,"当有守望警察因他骑的车上没有灯火,怕他碰着行人"而上前干涉时,该学徒不服并和警察争吵,后被"区署科以罚金一元"而终。[②] 这些现象不仅是学徒本身原因造成的,也与商铺日常对学徒管理与教育的欠缺有关。总之,如何保持商铺安全与和谐,如何兼顾利益的适当平衡,成为商铺应当认真思考并合理解决的重大问题之一。

总之,学徒制是商铺内部劳动组织的基础,一般商铺皆不同程度地使用学徒劳动。北京五金商铺对学徒的选择标准一般皆着眼于学徒的籍贯、年龄、文化程度、家境出身等方面。五金商铺招收学徒比手工业更普遍,各铺学徒人数的多少与其从业人员总数无直接关系。由于北京五金业学徒待遇低下,皆处于穷困状态,所以学徒制虽有利于商铺节省管理成本,培养与储备管理人才的积极作用,但也有些许消极影响。当然,学徒制的积极作用为主导方面。

第三节 人力亦可成资本:以人力股制度为核心的激励机制

人力股制度是商铺对所属员工进行有效管理的一种十分重要的激励机制,北京五金商铺中多实行此制度[③]。

何谓人力股?人力股,亦称身股、身力股、人身股、人力资本股,俗称"顶身股""顶生意",即商铺的经理人、掌柜及主要伙友除每年应得

---

① 北京市档案馆:《京师警察厅外左一区分区表送华泰五金行不戒于火形甚可疑将张锡寿等解请讯办一案卷》,档号J181-19-42841,1924年。
② 《半夜骑车绕弯,李某被科罚》,《世界日报》1928年5月17日。
③ 据广聚兴五金行档案载,"职工在柜上吃人力股的习惯,重估财产后不得存在。"即人力股制度新中国成立后逐步趋于消失。(参见北京市档案馆《广聚兴五金行》,档号22-4-539,1951年。)

第二章　以人为本：北京五金商铺的人事制度与激励机制　89

的工资以外，还要根据其资历、能力以及对商号贡献大小，可以顶几毫、一厘至一股或二股①的股份，与财东的银股共同参加分红，并据其联号的赢利多寡，进行红利分配。

那么，这种人力股制度与现在的股份制是否相同？当然不同，股份制是职工必须出钱买股，而人力股则不需出钱，只要出力就可顶股。其主要特点是东家出钱，经理和员工出力，经理和员工为资本负责。这样，人力股制就把财东和掌柜、经理、伙计的物质利益与商号的赢利密切地联在一起，不仅可以充分调动商号职工的积极性，促使他们竭尽全力搞好经营，而且还能增强商号的凝聚力。

专搞晋商的学者多认为人力顶股制度乃山西人独创，其他行省商人企业不实行身股制度，在商界管理史上是独一无二的。②笔者根据北京市档案馆馆藏相关五金商铺的原始档案资料对此提出商榷，认为北京商铺与山西一样，都实行过人力股制度，且五金商铺运用此制度比山西票号更灵活，有力地促进了五金行发展，并出现了总号与联号、同城与异域的商业网，而山西票号则走向衰败。

那么，北京五金商人的人力股制度到底是如何运作的？员工如何获得人力股份？人力股份有无变动以及如何变动？如何评价人力股制度？其积极意义与不足之处分别体现在何处？对此进行详细认知，才能更好地理解此制度对员工的激励作用。

一　职工人力股份的获得及变动

职工人力股份的获得，一般为：总经理身股多由财东确定；商号内各职能部门负责人、分号掌柜、伙计是否顶股，顶多少股，则据其任职时间、能力及贡献大小由总经理来定。而且，总经理所持人力股份要写入合约，其他职工的人力股份虽不在合同中列名，但都详载于《万金账》③中。

职工人力股份的获得方式主要有三。一是出资人开设商铺时对其聘请

---

① 北京五金商铺人力股的计算单位主要有股、分、份、个、成、俸等叫法，1股＝10厘，1厘＝10毫。
② 黄鉴晖：《晋商经营之道》，山西经济出版社2001年版，2002年第二次印刷，第162页；孔祥毅、祁敬宇：《中国早期人力资本股的实践对当代企业制度改革的启示》，《山西财经大学学报》2002年第3期；侯安平、王永亮：《晋商经营理念及其借鉴》，见孔祥毅、王森主编《山西票号研究》，山西财政经济出版社2002年版，第291页；王淑梅：《晋商的经营之道》，《中共山西省委党校学报》1998年第6期。
③ 《万金账》是一本以账簿为表现的产权证书，一般载明投资人的股份、分红与认债的权利和义务。

的主要管理人员事先言定人力股若干，并以合约的形式加以规定。如北京万和成五金行股份合伙合约①有如下记载：

> 立领本合同人闻茂斋，协同尹晏庆、孙福长，领到杨星桥、金容轩原出，闻茂斋自代，共成本京九八钱一万吊整。同心议定，在京都崇文门外瓜市大街路东开设万和成铁铺生理，言明二年清算账，得利按八股均分。计开：杨星桥原本京钱四千吊整，作为二股。金容轩本京钱四千吊整，作为二股。闻茂斋自带本京钱二千吊整，并人力作为二股。尹晏庆人力作为一股，孙福长人力作为一股。闻茂斋、尹晏庆、孙福长三人经理铺事，每人按年预提得利京九八钱一百吊整。东伙均按四年后提用得利，支八存二，各存余厚，概不准长支短借。各遵铺规，如有不遵者，不论东伙将原立合同撤回，辞帖存柜，永不准甘与（疑为"干预"）铺事。欲后有凭，立此存照。
>
> 　　　　　　　　　　　　　　　　　　咸丰九年三月初六日　立

上述合约表明，杨星桥、金容轩、闻茂斋三人是东家，闻茂斋、尹晏庆、孙福长是商铺管理人员，分别获得人力股份二股、一股、一股。这表明，至迟在咸丰九年时北京五金商铺中就有了人力股制度，且规定也非常完备；经理与东家账期结算得利，按股均分。同时，经理人既可持有人力股，也可入部分银股②，即货币资本。

二是商铺在经营过程中遇账期分红，由经理或掌柜根据职工的业绩向出资的股东推荐，经东家认可即可登入万金账，写明何人何年顶人力股若干，从而成为新顶人力股的员工。如万丰泰铜局在1926年正月账期后，"放浮股：杨德盛入身力股3厘，陈希智身力股2厘5毫"。③ 这表明，杨、陈二人由于业绩等原因得到店方肯定而获人力股，且首次获股就是2.5—3厘；同时，二人所获股份的微妙差异表明此激励机制在执行过程中对各职工的评价是有区别的，不搞一刀切，这必定会增强店员对商铺的认同与创造力的提升。

三是商铺成立合约中无人力股规定，后来在盈利不断增加后，并随着

---

① 北京市档案馆：《万和成五金行》，档号 J86-1-1,《万年账》，咸丰九年（1859）三月初六日。
② 银股，与人力股相对，是开设企业时东家投入用以增值的货币资本。身股为职工以自身劳动加入的股份，享有与银股等量的分红权利。
③ 北京市档案馆：《万丰泰五金行》，档号 J88-1-2,《万金老账》，光绪十二年（1886）立。

竞争形势的加剧，商铺统一给业绩卓著者派发人力股，如万庆成成立于1865年，然而直到52年后的1917年才始有人力股规定，1920年持人力股者像张英山、桑庚申、孟存礼等人首次分红。① 万庆和五金行1896年成立，直到1920年才有人力股规定，1923年持人力股者张玉梅、郑全、李锡璋等首次分红。② 这其实是五金商铺在发展过程中的与时俱进精神的体现。

不过，根据档案，北京五金商铺的人身股并非每个职工都能获得。通常学徒与新招店员不会享有，正式员工一般"工龄到十年左右即放送身股3—6厘"③，但前提是，这些职工必须在德行、勤劳度、能力、业绩等思想和业务方面皆表现良好者才能顶股。可见，五金商铺职工人身股份的获利是根据劳动者的品质、能力和绩效来决定的。所以，每遇账期（多为三年一账期，也有二年或一年的），都要评定职工功过，核查账期这几年的成绩和问题，整顿人事，适当进行人力股份的调整，并记入万金账。这与"山西商界伙友没有10年以上的经历与勤劳是不可能顶股的"④ 的规定基本相同。

职工人力股份多从1—3厘始，当然，也有从5厘、7厘开始的，这要视各商铺的实际情况而定。人力股份的上限，一般为二股以下，不过也有超过三股的。普通伙友也是一样，表现良好、能力强对商铺有贡献者照样可以获得人力股或增股。当然，有些商铺的东家为了避免利润过多分流，在初始合约中就对人力股的上限给予明确限制，如广聚兴五金行1924年的合约规定"经理郑殿邦应占身股一分整，副经理朱金珂占身股九厘，协理张增贵占身股八厘，以后加增身股不得越过一分"⑤。也就是说，初始股份加上后续股份之和不能超过二分。人力股份的这种限制在1956年五金行有关人员的回忆中得到佐证："一般的经理最少有十厘身股"，但"身股最多不能超过20厘"。⑥ 北京五金商铺人力股份的上限比山西票号以1股为满额⑦或称"全份"的规定要更宽松一些，更有利于充分激发职工的积极性与创造力。

---

① 北京市档案馆:《万庆成五金行》，档号J85-1-15,《聚金红账》，1917年正月。
② 北京市档案馆:《万庆和底账》，档号J85-1-13，光绪二十二年（1836）三月二十七日。
③ 北京市档案馆:《关于北京市私营五金业历史演变的调查情况》，档号87-23-90，1956年9月25日。
④ 陈其田:《山西票庄考略》，华世出版社1937年版，第85页。
⑤ 北京市档案馆:《广聚兴五金行》，档号J87-1-105,《合同》，1924年。
⑥ 北京市档案馆:《关于北京市私营五金业历史演变的调查情况》，档号87-23-90，1956年9月25日。
⑦ 黄鉴晖:《明清山西商人研究》，山西经济出版社2002年版，第382页。

职工顶人力股的份额有很大的差别，没人力股的经努力获得身股，已有人力股的经理或伙计也视其对商铺的贡献及个人能力增加或减少其股份。顶同样份额的后来有的多，有的少，皆由他们对东家资本的贡献大小和本人的能力等因素而定。优秀者增得快，一般一个账期增加1—3厘；表现不佳者增得慢，如万丰泰五金行的伙计张金泉在1929年账期续身力股五毫①，有的不增或减少甚至被开除。这说明并非每个顶人力股者都能增加份额，也显现出商铺对人才的重视，是一种奖优惩劣的进步制度。为更全面的认识五金商铺人力股份的增减情况，现将北京万丰成五金行1922—1938年人力股份的变动情况列表于下（表2-11）。

表2-11　　北京万丰成五金行1922—1938年人力股份变动情况　　（单位：分）

大账结算年份	王玉庄	刘庄成	马子和	张广俊	贺书森	郭德俊	郭起信	孟继炳	齐明身	冯长豹	王纯森
1922	1.2①	0.4②	0								
1924	1.2	1	0.6	0							
1926	1.2	1	0.6	0.4	0.4						
1928	1.2	1	0.8	0.6	0.6						
1930	1.5	1.2	0.8	0.6	0.6						
1932	1.5	1.2②	0.9	0.8	0.8						
1934	1.5	0	0.9	0.8③	0.8	0④	0	0	0	0	0
1936	1.5		0.9	0	0.4	0.4	0.4	0.4	0.4	0.4	0.4
1938	1.5		1		0.9	0.5	0.5	0.5	0.5	0.5	0.5

注：①王玉庄于光绪十七年（1891）获得人力股0.8分，光绪二十（1894）、二十三年（1897）分别续人力股2厘，即分别达到1分、1.2分。

②刘庄成于光绪三十二年（1906）获得人力股0.4分。1922年大账清算前其人力股份仍为4厘，大账后又给其"现续6厘"身股，即自1922年大账后至1924年大账之时，刘庄成就已经是享有1分人力股份的员工了，但"1"分这种数据在《万金老账》上的出现一般要等到1924年入账时。1932年刘庄成账卜出号，将身股一分二厘完全退出，找出厚成银216两整，永断葛藤，无干柜事，立有退字一张存照。（说明：原档载：增加6厘写在1922年账尾享受待遇，直到1924年大账时核算分配时载入正账之列）

③1934年大账时，张广俊自辞。

④1934年大账后，现放浮股，郭德俊、郭起信、孟继炳、齐明身、冯长豹、王纯森各得身力股4厘。

资料来源：北京市档案馆：《万庆成五金行》，档号J85-1-209，万丰成《万金老账》。（说明：万丰成五金店的档案被错放在了万庆成五金行的档案里。为便于查阅，还原原档案名和档号标注。）

---

① 北京市档案馆：《万丰泰五金行》，档号J88-1-2，《万金老账》，光绪十二年（1886）立。

表 2-11 显示，16 年间万丰成各职工人力股份的增减、新开、退出情形变化较大，主要表现在以下三点。

其一，各职工人力股的份额一般都有增加，只是增减幅度不同。16 年间，按二年一个账期算，王玉庄由 1.2 分增到 1.5 分，等于每个账期平均增加约 0.33 厘；而刘庄成由 4 厘增到 1.2 分，6 个账期，每个账期平均增加 1.33 厘；马子和由 6 厘增到 1 分，8 个账期，平均增加 0.5 厘；张广俊由 4 厘增到 8 厘，5 个账期，平均增加约 0.8 厘；贺书森由 4 厘增到 9 厘，7 个账期，平均增加约 0.71 厘；郭德俊等 6 人由 4 厘增到 5 厘，2 个账期，平均增加 0.5 厘。这样，王玉庄的人力股份的增幅最小，刘庄成的最大，贺书森次之，马子和、郭德俊等相同。16 年间王玉庄的人力股份只增加了 3 厘，这对于一经理来说似乎少了点。因王玉庄是万丰成五金行最初成立时的老职工之一，1894 年他的人力股份由 8 厘增为 1 分，并取代王凤来爬上经理宝座；1897 年其人力股份直升至 1.2 分，后来可能是成绩和能力平平吧，其股份 30 年间没什么变化，直到 1928 年后才增至 1.5 分。而人力股份增幅最大的刘庄成，12 年间增了 8 厘，可能是刘业绩突出使然，比如 1922 年大账时东家一次性就给其增加 6 厘身股，此种奖励确实惊人，实属罕见。1928 年大账时刘庄成又新增 2 厘人力股，但 1932 年不知何因却又"账下出号"并"立有退字一张"，当时他的人力股份已高达 1.2 分。从刘庄成人力股份的增幅之大来看，他应该是一难得的人才，如果刘庄成是自辞出号，有可能是另有高就，但无论如何，五金业内重视人才，多劳多得的激励机制是值得肯定的。此外，如果店员表现良好，得到了东家或经理的赏识，无人力股的不但可得到身股，而且有时得到的股份数目较大，如 1922 年东家给马子和新开人力股份高达 6 厘，这充分说明了能者多得的经济规律在起作用。同是顶人力股者，结局不一样，表明早期资本家已经有了重视人才和使用英才的意识与观念，同时也使持股职工把自己的切身利益与商铺的整体利益联在一起，形成了当时有人力股职工以店为家的观念。

其二，从总体上看，人力股份的增幅有下降之势。1922—1934 年，除刘庄成的人力股份 1922 年新续 6 厘外，其余职工皆是续增 2 厘，且刘庄成 1928 年也是续增 2 厘；然而到 1936—1938 年，凡续增人力股的职工皆是新续了 1 厘股份，这表明资方在职工人力股份的增加问题上已经改变了策略。因为资方考虑到，不给职工增股份不足以调动积极性，增多了又会使资方的分红减少，所以只好改变策略，缩减增幅。当然，这也和当时商铺的经营形势与盈利状况有关。

其三，职工人力股的新入、退出变化情形逐步增大。1922 年只 2 人有人力股份，1924 年 3 人，1926 年 5 人，1936 年 9 人，即持有人力股的人数有增加之势。其中，1922 年新入人力股 1 人，1924 年 2 人，1934 年 6 人，但 1932 年刘庄成退出，1934 年张广俊又退出。这样，16 年间退出共 2 人，新入共 9 人，即后者是前者的 4 倍半。新入股职工的份额分 4 厘与 6 厘两个级别，其中只马子和 1 人为 6 厘，其余 8 人皆为 4 厘，这说明初获人力股的职工以 4 厘股份的最为普遍，只有极少数职工或对商铺有突出贡献，或与资方有特殊关系的才能获得 6 厘。总之，职工初获人力股时，在份额上一般要体现出差别，但万丰成在 1924 年之后的这种差别已经减弱，1934 年一次性新放 6 人入人力股，且股份皆为 4 厘即是证明。万丰成这样做的目的也许是让这些新开股的职工处于同一起跑线上，既能消除职工因股份不同而生的怨言，又能开展在新起点的公平竞争，促使这些职工比着干，为以后的增股积累砝码。

二　人力股制度的物质激励之表现

人力股制度的实质从一定意义上讲，其实是对职工进行物质刺激，这是因为员工只有获得物质满足才能激发其工作热情，这样相应地也就能给商铺带来兴旺发达。人力股制度能给员工带来具有诱惑力的物质利益主要体现在分红大大多于工资收入、日常应支制度的便利、去世后还可找铺内厚成等方面。况且，有没有或有多少人力股份，对于去世后其继承人领取分红的年限也有很大不同。正因为如此，没有顶上人力股者祈望着有朝一日能顶上身股，已有人力股份者希望身股份额能不断有所增加。这种物质利益推动或激励着员工的进取精神。

首先，人力股持有者的分红金额大大高于其薪金所得。如 1938 年万和成的谢永昌有 5 厘人力股，分红 1000 元，而其月薪只有 5 元，一年共得 60 元，这样分红是其一年薪金收入的近 17 倍。也就是说，谢永昌如果只靠薪金收入的话，得干 17 年才与 5 厘人力股的分红所得相当。又如万丰泰五金行对能力大的人员实行吃股分红，一般人员可是看上去工资不多，可到年底按工龄长短分红包，俗称"馈送"，"这个红包可就比工资多的多了。在日伪时有一个一般跑外的（是专跑本市的）月工资 8 元，到年底馈送了 1200 元"。[①] 因

[①] 在当时北京市的各大买卖家都实行吃股分红，尤其八大祥（八大祥是绸缎行，是山东省旧津孟家的买卖）和万字号（是万丰泰五金行所开的分店）的人员如吃上股了就了不起了。参见王者香《北京万丰泰五金行》，中国人民政协河北省枣强县委员会文史资料委员会编《枣强县文史资料》第 9—10 辑，第 267 页。

第二章　以人为本：北京五金商铺的人事制度与激励机制

此，为了这丰厚的分红，伙友们只好努力工作，为争得一厘人力股而奋斗。这就是人力股制度对全体职工所具有的巨大吸引力的奥秘所在。

其次，日常应支制度能使有人力股者及时得到实惠，为其生活提供极大之便利。五金业各铺一般按人力股份额多少逐年给予预支，预支款项的多少也有规定。尽管这种预支款到大账期时要从分红额中扣除，只把余数分给人力股持有人，但应支制度作为一大物质刺激的激励制度，毕竟给人力股持有者提供了便利，及时给予员工合理的报酬，以维持其劳动力日常的再生产及养家糊口所必需。这就极大地激发了员工的劳动热情，利于培植他们对商铺的忠诚度。

再次，有人力股职工有找铺内厚成①的权利。厚成，是商铺经过一定时期经营后，随着业务扩大对运营资本的需求，特别是为了防御风险，东掌在年终或账期结账时，将应收（外欠）账款及现存资产（主要包括存货、现款、存款、铺底、修盖房用款、财神股、投在分号的原本护本等）予以一定折扣而提留入账的企业风险基金。由于此种厚成能在账面上表现出来，所以也称"明厚成"②，这是我们通常所说的厚成。另外，还有一种不见

---

① 学界对晋商等相关研究中，有零星地方谈到"厚成"，且认为是晋商的专利，其实，在北京经商的其他行业商人也多运用提留"厚成"的方式来提高商铺抵御风险之能力，如北京瑞蚨祥绸缎庄、敬记纸庄、义聚公糖庄、公义局大米庄（等山东人开的粮店）、王麻子刀剪店、天义顺清真酱园等。笔者查阅北京市档案馆档案时发现一批晚清、民国及新中国成立后五金商铺的商业账簿，里面就有一些关于商铺提留厚成、员工分配厚成的记载。

② 有一观点认为，明厚成（见于账面）包括"护本金""护身金""财神股"。（参见中国科学院经济研究所等编《北京瑞蚨祥》，第116页）对此，笔者有不同看法。根据现存五金商铺账本看，明厚成一般不包括本商铺原始铺东的"护本金"及有人力股者的"护身金"。因为根据北京五金行"数十年的惯历（例），在柜享受身股一分者，死后按正股分红三次，以即将本联各号的厚成、浮存等项价值算清，每正股核银（后改洋）多少，找出七厘股的钞拿走，下余三厘股的钞不取，在本号永远存照"（参见北京市档案馆《万和成、万庆成等几家私营企业重估财产报告表及公私合营协议书》，档号J203-1-8，1952年）。也就是说，有人力股的经理或伙友死后一般要提取其应得的商铺厚成。多数商铺也确实是这样做的，如万和成五金行"因母桂龄三年前升仙，三年后账期，今将众身各货升价、护本、浮存项共银七万零九百七十七两四钱八分，按十二股六厘分金，每股该银五千六百三十三两一钱三分。母桂龄原身力股一份，当面裁退七厘，下有三厘永远存照。将七厘股厚成浮存等项，该找出银三千九百四十三两一钱五分，作为四千两"（参见北京市档案馆《万和成万年聚金账》，档号J86-1-6，1914年甲寅新正月）。既然商铺的厚成在有人力股者死后要被均分提走一部分，被提走的厚成当然不能包括本商铺铺东的护本银及其他伙友的护身银，因为"护本金相当于资本公积，是属于资本家所有的；护身金属于西方（有人力股者）"（参见中国科学院经济研究所等编《北京瑞蚨祥》，第116页）。本例中的厚成的确包括"护本"一项，但这个"护本"是总号万和成投在各分号的护本，而非万和成本号的护本。因为投在分号的"护本"系总号未分配利润的再投资，属于总号资产的一部分，当然可以作为厚成分配。相反，铺东个人对总号"原本"追加的"护本"属于个人私有资本，是不能被他人分配（提找）的。

于账面，一般是通过压低盘货价格的办法实现，因其能大量缩减资产价值而不露痕迹，所以称"暗厚成"，一般皆不列入正账。当然，不管哪种厚成，商家皆为达到实际资产额超过账面资产额，以隐藏利润与防御意外风险之目的。

找厚成，指商铺有人力股者退出全部或部分股份时所享有的对商铺所隐藏厚成的均分之权。这是一种极具激励作用的物质刺激机制，充分体现了北京商铺先进的管理理念，在一定程度上激发了全体店员奋力拼搏的热情与恪守铺规的自觉。不过，找厚成只是针对有人力股的店员而言，无人力股者无此权利。由于一般商铺的隐藏厚成较大，且持有的人力股越多最后分得的厚成银也就越多，所以全体店员皆想有机会找厚成，这就要求他们辛勤工作，本本分分，为拥有或多挣一厘人力股而奋斗。

找厚成，作为一种权利，主要是有人力股的经理或伙友因自辞、被辞及死亡后退股时所享有。其中自辞、被辞可分为账期时和非账期时退股找厚成两种情况；死亡后找厚成亦分经理与伙友退出全部或部分股份两种情况。

恰好在账期时自辞、被辞者，皆能找去商铺的厚成。当然，商铺如果开有分号或连号的，也可同时找去分号及连号的厚成。因为不论自辞者还是被辞者，他们在柜工作多年，或至少一个账期，并有人力股份，商铺无理由不让找厚成。同时，自辞者多是有其他高就，商铺一般不敢也没必要得罪，所以找厚成成为必然。被辞者无论是何原因被辞，因多碍于老乡亲邻的面子，所以商铺也一般不会结怨于他，找厚成亦成常理。如万丰泰的刘英华"今因有他就，自行辞退出号，将本柜厚成及天津万丰泰、益和公司、东口万丰永、包头万丰永、北京万丰顺、万丰成各连号等厚成，一律找清"。[①] 说明刘英华不仅找北京万丰泰本号的厚成，还找了天津万丰泰及各连号的厚成，因为分号或连号的厚成中有总号的投资在内。当然，找厚成的同时必须截去全部人力股份。又如被辞者刘希全"只因东伙意见不合，账下被辞出号，当将身力股七厘截去，所有津口分号以及各连号所余之厚成一切，笔下一律找清"。[②] 这表明，被辞者刘希全除找厚成、截去七厘人力股外，还要有中人作证立退字文书。

非账期时自辞、被辞者皆不能找厚成，只享有自入身股时起到辞职时的红利。因找厚成时商铺要事先盘货、清算总账，非常麻烦，一般平时无暇进行，只在年终或年初结彩时集中搞一次。对此，有的商铺在成立合同

---

① 北京市档案馆：《万丰泰五金行》，档号 J88-1-15，《万金老账》，1929 年正月。
② 北京市档案馆：《万丰泰五金行》，档号 J88-1-2，《万金老账》，光绪十二年（1886）立。

中有明文规定:"号中占有身股人位,倘被号辞退,即俟账期算出,或半途自行辞退者,均按当年辛(薪)金及本年清查账算给,不得要求非(疑为'找')厚成。"① 如刘彭琢在万丰泰服务,"今有他就,自行辞退,于民国二十七年、二十八年所放身股二厘,同中人言明,原数撤退,以上二年应分红利照数收清,皆因三年账期未满,号中厚成不找"②。不过,有些商铺虽有规定,但念私人情分与各种面子,有时也较灵活机动。如刘治森于"民国二十八年因偷支暗使及暗借使外人款项之过,经铺掌查明,交铺东罚办。东家掌柜作事恩厚,念思同乡,已(既)往不究……被辞出号。今年账期仍照原身股五厘均分……又将财神股浮存洋自民国十三年入身股时该结共浮存洋一千八百三十三元四角,又万丰德财神股该分浮存洋三百九十二元一角……按五股均分……应将刘治森身力股五厘裁退……东伙作事恩厚,又送洋一百八十四元三角"③。这充分说明近代北京商铺虽规定"吃股人倘不到年终出号,不得找当年厚成"④,但在处理上各店视具体情形并不拘一格,体现了以人为本的观念。

有人力股者死亡后不管是否账期都能找厚成,但经理人和伙友找厚成的权限与数量有很大差异。经理人去世后要被截去部分人力股,被去除的这部分才能找厚成,下余的人力股仍照旧享有永久分红权,不找厚成,且一般要在万金账存照。如1932年正月万和成万金账上载:"李书文两账前昇仙,现届账期,将本号及众所存各货升价、护本、浮存等项,共银七万九千零二十两零四钱二分。李书文原身力股九厘……裁退六厘,下有三厘永远存照。"⑤ 这表明经理人所找厚成中不仅包括总号及各分号货物的升价银,有的还明确写有护本等项厚成。

伙友死亡后一般要截去全部人力股份,并享有找总号及各分号财神股厚成的权利。如耿双振于"民国十七年在籍因病逝世……应找万庆和、万庆泰、万丰成及本号财神股银五十一两七九。……当将身力股三厘裁去"⑥。但有些商铺伙友持人力股者因股份不同,所以享有的找厚成的权利也稍有不同。如万丰泰的宋世爵"因病在家身故,今当账期……应找

---

① 北京市档案馆:《广聚兴五金行》,档号J87-1-105,《合同》,1924年。
② 北京市档案馆:《万丰泰五金行》,档号J88-1-15,《万金老账》1929年正月。
③ 北京市档案馆:《万丰顺五金行》,档号J203-1-3,《万丰顺万金老账》,光绪十四年(1888)三月十五。
④ 北京市档案馆:《协升号五金行》,档号J94-1-9,《万金账》,1945年一月一日。
⑤ 北京市档案馆:《万和成万年聚金账》,档号J86-1-6,1914年甲寅新正月。
⑥ 北京市档案馆:《万庆成五金行》,档号J85-1-15,《聚金红账》,1917年正月。

厚成银二千四百三十七两九钱六分二……该所得银连财神股及各连号万丰永、万丰成、万丰顺、本号余利厚成均行一律找清,当将身力股五厘裁去"①。这表明宋世爵有人力股五厘,其所找厚成包括总号余利、财神股及各连号余利。而人力股为三厘的杨德盛去世后其后人所找厚成则与此不同,其曾开身股三厘,1928年在家身故,"今当账期……应找厚成银四百五十两零七钱七分……笔下该所得银及连号万丰永、万丰成、万丰顺及本号余利均行在内,一律找清"。② 可见,杨德盛因身股为三厘,其所应找的厚成只包括本号及各联号的余利,而不能找财神股银的厚成。这说明,人力股份多的的职工对商铺贡献可能要比人力股少的大一些,所以在其去世后享有的找厚成的权利也相应要大,体现了商铺平等公正,区别对待,不搞一刀切的原则。总之,有人力股职工所享有的找厚成权利在一定程度上也激励着他们勤奋工作,以便挣更多人力股。

不过,有些有人力股者去世后,其后人不愿将厚成提走,而是留在柜上,如刘世田"自民国十五年去世,至民国十八年夏历正月十三日结算账期,各方磋商,号中应余厚成是否提找,惟刘宝祥情愿不提"。③ 笔者至今未弄明白其中的缘由,可能是应找厚成银存柜不提有利息收入。值得一提的是,除五金商铺外,其他行业账本中笔者未见员工分配商铺厚成的记载,如北京瑞蚨祥绸布店历年所提厚成就非常可观,仅1918年西鸿记隐藏的厚成就相当于当年所分利润的11倍。④ 然而,此店并未见有人力股者能分配店内厚成的例证。晋商、票商亦是如此。

最后,人力股持有人去世后享受故身股待遇,无人力股的职工则无此待遇。五金商铺的人力股持有者(包括经理或伙友),一般是终身制,不仅年迈或疾病无力执行业务时能正常享有各账期分红及相关待遇,即使在其去世后也还享有3—9年的分红权,有的商铺经理去世后还可享受部分股份的永远分红权,这种更具激励作用的分红股份就是故身股,或称养身股,有的商铺称亡人股。⑤ 故身股分两种:第一种是针对经理或掌柜的,一般必须拥有10厘人力股份,当其去世后既可享有3—9年的人力股正股分红权,又可享有部分股份的永远分红权。这种故身股经过多年的发展,其实已成五金业之惯例,如万和成五金行"本号数十年的惯历(例),在

---

① 北京市档案馆:《万丰泰五金行》,档号J88-1-2,《万金老账》,光绪十二年(1886)立。
② 北京市档案馆:《万丰泰五金行》,档号J88-1-15,《万金老账》,1929年正月。
③ 北京市档案馆:《万丰泰五金行》,档号J88-1-15,《万金老账》,1929年正月。
④ 中国科学院经济研究所等编:《北京瑞蚨祥》,第129页。
⑤ 北京市档案馆:《万丰成铜铁工具店》,档号22-4-571,1951年。

第二章　以人为本：北京五金商铺的人事制度与激励机制　99

柜享受身股一分者，死后按正股分红三次，以后即将本联各号的厚成、浮存等项价值算清，每正股核银（后改洋）多少，找出七厘股的钞拿走，下余三厘股的钞不取，在本号永远存照，以后即按三厘股分红"①。这说明，经理人去世后，一般要裁去其原来所持人力股份的六成至七成，余下的三成至四成可让其继承人永远持有分红权。其原因是经理人经营商铺多年，对商铺发展有功，所以在其谢世后应保留部分永远享有的故身股以养活其家中老小，并且这些权益都在万金账备案。不过，经理人享有这些权利的条件必须是无违反铺规之记录，如广聚兴五金行规定"经理人年迈或因疾病不能执行业务时，应于号中推选资格相当者代理办事，前经理之资格不能因此消灭，但经理人实有越出铺规之情形，全体股东得令其出号"②。第二种是针对有人力股的伙友，当其去世后，一般保留1—3个账期的故身股分红权后，以前所持人力股份全部被裁掉，不享有永远分红权。为更清晰地探讨故身股的保留及分红年限情况，我们列表（表2-12）于下。

表2-12　1914—1940年部分五金商铺职工故身股保留及分红年限统计

职工姓名	所属商铺	身份	去世年份	领人力股正股分红时长（年）	原有人力股数（厘）	永远分红权股数（厘）	永远分红权股数占人力股份的比重（%）
宋世爵	万丰泰	伙计	1925	0	5	0	0
魏凤禄	万丰顺	伙计	1921	3	5	0	0
江玉田	万丰顺	经理	1921	6	10	3	30
孙壬戌	万丰德	经理	1924	6	10	3	30
刘玉群	万庆成	伙计	1917	3	3	0	0
耿双振	万庆成	伙计	1928	0	3	0	0
孟存礼	万庆成	伙计	1929	6	8	0	0
张英山	万和成	经理	1917	6	10	3	30
董俊有	万和成	伙计	1919	0	2	0	0
母桂龄	万和成	经理	1923	3	10	3	30
杨有兰	万和成	伙计	1923	3	6	0	0
李书文	万和成	经理	1926	6	9	3	33.3
尹福辰	万和成	经理	1932	6	10	3	30

① 北京市档案馆：《万和成、万庆成等几家私营企业重估财产报告表及公私合营协议书》，档号J203-1-8，1952年。
② 北京市档案馆：《广聚兴五金行》，档号J87-1-105，《合同》，1924年。

续表

职工姓名	所属商铺	身份	去世年份	领人力股正股分红时长（年）	原有人力股数（厘）	永远分红权股数（厘）	永远分红权股数占人力股份的比重（%）
绳俊吉	万和成	经理	1935	6	10	3	30
桑庚申	万和成	经理	1938	6	10	3	30
屈仙臣	万盛铁号	经理	1926	6	10	4	40

资料来源：北京市档案馆：《万丰德五金行》，档号 J199-1-1，《万丰德万金老账》，光绪三十二年（1906）；《万丰顺五金行》，档号 J203-1-3，《万丰顺万金老账》，光绪十四年（1888）三月十五；《万丰泰五金行》，档号 J88-1-15，《万金老账》，1929 年正月；《万和成五金行》，档号 J86-1-6，《万年聚金账》，1914 年正月；《万庆成五金行》，档号 J85-1-15，《聚金红账》，1917年正月；《万盛铁号》，档号 22-4-872-3，1952 年。

表 2-12 显示，经理或掌柜谢世后，商铺一般要为其保留 6 年的正股分红权，即生前原有人力股份的全额分红权，当然也有保留 3 年的。各铺对此规定不尽相同，即使同一商铺也有差异，这主要根据经理人在铺经理店务和持有人力股的时间长短及对商铺所做贡献的大小来衡量，多劳多得，不搞一刀切，如万和成五金行，同是 10 厘人力股持有者，享受正股分红年限有的 3 年，有的 6 年，而持 9 厘人力股份的李书文也享受 6 年故身股全额分红权。享有全额分红权期满后，一般要裁去其原有人力股份的七成，下余三成股份享有永远分红权，当然也有截去六成的，如万盛铁号，这也主要视经理人对商铺的贡献而由全体东伙议定。就上表中各铺伙计而言，一般都不能享受永远分红股份。原持人力股份为 5 厘或以上者，能享受 3 年的故身股权，少于 5 厘的则无此待遇。但也不绝对，各铺具体情况不同，同一铺也要视其对商铺的贡献、持股年限及家境情况而论，如万丰泰五金行伙计宋世爵虽有 5 厘人力股，但其去世后也并未得到 3 年的分红权；而万庆成五金行的伙计刘玉群于 1922 年在籍病逝，至 1923 年账期结账时，理应遵章照数找清，但"经众东伙提议，因刘玉群身后萧条，故至十五年结账时应按三厘"人力股份继续分红。这说明，尽管刘玉群只有 3 厘人力股，但病亡后家境萧条贫穷，东伙破规给予其 3 年的分红并找 3 年的厚成银。又如该商铺伙计耿双振病逝，"经众东伙提议，因耿双振身后萧条，念其在号有年，除应找厚成外，又送银一百五十两"。[1] 这充分表明北京五金商铺对故身股的规定与执行非常人性化，具有很大的灵活性和实事求是精神。可见北京

---

[1] 北京市档案馆：《万庆成五金行》，档号 J85-1-15，《聚金红账》，1917 年正月。

五金商铺的人力股代表的不仅仅是活劳力资本,即在有劳动能力时享受,而且在其无劳动能力时,甚至死亡后仍可由其继承人永远享受部分股份的分红待遇。这种老有所养,死有所安的故身股,不只是一种情感性的照顾,而且是北京五金商铺的制度性规定,这比山西票号中的"劳力股不转让,永远归劳动者个人所有,也不存在子女继承问题"①的规定,对商铺员工更具吸引力和激励作用。

总之,故身股的设置,既解除了中高级员工的后顾之忧,也是东家对为其效力者去世后的一种报答,更是为生者职工的一种无形而巨大的激励。这极大地笼络了职工中的骨干力量,刺激了他们为铺东效劳的精神,在劳资间建立起同心协力的关系,有利于商铺的进一步发展。

三 对人力股制度的评价

上面对人力股制度的物质激励作用的几处表现进行了论述,广大职工正是因为看到了拥有人力股就是拥有了通向多挣钱的黄金大道,在此诸多物质利益的诱惑下,他们才拼命工作,为能顶上或增加一厘人力股而不懈地奋斗。总言之,这种物质利益推动或激励着员工的进取精神。因为资方也只有合理平衡东伙间的这种物质利益关系,才能使职工视商铺为己家,提高劳动热情,与东家同心协力,有些员工甚至在其工作岗位上坚守了一辈子。如杨尽臣在庆德成学徒3年,职工4年,在该铺工作了39年;支鹤亭在庆德成学徒3年,职工2年,在该铺工作了35年。② 在五金行,像这样几十年内皆在一铺工作的职工不乏其人。这种现象的出现在很大程度上与人力股制度的物质激励作用有关。对此制度的看法,有的学者认为这是资本家用种种方法引诱或者强迫职工加入的,带有很大的落后性和封建性。笔者认为此种看法似有不妥,我们认为人力股制度在商铺发展中的作用是值得肯定的,正如陈争平所言,人力股制度是将职员经营劳动与企业经营效益挂钩的一种激励方式,是适应当时"最稀缺、最重要的生产要素,是企业经营者的创新能力"情况的一种反映,有其内在合理性。当代企业中的"经营股""技术股"等,可以说是古代"身股""人力股"原则的一种延续。③

---

① 孔祥毅、祁敬宇:《中国早期人力资本股的实践对当代企业制度改革的启示》,《山西财经大学学报》2002年第3期。
② 北京市档案馆:《庆德成五金行》,档号22-7-308,1952年。
③ 陈争平:《试论中国近代企业制度发展史上的"大生"模式》,《中国经济史研究》2001年第2期。

看来，人力股制度对五金商铺的发展所起的巨大积极作用已无疑，那么，此制度就完美无缺吗？答案当然是否定的。其不足之处主要有以下几点。

首先，占有银股的东家分去的商铺利润要多于人力股持有者，况且这还不包括东家在各账期隐藏的数额可观的厚成。从北京万庆成五金行自1920年至1937年银股与人力股分配比例看，1920年人力股稍高于银股，后来却一直低于银股，人力股最低时是总股份的41.89%，其原因是人力股时常有增新股、续股、死亡、退股的变动，而银股则相对稳定，这就使银股数有增无减，几乎始终多于人力股。相应在分红时人力股也会处于不利地位，被东家拿去的部分要多于人力股持有者。17年间，万庆成东家银股共分得54590元，人力股共分得45820元，银股比人力股多分8770元，银股与人力股的分配比例是54∶46，这与山西票号中人力股总数超过银股总数[①]的结论有所不同，其原因主要是票号获利过高，需要的人才专业性比五金行更强，所以在想方设法发现人才、留住人才、激励人才的创造性方面比五金行也更迫切一些，所以五金行资本家相对就没有票号东家那样将更多的商业利润让与持有人力股份的职工们。

其次，持有人力股的店员人数占店员总数的比例不高，且有减少之势。这从下表（表2-13）可得到证明。

表2-13　1932—1938年部分五金商铺持人力股人数与店员总人数比较

（单位：人）

商铺名称	1932年 总人数	1932年 人力股人数	1932年 占比(%)	1935年 总人数	1935年 人力股人数	1935年 占比(%)	1938年 总人数	1938年 人力股人数	1938年 占比(%)
广聚兴	8	4	50.00	9			11	5	45.45
万丰德	11	4	36.36	11	3	27.27	9	3	33.33
万丰顺	9	4	44.44	7	4	57.14	8	4	50.00
万丰泰	14	9	64.29	20	9	45.00	12	10	83.33
万和成	10	7	70.00	14	6	42.86	19	6	31.58
万庆成	9	4	44.44	16	5	31.25	18	4	22.22
万庆和	8	5	62.50	10	5	50.00	13	5	38.46

---

① 黄鉴晖：《山西票号史》，山西经济出版社2002年版，第74页。

续表

商铺名称	1932年 总人数	1932年 人力股人数	1932年 占比（%）	1935年 总人数	1935年 人力股人数	1935年 占比（%）	1938年 总人数	1938年 人力股人数	1938年 占比（%）
合计	69	37	53.62	87	32	36.78	90	37	41.11

注：店员人数中包括掌柜或经理人在内；已去世人员虽有部分人力股份留存在铺，并继续分红，但店员人数中不包括这些已亡之人。

资料来源：北京市档案馆：《五金业铺捐人数调查及会员异动》，档号87-23-2，1932年；《五金业营业状况报告书及会员异动》，档号87-23-7，1935年；《北京市商会会员录》，档号ZQ8-1-62，1928年6月刊印；《广聚兴五金行》，档号J87-1-3，《万金宝账》，1924年；《万丰德五金行》，档号J199-1-1，《万丰德万金老账》，光绪三十二年（1906）新正月十八日；《万丰顺五金行》，档号J203-1-3，《万丰顺万金老账》，光绪十四年（1888）三月十五；《万丰泰五金行》，档号J88-1-15，《万金老账》，1929年正月；《万和成五金行》，档号J86-1-6，《万年聚金账》，1914年正月；《万庆成五金行》，档号J85-1-15，《聚金红账》，1917年正月；《万庆和底账》，档号J85-1-13，光绪二十二年（1896）三月二十七日。

从表2-13可看出，1932年广聚兴、万丰泰、万和成、万庆和四个商铺的持有人力股的人数皆达到了各该铺店员总数的半数以上，在这6年中是最好的一年；7铺共有69人，其中37人有人力股份，后者占前者的近54%。然而，到1935年，只万丰顺、万庆和两个商铺的人力股持有者人数达到了各该铺店员总数的半数；7铺总人数87人，比1932年多18人，而持有人力股的人数只32人，反而比1932年减少5人，持人力股的人数占总人数的比重还不到37%，比1932年降低了近17个百分点。1938年人力股持有者人数达到各铺店员总数半数的也只有万丰泰、万丰顺二铺，7铺平均持人力股人数占总人数比重41%多一点，虽比1935年稍高，但从总体上看，却呈下降之势。从各铺各年的情况看，店员总数多有增加，然持人力股的店员人数却很少增加，有的还减少，多数商铺人力股持有者达不到各铺店员总数的半数。这说明多数商铺的多数店员是很难有机会获得人力股的，并且随着经营形势的变化，东家为多分余利，致使这种机会有减少之势。

最后，有些商铺由于在人力股制度执行和操作过程中有不妥之处，造成员工之间的收入差距太大，致使激励作用不足或失衡，使员工产生强烈不平衡感，于是就用一些不正当方式来弥补这种差距，致使犯错误之事时有发生。所以商铺要长足发展，不仅要处理好劳资双方的矛盾，而且也要协调好员工之间的收入差距，削弱员工间心理上的不平衡感和等级观念，这样才能使商铺上下一心，共谋发展。

综上所述，北京五金商铺的人力股制度体现了现代人力资源管理的本质，即抓住了企业发展的核心与关键——"人"的选用、开发与管理，尽管存在诸如人力股份的获得难度增大、账期股份增幅下降、东家获益大大多于人力股持有者及某些股份分配不均等不足之处，但人力股制度的积极作用远大于其不足，正是因为看到其巨大的积极作用才促其传承，正是看到其不足才促其改进。事实上，京商与晋商都运用过此制度，只不过是京商运用此制度要大大晚于晋商，但通过各种资料的对比，笔者认为京商实行人力股制度也应是受晋商之影响的，因为在京的晋商商号，包括票号多是运用此制度的，此制度的成功激励作用当然会被驻京其他商帮所借鉴，也包括在京的五金商人。最初京商在经营业绩和影响方面可能无法与晋商票号相比，但清末民国时期随着山西票号的衰落，人力股制度的运用更趋保守，而五金商人则较为灵活地运用此制度获得了较大发展。造成这种差异的原因在于他们各自运用人力股制度的不同：如山西票号人力股份有"全份"1分的上限，而北京五金商人则无；山西票号人力股持有者去世后其故身股不可由子女继承，而北京五金商人则可；山西票号人力股份增幅弹性不如北京五金商人大，等等。看来，以人力股制度为核心的五金商铺的激励机制，比晋商更能体现以人为本、注重协调劳资双方物质利益等方面的先进理念，这不仅对五金商铺的发展有着巨大的促进作用，而且对于理解今日北京乃至全国私营商业企业人事管理及发展动力等问题具有一定的现实借鉴意义。

第四节　商铺规章及对职工的实际约束效用

　　五金商铺之所以能在极端恶劣的经营环境中坚强拼搏、持续经营，不断得到发展，终未败下阵来，主要原因之一是其有一套以合约为主的严密的规章约束机制。

　　合约是指在组建商铺之初或中途进行改组之时，由铺东和经理（或掌柜）所制定的关于商铺成立、管理及运营中双方责、权、利等的书面协议，一般包括立约铺东、经理或掌柜姓名、铺名、铺址、主营业务、银股与人力股数、银股每股投资额、财神股数、退股、分红比例、东掌伙友等共同遵守的纪律、立约时间等相关规定。如北京广聚兴五金行 1924 年合同[①]：

---

① 北京市档案馆：《广聚兴五金行》，档号 J87－1－105，《合同》，1924 年。

立合同股东郑殿邦、朱金珂、张增贵，合资创设广聚兴营业，兹拟定合同章程十六条详列于后，俾资永远遵守：

第一条：字号设在北京，以后营业发达时，公同计议再开设分号于他处。

第二条：各股东所入资本详列于后

  郑殿邦 入资本洋钱一千二百元整，作东股一分五厘。
  朱金珂 入资本洋钱一千二百元整，作东股一分五厘。
  张增贵 入资本洋钱一千二百元整，作东股一分五厘。

第三条：以上资本金共洋三千六百元整，作财股共计四分五厘，经理郑殿邦应占身股一分整，副经理朱金珂占身股九厘，协理张增贵占身股八厘，以后加增身股不得越过一分。

第四条：每届年终清查一次，每三年总结大账，所得红利除馈送伙友外，按股分配，陆续支使。大账期须召集全体股东会议。历年清查须详列账簿，存留备考，无须知会股东。如到账期至迟一个月前通知各股东，定期清算并报告号中一切情形，如有届时因故不能来到者，不得发生异议。

第五条：号中生意发达时如欲举办培增资本，培增之数按每股于每届大账后，由所得余利内提出十分之二成，例如每股应分千元，提出二百元，依此类推。

第六条：各股东非至账期不得干涉号务，但经理人行为有不正当时，不在此限。

第七条：号中生意倘有亏累时，其原有资本亏至十分之八时，经理得召集股东会议，或添本或停业取决之，否则逾限赔累，由经理人负担。

第八条：各股东资本不得中途任意撤出，实有不得已必欲撤出时，得经众股东认可，方能照办，但各股东股分非经号中允许后，不能转让他人。

第九条：号中占有身股人位，倘被号辞退，即俟账期算出，或半途自行辞退者，均按当年辛金及本年清查账算给，不得要求非厚成。

第十条：经理人年迈或因疾病不能执行业务时，应于号中推选资格相当者代理办事，前经理之资格不能因此消灭，但经理人实有越出铺规之情形，全体股东得令其出号。

第十二条：号中伙友凡占身股者，每年每分应支辛工洋一百元九厘者，应支洋九十五元，依此递减，至一厘者，每年应支洋五十五元，但股东不得享此权利。

第十二条：经理人擘画一切号务，遇开设支号，须向股东通过方可办理。此外，以图章担保债务关系，非经股东认可，不得行之，以及号中伙友更不准浮挪摘借，应话作保，违者以犯铺规论。

第十三条：股东之合同，如有遗失或意外之损坏，经东伙调查确凿，毫无别情者，除行登报声明外，另行补给新合同，惟前合同无论何时发现，永作废纸，不发生效力。

第十四条：凡股东年久因自家析产分居，如将原股分零者，必须公举一人代表至号声明，与议号务，其余他人不得干涉。

第十五条：本合同共计三份，股东及股东兼经理人、副经理人、协理人，各执一份，并于每份上注明某人收执字样，以免混淆。

第十六条：合同非经股东及经理人全体同意不得修改。

各股东画押或盖章（略）

中华民国十三年夏历正月十七日

此合同共十六条，内容非常完备，规条细致，对股东、经理的权利与义务进行了明确规范，不仅可使股东随时发现经理的经营弊端以进行纠正，且也保证了经理经营商铺的自主性，减少了铺东对商铺管理的干扰。这体现了商铺合约对股东与经理皆有非常强烈的约束力。北京五金商铺的合约综合起来主要有以下几个方面的规定与纪律[1]：

当账期不得提用得利，下账期方可，并且一般要支八成存二成，各存余厚。

不准长支短借，应按店内应支标准预支款项。不得浮挪摘借，应话作保。不得以店内印章为他人作保。有人力股者不到账期自辞，不得要求账期厚成。

分号店员在总号有股份者，要在总号照股均分盈利；分号新入人力股者及后续股者只能享有分号之余利，不得干涉总号。

一些商铺在股东分家析产方面进行限制，"凡股东年久因自家析产分

---

[1] 北京市档案馆：《万庆成五金行》，档号J85-1-209，万丰成《万金老账》，大清光绪十七年（1891）新正月；《万和成五金行》，档号J86-1-1，《万年账》，咸丰九年（1859）三月初六日；《广聚兴五金行》，档号J87-1-105，《合同》，1924年；《万丰泰五金行》，档号J88-1-15，《万金老账》，1929年正月；《万庆成五金行》，档号J85-1-15，《聚金红账》，1917年正月；《万庆和底账》，档号J85-1-13，光绪二十二年（1896）三月二十七日；《万丰德五金行》，档号J199-1-1，《万丰德万金老账》，光绪三十二年（1906）新正月十八日；《万丰顺五金行》，档号J203-1-3，《万丰顺万金老账》，光绪十四年（1888）三月十五。

居,如将原股分零者,必须公举一人代表至号声明,与议号务,其余他人不得干涉。"

不得携带眷属在店住宿。

不得各怀异志,互生疑忌,应齐心协力,共图永远之基。

各遵铺规,否则出号。

再者,尽管一般铺东对掌柜的日常经营不加过问,但东家有时对经理人也并不放心,有些商铺还对经理进行一定的限制,并在合约中注明,万和成、万丰泰、万丰成、万丰顺、万丰德、广聚兴等五金行皆规定不准长支短借、指铺作保、私用水印等。广聚兴五金行经理人"遇开设支号,须向股东通过方可办理"。① 此外,很多商铺在合约中还规定东伙要同心协力,否则出号。万丰永五金行规定上下"同心协力,永图久远之基"。② 这些措施或多或少地对经理人形成一种约束力,在一定程度上可以有效地防止经理违规操作、疏于铺事。当然,这些规定也不是一成不变的,它一般随着业务经营及形势的变化而适时调整与修订。有的经理人对在管理铺事方面所遭受的来自东家的干扰,给以严格限制。如广聚兴五金行东家干涉账目,"家俱股前存洋1680.33元,算账时未除,因东改账甚乱,故移至下面算账在(再)除去"。③ 针对这些管理障碍,广聚兴五金行制定了相应的制约措施,规定"各股东非至账期不得干涉号务"。④ 又如广聚兴五金行1931年5月更换股东后重立新章,规定"经理并伙友等不准在外住宿,不得招住间人……"⑤ 这些有针对性的适时作出的调整从长远看体现了商铺与时俱进与实事求是的精神,利于商铺的长足发展。

上述明确写在商铺成立或改组合约中的规条,也可视为铺规,是商铺对职工进行管理的主要依据。各行业皆有自己的铺规,同一行业各铺的铺规也不尽一致,但多依行业惯例制定,属非正式制度。就北京五金行而言,其中就有对已故伙友故身股分红年限规定的惯例。如万和成五金行"本号数十年的惯历,在柜享受身股一分者,死后按正股分红三次,以后即将本联各号的厚成、浮存等项价值算清,每正股核银(后改洋)多少,

---

① 北京市档案馆:《广聚兴五金行》,档号J87-1-105,《合同》,1924年。
② 北京市档案馆:《万丰泰五金行》,档号J88-1-7,万丰永《万金老账》,1917年正月。
③ 北京市档案馆:《广聚兴五金行》,档号J87-1-3,《万金宝账》,1924年。
④ 北京市档案馆:《广聚兴五金行》,档号J87-1-105,《合同》,1924年。
⑤ 北京市档案馆:《广聚兴五金行》,档号J87-1-3,《万金宝账》,1924年。

找出七厘股的钞拿走,下余三厘股的钞不取,在本号永远存照,以后即按三厘股分红"。① 此外,五金商铺除自订规章外,还有一种商界店员共同遵守的成文规则,也对店员起着制约作用。如 1931 年国民政府实业部颁布的《店员解雇标准》② 中就有一些店员共同遵守的规则,违者即被开除出号:店员受拘后以上刑事之处分者;店员吃食鸦片或其代用品者;店员赌博或狎妓放弃职务,经店主三次劝告不改者;店员对于营业上应守之秘密向外泄漏,致店主确受重大之损失者;店员未经店主给假擅自离职,一月内至三次以上者;店员未经店主许可兼营其他事业,有碍店主之营业者;店员无故挪用店款,超过薪额二月以上,经店主限期不能归还者。上述规定,无论哪种商铺店员一经违反,即面临被解雇的危险,当然五金商铺也应遵守执行。无疑,这些规定对于店员素质与服务质量的提高,改变商界不良习惯,树立商铺在民众中的形象,提高商铺的声誉,最终扩大销售额以多盈利方面,皆具有一定的促进作用。

以上规章在商铺内部具有法的权威与约束力,一切必须按铺规办事,否则违规就要受到处分,有的甚至被开除出号。果真如此吗?有无人情障碍?

在北京五金行,店员违规一般要被辞退。例如,万丰泰掌柜在用人上很讲究,没有私人情面,无论是谁推荐来的人,不管在柜上有多大功劳,只要是犯了铺规立即辞退。如对交际的这一套成了嗜好,每天光是吃喝、玩乐、嫖、赌、抽,不干买卖的人即被辞退。由于万丰泰五金行执行铺规严格,培养出来的人都很正派,走到哪里进行买卖交往都很受欢迎夸奖。并且,由于铺规及管理严格,万丰泰跑外人员"很忠诚,说话算数不胡来,越交易越厚道。掌柜的如发现有老主户突然不来了,马上查明原因,对当事人跑外的给以训斥嘱说,立即向老主户说明原因,以便恢复正常交往"。③

不过,在辞退的具体操作上各商铺是有差异的,有些商铺念私人情分与各种面子,有时也较灵活机动。如万丰德五金行邢魁元宣统元年"明长支银一百一十九两八钱六分,暗偷使银二百余两,铺掌查明,交铺东罚伴,东家掌柜作事恩厚,已往不究,同中人庞棒龄、李变臣承管,邢魁元

---

① 北京市档案馆:《万和成、万庆成等几家私营企业重估财产报告表及公私合营协议书》,档号 J203-1-8,1952 年。
② 《店员解雇标准——预防劳资纠纷,实业部通告照办》,《北平晨报》1931 年 11 月 19 日。
③ 王者香:《北京万丰泰五金行》,中国人民政协河北省枣强县委员会文史资料委员会编《枣强县文史资料》第 9—10 辑,第 266—267 页。

出号，正月十三日亲写退字存柜"①。这充分说明万丰德东掌受传统儒家的义利伦理及人情观的影响较大，一方面碍于中人情面不予深究，另一方面邢魁元必须被开除。从长远看，此种既仁爱宽厚又严以执法的做法可能会深深触动已犯店规者和那些有犯规想法但尚未犯者，从而收到以退为进，"不战而屈人之兵"的功效，这也正是作为首善之区的北京五金商铺管理的妙处。当然，也有些商铺铺规不健全，对店员、学徒的管理不严，从而给商铺自身及周围邻近商铺带来损失与不安，如1924年8月11日、21日华泰五金行先后两次失火，第一次是学徒张维平不慎将洋烛碰倒起火，第二次原因不明，一些邻近商铺店员对华泰五金行店员的看法是"其伙友等亦不是做买卖规矩，随便出入，任意买吃食，平素与左右邻居各铺均无联络，亦无感情"。结果虽将粗心学徒、相关店员以至经理全部辞散，但毕竟给商铺本身带来一定损失，并且左右邻商铺也受惊扰，对该铺"均有怨言"。② 可见，上述情形在一定程度上应该都是由铺规不严造成的，从而说明铺规对商铺管理与安全的作用是何等的重要。

总之，五金商铺的规章较为严密，对规范广大店员的行为，保证商铺的正常运营与发展起着巨大的促进作用。一些商铺尽管也时常随着时代的变化而不断革新铺规，但当铺规被执行起来时却又时常因袭传统、因人而异，随意性较大。因此，这些商铺在加快商铺革新嬗变的步伐的同时，也需要有一不受个人情感左右的成文法规来约束与管理商铺全体职工，这样才能使商铺获得长足发展的助推力。

---

① 北京市档案馆：《万丰顺五金行》，档号 J203 - 1 - 3，《万丰顺万金老账》，光绪十四年（1888）三月十五。
② 北京市档案馆：《京师警察厅外左一区分区表送华泰五金行不戒于火形甚可疑将张锡寿等解请讯办一案卷》，档号 J181 - 19 - 42841，1924 年。

第三章　新行业与旧血脉：北京五金商铺的资本与财务监管制度

上章对五金商铺之人事制度与激励机制进行了论述，本章主要探讨其资本来源、资本积累及财务管理制度，即钱的运用与监管，以助于我们对五金商铺管理制度的深入认知。

第一节　商之血脉：五金商铺的资本组织、经营与积累

一个商铺的开设、发展与盈利必定离不开资本，资本是保证上述目标实现的基本前提。北京五金商铺特别重视资本管理，资本犹如人之血脉，这些资本从哪里来，以何种形式结合在一起，又是以什么方式被运用，以及如何积累等，即原始资本的来源、组织形式、经营方式、积累方式等问题是研究资本所不可回避的。

一　原始资本来源与资本组织形式

五金商铺的设立有一共同特点，就是业内孽生、业外人士出资与从事此行者较少，这就在一定程度上影响着该行业资本来源的形式。据现存档案资料，五金商铺原始资本来源的主要形式有商铺未分利润的直接转化、薪酬积累、祖遗继承三种。

第一种，商铺未分利润直接转化。这是诸多新开五金商铺资本的主要来源，如万和成以商号的名义将本店积存的未分配利润独资开设分号万庆成，同样，万庆成与万和成联合开设万和等。第二种，薪酬积累，即一些商铺从业人员如经理、店员等将日常所得逐年积累，而后自营或与人合伙开设新铺，如义丰长的股东中就有刘监塘、杨辅臣、谢增生三人投资商铺

的"资本由日积而来"。① 也有一些商铺学徒学成后与人合伙开设新铺,如开泰恒铺东之一江德谦,1923年17岁时来京在打磨厂同义德五金行学徒六年,后由师兄弟几人开设开泰恒五金行,经营4年后改为自己经营。② 有些专业人士在某五金商铺任职的同时,又与人合伙组织开设其他五金商铺,但在新开商铺不任职。如曹广立之父既是鸿昌德五金行的经理,又是祥盛德五金行的铺东之一。③ 庆德成出资人之一的曹岐山,在该铺不执行业务,而其开设资本是在鸿昌德作事工资累积所得,并且曹曾是鸿昌德总经理。④ 也有在天津五金业经商,却又到北京出资组织五金商铺的,但在京新开商铺内不任职。如万德新出资人之一的王俊峰,是天津万德栈五金行司账,在京不执行业务。⑤ 也有的一直在五金业或相关行业经商赚钱后又与人合伙开设五金商铺,如王星臣1911年16岁时来京铁行学徒,1913年18岁时自营铁行。1927年与人合伙开设万盛铁号,在万盛铁号不执行业务。⑥ 此外,还有极少数是五金业业外人士,但也是经商的,在他业经商的同时又与人合伙开设五金商铺,在新开五金铺内不执行业务,如曹秀乡之父既是同义公布店的经理,又是祥盛德五金行的铺东之一。⑦ 总之,上述这些五金商铺的启动资本来源都是有经商收入的投资成分。第三种,祖遗继承商铺资本。如万和成五金行开设于咸丰九年(1859),"在当初,股东就是3家,以后分家分成10余家"。⑧ 义丰长五金行的股东中只继承性质的就有16家⑨。可见,分家是祖遗资本继承的主要方式。

有了资本,下面就应该是将这些资本组织在一起,以便为进一步经营做准备,这就是资本的组织形式问题。近代中国商业企业的主要组织形式有独资、合伙、股份公司三种,但以传统的独资、合伙形式为主。"若论其进展之程序,则先有个人企业之组织,后以社会经济发展,个人事业之

---

① 北京市档案馆:《义丰长五金行》,档号22-7-305,1953年。
② 北京市档案馆:《开泰恒五金行》,档号22-7-281,1951年。
③ 北京市档案馆:《祥盛德五金行》,档号22-7-367,1952年。
④ 北京市档案馆:《庆德成五金行》,档号22-7-308,1952年。
⑤ 北京市档案馆:《万德新五金行》,档号22-4-854,1952年。
⑥ 北京市档案馆:《万盛铁号》,档号22-4-872-3,1952年。
⑦ 北京市档案馆:《祥盛德五金行》,档号22-7-367,1952年。
⑧ 北京市档案馆:《民国三十三至三十六年变更申请书买契各类收据、三五反材料》,档号J86-1-159,1944—1947年。
⑨ 北京市档案馆:《义丰长五金行》,档号22-7-305,1953年。

经营,感资本不足,范围狭小,遂进而有合伙企业之组织。"① 由于独资营业为商业组织较为简单,主要适用于"需资不多,危险性少,事务简单,一人即可主持之商业",并以商号之形式表现②,又因资料所限,所以我们研究五金商铺的资本经营方式就以合伙为主。

合伙是民国时期占主导地位的资本组织形式。合伙经营,在中国传统工商业中"起步甚早,从近年来的考古资料看,早在秦汉时期就有了商人合股做生意的记录"③。在唐代合伙已明确见于史料,至明清两代则十分普遍。④ 到20世纪30年代,"合伙组织,以数字计,在吾国恐仍较独资组织及公司组织为多"⑤,"几占全国事业之泰半"⑥。关于合伙,说法不一,民国时期的学者杨荫溥认为,企业合伙"为二人以上,共同出资,以共同经营企业,而分受其营业所生利益,及分担其所生损失之契约结合也。企业合伙组织,又分普通合伙,及隐名合伙组织两种"⑦。楼有忠认为合伙企业,即"二人或二人以上之自由组合,互以资本、劳力或才能为出资,经营共同事业之谓也。其组织须有契约之缔定,根据契约以为营业之方针,毋庸经官厅注册之手续,故法律不承认其为法人也"⑧。今之学者杨国桢将此概括为:合伙制(又称合本、合股制),是"两人以上共同提供资本或实物、技术等,共同分配盈余或承担债务"。⑨《现代经济词典》认为在合伙"这种组织形式中两个或两个以上的人对他们的贡献(资本或力量)数量和可能得到的利润的分配方法取得协议"⑩。综上,我们认为在合伙关系中,合伙人须在二人或以上,并必签订合约及对债务负有无限责任;合伙企业不具法人资格;人力成为同货币一样的可占有股份

---

① 楼有钟:《合伙会计概要》,《商学期刊》1934年第8期。
② 实业部中国经济年鉴编纂委员会编纂:《中国经济年鉴》第二册,商务印书馆1934年版,第(M)1页。
③ 陈支平、卢增荣:《从契约文书看清代工商业合股委托经营方式的转变》,《中国社会经济史研究》2000年第2期。
④ 杨国桢:《明清以来商人的"合本"经营的契约形式》,《中国社会经济史研究》1987年第3期。
⑤ 杨荫溥:《吾国合伙组织之研究》,《经济学季刊》1931年第2卷第4期。
⑥ 楼有钟:《合伙会计概要》,《商学期刊》1934年第8期。
⑦ 杨荫溥:《吾国合伙组织之研究》,《经济学季刊》1931年第2卷第4期。
⑧ 楼有钟:《合伙会计概要》,《商学期刊》1934年第8期。
⑨ 杨国桢:《明清以来商人的"合本"经营的契约形式》,《中国社会经济史研究》1987年第3期。
⑩ [美]格林沃尔德编:《现代经济词典》,《现代经济词典》翻译组译,商务印书馆1981年版,第323页。

的资本。

合伙经营，包括一般合伙和股份合伙两种。① 五金商号以股份合伙组织为主。五金商铺中采用的股份合伙制，是合伙制的高级形态，即指铺东将出资折成若干股，职工人力也折合若干股份，两者以共同持股的形式合伙，当然这些股份的每股资本额应该是相等的。据笔者统计，1932年北京共有五金商铺54家，1935年共有52家，到新中国成立初仍然健在的商铺共有20多家，并且绝大多数是股份合伙型的。五金商号之所以多采用股份合伙的组织形式，主要是由于五金业是新兴行业，绝大部分货品系国外进口，关涉国外汇率变动，盈利虽高但风险也大，并且所需资金亦较多，专业性较强，所以出资人为分散风险与偿债责任，并为严格管理，规避一般合伙、家族合伙中的乱支现象，所以多采用股份合伙形式，体现了五金商业的进步。同时，股份合伙人又多是"意气相投，欲效陶朱"②，"兄弟投缘，一见如故"③，情愿合作的，即合作基础一般是较好的。在五金商号中，股份合伙型商铺在民国时期表现出较强的生命力，不仅由传统的旧式铜铁铺转化来的五金店继续延续以往的股份合伙组织形式，就是20世纪二三十年代新开设的商铺也仍然照此组织进行，甚至很多商铺直到新中国成立前后的改组合同中亦还照旧以合伙形式进行组织，公司制的商铺形态极少，笔者所见只1923年徐珂编的《实用北京指南：增订》中载：当时五金行共48个商铺，其中崇外大街的"庆和祥五金公司"即以公司名义出现。④ 尽管有些商铺也出现过股东大会、监理等公司制职位名称，如广聚兴、万和成及万丰泰等商铺的分号，但严格地讲，这只是个虚名，商铺本身仍然是合伙。公司制发展之缓慢，不仅在冀州帮五金业如此，就是整个北京商界也是如此，如1916年北京所有以公司形式营业的企业共24个，其中工业企业17个，商业企业只5个。⑤ 另据1934年《中国经济年鉴》载，1928年一年内全国已注册的公司共381个，河北只8个，而江苏高达297个；到1932年，全国已注册的公司共204个，河北只3个，而江苏高达119个。⑥ 可见河北公司制企业发展之落后，北京作

---

① 张忠民：《略论明清时期"合伙"经济中的两种不同实现形式》，《上海社会科学院学术季刊》2001年第4期。
② 北京市档案馆：《三益泰五金行》，档号J198-1-8，《天津三益泰万金账》，1923年新正月。
③ 北京市档案馆：《协升号五金行》，档号J94-1-9，《万金账》，1945年1月1日。
④ 徐珂：《实用北京指南：增订》第七编，上海商务印书馆1923年版。
⑤ 农商部总务厅统计科编：《第五次农商统计表》，上海中华书局1919年版。
⑥ 实业部中国经济年鉴编纂委员会编纂：《中国经济年鉴》第二册，第（M）4—5页。

为河北一市，其公司制企业发展情况就可见一斑了。当然，北京公司制企业发展的极端缓慢，也恰证明了独资或合伙企业发展之旺盛。因此，在当时历史条件下，冀州帮五金业公司制企业的极端落后状态也是正常的。

有些商铺的资本组织形式并非始终如一的以一种形式存在，而是有所变动，有的由独资改为合伙，也有的由合伙变为独资。如广聚兴初为合伙，1935年变为独资①；开泰恒五金行1929年合伙成立，1933年变为独资。② 这种变动是商铺发展中的一种正常现象，体现了发展中的嬗变主题。

在股份合伙形式下，五金商铺的资本类型主要有货币、商业设施和人力资本，这样，资金、商业设施与人力资本合伙就成为普遍存在的现象。所谓人力资本，即人力资源的资本化，指一个从商人员的综合素质，主要包括商人的经营管理能力与诚信、勤惰等个人品质。③ 如1931年广聚兴五金行改组合约中规定："朱金珂、同心堂，总经理郑殿邦，副经理朱金珂，同心协力创立设广聚兴铜铁局，设在崇文门外木厂胡同路南。朱金珂入东股洋一千二百元正，作东股一分五厘，后入获本洋四千元正，前后共五千二百元正；同心堂入东股洋一千二百正，作东股一分五厘，后入获本洋四千元正，前后共五千二百元正；郑殿邦人力股一分，朱金珂人力股九厘；同心堂入家俱股一分，合洋八百元，并房产，此一宗肥厚均在东股之内。"④ 此合约表明，广聚兴是股份合伙商铺，主要是铺东的货币资本、家俱、房产与人力资本的合伙，人力资本与货币、家俱、房产等一样皆被折成等额的股份，并由拥有人力股者负责经营。当然，上述资本类型一般要以货币资本为基础，否则无法进行正常的商业运营。

二　资本经营方式

经营方式，指企业在经营活动中所采取的方式与方法，是企业所有权者为实现其经济利益，运用生产资料或其他经济手段进行经济活动的方式，具体地实现着企业所有权者和直接经营者的经济利益。⑤ 具体到商铺

---

① 北京市档案馆：《广聚兴五金行》，档号J87-1-3，《万金宝账》，1924年。
② 北京市档案馆：《开泰恒五金行》，档号22-7-281，1951年。
③ 封越健：《清代商人的资本组织与经营方式》，《中国经济史论坛》互联网址：http://economy.guoxue.com/article.php/2926，访问日期2009年10月8日。
④ 北京市档案馆：《广聚兴五金行》，档号J87-1-3，《万金宝账》，1924年。
⑤ 张跃庆、张念宏主编：《经济大辞海》，海洋出版社1992年版，第651页；赵玉林、王化中主编：《经济学辞典》，中国经济出版社1990年版，第215页。

资本经营方式,则是商铺为多盈利而决定由谁具体管理经营或运用出资人资本的方式。资本组织与经营方式虽关系密切,但又不完全相同。汪士信认为"资本的组织形式主要有独资、合资、合伙、合股"四种形式①,而邓亦兵则认为"清代前期有独资、合伙、合股、领本、贷本五种经营方式"②,其实"独资、合伙、合股是资本的组织形式,贷本属于资本之来源,只有领本是资本的经营方式"③。

如何运用上述资本进行经营,即采取什么样的经营方式?独资商铺的资本经营方式分为自本自营、自本他营两种。自本自营,即自东自掌,由出资商人自己经营。这种独资商铺一般原本较少,规模也较小,多为连家铺店,其经营方式相对较为简单,如1933年后的开泰恒五金行等,所以本书不以此为研究的重点。尽管也有些独资商铺规模较大,资本雄厚,但那一般是雇人经营,即自本他营,而非自东自掌。自本他营的商铺一般是指铺东雇用经理经营铺事,但自本自营与自本他营并无严格的界限,对于独资商铺来说,有时是会经常变动的。如华泰五金行就是走过了从自东自掌到雇佣经理经营,再到自东自掌的经营之路。④

五金商铺股份合伙制的经营方式主要有两种,即掌柜领东经营、合伙人负责经营,其中又以第一种方式为主。

首先,掌柜领东经营,即由承领铺东资本的掌柜代替铺东经营管理铺务,这种掌柜一般皆有人力股份,商铺资本的所有权与经营权是分离的。这样,领东掌柜又称领本掌柜,是股份合伙商铺的实际经营者。依据北京过去商业惯例,领东时皆订有合同,如无特殊情况双方皆不能散伙,而在散伙时就必须清理账目,进行分配。同时,铺东吃银股,掌柜吃人力股,铺东如必须辞退领东时,一般要清理铺内财产分给领东应得部分。⑤ 五金商铺掌柜领东经营体制也基本照北京商界习惯而行,每个商铺的财东按照合同把股份资本交付领东掌柜后,便不再过问铺事,全权由掌柜或经理经营。如开张于清咸丰九年(1859)的万和成五金行,"是多年的老字号,

---

① 汪士信:《明清时期商业经营方式的变化》,《中国经济史研究》1988年第2期。
② 邓亦兵:《清代前期的商业资本》,《首都师范大学学报》(社会科学版)1999年第5期。
③ 封越健:《清代商人的资本组织与经营方式》,《中国经济史论坛》互联网址:http://economy.guoxue.com/article.php/2926,访问日期2009年10月8日。
④ 北京市档案馆:《京师警察厅外左一区分区表送华泰五金行不戒于火形甚可疑将张锡寿等解请讯办一案卷》,档号J181-19-42841,1924年。
⑤ 中国科学院经济研究所等编:《北京瑞蚨祥》,第21页。

资本极小，股东们不问柜事，一直到解放时"。① 万和成等五金商铺长期稳定地发展与领东经营的股份合伙制是分不开的。这样，"领东者和资本所有者是合伙关系，在身份上是平等互利的。有的领东者的声望、信誉还远高于资本所有者，在一定程度上影响着企业经营的成败"。② 据现存档案，掌柜领东经营主要有以下几种情况。

其一，出资的铺东一般皆不执行业务，由领东本的掌柜全权经营，实现了所有权与经营权的分离；领东掌柜只有人力股，而无银股。如万丰德五金行铺东是万丰顺与江砚堂，而由"领本人孙壬成、邢魁元同心协力经理铺事"，孙、邢二人人力股各一分。③ 孙、邢二掌柜的领本人身份是在万丰德成立合约中就明确写明的。

其二，合约中虽不指明经理铺事的掌柜是否是领本人，但也在合约中规定掌柜有人力股，商铺的所有权与经营权也是分离的，同第一种掌柜在实质上是相同的。如万丰成的铺东是万庆成、万丰泰，各占银股2.5分，"又约通王凤来经理铺事，作为人力股一分"。④ 这表明，王凤来作为经理人的身份与第一种中孙、邢二掌柜是一致的，只是未写明是领本人而已，两权分离也是肯定的。

其三，由铺东中的部分人兼任掌柜，领所有东本进行经营，即掌柜既是持有银股的出资人，又是持有人力股的实际经营者。这实际是铺东中的某一个或几个出资人代理所有铺东进行铺事的管理与经营，所有权与经营权也是分离的。如万丰泰五金行的"立领本合同人张恒丰协同李得和领到万和成、三益泰原出，张恒丰、李得和连自代，共成东本京币平松江银壹仟肆百两整，……计开：万和成原本银陆百两作为一股五厘，三益泰原本银四百两作为壹股，张恒丰自带原本银贰百两并人力作为壹股玖厘，李得和自带原本银贰百两并人力作为壹股四厘，外有财神股贰厘，张恒丰、李得和二人经理铺事"⑤。这表明张恒丰、李得和是经理铺事的掌柜，都各有银股5厘，但同时又分别有人力股1.4分、0.9分，二人银股相同而人力股份的差异意味着二人才能、能力之差距。其他铺东不参与铺事，两

---

① 北京市档案馆：《民国三十三至三十六年变更申请书买契各类收据、三五反材料》，档号J86-1-159，1944—1947年。
② 汪士信：《明清时期商业经营方式的变化》，《中国经济史研究》1988年第2期。
③ 北京市档案馆：《万丰德五金行》，档号J199-1-1，《万丰德万金老账》，光绪三十二年（1906）新正月十八日。
④ 北京市档案馆：《万庆成五金行》，档号J85-1-209，万丰成《万金老账》，大清光绪十七年（1891）新正月。
⑤ 北京市档案馆：《万丰泰五金行》，档号J88-1-2，《万金老账》，光绪十二年（1886）立。

权也是分离的,同时,不存在无银股而只有人力股份的领东掌柜。

其四,领东掌柜既包括上面第三种情况中的银股、人力股兼有的掌柜,也包括只有人力股而无银股的掌柜。如万和成五金行的"立领本合同人闻茂斋,协同尹晏庆、孙福长,领到杨星桥、金容轩原出,闻茂斋自代,共成本京九八钱一万吊整。……计开:杨星桥原本京钱四千吊整,作为二股。金容轩本京钱四千吊整,作为二股。闻茂斋自带本京钱二千吊整,并人力作为二股。尹晏庆人力作为一股,孙福长人力作为一股。闻茂斋、尹晏庆、孙福长三人经理铺事"①。这表明闻茂斋、尹晏庆、孙福长三人都是经理铺事的领东掌柜,其中闻茂斋银股、人力股兼有,而尹晏庆、孙福长二人只有人力股,而无银股。此时,闻茂斋有双重身份,持有银股和人力股,受聘于杨、金二东家。东家为何敢把资本经营权交给闻茂斋?闻茂斋又为何能苦心经营,为东家盈利?其奥秘就在于闻茂斋的双重身份。因作为银股持有者,闻茂斋与不参与经营的东家的利益是一致的,要实现共赢,他必须要尽心尽责。而东家也正好看中了这一点,才允许伙计银股、人力股兼有。同时,铺东对闻茂斋一人经营铺事并不放心,所以又找尹晏庆、孙福长二人与闻共同经营,而尹、孙二人只有人力股,三人既互相协助,又相牵制,这种资本经营方式的两权分离程度要比上一种更强一些。

总之,在掌柜领东经营体制下,"财东投资而不事经营,掌柜经营而不负盈亏"的说法在冀州帮所营五金商号中是不太适合的,因有些商铺的某些财东身兼铺东与掌柜两种身份,银股、人力股并存于掌柜一身,即领东掌柜既经营也负盈亏,但并不影响所有权与经营权的分离。

领东掌柜一般要任职终身,如无特殊情形,铺东不能任意将其辞退,即使有些商铺的掌柜与铺东无合同契约,只要其人力股份载在万金账上,东家也不能与其任意解约。因按北京商界习惯,"既在万金账上载有身力股,即不能以雇佣论";"若从厚言之……即令病故,亦应留给身后股分;如以从簿言之,应将该号历年公积金至今存有若干,按内应得之数分给,取丙同意,始能解约"。② 如万丰泰五金行掌柜张恒丰、李德和,万丰顺五金行掌柜江玉田等皆是自商铺设立到去世一直经理铺事。③ 此外,五

---

① 北京市档案馆:《万和成五金行》,档号 J86-1-1,《万年账》,咸丰九年(1859)三月初六日。
② 《函京师地方审判厅遵查身力股能否解约文》,《京师总商会月报》1919 年第 1 季第 10 号。
③ 北京市档案馆:《万丰泰五金行》,档号 J88-1-2,《万金老账》,光绪十二年(1886)立;《万丰顺五金行》,档号 J203-1-3,《万丰顺万金老账》,光绪十四年(1888)三月十五。

金商号的领东掌柜去世之后，商铺还给予部分永久性的故身股以养其一家老小（参见第二章第三节）。不过，由于有些商铺有人力股份的掌柜有入护身银的规定，所以他们对商号经营风险也应负有财产连带责任。

其次，股份合伙人负责经营。在这种情况下，银股铺东一般都是业务执行人，并依各自的能力享受不同的人力股份，如北京广聚兴五金行1924年合同中规定：郑殿邦、朱金珂、张增贵三人各出资1200元，作东股1.5分，即"财股共计四分五厘，经理郑殿邦应占身股一分整，副经理朱金珂占身股九厘，协理张增贵占身股八厘，以后加增身股不得越过一分"。① 这表明，郑、朱、张三人投资开设广聚兴，三人同时又分担经营业务责任，虽然投资数额相同，但拥有的人力股份额却有差异，说明合伙人各自的经营能力与经营责任是不同的。有的商铺在各铺东分担负责经营业务的同时还聘请他人协助经营，并给以人力股份，如1927年王万柱、屈仙臣、王星臣三人合伙开设万盛铁号，每人出资500元，共计资金1500元整，作为东股三股；同时，王万柱、屈仙臣、王星臣又各有身股一股，外加王魁起身股一股，身股共四股，银股身股共七股。② 这表明为万盛铁号出资的王万柱、屈仙臣、王星臣三人同时又是实际业务的经营者，拥有相同的人力股份；此外还让王魁起协助经营，亦给人力股一股，与三个铺东的人力股股份相等。显然，万盛铁号的主要经营大权在担负经营责任的铺东手中，这种状况不利于资本所有权与经营权的分离，也不利于商铺的长远发展。当然，随着经营环境的变化，到抗战时期，万盛铁号的上述经营方式有所变化，到1942年商铺改组时，东股增为五股，并增设监理股一股，而人力股份减至九厘。③ 即该铺的经营权趋于集中与合理化，两权分离的程度加强。此外，股份合伙人负责经营，由于出资人又是经营者，虽然资本的所有权与经营权不是集中于一人手中，但两权分离的程度不是很明显，这就易造成商铺内部经营者之间的矛盾，从而影响商铺的正常发展。如创设于1922年的广聚兴五金行，到1926年年底结算大账时经营者之间发生争执，"张增贵因意见不合，情愿告退"，1927年正月经郑耕久、张枫宸、刘济民、郑桐轩进行调停，张增贵立退股文约。此后广聚兴五金行的内部矛盾仍在继续，到1935年同心堂又退东股，郑殿邦退出人力股，这时只剩下铺东兼经理人的朱金珂一个，遂将广聚兴改为广

---

① 北京市档案馆：《广聚兴五金行》，档号 J87-1-105，《合同》，1924年。
② 北京市档案馆：《万盛铁号》，档号 22-4-872-3，1952年。
③ 北京市档案馆：《万盛铁号》，档号 22-4-872-3，1952年。

巨兴玉记，广聚兴五金行至此解体。① 从广聚兴的曲折发展历程中可清晰地看到，因"意见不合"等内部矛盾造成股东兼经理退股给商铺发展带来的危害，最终导致商铺解体的事实，应该皆与股份合伙人同时又都负责经营铺事有一定关联。

综上，掌柜领东经营与股份合伙人负责经营这两种方式，皆不同程度地实现了所有权与经营权的分离，尤以前者最为典型，铺东将资本、管理、经营全权交与掌柜负责，如万和成五金行的"老股东们也不细问（柜事），也不管，权利也放弃"。② 经营者都享有高度的经营自主权，如广聚兴五金行"经理人擘画一切号务"。③ 这意味着五金商铺在西方先进经营管理思想的影响下，一些拥有经营管理才能的并拥有人力股份的掌柜或经理掌握了商铺经营权，这无疑是商铺变迁中的一大进步。

尽管五金商铺因袭了以往的经营方式并长期得到稳定地存在，但也在不断地与时势变迁中嬗变。如万庆和五金行成立于1896年，但在万金账中未见任何合伙合约，直到1920年随着竞争形势的加剧才有经理人经营铺事的相关规定，并给经理绳俊吉、尹福辰人力股份各1股④，这其实是五金商铺在发展过程中的与时俱进精神的体现。在商铺开有分号时，总号经理还要参与对分号的监督，为此有些商铺就添设了"监理"一职。如北京万和成、三益泰五金行为实现对其分号天津三益泰五金行的更好的管理，在1926年改组时各增设监理一职⑤；1917年之后北京万丰泰在万丰永有"监理人作身力股一俸"⑥。七七事变之后，有些总号商铺为便利经营也增设监理一职。同时，五金商铺的掌柜或经理一般都按月领取薪酬，虽然仍保留以前的人力股制度与年终按股分红权利，与纯粹的资本主义雇佣经理经营方式并不完全相同，但毕竟是向雇佣经理制迈进了一步。

三 资本积累方式

商铺要正常运营与发展，当然离不开资本，一是原始资本，二是商铺

---

① 北京市档案馆：《广聚兴五金行》，档号 J87 - 1 - 3，《万金宝账》，1924 年。
② 北京市档案馆：《民国三十三至三十六年变更申请书买契各类收据、三五反材料》，档号 J86 - 1 - 159，1944—1947 年。
③ 北京市档案馆：《广聚兴五金行》，档号 J87 - 1 - 105，《合同》，1924 年。
④ 北京市档案馆：《万庆和底账》，档号 J85 - 1 - 13，光绪二十二年（1896）三月二十七日。
⑤ 北京市档案馆：《三益泰五金行》，档号 J198 - 1 - 8，《天津三益泰万金账》，1923 年新正月。
⑥ 北京市档案馆：《万丰泰五金行》，档号 J88 - 1 - 7，万丰永《万金老账》，1917 年正月。

发展中积累的资本。原始资本前面已述及，下面主要论述资本的积累。冀州帮所营五金商号的资本积累方式概括起来主要有铺东所得利润的直接再投追加（护本、护身）、商铺收益的留存（财神股、厚成）两大途径。此外，由于有的商业劳动者将所得收入存入其所在商铺，虽未自己独立经商，但这部分红利成为店主的经营资本，从而成为商业资本，所以，东伙所得红利留存在店内，也是商铺资本积累的变种形态。

1. 在原本基础上的资本追加——护本与护身

（1）本

最初用于商铺启动的资金，一般称为原本，即合伙股东的合约投资，是商铺的名义资本，只享受红利，没有股息，亦称"钱股""银股""东股""东本"。原本数额及份数一般要列入合伙契约，并注万金账存照。以北京万丰顺铜镫局的股份合伙契约为例，来说明此店股东投入原本情况。①

> 立领本合同人江玉田，今领到万和成、三益泰、闻茂斋、万丰泰出本市平松江银四百两整，共成东本，同心议定，在京都东河沿路南小门内设立万丰顺铜镫局一座，生理计开：万和成出本银一百两整作为东股五厘，三益泰出本银一百两整作为东股五厘，闻茂斋出本银一百两整作为东股五厘，万丰泰出本银一百两整作为东股五厘……东伙均按3年后提用余利银两。言明支八成存二成，各存余厚，概不准长支短借。……
>
> 　　　　　　　　　　　　　中人　公聚德　德聚兴
> 　　　　　　　　　　　大清光绪十四年三月十五日　立

上述合同表明，万和成、三益泰、闻茂斋、万丰泰四家合伙开办北京万丰顺，各出本银100两，共原本400两，计2股，每股200两。同时规定3年后提用得利，提红利时要支八存二，如分红100两，要存入商铺20两，且不能长支。这不仅体现了商铺合伙人对原本银的高度重视，而且也对如何进行运营资金的积累有了明确规定，因为这关系到未来商铺能否进行正常运转及盈利。

鉴于原本银在商铺开设初期的重要地位与作用，我们有必要分析一下冀州帮所营五金商号的股东投入商铺原始资本量的一般情况（表3-1）。

---

① 北京市档案馆：《万丰顺五金行》，档号 J203-1-3，《万丰顺万金老账》，光绪十四年（1888）三月十五。

表 3-1　　　　　　　部分五金商铺股东原本数额明细

档案号	商铺名称	原本（两）	银股数（分）	每股银数（两）
J85-1-15	万庆成	4000	4	1000
J85-1-13	万庆和	4100	4	1025
J88-1-2	万丰泰	1400	3.5	400
J85-1-209	万丰成	1000	5	200
J88-1-7	张家口万丰永	10000	5	2000
J203-1-2	万丰顺	400	2	200
J199-1-1	万丰德	1600	4	400
J198-1-8	天津三益泰	42000	7	6000
J87-1-105	广聚兴	3600	4.5	800
J92-1-1	长和厚绒线帽铺	6000	6	1000
87-15-1	亿丰祥绸缎洋货布铺	17000	5	3400
平均		8281.82	4.55	1493.18

资料来源：北京市档案馆档案。

表 3-1 显示，冀州帮五金行原本银投资一般在 4000 元以下，铺东股份数一般在 4 分以下，每股资本额一般在 1000 元以下，超过此限的只是少数。这说明五金商号的规模及发展空间是较小的。原本最多的是天津三益泰，高达 42000 两，每股 6000 两；最少的是北京万丰顺，只有 400 两，每股 200 两。天津三益泰每股资本额是北京万丰顺的 30 倍，原本银前者是后者的 7 倍。可见，同是五金商铺，在原始投资方面京津两地相差悬殊。这表明，天津五金商铺的资金需求量、发展潜力和规模远远大于北京。就连万庆成在张家口的分号万丰永五金店的原本银及每股银数也比北京大部分五金商铺要高。冀州帮五金行除万庆成外，与本市其他行业商铺如长和厚绒线店、亿丰祥绸布店等相比，在投入原本银方面也占劣势。此外，其与合股投资 3 万两开业于 1902 年的东兴楼饭庄[①]、开设于 1917 年集股大洋一万元的大有油盐粮店[②]相比更是相差甚远。这皆表明冀州帮五金行原本银的投入量一般要低于本市其他行业及其他城市的本行业商铺。

总之，冀州帮所营五金商号的铺东一般是以独资或股份合伙形式向商

[①] 邹祖川：《东兴楼兴衰记》，北京政协文史资料研究委员会编《驰名京华的老字号》，文史资料出版社 1986 年版，第 79 页。

[②] 孟瑛玺：《大有油盐粮店》，北京政协文史资料研究委员会编《驰名京华的老字号》，文史资料出版社 1986 年版，第 241 页。

铺直接投资。由于商铺的原本总额没有现代企业注册资本及最低限额的要求，所以各商铺股东所投原本多寡不一。尽管原本在商铺运营中的地位非常重要，但五金商号原本量却远低于天津等地及北京其他行业商铺。

（2）护本与护身

护本或护身，是在商铺规模与业务不断扩大后，为增加实际运营资本量，防止经营风险，在商铺将盈利进行分配后，并在保持原来股本总量的基础上，按股东股份比例，由铺东和有人力股者从其应分红利中提取的存在商铺的资本。一般情况下，铺东提取的部分红利称"护本银"，持人力股者提取的则为"护身银"。

从冀州帮五金行账本看，护本、护身金的筹集有两种方式：一是于账期分红时扣收。多数商铺在最初成立时的第一、二个账期，一般无护本，可能是分红少的缘故。以后随着盈利及分红数额的增多，始有护本出现。护本提取比例依分红多少而定。二是当红利不足时由股东自筹。这表明有些五金商号的护本银并非和山西票号那样完全由盈利中提取。如北京万丰德五金店宣统元年账期时共盈利142.5两，每股应分21.92两，铺东万丰顺、江砚堂分别占3股、1股，所以他们所分红利分别是65.76两、21.92两，而他们此账期投入的护本银分别为300两、100两①，即它们在分红之外又分别自筹资金234.24、78.08两作为护本。不过，从总体上看，护本、护身金的提取还是以第一种方式为主。

商铺一般要提取分红的百分之几作为护本或护身资金呢？我们以北京万丰泰五金店为例详述（表3-2），因为在现存的档案中只有此商铺的数据最全，尤其有护身情况的相关记载，其他商铺至今未见。

表3-2 1892—1898年北京万丰泰五金店所提护本、护身资金比例

年份	股东	原本	银股数	分红	护本	护本占银股分红的（%）	身股数	分红	护身	护身占身股分红的（%）
1892	万和成	600	1.5	1350	1200	88.9				
	三益泰	400	1	900	800	88.9				
	张恒丰	200	0.5	450	400	88.9	1.4	1260	600	47.6
	李德和	200	0.5	450	400	88.9	0.9	810	400	49.4

---

① 北京市档案馆：《万丰德五金行》，档号J199-1-1，《万丰德万金老账》，光绪三十二年（1906）。

第三章　新行业与旧血脉：北京五金商铺的资本与财务监管制度　123

续表

年份	股东	原本	银股数	分红	护本	护本占银股分红的（%）	身股数	分红	护身	护身占身股分红的（%）
1895	万和成	600	1.5	1500	1200	80				
	三益泰	400	1	1000	800	80				
	张恒丰	200	0.5	500	400	80	1.4	1400	600	42.9
	李德和	200	0.5	500	400	80	0.9	900	400	44.4
1898	万和成	600	1.5	1500	900	60				
	三益泰	400	1	1000	600	60				
	张恒丰	200	0.5	500	300	60	1.4	1400	未提	
	李德和	200	0.5	500	300	60	0.9	900	未提	

注：原本、护本、护身、分红数额单位皆为"两"，银股、身股数额皆为"分"，1分=10厘。
资料来源：北京市档案馆，档案号 J88-1-2。

表3-2显示，在万丰泰最初成立的几年内，所提护本占各股东银股分红的比重较大，以后随着商铺资金渐趋充足，所提护本的比重也随之渐渐缩小。1892年万丰泰四个原始股东所提护本分别是1200两、800两、400两、400两，是股东原本的2倍，占各自所分红利的88.9%。然而，到1895年，商铺盈利与各股东的分红增加，所提护本数未变，占各股东所分红利的比重却下降了8.9%。到1898年，商铺盈利与分红未减，所提护本却比上年下降了25%，占股东所分红利的百分比较1892年、1895年也分别下降了28.9%、20%。这表明所提护本多少虽依分红多少而定，但也不尽然，分红多不一定要多提，一般还要看各商铺的规模大小和商铺对资金的需求量的多少。到商铺资金足以能维持其正常运转时，一般就不提护本了。即护本的提取，各商铺一般要根据具体情况，用时则提，不用即停。当然，提取护本的数额一般不超过当年所分红利为限。

表3-2显示，护身金的提取比例也呈下降趋势。1892年张恒丰、李德和被提护身金分别是600两、400两，分别占其所分人力股红利的47.6%、49.4%。照理说，二人所提护身银占其身股所分红利的比例应该是相等的，为何还相差1.8%呢？笔者认为这可能是当时在计算提取护身数额时不够精确，为"凑整"所致。1895年张、李人力股的分红有所增加，但所提护身银还是600两、400两，占人力股分红的比重较前分别下降了4.7%、5.0%。到1898年时，二人的人力股分红数未减，但并未提护身银。这表明，商铺在需要资金时，一般要在当年所分红利中优先提取护本银，护本

银不足时，再提取护身银，且所提护身银的比例虽有所下降，但变化不大。

作为商铺营运资金的主要来源，护本、护身与原本之间是有区别的（见表3-3）。

表3-3　1889—1938年北京万丰泰五金店的原本、护本、护身比较

年份	总资本	原本	原本占总资本的（%）	护本	护本占总资本的（%）	护身 张恒丰	护身 李德和	护身占总资本的（%）
1889	2800	1400	50	1400	50			
1892	6600	1400	21.2	4200	63.6	600	400	15.2
1895	10400	1400	13.5	7000	67.3	1200	800	19.2
1898	12500	1400	11.2	9100	72.8	1200	800	16
1914	12200	1400	11.5	9100	74.6	1200	500	13.9
1917	12200	1400	11.5	9100	74.6	1200	500	13.9
1920	12200	1400	11.5	9100	74.6	1200	500	13.9
1923	11800	1400	11.9	9100	77.1	800	500	11
1932	11800	1400	11.9	9100	77.1	800	500	11
1935	16860	2001	11.9	13001	77.1	1143	715	11
1938	16860	2001	11.9	13001	77.1	1143	715	11

注：1.1889—1932年的数据以两为单位，1935—1938年的数据以元为单位，并按当时本行业的银洋折算标准1两=1.429元进行了折算。

2.万丰泰五金行1901—1911年、1926—1932年的原本护本护身情况分别与1898年、1923年完全相同，所以省去未载。

资料来源：北京市档案馆，档案号J88-1-2、J88-1-15。

从表3-3中我们可得出如下结论：

首先，从资金来源的稳定性上看，原本最稳定，护本次之，护身最差。1889—1938年万丰泰原始资本各账期一直为1400两，无实质性的增减变化，所变的只是1935年账期之后因1933年"废两改元"导致的银洋折算数额的变动。护本在1889—1895年变化较大，主要由于当时各账期都在从分红中提护本金所致，护本金是累加的。1898—1938年不再新提护本，无须累加，所以各年只是维持以前的护本金额，使之稳定。1935年后的变化也是由银洋折算引起，不影响其稳定性。护身银的稳定性较差，一般是随人力股持有人的死亡而有较大变动。张恒丰、李德和的护身银初为600两、400两，1895年升为1200两、800两，直到1911年没有变动。但到1914年时李德和的护身银变为500两，较前减少了300两。这主要是由于李德和1902年去世之后继续分红三账

期，至 1914 年被"裁去身股四厘，并撤去护身银三百两整，下剩身力股五厘，并有护身银五百两整，以作永远股分"①。同样，张恒丰 1912 年去世，到 1923 年时被"裁去身股六厘，并撤去护身银四百两"②，所以其护身银就变成 800 两。这表明护身银是随人力股持有人的死亡所导致的人力股的减少而减少的，但并未完全消失，这和山西票号的护身规定不同。在山西，"人力股持有人死亡则身股消失，相应护身亦随之无存"。③

其次，从原本、护本、护身占总资本的比例看，原本与护身皆呈降势，护本呈升势，护本在总运营资本中占据举足轻重的地位。原本占总资本的比例由 1889 年的 50% 直降为 1898 年的 11.2%，9 年间下降了 4 倍多。以后虽略有增长，但增幅很小，说明原本在万丰泰总资本中的地位基本呈下降趋势，其主要作用到后期主要是为股东分红提供依据而已。相反，护本在此商铺资本运营中的地位却渐呈上升之势。护本由 1889 年占总资本的 50%，逐渐升至 1923 年的 77.1%，直到 1938 年基本稳定。这表明，护本是万丰泰资本运营中的主要资本，也确实起到了"保护资本"的功用。护身占总资本的比例虽有增有减，1892 年为 15.2%，1895 年最高为 19.2%，1923 年最低为 11%，但总势趋于减少。不过，它与原本比较，其地位也不容忽视。

总之，冀州帮所营五金商号将股东分红通过护本、护身又转化为资本，这将有利于扩大并提高商铺原始资本的基础与实际运营资金总量，利于商铺规模的扩大与发展。

2. 商铺收益的留存之一——财神股

冀州帮所营五金商号内部留存的资金，属于未分商业利润，无须商铺费力筹集，而直接由商铺内部自动转变而成，是商铺资本积累的主要方式之一，主要包括提取公积金性质的财神股和各种隐藏在商铺中的厚成两种。

"财神股"，是商铺为巩固运营资金基础从账期欲分盈利中按其所占股份提取的基金，出于信仰与迷信，这部分基金以"财神"的名义存在，实为商铺未分配盈余，并作为日常营运资金使用，类似现在的盈余公积金。④

---

① 北京市档案馆：《万丰泰五金行》，档号 J88-1-2，《万金老账》，光绪十二年（1886）立。
② 北京市档案馆：《万丰泰五金行》，档号 J88-1-2，《万金老账》，光绪十二年（1886）立。
③ 孔祥毅、祁敬宇：《中国早期人力资本股的实践对当代企业制度改革的启示》，《山西财经大学学报》2002 年第 3 期。
④ 有些商铺的财神股后来改称公积金股，如万和成五金行自 1932 年开始即将财神股改为公积金股，归在"施善堂"名下。（见北京市档案馆《万和成万年聚金账》，档号 J86-1-6，1914 年甲寅新正月。）多数商铺是于抗日战争时期改称为公积金的，如万丰顺五金行 1940 年的账面记载"财神爷股改为公积金股，原有股份五厘"。[参见《万丰顺五金行》，档号 J203-1-3，《万丰顺万金老账》，光绪十四年（1888）三月十五。]

财神股之所以能成为商铺的主要资金来源，是因为在商铺每至账期分红时，财神股与股东的银股、伙友的人力股一样，按其所占有的股份多少参加红利分配，但每遇亏损年份则不提（即贯彻无利不提原则），所提款项逐年累积。其实，这是商铺变相的资金积累方式。而在山西票号中，"财神股只存账一次，在提新财神股时要先分掉去年的旧财神股；并且不管商铺盈亏与否皆要预提一定数额"。① 这是冀州帮所营五金商号的财神股不同于山西票号的特色之处。

商铺到底能利用财神股筹集到多少资金呢？我们利用其各账期分红金额来说明（见表3-4）。

表3-4 1926—1938年冀州帮所营五金商号的财神股份各年分红金额统计

年份	万庆成 每股分红	万庆成 财神股份	万庆成 财神股分红	万庆和 每股分红	万庆和 财神股份	万庆和 财神股分红	万丰泰 每股分红	万丰泰 财神股份	万丰泰 财神股分红	万丰顺 每股分红	万丰顺 财神股份	万丰顺 财神股分红	万丰德 每股分红	万丰德 财神股份	万丰德 财神股分红
1926	2100	5	1050	2100	5	1050	9800	2	1960	560	5	280	350	5	175
1929	2100	5	1050	1820	5	910	7700	2	1540	661	5	330	70	5	35
1932	2520	5	1260	1680	5	840	7700	2	1540	518	5	259	392	5	196
1935	2000	5	1000	1000	5	500	8000	2	1600	260	5	130	200	5	100
1938	3000	5	1500	1600	5	800	8500	2	1700	500	5	250	800	5	400
合计			5860			4100			8340			1249			906

注：总股份数与财神股份的单位皆为"厘"，1分=10厘；分红数额单位1926—1932年为两，1935—1938年为元。为便于比较，笔者将1926—1932年各商铺的分红银两皆换算为"元"，按1元=0.7两，并进行四舍五入计算。万丰顺、万丰德1926、1929年的数据其实采用的是它1927、1930年账期时的数据。

资料来源：北京市档案馆，档案号 J85-1-15、J85-1-13、J88-1-15、J203-1-3、J199-1-1。

表3-4显示，同一商铺，由于总股份的变动及盈利的增减变化，使得每股分红各年不一，尽管各年财神股份不变，但其所分红利数各异，即集资多寡不同；同一商铺或不同商铺之间，财神股份的多少，与其所分红利的多寡并不一定成正比。只有当总股份与盈利皆一定时，财神股份越大，其所分红利则越多。如万丰泰财神股份仅为2厘，但其各年所分红利却大于其他几个财神股份为5厘的商铺。财神股份同为5厘的万庆成、万庆和、万丰顺、万丰德，历年分红也相差很大。利用财神

---

① 史若民：《票商兴衰史》，中国经济出版社1992年版，第92页；陈其田：《山西票庄考略》，商务印书馆1937年版，第85页。

股进行资金积累的数额非常可观,如万丰泰 1926—1938 年共积累资金 8340 元,而万丰泰各东家原本、护本、护身只有 16860 元,即财神股积累的资金占股东总投资的 49.5%;而同时期万丰顺、万丰德则分别为 74.8%、43.1%。这表明,财神股在万丰泰、万丰顺、万丰德的资金运营中占有相当重要的地位。

需要特别指出的是,财神股分红额虽然是逐年滚存,但有些年份由于经营不善等原因而遭受损失时,也要提这部分资金去抵债、应对其他风险或其他未知用途,从而使财神股的集资总额有所减少。所以上述对财神股所得红利进行的绝对累加值在实际账面上可能显示得要小一些。下以万丰德、万丰顺为例进行分析(见表 3-5)。

表 3-5　　　　1912—1932 年万丰德、万丰顺财神股分红与
实存金额比较　　　　　　(单位:两)

年份	万丰德财神股		万丰顺财神股	
	分红前账面实存	当年新分红利	分红前账面实存	当年新分红利
1912			527	150
1915	31.5	60	677	163.1
1918	91.5	155.4	840	116
1921	73.7	91.9	956	125
1924	21.6	161.8	1041.3	396.5
1927	183	125	1394.6	200
1930	308	25	1594.6	236
合计		619.1		1386.6
1932	333	140	1831.7	185

注:对表中数据罗列规律的解释,如万丰德 1915 年财神股分红 60 两,加上分红前账面实存的 31.5 两,共计 91.5 两,此数据即成为 1918 年账期分红前账面实存数额。其他各年,依此类推。

资料来源:北京市档案馆,档案号 J199-1-1、J203-1-3。

依表 3-5,万丰德 1915—1930 年的财神股共分红 619.1 两,而其 1932 年账面实际滚存仅 333 两,这当中还要去除 1915 年最初的存额 31.5 两,即事实上 1915—1930 年财神股共实存仅 301.5 两,较之财神股所分红利少 317.6 两,如何解释这减少的部分?原来,1918 年财神股分红 155.4 两,加上账期前实存的 91.5 两,计 246.9 两,而 1921 年账面上却只记 73.7 两,实际减少了 173.2 两。同理,1924 年账面上又比实际减少了 144 两。这样,1921、1924 年两账期共减少了 317.2 两,恰好约等于财

神股1915—1930年所分红利与其账面实存部分的差额317.6两。这其中0.4的误差乃是笔者进行四舍五入计算时所致。至于1921年、1924年两账期减少的317.2两财神股累积资金用于何处,账本对此并未作说明。但至少我们可以认定,财神股作为万丰德主要的资金来源,这部分资金确实被当作运营资金使用过。同样,万丰顺的财神股也存在上述问题。

对同一商铺而言,影响财神股集资总额的因素主要有三点。一是财神股所占份额的大小。各店财神股份的占有情况较为复杂,有的于商铺成立合约中即给予确定,有的于商铺改组或重组时确定,有的则是临时约定,当然也有些商铺始终就无财神股之规定。在同一账期,总股份一定时,财神股份越大,则其分红越多;在不同账期,当总股份与商铺盈利皆一定时,财神股越大,则分红越多。不过,冀州帮所营五金商号的财神股,一般为5厘股份,多于或少于5厘的则不多见。财神股一般较为稳定,一经确定股份为几厘后,一般不会更改。如1926—1938年,万和成、万庆成、万庆和、万丰顺、万丰德的财神股份皆为5厘,万丰永为10厘,万庆泰为6.5厘,万丰泰为2厘。财神股相对稳定,也间接反映了商铺盈利的相对稳定。二是商铺盈利的多寡。在总股份与财神股份额皆一定时,商铺盈利越多,则财神股分红也就越多。反之则否。这在表3-4中体现得一目了然。三是商铺总股份的增减。尽管财神股数各年比较稳定,但由于商铺各账期人力股份的增减较为频繁,致使总股数也相应增减,又由于商铺一般是按各方所占股份均分盈余,所以在同一账期,当盈余一定时,总股份越大,财神股分红则越少,反之则否。

各账期财神股分红数额为多少才能使商铺更有效地积累资金呢?即提取盈余的百分之几作为财神股红利。这可用财神股数与总股份的百分比来表示。因为尽管财神股红利提取比例本应是各账期的财神股分得红利与红利总数的相比所得,但鉴于红利总数有时为凑整要去除尾数,有时要拿一部分馈送伙友,如2183元红利,有的商铺只以2000元来分配,其余送伙友。有的商铺账面记载这些余数的去向,有的则不记载,所以得出的财神股红利提取比例准确度差。相反,东伙总股数在同一账期是确定的,用财神股数与其相比所得数据相对要准确一些(见表3-6)。

表3-6　　1926—1938年五金商铺财神股份占总股数额的百分比　　(单位:%)

商铺名称	1926年	1929年	1932年	1935年	1938年	平均
万和成	4.0	4.1	3.9	3.9	3.9	3.96
万庆成	6.1	6.7	6.6	6.1	6.7	6.44

续表

商铺名称	1926年	1929年	1932年	1935年	1938年	平均
万庆和	6.5	6.4	6.2	6.0	6.0	6.22
万庆泰	5.4	5.4	5.4	5.2	5.1	5.3
万丰泰	2.2	2.0	2.1	2	1.9	2.04
万丰顺	10.4	11.9	10	10	10	10.46
万丰德	7.4	6.4	7.0	6.8	6.8	6.88
平　均	6	6.1	5.9	5.7	5.8	5.9

注：表中数据系笔者据上面账本相关数据按四舍五入保留一位小数计算而得。
资料来源：北京市档案馆，档案号 J86-1-6、J85-1-15、J85-1-13、J200-1-3、J88-1-15、J203-1-3、J199-1-1、J88-1-7、J93-1-1。

表3-6显示，财神股份占总股数额的百分比最大的是万丰顺，1929年高达11.9%；最少的是万丰泰，1938年只有1.9%。由于商铺一般是按各方所占股份均分盈余，所以，对同一商铺而言，在盈利一定时，表中数据越大则财神股的分红也就越多。对不同商铺来说，表中数据的大小虽然不能说明财神股实际分红的多少，却表明资本家通过财神股积累资金程度的强弱。从各商铺历年数据的变化趋势看，除万庆成外，其他几个商铺的财神股份占总股数额的百分比尽管各年有增有减，但增减幅度皆不大，总趋势是下降的，说明资本家通过财神股实现资本积累的程度有所减弱，伙友的分红或馈送可能会有所升高。

1953年万和成的合伙契约上规定盈利"先提百分之十作为公积金"[1]。现在的企业一般也是提取净利润的10%作为法定公积金。然而，冀州帮所营五金商号一般对此无统一规定。从表3-6几个商铺的平均值看，最高的是10.46%，最低的2.04%，总平均5.9%，所以，一般皆低于10%，即低于现在的一般工商企业10%的公积金提取率。至于五金商号的财神股份占总股数额的比值应为多少才算是最佳值，笔者无力论及。

总之，经营者将部分未分利润以"财神股"之名义存于商铺，实质上是商铺为了应对与防范因各种不可抗力而产生的经营风险，以备不时之需，或解燃眉之急。这样，商铺不仅无形中筹集到了足够数额的运营资金，在一定程度上确保了流动资金的充足度，而且使资金成本最低，从而更利于商铺的生存与发展。

---

[1] 北京市档案馆：《万和成五金行》，档号 J86-1-300，《万和成合伙契约》，1953年。

3. 商铺收益的留存之二——厚成

厚成，是商铺经过一定时期经营后，随着业务扩大对运营资本的需求，特别是为了防御风险，东掌为巩固资源起见，在年终或账期结账时，将应收（外欠）账款及现存资产予以一定折扣，以达到账面资产额低于实际资产额的目的。商铺厚成的范围，据1932年万和成五金店《万年聚金账》载，主要包括存货升价银、现金折扣银、投在各支号（万庆成、万庆和、万丰泰、万丰顺、天津万聚泰）的原本、护本银，建筑铺底银、公积股银六项资产。① 这表明厚成包括所有被商铺隐藏起来的未分配盈余，一般是被隐藏在商铺外欠款、存货、存款或铺底等资产中，并作为商铺的实际运营资金使用，也是商铺资金的主要来源之一，只是较为隐蔽，不易被外人注意而已。

如何取得厚成，以充实商铺资金实力呢？

厚成的获得，俗称打厚成，即商铺通过何种方式或途径来获得厚成，以使账面资产远远小于实际资产。由于一般商铺的存货价值较大及存货价格的易于操作性，所以通过压低期末存货总值的方法来提留厚成是减少资产之账面价值的常用方法，这样就使商铺厚成的大部分隐藏在存货中。五金商铺提留厚成的主要方式有二，一是盘货时的价格控制，二是盘完货后的按折扣入账。

盘货时的价格控制，有的商铺对此有明文规定，如协升号"年终结算盘查物品，按原价计算，倘市价低于原价时，按市价计算"②。天津三益泰也规定"倘各货如有跌落时，即可减轻，如价增至逾高，亦照旧例价目为准"③。这样做主要是因为"货物价有高低，有涨者，仍按原价，如有落者，减抄存"，其目的主要是"图永久之基"。④ 可见，这些商铺无论市场价格高低，一般皆以各年的最低价格盘货，这必然与其实际出售价格有较大差距，从而隐藏了利润，使商铺的厚成增大，存货多的商铺尤其如此。

盘货完成后，商家为多提留厚成，还要将盘货结果再按一定折扣入账。当然，各商家对存货打折所定比例差别较大（见表3-7）。

---

① 北京市档案馆：《万和成万年聚金账》，档号J86-1-6，1914年甲寅新正月。
② 北京市档案馆：《协升号五金行》，档号J94-1-9，《万金账》，1945年1月1日。
③ 北京市档案馆：《天津三益泰万金账》，档号J198-1-8，1923年新正月。
④ 北京市档案馆：《万丰泰五金行》，档号J88-1-7，万丰永《万金老账》，1917年正月。

表 3-7　　　　　　　　五金商铺打厚成的折扣数统计

档案号	商铺名称	年份	折扣数（单位：折）				
			存货	外欠	铺底	现款、存款	投在分号原本
J86-1-1,J86-1-6	万和成	1861—1885	7.5	5	7.5	7.5	
		1888—1938	8			8	
J85-1-10,J85-1-15	万庆成	1914—1938	8			8	
J85-1-13	万庆和	1902—1905	8				
		1908—1938	7				
		1911					7
		1929			1		
J88-1-2,J88-1-15	万丰泰	1895—1938	7.5	7.5		7.5	7.5
		1923—1938			7.5		
J85-1-209	万丰成	1891—1894		7			
		1897—1912		6			
		1926—1938		5			
J203-1-2	万丰顺	1891-1897		6			
		1912					7
J199-1-1	万丰德	1909		5			
		1912		3			
		1915		2			
		1924	9.5				
		1927		5			
J87-1-3	广聚兴	1926		2			
		1929		1			
		1937		5			
		1939		4			
平均			7.9	4.5	5.3	7.8	7.2

资料来源：北京市档案馆。

从表 3-7 可以看出，各商铺隐藏厚成时所打折扣幅度有大有小，折扣涉及范围也并不限于存货一种，还包括外欠账款、现款、存款、分号原本投资、铺底、修盖房用款等几个方面。

就存货而言，折扣值最小的是天津万庆泰五金行 1931 年按 5 折盘货，最大的是万和成、万庆成等按8折盘货，从总体上看，多以7—8折为主。折扣值越小，商铺隐藏的厚成越大；反之则否。并且，对同一商铺来说，存货折扣值一般比较稳定，经年成习，不会轻易更改，如北京万丰泰五金行1895—1938年存货一直按7.5折计算，40多年间从未更改过。又如万庆成五金行1914—1938年存货皆按8折计算。有的商铺成立初期折数稍大，以后随着规模的扩大及盈利的增加就会减少折数，增大厚成。如万庆和五金行1902—1905年存货按8折计，而1908—1938年则按7折。也有的商铺与之相反，开设初期因资金短缺就多提厚成，存货折扣就小一些，以后随规模及盈利渐增，折扣值也随之变大。如万和成五金行1861—1885年间存货按7.5折计算，1888—1938年则按8折。更有一些商铺，由于市场多变，同业竞争激烈，有时不得不为巩固营业根基，稳定运营资金着想，因而要时常更改折扣值以保历年平衡。如身处通商大埠的天津万庆泰五金行1925年存货按6.2折计算，1928年按6折，1931年按5折，1934年则无折扣，1937年按7折。这表明，规定多大的折扣值来提留厚成，各商铺一般是根据自身具体情况及当时的政治经济形势而定，不可一概而论。

除存货易于多提留厚成外，外欠款项由于有不能如数回收的风险，所以一般也要打折计算存账，是较为常见的提留厚成对象。其提留厚成的折扣值一般根据赊账人的信用指数、欠款数额来定，一般在5折以上。不过，在商业萧条或振荡时期，由于造成坏账的可能性加大，有的商铺甚至将折扣打至3折、2折，甚至1折。如广聚兴五金行1926年底账期外欠款项为2496元，按2折计算入账，合洋499.2元；1929年年底外欠1291元，照1折计算仅合洋129.1元。折扣值的降低，一方面意味着当时的经济形势恶化，商铺营业不景气，不赊销无买卖，赊销又面临款项有时常收不回来的危险，显示了商家对待外欠的一种无可奈何的举措；另一方面，以如此低的折扣来计算外欠款项，如果能如数收回的话，广聚兴隐藏的厚成可谓大矣。这样，外欠数额越大则隐藏厚成越多，铺东则获利越大。

何时及是否使用打折的方法来隐藏厚成，各商铺也有差异。有的商铺开设后的第一个账期即按所订折扣盘货及计算外欠、现款、存款、铺底等，如万和成五金行。有的则是从成立后的第三个账期开始对外欠及现存资产打折，如万丰泰五金行、万庆和五金行等。有些商铺只是部分资产打折，如万丰顺、万丰德无存货折扣。也有些商铺始终就不打折，如北京长和厚绒线帽铺、亿丰祥绸缎洋货布铺、天津万丰泰五金行、天津三益泰五金行、张家口万丰永五金行等。上述差异至少可以说明近代五金商铺经营策略的差异、防御风险意识的强弱,及商铺实力大小、经营状况的好坏等情况。

在近代北京各业商铺中,通过提留厚成来隐藏利润最典型的要属北京瑞蚨祥绸布店,它比其他同业或行业隐藏得要多一些。不过,"瑞蚨祥没有账面厚成,而不见于账面的厚成却十分大"。① 所以,在盈余特大的年代,账面利润率却变得更低,这意味着隐藏的厚成更大一些。瑞蚨祥减少资产价值的方法主要有二:一是固定资产如房屋、生财设备等一律不入账②,这与北京五金行商铺有所不同,从账本看,五金行一般皆将房产、铺底等入账备考;二是利用盘货时的固定"划价"③ 对价格进行控制,以减少存货价值。④ 五金行商铺的价格控制一般是以市场价格变化为基础,有上有下,与北京瑞蚨祥以固定划价来隐藏厚成的方法有较大差异。

厚成,作为商铺防御风险的基金,对其管理得是否科学,直接关系到商号能否正常运行,因此,其对商号健康发展的作用是巨大的,主要表现在以下几个方面。

其一,扩大商铺经营资本。厚成作为商铺利润的再投资,"起资本作用但无资本之名,实际起着与现代企业公积金相同的作用"。⑤ 这有利于降低筹资的外在成本,为企业扩大再生产奠定基础。

其二,提高商铺偿债及规避风险之能力。厚成可使商铺遇亏损及其他原因之时,用于增加当年账面利润。除五金业外,他如北京粮食业商铺在年终结算分配时,一般商号都注意要留些"厚成","即负债部分照实计算,资产部分打折,低估一些,并扣除折旧、呆账,这样年年积累,营业即能日益殷实稳固,遇有困难挫折,也不至于一蹶不振"。⑥ 北京王麻子刀剪店就是因为经营多年留有厚成,所以在日伪政府限制刀剪等金属制品

---

① 中国科学院经济研究所等编:《北京瑞蚨祥》,第 116 页。
② 中国科学院经济研究所等编:《北京瑞蚨祥》,第 118 页。
③ 划价是在盘货时的特定价格,既不是进货价,也不是当时的市价。划价早先是根据市价变化和业务情况而变动,有升有降。到了1936年以后,物价开始波动,东家为逃避货币贬值带给他的损失,达到保本保值的目的,实行了固定划价的办法。中国科学院经济研究所等编:《北京瑞蚨祥》,第 119 页。
④ 中国科学院经济研究所等编:《北京瑞蚨祥》,第 118—119 页。
⑤ 中国科学院经济研究所等编:《北京瑞蚨祥》,第 116 页。
⑥ 迟子安:《旧北京的粮食业》,中国民主建国会北京市委员会等编《北京工商史话》第二辑,第 149 页。

生产并严禁运出城,许多刀剪店倒闭的情况下还能维持经营。① 这样,利用商铺所存厚成以供未来分配之需,可达以丰补歉、稳定铺东投资回报率之效。

其三,商号厚成的存在,辩证地讲,对所有员工皆有益处。对有人力股员工而言,优厚厚成的存在,可使其在退出人力股时获得一笔数目可观的收入,如万丰泰五金行属于业内大商号,在年底结算拉红单②时打出来的厚成也大,一般以大大压低存货价格的方式来实现,"库存量越大,盘货价格越低,厚成就越大,盈利也就越高,到年底结算时吃股的人员分的红利越多。在万字号吃股分红的人员,都富起来了,老家也都富裕了,都是名利双收"③。然而,对无人力股的员工,则促其努力工作,争取早日获得人力股份,即拥有了分配商号厚成的资格。这样,人力股与厚成制度的存在,可使全体员工与商铺利益捆绑在一起,从而为员工干劲的增强及工作效率的提高打下基础。

此外,多留厚成,隐藏在账外,也是为了对付政府当局的税收机关,在政局动荡、通货膨胀时期尤其如此。如万丰泰五金行到年底结算盈亏,以旧社会通用的"旧管""新账""开除""实在"的"老式四柱结算方法拉出红单,由于在旧社会税务部门到年底以红单为准绳收所得税,如查看红单有可疑处,则以四柱不合调为由,全套账目被查封,税务人员再重新给以结算"。为减少麻烦,厚成一般多数皆在"实在"里做文章。如"在盘库存货物时,按进价格扣损耗,有的按 40、50 折扣损耗"。④ 这样,商号既减少了多纳税,又避免了被税务部门查出漏洞,可谓一箭双雕。

不过,厚成作为一种经济现象,也有其负面影响。首先,提留厚成的增多,使得有人力股者的分红数额会大大减少。他们如能在同一商铺一直工作到去世,找回的厚成可能会弥补一些历年的损失;如自辞或被辞,即使是到账期出号,由于占有人力股份较少,所找厚成的范围很窄,找回的

---

① 白凤鸣:《老字号王麻子刀剪店》,中国民主建国会北京市委员会等编《北京工商史话》第一辑,第 104 页。
② 当时的买卖家在每年有正月十六结算拉出红单交给股东,红单即是算账的清单。
③ 王者香:《北京万丰泰五金行》,中国人民政协河北省枣强县委员会文史资料委员会编《枣强县文史资料》第 9—10 辑,第 267—268 页。
④ 虽然有些大商铺可以特派一名能力较大,在社会交际面较广的人员去与税务部门交涉,通过拉关系交朋友,最后以和平无问题,平安无事了结,但笔者认为,这毕竟事关违法,我们不提倡。王者香:《北京万丰泰五金行》,中国人民政协河北省枣强县委员会文史资料委员会编《枣强县文史资料》第 9—10 辑,第 267—268 页。

第三章　新行业与旧血脉：北京五金商铺的资本与财务监管制度　135

厚成数额也较少，不到账期时出号则就更得不偿失了。由于商铺所提留厚成的多少直接牵涉铺东、经理与其他有人力股伙友的切身利益，如果对这种利益关系处理不当，有时会造成东伙间矛盾重重，甚至是上下离心。如天津峻源永五金行在 1914 年至 1918 年，"每年都获利甚丰，经理刘香五为自己企业打基础，不愿把店内利润叫从业人员分走，所以在年终决算时极力压缩库存商品价格，有时还把银号存款和库存现金也贬值打折扣，或用年终前大量进货以平均压低货价办法，减少所得利润"。吃股经理郭彦臣和会计王守仁感觉发财无望，1917 年二人出号组织了正大铁货庄；以后又有刘秀峰出号开设大丰铁货店，不久又有杜景泉出号。[①] 此种情形，由于资料限制，虽在北京五金行未见，但并非不存在。他如北京瑞蚨祥绸缎庄，由于隐藏的厚成较大，致使账面利润变低，造成了瑞蚨祥"东西之间的矛盾。东家愿意多提留厚成，积累资本，但厚成多了，西方分得的利润就要减少"。[②] 其次，商铺无人力股的伙友的年终馈送也会因厚成的增加而相应减少，而这些厚成在任何情况下对无人力股的人来说也是不能提找的，显然，这对无人力股员工不公平。

总之，提留厚成作为近代北京五金商铺的一种较为常见的抵御风险的方式，其积极作用是值得肯定的。这种未雨绸缪、居安思危的管理理念，使得一些商铺在多灾多难的近代中国仍然具有旺盛的生命力，以至还出现了一些驰名中外的老字号。北京五金行所实行的对厚成进行分配的规定更为店员所赞，利于平衡东伙利益关系与协调各种潜在矛盾，这是北京瑞蚨祥与山西票号等商铺所不具有的较为先进的物质刺激制度。

4. 资本积累的变种——强制性的东伙红利存店

东伙红利存店也是商铺实际运营资金的一大来源，相当于资本积累的变种，即铺东、掌柜与伙计将所分红利存店，日常生活所需按一定比例从店支取，商铺要按期付息，称为"浮存银"。在冀州帮五金行，一般将东伙存店红利作为后备资本进行管理，一些商铺对存款的数量在成立合约中还有硬性规定。如万和成规定"东伙均按四年后提用得利，支八存二，各存余厚"。[③] 万丰泰、万丰成、万丰顺等则规定"东伙均按三年后提用得利，

[①] 红桥区民建、工商联：《河北大街五金铁货业兴衰简史》，中国民主建国会天津市委员会编《天津工商史料丛刊》第一辑，崔中德、朱华圃供稿，程欣三整理，1983 年，第 102—103 页。

[②] 中国科学院经济研究所等编：《北京瑞蚨祥》，第 117 页。

[③] 北京市档案馆：《万和成五金行》，档号 J86-1-1，《万年账》，咸丰九年（1859）三月初六日。

支八成存二成"。广聚兴也规定"号中生意发达时如欲举办培增资本，培增之数按每股于每届大账后，由所得余利内提出十分之二成，例如每股应分千元，提出二百元，依此类推"①。上述规定有两层含义：其一，三年或四年账期内，本应是按月或其他形式分给职工的工资、奖金等被商铺强制性地扣留，并规定不到账期不可分配，这期限内的利润显然成为经营资金；其二，上账期职工所分红利也不能全部提出，只能提80%，剩余20%须存店内。这20%的红利也显然成为商铺的运营资金。同时，允许提出的80%红利，当然也不可一次性提走，而需在3—4年内分提。这意味着，这些红利在未被全部提走之前，仍作为商铺的运营资金使用。可见，商铺占用东伙收入款项的时间之长，数量亦应非常可观，当然也与各个商铺的盈利多寡有关。

那么，通过东伙存店红利能筹集到多少运营资金呢？1926年万和成五金店作为万丰泰五金店的股东之一，在万丰泰的浮存银高达10500两白银，而当年万和成在万丰泰的原本、护本银才只4500两。② 万和成1929年账期东伙共17人，分红计36900两，加上账前的剩余存款，共有存款37848.38两。③ 可见，存款数额确实巨大。不过，也不可对此估计过高，因为职工有应支权利，商铺能实际运用的东伙存款与应支数额是成反比的。为全面了解存款数额与应支比例，我们以邸占江、谢永昌、吕文杰三人为例进行对比剖析（见表3-8）。

表3-8　　1929—1938年各账期万和成部分职工预支与存款比较　　（单位：两）

年份	邸占江 支取	身股	分红	除支净浮存	谢永昌 支取	身股	分红	除支净浮存	吕文杰 支取	身股	分红	除支净浮存
1929	1575.85	7	2100	524.15	658.56	3	900	241.44	495.4	2	600	104.6
1932	1714.59	7	2100	909.56	789.37	3	900	352.07	610.31	2	600	94.29
1935	1521.72	9	2520	1907.84	1068.86	5	1400	683.21	1118.15	4	1120	96.14
1938	1363.17	9	3780	4324.67	750.08	5	2100	2033.13	813.72	4	1680	962.42
合计	6175.33		10500	4324.67	3266.87		5300	2033.13	3037.58		4000	962.42

---

① 北京市档案馆：《广聚兴五金行》，档号J87-1-105，《合同》，1924年。
② 北京市档案馆：《万丰泰五金行》，档号J88-1-2，《万金老账》，光绪十二年（1886）；《万庆成五金行》，档号J85-1-209，万丰成《万金老账》，大清光绪十七年（1891）新正月；《万丰顺五金行》，档号J203-1-3，《万丰顺金老账》，光绪十四年（1888）三月十五。
③ 北京市档案馆：《北平万和成盘货聚金账》，档号J86-1-19，1929年新正月。

续表

年份	邸占江				谢永昌				吕文杰			
	支取	身股	分红	除支净浮存	支取	身股	分红	除支净浮存	支取	身股	分红	除支净浮存
指数	58.81		100	41.19	61.64		100	38.36	75.94		100	24.06

注：1. 1929—1932年金额单位为银"两"；1935—1938年为洋"元"，笔者按当时1元=0.7两的比率将"元"换算成了"两"。身股单位为"厘"。指数，只计算合计项的指数，以合计项的"分红"总数为100。

2. 谢永昌、吕文杰于1926年开始有人力股，分别为3、2厘，其中吕文杰所占人力股最少。

3. 净浮存值的算法：如邸占江1932年的净浮存银为909.56 = 1932年的余利2100 - 支取1714.59 + 1929年的净浮存524.15，其他类推。

资料来源：北京市档案馆：《万和成万年聚金账》，档号J86-1-6，1914年甲寅新正月。

表3-8中，邸、谢二人存款额各年呈升势，升幅最大的是1938年账期，原因可能是抗战初期商铺为充实运营资金计，尽量减少支取款数额所致。吕之存款数额较小，1929—1932年呈降势，1932—1935年略有增长，至1938年才有大幅度提高，这说明存款的多少，不仅与各人所占股份、商铺各年盈利有关，还和当地及国家政治经济形势所引起的商铺经营管理策略有关。同时，对同一人同一账期而言，支取额越少，则存款越多。职工人力股份越多，分红越多，则其存款越多，存款占总分红的比值也越大。从存款总额看，三人各年共存7320.22两，而万和成各股东原本共有10000两，前者已达后者的73.2%。而在万和成中占有银、人股份的共17人，这三人又是其中所占股份较少者，如果将17人存款全部清算，则数额相当巨大。这说明数额可观的东伙存店红利确是商铺实现盈利的一大资金来源。

事实上，有些商铺的应支款项并不按"支八存二"的规定执行，支多少或存多少非常灵活，致使这些商铺支大于存，超支严重，剩余款不多（见表3-9）。

表3-9　　　　　1926—1932年万和成部分职工预支与存款比较

姓名	1926—1929年	1929年结账核算			1929—1932年		1932年结账核算
	支取	身股	分红	除支净浮存	支取	支取占分红（%）	剩余存款
绳俊吉	1808.49	10	3000	1191.51	313.69	10.46	877.82
邸占江	1575.85	7	2100	524.15	1714.59	81.65	-1190.44
谢永昌	658.56	3	900	241.44	789.37	87.71	-547.93
吕文杰	495.4	2	600	104.6	610.31	101.72	-505.71
合计	4538.3	22	6600	2061.7	3427.96	51.94	-1366.26

注：1. 存款、支款单位为银"两"，身股单位为"厘"。

资料来源：北京市档案馆：《北平万和成盘货聚金账》，档号J86-1-19，1929年新正月。

表 3-9 显示，分红多的人支取的款额不一定多，如 1929—1932 年绳俊吉分红 3000 两，而只支了 313.69 两；吕文杰分红 600 两，却支了 610.31 两，前后相差很大。这意味着各职工支取额占分红额的比例不定，即不是按"支八存二"的比例支款的，比例最高的是吕文杰 101.72%，最低的是绳俊吉 10.46%，前者是后者的近 10 倍。即绳是按支一存九，邸近似于支八存二，谢大于支八存二，吕支十存零的比例支钱。这样，支多而存少，所以到 1932 年结账时邸、谢、吕皆出现了负存款。尽管四人在 1929 年共分红 6600 两，减去前三年的总支款 4538.3 两，尚存 2061.7 两，但其后的三年四人共支 3427.96 两，到 1932 年结账时四人却欠店内 1366.26 两。这一方面说明超支不利于商铺资金的运作，另一方面说明支存款比例的不确定，会使店员产生不平衡感，不利于他们劳动积极性的提高。

总之，东伙红利存店，不仅可扩充商铺营运资金，借以炫耀商铺实力，同时也为商铺和铺东带来一定的收益，而且在商铺发生重大损失或倒闭时，可用铺东存款直接抵偿债务，抵御风险，以负无限责任。但也要注意职工支存款比例的不确定及超支问题，以调动职工的劳动积极性与商铺资金的运作。

综上，冀州帮所营五金商号的资本积累方式概括起来主要有铺东所得利润的直接再投追加（护本、护身）、商铺收益的留存（财神股、厚成）两大途径，此外，东伙所得红利留存在店内，是商铺资本积累的变种形态。原本在商铺运营中的地位非常重要，但五金商号原本量却远低于天津等地及北京其他行业商铺。护本、护身金一般于账期分红时扣收，提取比例依分红多少而定。护本在总运营资本中占据举足轻重的地位，护身金的提取比例呈下降趋势。商铺内部留存的资金，属于未分配利润。资本家通过财神股实现资本积累的程度有所减弱，伙友的分红或馈送可能会有所升高。存货与外欠两项是最常见的打厚成对象，在一定程度上保障了商铺正常经营所需的流动资金，增强了商铺偿债及平衡盈亏的能力。存留在店的东伙所得红利在一定程度上扩大了商铺营运资金，同时在商铺发生重大损失或倒闭时，可用铺东存款直接抵偿债务，抵御风险，以负无限责任。但职工支存款比例的不确定，会使店员产生不平衡感，不利于他们劳动积极性的提高，超支也不利于商铺资金的运作。总之，冀州帮所营五金商号的资本积累方式具有多样性、灵活性与可操作性，是商铺生存与发展不可或缺的生命源泉与动力。不过，也存在一些诸如强制职工红利存店、厚成的提取无上限等弊端。如何兴利除弊，既利于资本积累，又确保商铺良性循环发展，同时也彰显商铺形象与信誉，提高全体职工的劳动积极性，是摆在研究者与经营者面前的一大课题。

第二节 以账管财:账簿制度及其功能[①]

何谓商业账簿?据1936年出版由舒新城等主编的《辞海》载,商业账簿乃"商人备置之账簿,所以记载日常交易及关于财产出入之各种事项者也。商业账簿为商业上之主要凭证,在法律上自账簿终结之日起,应留存十年"[②]。这是20世纪30年代关于商业账簿较为全面的概括。这表明,商铺账簿对某个商铺的正常经营至关重要,如遇纠纷,则尤其如此,因据北京"商惯习法,普通均以账簿为证"。[③] 账簿之设立,"原所以记载一店之营业活动,会计报告之编制,原所以表示在一定期间内之财政状况,及营业成绩。具对内对外之作用"[④]。

账簿的设立与管理是商铺管理的关键一环,有一逐步完善的过程。商铺备置账簿,在1904年晚清政府颁布《商人通例》以前,一般属于商业习惯,1904年以后则变为政府之规定,如规定"商人贸易无论大小必须立流水账簿,凡银钱货物出入以及日用等项均宜逐日登记"。年终时,商人"须将本年货物产业器具以及人欠、欠人款目盘查一次造册备存"。同时对账簿保存期限也有规定,"一切账册及关系贸易来往信件留存十年,十年以后留否听便"。到1914年3月民国政府又重新制定《商人通例》,较之晚清时期的规定更人性化、更细致,关于日记账,须"将日常交易及凡属于财产出入之各种事项逐一明晰记载,但其日用款项仅记其每月之总数。零卖商得分现金、赊卖两种按日记其总数"。年终盘存账目应附价格,"时价高于原价时,须记其原价,价格不明者,则记其估计之价"。"凡商人之商业账簿及与营业有关系之书信,应留存十年"。[⑤] 1935年会计法规定,会计簿籍分为账簿与备查簿两种。[⑥] 到1937年6月国民政府又公布了《商业登记法》,较之民国初年的规定就更严格了,账簿种类较

[①] 本节有些与账本相关的用词与表述参考了郭道扬《会计史研究:历史·现时·未来》第三卷,中国财政经济出版社2008年版的相关内容,特此致谢。
[②] 舒新城等主编:《辞海》(据1936年版缩印),第602页。
[③] 北京市档案馆:《万和成五金行》,档号J86-1-12,《行所事项底册》,1919年。
[④] 于怀仁:《改进旧式商店簿记捷径》,《商友季刊》1940年第2期。
[⑤] 《商人通例》(1914年3月),《中华民国法规大全》第一册,商务印书馆1936年版,第133页。
[⑥] 《会计法全文》,《北平晨报》1935年7月11日。

前增加，如规定"商业应备日记账、分类账、损益计算书、财产目录及资产负债表，以齐整明了之方法，用通行文字，依商业性质或当地习惯记载之"。① 商业账簿的设立与完备，以国家法律之形式给予硬性规定，这其实在一定程度上也体现了商业的进步及国家对商业的重视。于怀仁认为我国"商店大多独资经营，或合伙组织，资本主即经理人，会计人员非亲即眷，信其人可不问其账也"②。此看法颇存片面，此情形可能适用于独资经营的自东自掌型商铺，而对于一些股份合伙性质的领东经营商铺则不适合，因为这类商铺对账簿的管理与控制是较为严格的。这主要由于账簿的完善与否关系到股东及有人力股份人员账期分红的多寡，即与其切身利益有关，所以一般对账簿皆较为重视。

北京五金行商铺多重视账簿制度建设。现存于北京市档案馆的北京商铺的账本，以五金行最多，主要有万和成、万庆成、万庆和、万庆泰、万丰泰、三益泰、万丰顺、万丰德、万丰永、天津益和公司、益泰号、广聚兴、协升号、福和恒馨记等，1480多册，成账时间大致是1859—1956年，这当中又以民国时期万和成及其联号的账簿类别最全，共1200多册。这些账本成为我们研究北京五金商铺的主要数据资料。

五金商铺账本多以深蓝色布为封皮和封底，线装，四个线孔，一般用毛笔竖行书写。账本大体有两种尺寸，一种是综合性账本，如万金账、万金老账、万金底账、万金宝账、万年聚金账等，纵26—27厘米，横22—23厘米，厚1—3厘米，如《万庆和底账》（档号J85-1-13③）、《万庆成聚金红账》（档号J85-1-15）、《万丰泰余金老账》（档号J88-1-2）、《万丰泰聚金账》（档号J88-1-9）、《万丰泰万金老账》（档号J88-1-15）、《万丰德万金老账》（档号J199-1-1）等厚2—3厘米。不过，有的稍薄些，如《广聚兴万金宝账》（档号J87-1-3）厚约1厘米。另一种是分类账或备查账，多用较小的账本，纵16—17.5厘米，横22.5—23厘米，厚约1厘米，如《万和成三号来往底账》（档号J86-1-22）、《万和成杂项分类底账》（档号J86-1-23）、《万和成四郊各县外欠账》（档号J86-1-24）、《万和成现售货账》（档号J86-1-30）、《万庆成铺底工程账》（档号J85-1-19）等。总之，各商铺账本的大小厚薄皆视其所载内容轻重、多少而定。

---

① 《商业登记法》（1937年6月），《经济法规汇编》（商业类），（出版地不详）经济部1911—1949年版，第3页。
② 于怀仁：《改进旧式商店簿记捷径》，《商友季刊》1940年第2期。
③ 本书所出现"档号"，如无特别说明，一般皆指北京市档案馆馆藏档案编号。

一 账簿分类及内容

弄清商铺账簿的分类，有助于弄懂账簿管理及其制度安排的脉络与用意。1935年《会计法》中将会计簿籍分为账簿与备查簿两种。"账簿，谓簿记之纪录，为供给编定会计报告事实所必需者。备查簿，谓簿籍之纪录不为编造会计报告事实所必需，而仅为便利会计事项之查考，或会计事务之处理者，如票据期日簿、印鉴簿、住址簿等。"① 而据1930年言雍梁先生调查，中式传统账簿分主要簿与补助簿（二者最后结合而编造红账），主要簿分为流水簿、总清簿二种。补助簿是一种流水簿，"但其账务，不直接过于总清簿，均由银钱流水簿转过于总清簿，乃关于某种事项之特种账簿"。② 又郭道扬先生认为中式传统账簿分草流、细流、总清三种账簿，流水账又分出货清、银清、往来三种账簿。③ 根据上述三种分法及北京五金商铺的具体情况，我们将北京五金商铺账簿分为流水账、誊清账、备查账、损益账四大类。此外，设有分号的商铺除有总号账外，一般还特设分号账，当然，分号也各有各的账簿。

第一种，流水账。流水是指"以日为次，记载银钱收付之事项，及现存之数目"。细言之，流水簿"均循日月之次序，按帐之先后，登记为顺序之记录，且为记账之最初记录，其记载必须详明"。④ 即流水账是记录全店银钱出入、货物进销金额，按照经济业务的发生顺序依次登记的原始账。流水账下可细分为若干种，如万丰泰五金行有津来货流水、浮记存洋流水、银洋流水、浮记流水、国币流水账⑤等，名目繁多。

第二种，誊清账。誊清账，又称总清账，是具有分类账性质的账簿，是指"由流水账疋记之也。其簿记之法，须具一定之格式，以便清算。故分入出为两层，其首端书明往来牌号，以备查账。而为之簿记者，专属司账之人，他人不得誊写，以专责成，而重账务，此其大概也"。⑥ 也就是说，誊清账是由专人以日流水账为基础分门别类地整理成为分清账，如浮记账、支使账、日用杂项费用开支等各项总清。其中，浮记账是指不记入流水的临时暂记购销货款的账目，是为节省时间，提高工作效率而设。

---

① 《会计法全文》，《北平晨报》1935年7月11日。
② 言雍梁：《中国旧式簿记及其改善之办法》，《商学汇报》1930年第2期。
③ 郭道扬：《会计史研究：历史·现时·未来》第三卷，第33、427页。
④ 言雍梁：《中国旧式簿记及其改善之办法》，《商学汇报》1930年第2期。
⑤ 北京市档案馆：《万丰泰五金行》，档号J88-1。
⑥ 言雍梁：《中国旧式簿记及其改善之办法》，《商学汇报》1930年第2期。

支使账是记录商铺内各职工用款数额、时间及用途的账簿。因一些商铺员工平时无工资，只有年终分红，所以平时只靠支钱维持急需。日用杂项账是记录每日开支杂费、伙食、应酬开支、住家川费等的账簿。如万和成五金行的杂项分类底账就分为：大宗家具（如车子、自行车、桌凳）、零星家具、日用杂项（包括印花邮票、口袋包袱账本笔墨、车钱水钱白面刷子、伙计工钱跨盘工钱）、印刷品、公用局打印、出残烟、烟样、电影报费、各项捐费等。[①] 誊清账由于关涉商铺年终红账编制与盈余分配，所以其较比其他账簿地位重要。

第三种，备查账。备查账系指对与商铺业务相关的各类经营活动进行留底，以备日后查验的买（租）房留底、通信留底等账簿，如万和成1924年《租房底账》（档号 J86-1-15）、1919年《行所事项底账》（档号 J86-1-12）、北京万丰泰1934年《联号通信底账》（档号 J88-1-26）等。

第四种，损益账。损益账是记录商铺的各项收入、费用支出、经营盈亏的账簿，并据此进行红利分配。损益账记载着商铺经营活动的损益盈亏，决定着商铺内部分配的多少、对未来购销政策的调整及人事变动等方面，对商铺的发展意义重大。既然如此，应该对损益账有进一步认知。其主要有月总、年总与万金账三种。

月总是商铺损益账簿的基础，记载一个月的收支及上月盈余，可以此计算本月盈亏数，如万庆成《月清账》（档号 J85-1-12）。年总，即红账，又称红单、鸿账，是年终在掌柜的直接指挥下，由账房主管以各总清账册为依据进行归纳汇总，是商铺进行红利分配的依据，如万和成五金行1929年《盘货聚金账》（档号 J86-1-19）。万金账是用于记载各账期分配盈利及其他重大事项的专门账簿，记载各个账期的存货、存现钱、外欠、欠外及各股东股份、对红利的分割情况，保留着历年红利分配的原始资料。另外，万金账还有合伙合约的制定与更新，人力股的分配、增减和退出等情况的记载。如万庆成《万金底账》（档号 J85-1-10）等。依据北京"商业习惯，凡铺家均有万金账"，但也要视其资本情况而定，如"百元以下资本之商家……小本营生无万金账者居多数，间或有之，究居少数"。[②] 不过，北京五金商铺的资本多在百元以上，据此推之，五金商

---

① 北京市档案馆：《万和成五金行》，档号 J86-1-23，《杂项分类底账》，1930年。
② 《函复地方审判厅第一分庭调查小本营业账簿文》，《京师总商会月刊》1919年第1期第2号。

铺应该差不多都有万金账。

此外，还有一种分号账，指专门记载分支商铺的盈亏、分红、股权变动情况的账目。如万和成五金行的《收众号余利账》（档号 J86 - 1 - 10）、《三号来往底账》（档号 J86 - 1 - 21）等。

北京五金商铺的账本组织较为完备，账簿种类多至几十种，为更清晰地了解其账目设置情况，兹以万和成与万丰泰五金行为例进行对比介绍（详见表 3 - 10）。

表 3 - 10　　　　　万和成与万丰泰五金行账目设置比较

分类		万和成五金行	万丰泰五金行
流水账		日记流水账 出入流水钱账	津来货流水 浮记存洋流水 银洋流水 钱流水 浮记流水 国币流水账 铜元流水账
誊清账	货物账	现售货账	定货账 津来货账 取货账 同业取货账 现售卖货账 堆房存货账 东号存货账 盘货账 盘货底账
	外欠账	历年外欠账 四城旧外欠账 四郊各县外欠账 南城东路外欠账 内城西路外欠账 内城东路外欠账	旧年外欠账 铁厂外欠账 什件外欠账 恒大、神山外欠账 电料、电镀外欠账 首饰外欠账 洋行外欠账 杂记外欠账 零碎外欠账 东路外欠走账 西路外欠走账 城内外欠走账
	支使账	支使账	支使账 支使老账 银洋支出细底账 杂项老账

续表

分类		万和成五金行	万丰泰五金行
誊清账	来往、川换、杂项、辛金账	来往账 杂项分类底账 开销总账 辛金账	川换账 银号往来账 油漆房、木厂、栈房、煤厂往来账 同业往来账
损益账	月总、年总、账期总账	聚金账 盘货聚金账 货物银钱总老账	月总账 年总账 聚金账（只一年的）
	万金账	万年账 万年聚金账 金宅底账	万金账（京总号、各分号） 余金老账 得利老账 旧年老账
租房、通信事项等备查账		租房底账 筑屋落成会计簿 行所事项底册	联号通信账 通信留底 丁宅取租账
分号账		收众号余利账 三号来往底账 天津进货底账 天津万金账	包头万丰永万金账 津万金老账 张家口万金老账

资料来源：北京市档案馆：《万和成五金行》，档号J86-1，《万丰泰五金行》，档号J88-1。

表3-10显示，万和成与万丰泰五金行的账目设置大体相同，都包括损益账，流水账，货物账、外欠账、支使账，来往、川换、杂项、辛金账、分号账等分类誊清账，租房、通信、事项等留底账等。由于万丰泰既是万和成的分号，同时又是天津万丰泰、张家口万丰泰、包头万丰永的总号，所以万丰泰的账目设置有的年份比万和成还要细、全、严密。就拿外欠账来说，万丰泰就有旧年外欠账、铁厂外欠账、什件外欠账、恒大、神山外欠账、电料、电镀外欠账、首饰外欠账、洋行外欠账、杂记外欠账、零碎外欠账、东路外欠走账、西路外欠走账、城内外欠走账12种。如此细致的账目设置是其他行业所不多见的。其他五金行商铺的账目设置大体与万和成、万丰泰相似。长和厚绒线店、恒盛木厂、亿丰祥绸缎洋货布铺等商铺的账目设置也大体与此相似。但万丰泰等五金行的账簿设置如与北京瑞蚨祥鸿记绸布店的账簿相比，则稍显逊色，如瑞蚨祥除五金行商铺所具有的账目外，还有伙友入号账、住家账、伙友告假账、伙友用货账、应酬账、雇工留底、水牌留底等账目。①

————————
① 中国科学院经济研究所等编：《北京瑞蚨祥》，第53—55页。

总之，现存档案所载的一些五金商铺的总流水账下有各分流水账，总清账下又有各分清账，总号与分号又各有上下级账簿，这样，流水与总清、总号与分号的各账簿间就构筑起了上下纵横的关系较为紧密的账簿网络。不过，上述账簿设置是按照业务类别设置上收下付的账簿进行记账，只能反映经营业务所引起的变动的一方，不利于了解每笔业务的来龙去脉，不能对一定时期商铺的全部业务进行分类综合的反映，这是我国传统的中式会计欠科学的所在。① 不过，1939年之后，五金商铺在账簿方面对此进行了一定改进。

二 记账方法

1. 记账数码

北京五金商铺对账目书写的要求比较严格和规范，注重数码记录的准确性、正确性，并使其具有防伪的效果。此等记账数码，一般是承袭前人使用会计体专用数码，如壹、贰、叁等。数字的这种繁化写法，早在唐代就已被全面使用，后来逐步规范化，形成一套会计专用数码。一般而言，较为重要的账簿多是用会计专用数码书写，如万金账、总清账、流水账等。总清账既是账簿记录与考核的重点，是正确编造红账的依据，也是私家的机要账簿，内容保密，要防止篡改，故规定使用"会计体"数码。② 另外，还有一套快捷的草码，在商铺账本中也广泛使用，也有学者称为"暗码数字，取其便也"③（见表3-11）。一些账簿则是会计专用数码与草码混合使用，或独用草码书写。④

表 3-11　　　　　　　账本的数码书写比较

阿拉伯体（今用）	汉字数码	会计体	草码（暗码）
0	〇	零	〇
1	一	壹	〡
2	二	贰	〢
3	三	叁	〣
4	四	肆	Ⅹ

---

① 高治宇：《中国会计发展简史》，河南人民出版社1985年版，第69页。
② 郭道扬：《会计史研究：历史·现时·未来》第三卷，第75—76页。
③ 言雍梁：《中国旧式簿记及其改善之办法》，《商学汇报》1930年第2期。
④ 北京档案馆：《万丰泰五金行》，档号J88-1-66,《津市来货账》，1935年；《万和成收众号余利账》，档号J86-1-10,1917年正月，等等。

续表

阿拉伯体（今用）	汉字数码	会计体	草码（暗码）
5	五	伍	𠄌
6	六	陆	丄
7	七	柒	丄
8	八	捌	三
9	九	玖	夂
10	十	拾	
20	二十	廿	
30	三十	卅	
100	百	佰	
1000	千	仟	
10000	万	万	

注：表中数码书写方法在五金行账本中皆被使用，有时是混合使用。数码称谓参考郭道扬《会计史研究：历史·现时·未来》（第三卷），中国财政经济出版社2008年版，第76页。

表3-11中，汉字数码（一、二、三……），由于笔画简单，易被伪篡涂改，所以多数五金商铺的账本上的数字都采用会计体数码。这些数码本身笔画比较复杂，大大增加了涂改账本的难度。如"1234.56两"一般写作"壹仟贰佰叁拾肆两伍钱陆分"。一些商铺账本还多使用草码记账与省略字记账（见图3-1、图3-2）。

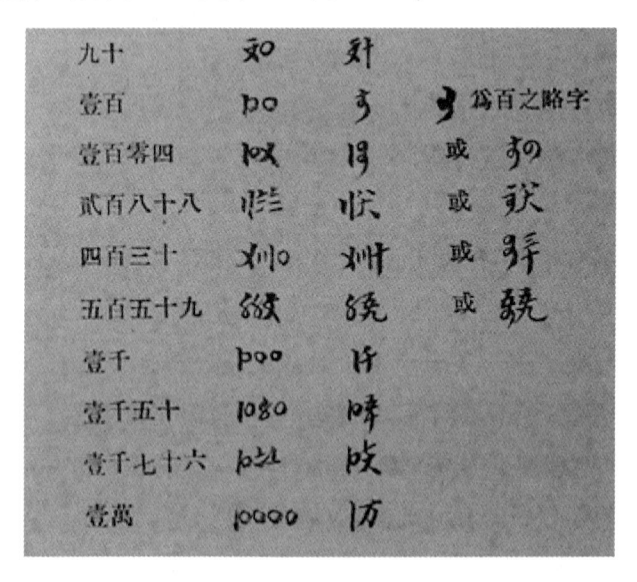

图3-1 商铺常用草码记账法（横记法与纵记法）

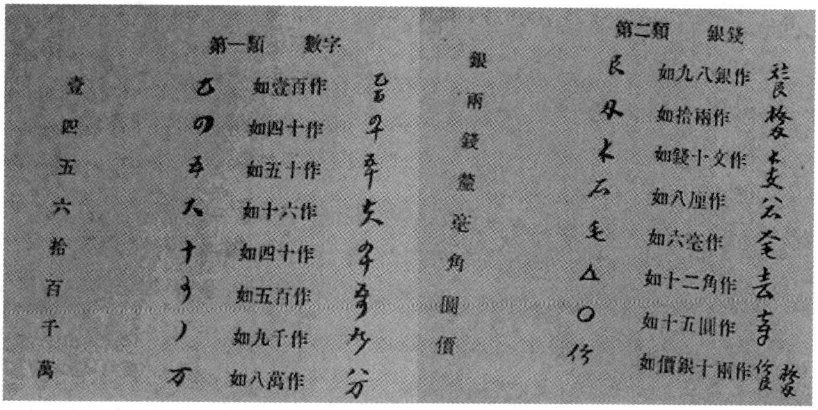

第三章 新行业与旧血脉：北京五金商铺的资本与财务监管制度 147

图3-2 商铺记账常用省略字

资料来源：图3-1、图3-2皆参照言雍梁《中国旧式簿记及其改善之办法》，《商学汇报》1930年第2期。（由于五金商铺的记账数码与言雍梁该书所载基本相同，所以取用以示直观）

这样书写简便快捷，由于比较紧凑，也不宜涂改；并且这种写法属于账房专用，业外人员不易识别，一定程度上利于保守商业数据的秘密。

2. 记账符号与戳记使用

北京五金商铺的记账方法多沿用中国传统民间会计的记账法，到民国时期在记账习惯方面已有某些统一规定，如"不拘何项草记账簿，必并书月日，以便翻查。凡转记于誊清账时，必其月于第一行。凡更改款项之名称，或增减誊清账之位置，必须先与总司相商"①。这其实是在规范记账模式。五金商铺簿记一般以现金为记账主体，以"入（或：存、收）""出（或：欠、付）"为记账模式，应用上"入"下"出"的垂直型账户格式。如万和成五金行1929年《出入流水钱账》即采用此记账法，按日来计，上栏记"入"，下栏记"出"，例如1929年10月29日"（上）入卖钱五十六千八百文，入兑换钱九十五千二百文；（下）出杂项钱七十四千文；除使现存钱七十八千文"。② 这样，在账本中规范使用入、出记账符号，天天如此，既方便查账，又能随时知悉每日的盈亏情况，这对账目进行分类与汇总核算具有集合作用，有利于商铺管理人员对商铺经营业务情况的了解与预测。也有一些商铺采用上"收"、下"付"记账符

---

① 言雍梁：《中国旧式簿记及其改善之办法》，《商学汇报》1930年第2期。
② 北京市档案馆：《万和成五金行》，档号J86-1-17，《出入流水钱账》，1929年。

号,如万丰泰五金行1935年《津市来货账》①,按来货商铺的名称分别立户,何时"收"到什么货,重量(会计数码书写)、单价、总值(草码书写);何时"付"款多少,用会计数码书写。这体现了记账内容齐全,轻重有别,利于查账。不过,此铺付款结账时间并无一定规律,有的一月一结,有的三个月,有的则半年一结。这体现了进货与付款的灵活性,利于商铺的发展。

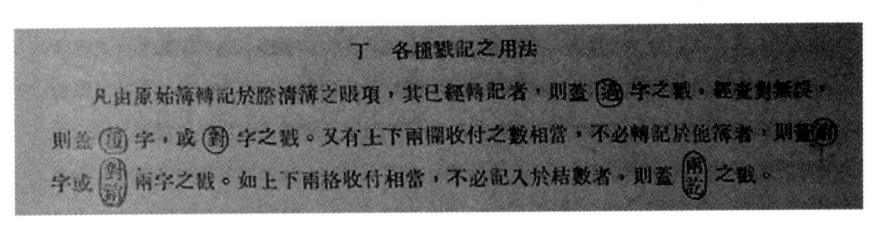

图 3-3 商铺常用记账戳记之用法

资料来源:言雍梁:《中国旧式簿记及其改善之办法》,《商学汇报》1930年第2期。(由于五金商铺的戳记用法与言雍梁该书所载基本相同,所以取用以示直观)

在记账时因账本内容不同,五金商铺也灵活使用一些标志性的戳记(见图3-3),便于商铺管理人员与记账人员有针对性地对账务进行查对,从而起到督促员工谨慎工作及唤起员工责任感的作用。例如,凡由原始簿转记于誊清簿之账项,其已经转记者,则盖"过"字之戳;经查对无误,则盖"覆"字,或"对"字之戳。这被郭道扬先生称为"转记戳记"与"复核、查对戳记"。"转记戳记"表示过账结束;"覆"字戳记,表示账目复核无误,以此明示账目的正确性和复核工作的完成;"对"字戳记,则表示查对账目无误,以此明示账目查对工作完成。② 此外,关于"对"账,政府有明文规定,如每月必须将各账对照一次,不准积压至一月以上。不拘何项草记,转记于誊清账后,必对照一次。若符合,则于款项名目上,印一"对"字。③ 多数商铺确实照此执行,如万庆成的《历年外欠底账》中载,庆昌厂1935年"结欠"银13.49两,洋51.34元,"结欠"二字写得比"银"和"钱"的字要大,并在"结欠"二字的上头(不盖在字上),盖"对"字红色戳记,或在"欠"字左右两边各盖一"对"字戳记。④ 这是表

---

① 北京市档案馆:《万丰泰五金行》,档号J88-1-66,《津市来货账》,1935年。
② 郭道扬:《会计史研究:历史·现时·未来》第三卷,第76页。
③ 言雍梁:《中国旧式簿记及其改善之办法》,《商学汇报》1930年第2期。
④ 北京市档案馆:《万庆成五金行》,档号J85-1-20,《历年外欠底账》,1935年。

第三章　新行业与旧血脉:北京五金商铺的资本与财务监管制度　149

示查对外欠款项账目无误的"对"字戳记。万丰泰五金行的《零散外欠旧年老账》共 91 项欠银,139 项"由零碎账、杂记账、什件账、外馆账、外客账、首饰账、水烟代账、汉烟代账、栈房账、煤油账、新记账、退银账等账更(移)来欠银",112 项顶头加盖红色戳记"对"字章。① 这说明,经查对只有 112 项外欠款项核对无误,还有 27 项外欠有问题,尚未"对"起来。当然,下一步要查明原因与确定解决办法,以保证年终能顺利结账。在五金行账本中还出现一种与"对"字意义相同的"兑"字戳记,如万和成五金行《历年外欠账》的每一笔"收"洋数据上盖一"兑"字②,也表示核对无误之意。这种做法,既能促使账房人员少出错误或故意造假账情况的发生,以保账目之真实,又能以此博得东家的信任,因为这些账目是以后编造红账的原始依据,也是能否正确实现分红的依据。

此外,还有"略记事项戳记",如上下两栏收付之数相等,则盖"销"字或"对销"字戳。例如万丰泰五金行赊销给中西电厂货物,1937 年 3 月 20 日清结 223.76 元,收洋 220 元,在此金额上盖"对销"长方形戳。③ 有些外欠账上直接盖一"销"字戳记,如万丰泰五金行《铁厂外欠账》(副册)载丰华厂偿还万丰泰赊销货款,1934 年 11 月 18 日丰华厂取黄铜皮 382 斤合洋 159.68 元,又取黄铜皮 620 斤合洋 259.16 元,在这两个取货金额上盖一"销"字戳;同日,万丰泰收到华丰厂货款洋 418.4 元,并在此金额上盖一"销"字戳④,这两个"销"字戳记表示上下两栏数据相当对销了。"略记事项戳记"还包括"往来账项结算戳记",凡往来账项结算结束者,或账目清算了结无余者,可加一"完"字戳记。⑤ 不过,五金商铺表示往来账目已经还清的不用"完"字戳记,而是用"清"字戳记,这主要是在一些《外欠账》上运用。如 1931 年万和成五金行《内城西路外欠账》中载有亨通号、魁顺兴、复源恒、天顺祥、贵记南栈、瑞毓兴、永和栈、和记号、义顺恒、全顺魁、庆长义、龙兴长、双顺和、全顺楼、天祥恒、三益和、同兴魁、德顺兴、泰祥号、魁顺钰、魁顺祥、天兴号、德元成、裕和公、永兴隆、天源永、玉兴魁等商号与万和成有赊欠款项,其中到年终结算账款已经结清欠款的有亨通号、魁顺

---

① 北京市档案馆:《万丰泰五金行》,档号 J88 - 1 - 4,《零散外欠旧年老账》,光绪二十一年(1895)正月。
② 北京市档案馆:《万和成五金行》,档号 J86 - 1 - 5,《民国三年历年外欠账》,1914 年。
③ 北京市档案馆:《万丰泰五金行》,档号 J88 - 1 - 184,《电镀铁厂外欠账》,1937 年。
④ 北京市档案馆:《万丰泰五金行》,档号 J88 - 1 - 51,《铁厂外欠账》(副册),1934 年。
⑤ 郭道扬:《会计史研究:历史·现时·未来》第三卷,第 76 页。

兴、复源恒、天顺祥、贵记南栈、瑞毓兴、永和栈、和记号、义顺恒、全顺魁、庆长义、双顺和、全顺楼、天祥恒、三益和、同兴魁、泰祥号、魁顺钰、魁顺祥、天兴号、裕和公，共 21 个商号，在这些商号名字上面盖一"清"字戳记，表示结算无余。而另外还有 5 个商号因未还清欠款，所以没有"清"字戳记。① 也有些商铺在记录外欠款项时明确写一大"结"字，再在其后盖一"对"字戳记，相当于对外欠款业已结清的确认，如万庆成五金行 1920 年《历年外欠底账》即是如此②。当然，还有些商铺对此不用戳记，而是直接在已经结清的外欠账目上写一"清"字，如万和成五金行的《内城东路外欠账》，多为商号赊欠的烟，在德庆号、源丰栈、泰昌号、华成行、同丰号、鸿盛永、两益富、天祥号、宝文兴、郭记、同丰号等商铺还款后，账房则在此商号上面写一"清"字。③ 其实，这种做法与盖戳记所起作用是一样的，皆为证明债权债务关系的存在与否，只是不如盖戳记正规而已。

总之，多种记账符号的灵活运用，既提高了会计人员的工作效率与对商业秘密的保护，又对账簿的定期结算与核查作用巨大；各种戳记的大量使用，可使各个环节的相关经手人与会计人员皆能在一定程度上养成对工作的高度忠诚与责任意识，从而保证账簿的正确性与连续性，利于商铺业务的顺利进行。

三　账务处理

账簿种类杂多，如何进行系统而高效地账务处理，对商铺管理账簿与商铺经营至关重要。其中账簿结账方法与账簿报告的作用较为突出。北京五金行商铺的账务处理程序大致是：以流水账为基础，将每天由商铺进出的现金、商品及赊销欠款、对外借款等经营业务，皆按次序记入流水账中；接着又将流水账里各种原始数据逐笔往分类账内摘抄；结算一般是一年分端午、中秋、年终三节进行，年终还要进行总结账，计算盈亏；最后是将上述结果写在红纸上，即写"红账"。以万和成五金行为例，1929 年 10 月 29 日至 1930 年 7 月 31 日的《出入流水钱账》（档号 J86－1－17）记载每日的收支流水，每天晚上结算当天存多少钱，这是最原始、最详细的账目；然后将流水账的各账目登入各分类账，合成如卷 23《杂项分类

---

① 北京市档案馆：《万和成五金行》，档号 J86－1－27，《内城西路外欠账》，1931 年一月。
② 北京市档案馆：《万和成五金行》，档号 J86－1－18，《内城东路外欠账》，1920 年申正月。
③ 北京市档案馆：《万和成五金行》，档号 J86－1－29，《内城东路外欠账》，1931 年一月。

底账》（档号 J86-1-23）、卷 26《南城东路外欠账》（档号 J86-1-26）等分类总账；每到年终或春节时作总，再计算当年盈亏，写出红账，如卷 19《盘货聚金账》（档号 J86-1-19）。写红账一般于每年的阴历正月初四至初十之间进行，三年账期时算总账计算盈亏，并据此进行红利分配，最后将结果抄入卷 6《万年聚金账》（档号 J86-1-6），1929 年部分，即由红账抄存。①

红账，相当于簿记报告，是对某一时期会计核算的总结，在账务处理环节非常重要。"吾国鸿账，分两部分，首为存欠，即相当于贷借对照表。惟有一点，与贷借对照表不同，即以成本列入欠数之中，则所求出者为纯利，而非现有资本，盖贷借对照表以求营业之现况为惟一之目的，鸿账则以求纯利之数目为主要目的。"② 五金商铺以账簿资料为据而编制的红账与此同，其主体内容如下（详见表 3-12）。

表 3-12　1932 年正月万庆和五金行账期算账明细（由红单抄来）（单位：两）

共存货合银 3122.4，7 扣合银 2185.68		（存货总值）
万庆泰	欠原本银 3000	
万庆泰	欠余利银 8250	
万和成	欠川换银 1905.75	
银号	欠现银 1850	
以上 4 款合银 15005.75，7 扣合银 10504.02		（外欠总值）
尹福辰	欠提支银 1880.47	
现存张玉梅	欠提支银 1026.05	
现存郑全	欠提支银 994.69	
现存王新余	欠提支银 634.01	
以上 4 款共合银 4535.22		（伙友支使总值）
万和成	存原本银 2100	
万庆成	存原本银 2100	
财神股	存银 2000	
万庆成	存川换银 317.01	
万庆泰	存川换银 6829.25	
以上五宗共合银 13346.26		（负债总额）

---

① 北京市档案馆：《万和成五金行》，档号 J86-1-17、J86-1-23、J86-1-26、86-1-19、J86-1-6。
② 言雍梁：《中国旧式簿记及其改善之办法》，《商学汇报》1930 年第 2 期。

续表

三年天赐福利银	3800	（本号盈余）
入万庆泰	余利银 5333.3	（见《万庆泰聚金红账》J200-1-3）
入绳俊吉身力股银	666.67	（见《万庆泰聚金红账》J200-1-3）
按8股1厘分金	每股分银 1200	
万和成	东股2个应分银 2400	
万庆成	东股2个，余利银 2400	
绳俊吉、尹福辰身股	各1个，应分银 2400	
张玉梅身股6厘	应分银 720	
郑全身股6厘	应分银 720	
王新余身股4厘	应分银 480	
共应分银9720，余银80，又78.66馈送伙友		
外浮存		
置房三所	合银 7700	
又续身股		
张玉梅	续1厘，前后共7厘	
郑全	续1厘，前后共7厘	
王新余	续1厘，前后共5厘	

注：原数据是竖行直写，现改为横写；原数据皆为会计体数码，为便于察看，现皆改为阿拉伯数字；括号中内容系笔者添加。

资料来源：北京市档案馆：《万庆和底账》，档号 J85-1-13，光绪二十二年（1896）三月二十七日。

此红单基本上可分为三个部分：一是商铺的财产，包括存货、现金、伙友提支款和应收账款（即外欠款项）。二是商铺的负债，包括股东股本、财神股存款、分号联号伙友等存款。第三部分是盈利、分配及人力股的增减等。表3-12中万庆和五金商铺的盈亏计算方法是资产减去负债，其计算公式如下：

本期盈利（亏损）＝资产合计数（即存货总值＋外欠总值＋伙友支使总值）－负债总数（即原投资本＋财神股存款＋联号或外人在本号存款）

上述计算盈亏的办法，有学者称为"三脚账"，对于收入与费用，升溢与损失、损耗等盈亏计算要素，未加区分，而笼统地采用资产减去负债的办法求计盈亏。其指导思想是只要对外转拨账项不发生问题，其他方面可以不必计较,换言之,"肉烂在锅里"和"便宜不出外家",是三脚账占主导地位的一种思想,这种思想存在着一定的片面性。但这种计算盈亏的账是中国单式账法向复式账法发展的一种处于过渡形态的账法,它具有承前启后的作用。① 此账法为五金商铺在 1939 年后向四柱账法过渡起了一定奠基作用。

从现存北京部分商铺账本看,大多属于"三脚账"法,但北京五金商铺在天津所开分号多采用"旧管、新收、开除、实在"的四柱账法,如万丰泰在天津的分号天津万丰泰五金店在 1917 年就采用了"旧管、新收、开除、实在"的结账法,而总号北京万丰泰直到 1939 年才采用此结账法②。"三脚账"法因无"开除"一项,所以无法看出盈亏情况的来龙去脉,不如四柱账好,说明在开放商埠天津的商铺的会计意识要比北京强些。不过到 1939 年以后,随着社会形势及经营环境的变化,竞争越来越大,大部分北京五金商铺为继续生存,所以顺应潮流,革新账簿,一般采用"旧管、新收、开除、实在"的记账方法,所以也就有了如同计算经营盈亏的损益表和反映资产负债状况的资产负债表。如万庆成五金行《民国二十九年负债资产纯益分配单》③,即较全面地反映了该商铺的损益、资产负债情况。这也是五金商铺随势革新而嬗变的一个方面。

四 账簿制度的功能

以上对五金商铺账簿的分类、内容、记账方法、账务处理等几个方面进行简要说明,那么账簿到底对商铺管理与商铺本身有哪些作用呢?此制度有无弊端?如何评价?这是研究账簿制度所不能回避的问题。

账簿对一个商铺来说非常重要,以至"北京有不少的老铺店虽然经理更换多次,仍然保存已往的老账,不把它们当废纸出售"。由于"许多铺店看借用账目是一件无礼的要求,就连东家要看账目也必须先得经理的许可"。④ 所以一般店内人员更不易看到,这就使账簿带有某种神秘性。账簿的这种重要性与神秘性源于其对商铺管理及商铺本身所具之功能。

---

① 郭道扬:《会计史研究:历史·现时·未来》第三卷,第 428—429 页。
② 北京市档案馆:《万丰泰五金行》,档号 J88-1-15,《万金老账》,1929 年正月;《天津万金老账》,档号 J88-1-6,1917 年丁巳正月。
③ 北京市档案馆:《万庆成五金行》,档号 J85-1-219,《民国二十九年负债资产纯益分配单》。
④ 孟天培、甘博:《二十五年来北京之物价工资及生活程度》,李景汉译,国立北京大学出版部 1926 年版,第 2 页。

其一，通过各类账簿的设置与记录，对商铺合理地使用资金、指导与改善商铺经营管理具有一定的积极作用。例如对商铺存货、红利分配与历年盈亏等内容的记录，能比较全面、连续地反映一个商铺的业务经营情况；通过设置备查账簿，可在一定程度上补充某些在流水账、誊清账中被遗漏的经营项目等，这对处于中外竞争激烈、经营环境恶劣的大背景下的五金商铺而言，作用重大。

其二，账簿制度利于保守商铺商业秘密，加强店员的岗位责任感，培养店员对商铺的忠诚度。例如账簿制度中规定重要账簿要用会计体专用数码书写，以免被轻易涂改而有损商铺利益；草码的使用又可保守商业秘密，加强商铺经营安全。"对账"中各种戳记的使用有利于加强司账人员对工作的高度忠诚度与责任意识，从而保证了账簿的正确性与连续性，利于商铺业务的顺利进行。

其三，有些账簿对店内全体人员具有某种约束与激励作用。如《万金账》不仅详载商铺成立契约及历次重组后合约的变动情况，而且对包括铺东在内的与本商铺有关系的全体人员的日常重大是非曲直也给予记载，并长期保留，其功能犹如历史档案，在一定程度上对与店全体人员具有约束或激励作用。合约是由铺东和经理或掌柜所立的关于商铺成立或经营中双方权利和义务的书面协议，除列有立约铺东、经理或掌柜姓名、成立的商铺名称、地址、经营业务、立约时间等必备要素外，主要申明商铺银股每股投资额，每个铺东银股数，经理或掌柜的人力股数，分红原则、铺东退股、财神股份等与资本有关的内容。另外，合伙契约中对经理或掌柜的要求及东掌、伙友共同遵守的纪律等也被硬性地载入万金账内，违反者按规处罚，甚至被开除出店；当然，对商铺有功者，其功绩亦被载入其中，并且是永久性保留。有关人力股等重要事项也是万金账所载的重要内容。如万丰顺五金行伙计刘治森本来有人力股5厘，然因"偷支暗使及暗借使外人款项之过，经铺掌查明……被辞出号"，其所持5厘人力股份被同时裁退。① 刘氏劣迹被载入万金账内，而其他伙友如张广铎、李学明、崔秋立等人的人力股份及变更后的本铺实有股份也被明确载入。这表明，刘治森的劣迹及关系到各店员切身利益的人力股份的变动被载入万金账，如同被载入档案，如无重大变故，一般不会轻易更改，这对商铺全体员工无疑具有一定程度的威慑与约束作用。当然，这也会激励店员遵纪守

---

① 北京市档案馆：《万丰顺五金行》，档号 J203-1-3，《万丰顺万金老账》，光绪十四年（1888）三月十五。

法，为多挣一厘人力股被写入万金账而奋斗。

上述万金账的约束作用不只针对店员，对股东也起作用。如广聚兴五金行万金账曾在1932年账期有如下记载"因家具股前存洋1680.33元，算账时未除，因东（铺东）改账甚乱，故移至下面算账在（再）除去"。①这说明，广聚兴铺东干涉店内账务，司账人员对其做法无可奈何，将这种事实记入万金账内，这对铺东以后的行为应该有所警示。当然，铺东也有所收敛，因在以后的账内未再发现此等记载。

总之，万金账所具有的约束与激励作用是并存的，是商铺实现管理的一个有效途径。当然，由于五金商铺1937年以前一般是三年一账期，所以万金账对重要事项的记载也是三年一记；1937年之后一般变为一年一账期，即万金账是一年一记，这意味着记载间隔缩短，即万金账对员工的约束与激励作用更为及时与频繁。

其四，账簿有时成为维护股东合法权益的主要依据，具有保护私有产权的作用。这里举一有关合伙账目的纠纷案②以说明账簿在维护股东权益方面的作用。

原告王王氏，被告信昌五金行，事由是信昌五金行账目不清，欺骗股东，时间1942年3月。原来原告先祖父王某于1934年加入信昌五金行成为股东之一，出资千元与人合股，所有该行股款共计八千元，规定各合伙人每届账期按股款多少分劈红利，并委托经理专门经营业务。然而，该号经理殷子宣"诈欺成性，屡次声明该号赔累，已将多数股东恐吓退出东股，内中已知焦姓股东抽出股款二千元，王姓股东抽出股款二千元"，信昌五金行所余股款仅剩原告与被告。原告屡次要求清算账目，该号经理殷子宣不允，并且"在此百物昂贵，生活困难之期，于三十年冬仅付原告利息洋二百元"。于是，原告再次要求清算账目，殷子宣"再搪塞延宕，不但赔累，即日非账期不能清算"等情。原告认为信昌五金行"财产积货盈余不下数百万之巨，何有赔累之可言，显有倾东侵占情形"，为此，原告具状声请法院"传被告信昌五金行经理人殷子宣到案，将成立信昌五金行时起（即1934年）至现下止之各种账簿提出交院清算，如有赔累甘愿变产赔款，如有盈余请将按股均分"。这应该是原告的合理要求，因为原告作为信昌五金行的股东之一，有权在账期按所持股份分得红利，然而由于经理殷子宣的原因，原告王王氏的合法权益受到侵害。幸好有账簿

---

① 北京市档案馆：《广聚兴五金行》，档号J87-1-3，《万金宝账》，1924年。
② 北京市档案馆：《账目》，档号J65-18-1074，1942年。（被告信昌五金行）

可资查考，信昌五金行的盈亏情形如果细查各种账簿应该是一目了然的，除非经理殷子宣在账簿中做了手脚。然而，由于各账簿之间有一定逻辑关系，如流水账、誊清账、备查账与万金账等各账簿间的数据是节节相扣、一脉相承的，如果涂改作手脚因工程浩大，也不是一时半时就能完成的；并且，由于一些重要账簿要求使用会计专用数码，所以也不易涂改，除非另假造新账簿，然自1934年至1942年3月的账簿那么多，怎么可能在很短的时间内造出全新的假账簿？这充分表明，账簿在维护股东合法权益方面所起的作用是如何大，起码账簿是股东用以证明商铺盈亏的主要依据。可以想象，如果没有这些账簿作为证据，原告对其权益的维护可能是束手无策。

最后，账簿作为商铺正当经营的证据，还具有保护商铺合法权益不受侵害的作用。这里以一则赊欠款不还纠纷案进行说明。

原告义生五金行，被告聚源成等，事由货款赊欠不还，时间1942年6月。原来义生五金行前聘任周群旺为经理，嗣以意见不合将周群旺解聘，在与周办理解聘手续时，"恐伊在外赊欠货款价目及家数不符，曾派伙友随同周前往各家核对，结果计欠货款者有十余处，货款数额，并无不符"。其中一些欠款商家于周走后，均将义生五金行的货款偿还，但以下数家延不清偿，计：聚源成欠洋130元，恒兴公司欠洋1645.15元，大华玻璃庄欠洋250元，利华斋欠洋250元，源盛长欠洋183.3元，子健医院欠洋92元，第二病院欠洋234元。因有核对之账单及账簿为凭，以上各家亦均承认欠义生五金行货款，但迄今尚未归还，屡次催讨，支吾不付，为此具状请求："将货款归还，免生讼端。"[①] 这表明义生五金行在外欠款要求归还这一权益的基本依据是账单与账簿，因为当时北京商业习惯一般是往来账款要以账簿为凭，法庭的判决也以账簿为据，所以账簿作为商铺的有效证据，在维护商铺合法权益方面应该具有不可忽视的作用，在遇有货款纠纷时尤其如此。

以上所谈只是账簿制度的积极作用，实际上它也有某些消极的方面，如各五金商铺在历年盘货结账时一般要压低盘货价格，并规定以各种比例的折扣数将所盘货物入账，这实际是通过账簿这一媒介隐藏大量的本应属于全体员工的未分配利润，变相地减少了职工所得。另外，五金商铺经营管理与会计人员多偏重经验，且苦于新账簿之繁难，所以成法相沿，改革步伐迟缓，对新账簿不学或不乐于采用，并且账簿设置也不是很全，皆不

---

① 北京市档案馆：《欠债》，档号 J65－18－3336，1942年。（原告义生五金行）

利于商铺的经营管理。不过，这些状况到1938年以后待多数商铺采用四脚账之后逐渐得到改善。再者，由于"本市营业税系按各商号资本额及营业额分别征收，而按照营业额征收之营业税则系以各商号之流水账簿为根据……几商号不肯交出上年账簿，仅交出本出数月账簿"[①]。这种状况，也许会造成某些商铺为逃税而做假账的可能。尽管如此，笔者认为，账簿制度的利还是要大于弊，在促进五金商铺经营管理与发展方面作用是不容忽视的。

---

① 北京市档案馆：《财政局拟定商号不交账簿定税办法及市府指令》，档号 J1 – 5 – 98，1933 年。

第四章　潜在的文化驱动：五金商铺的购销方式与经营模式[*]

从上章可知，北京五金商铺在管理制度方面因袭过去的传统东西较多，虽有所创新，但幅度不大。那人们不免要问：既然如此，此行业商铺为何能历经几个政府治理时期，不仅盈利多多，利润丰厚，而且能较长期顽强生存？其成功经验有哪些？又有哪些教训值得汲取？其实，北京五金商人虽在管理制度方面因袭守旧，但在业务经营方面却绝不含糊，紧跟时代步伐，努力革新传统经营方式，在与洋行打交道及长期销售洋货过程中，不断总结经验教训，大胆学习与引进西方先进经营方法，从而能够曲折前进，获得一定发展。这些经营经验与教训对今天某些私营商铺的革新与发展也有一定的启发与借鉴意义。

第一节　灵活多样的进货渠道与方式

决定商人盈利多少的关键环节是什么？很简单，不外乎进货与销货。不同行业，对进货与销货环节的重视程度也不尽相同。北京五金商铺特别注重进货环节。为什么呢？进货环节应该注意什么？有哪些进货渠道与进货方式？又积累了哪些进货经验？其实，这些问题都和五金这种特殊商品多是由海外进口有关。各商铺进口洋货的主要目的就是要尽快脱手而获利，而要达此目的，就要求各铺所购进之商品品种齐全、样式新颖、价格适中，同时还要快捷高效。当然，这一切离不开进货渠道与方式的择选。这时，过去商铺积累的个人经验固然重要，但根据对市场的变化趋势进行科学预测来决定进货渠道与方式也不容忽视。

---

[*] 本章内容除有特别注释的外，其余数据参照北京市档案馆《关于北京市私营五金业历史演变的调查情况》，档号 87-23-90，1956 年 9 月 25 日。

一 货物品种与货源的因时随势变动

关于货物品种，北京五金商铺最初多经营国产货，并无进口洋货，直到第二次鸦片战争后才逐步多起来。由于北京经营五金之五金行，多为铁铺、磁铁铺、铜铺等旧式商铺转业而成，自贩自卖，兼营零售项目，各有所专，所以起初多是经营一些废铜烂铁和一些旧货成品，其中有些是日常生活用具，如炉条、炉口、锅铲、铜盆、铜灯、锡烛仟、锡灯台、香炉、煤铲、茶盘、铁药缸、磁油瓶、炉子、桶条等。① 有学者认为我国原有的经营土铁与铜锡器的铁业，长期保持传统，20世纪后才有部分商铺经营洋货。② 这与北京铁铺的经营情况似乎不符。因据《关于北京市私营五金业历史演变的调查情况》载，1884年北京市场上就开始有进口货，所进口之洋五金商品在欧美方面主要有马口铁、剪口铁、碎质铁料等货；在东洋（日本）方面有钢管、片、丝、棍等，1900年以后又逐渐输入英板、管子、元铁、小五金工具等，品种更为齐全。其实，北京市场上出现五金洋货的时间比上述记载还要早，据万庆成账本载：同治十二年（1873）正月盘货时即开始有洋苗汤、洋中汤、玻璃镜、洋大□、洋大斗、皮箱等洋货。光绪二年（1876）正月初一盘货时开始有洋条子、洋钢、马口铁、洋板子铁等。光绪五年（1879）正月盘货时新增洋磁等。光绪八年（1882）正月盘货时洋货开始大量增多。③ 这说明，账本上所载五金洋货在北京出现的时间要比1956年《关于北京市私营五金业历史演变的调查情况》中记载的时间至少早8年。另据光绪五年（1879）崇文门外大街路东万和成铁铺"置办洋铁进京，每驮重一百四十斤"的记述，也说明1879年或之前北京一些铁铺就进口并售卖洋铁。④ 这表明，北京传统铁铺向新式五金商铺转型意识的萌发时间比较早，至少比上述学者所称中国传统铁铺"20世纪后才有部分商铺经营洋货"的时间要早20年。

北京五金商铺为何多售卖洋货五金商品？一是市场需求。由于民国时期北京"新式建筑日益增多，机器工业亦趋发展，于是，外来之五金货

---

① 北京市档案馆：《万庆成五金行》，档号J85-1-9，《日清老总账》，同治四年（1865）新正月二十二日。
② 许涤新、吴承明主编：《中国资本主义发展史》第二卷，人民出版社1990年版，第196页。
③ 北京市档案馆：《万庆成五金行》，档号J85-1-9，《日清老总账》，同治四年（1865）新正月二十二日。
④ 北京市档案馆：《关于三益泰、公聚德、万和成铁铺之间发生纠纷都察院俱结完案件》，档号J106-1-22，光绪五年（1879）。

品极感需要，各铁商为扩充营业计，亦相率运销外洋五金材料"①，以满足市场对五金商品的需求。二是国产五金商品质量较差。由于近代中国重工业落后，五金工业更是如此，国民政府实业部也承认"吾国铜锡器皿之制造，发达虽早，而近代新兴之五金业，较欧美相距尚远"。② 相反，由于进口金属品一般质量较高，特别适于近代工业及城市建筑业、公用事业的需要，所以直至抗战前，国内钢铁五金市场特别是城市市场，基本上是由洋货所垄断。③ 三是洋货五金质优价低，商家易卖，利润高。例如由于洋铁价格较土铁质地优良且便宜，所以铁器制造业以洋铁为原料，这样就使得洋铁商品的成本也就较比土铁商品的成本低得多④，洋铁质优价低，商家利润高，于是洋铁逐渐替代了土铁。"北平自洋铁入口以来，白铁匠即制品摆摊……打洋铁壶。迨五金行更运黑铁铅铁上市，洋铁作品激增。"⑤ 在北京刀剪业，"钢铁原料，除收买本地废铁自行提炼外，多由五金行购入"⑥。因此直到20世纪30年代我国"需用之五金，多仰赖外洋之输入"⑦，尽管1935年实行法币政策后的几年内"工业农业日臻发达，五金各货亦日新月异，以应需要，大之国防、器械、交通、用具，小之都市建筑，农工零件，莫不以五金材料为中坚"⑧，但当时国内"所需之五金，仍仰赖于各国舶来品"⑨。可见，北京五金行业从传统到销售洋货的转变，是市场需求，亦是利润较高所致，国产五金商品质量较差也不容忽视。

那么，这些进口洋货五金如何分类？五金行所售之商品，"名称最伙，不可胜数"⑩。到20世纪30年代北京五金业一般分为大五金与小五金两种。大五金者，即营钢铁及建筑上所需用之钢铁材料等，有钢铁、轻便铁轨、钢筋、铁管等。⑪ 如再细分，主要有"铁板、铁条、铁头（铁

---

① 吴廷燮等撰：《北平市志稿》第三卷《度支志·货殖志》，北京燕山出版社1998年版，第616页。
② 实业部中国经济年鉴编纂委员会编：《中国经济年鉴》第三编，商务印书馆1936年版，第12章工业（L）131页。
③ 王相钦、吴太昌：《中国近代商业史论》，第557页。
④ 彭泽益：《中国近代手工业史资料》第二卷，生活·读书·新知三联书店1957年版，第174页。
⑤ 北平市社会局编：《北平市工商业概况》，第432页。
⑥ 北平市社会局编：《北平市工商业概况》，第135页。
⑦ 杨德惠：《五金概说》（一），《商业月刊》1931年第1卷第4期。
⑧ 《五金手册》，序言三。
⑨ 美商环球信托公司经济研究部：《五金界杂志》发刊词，1940年第1卷第1期。
⑩ 北平市社会局编：《北平市工商业概况》，第418页。
⑪ 北平市政府统计室编：《北平市市场概况》，第38页。

第四章　潜在的文化驱动：五金商铺的购销方式与经营模式　　161

头，即铁板之已经剪用者，故又名剪口铁）、三角铁、丁字铁、工字铁、流水铁（亦名马槽铁）、铁水管、铁丝、铁皮（铁皮分数种，有白铅皮铁、素马口铁、烟筒铁、瓦楞铁等名称）、铁钉、铅丝网诸品"[1]。小五金者，指体积较小分量较轻的小型金属工具、日用五金等，主要有各种洋锁、螺旋钉、针、铰、锉、钳、刀、锯条、扳子、荷叶、榔头、书钉、图钉、台铃、叫钟诸品。[2] 此外，小五金还包括标准件，即某种机器零部件，必须符合规格要求，达到国际统一标准。另有一些非金属制品，如石棉制品、皮革制品、橡胶制品、耐火器材、绝缘材料、电镀材料、漆布、化工原料等，都是当年小五金商店的经营品种。[3] 有学者称北京五金业分新五金、旧五金两业。但北京五金分业似乎不如上海、天津、广州等地五金业分类细致，如天津分大五金、小五金、大小五金、新旧五金、批发专业户、专营生铁户等[4]；广州分大五金、小五金、机械器材业；上海分业更细，有五金业、铁业、钢条旧铁业、五金零件业、铜锡业、玻璃业、旧杂铁业、旧五金业、旧油桶业九业。[5] 由于北京并非商埠城市，五金分业的落后与经营市场的狭小确是事实。不过，随着经营规模和市场的逐步扩大，到19世纪30年代北京五金业也逐渐出现了专业性五金商铺，如"凡标明五金行或五金杂货等字样者，是为五金专行；他如五金电器行，五金电料行，五金玻璃店，电料自行车行，磁器店等，皆属兼营性质"[6]。这表明，北京五金业尽管不如上海等商埠的五金业发达，但并没有自暴自弃，而是努力地适应时代潮流，发展自己，完善自己。

　　北京五金商铺在不同时期经营的品种多有变化，一般是受国内外政治经济形势及北京城市建设、工矿交通、军事需求的影响，品种更新较快。1910年以前各商铺"以经营废铁为主，国产铁货及舶来品、小五金为数极少，并有附带经营一部分磁器、桩奢品者"[7]；第一次世界大战时期，又增加经营火车、消防器材及十数种非五金商品（涂料、植物油类、制革）等；1918年第一次世界大战结束后，以经营工矿企业及军事所需之钢铁等五金原材料为主；日伪时期，非五金商品（如油漆涂料、制革原

---

[1]　北平市社会局编：《北平市工商业概况》，第418页。
[2]　北平市社会局编：《北平市工商业概况》，第418页。
[3]　董少臣：《天津市五金行业的历史回顾》，《天津文史资料》第32辑，第135—136页。
[4]　董少臣：《天津市五金行业的历史回顾》，《天津文史资料》第32辑，第136页。
[5]　许涤新、吴承明主编：《中国资本主义发展史》第二卷，第196页。
[6]　北平市社会局编：《北平市工商业概况》，第418页。
[7]　北京市档案馆：《小五金、自行车零件废铜、证章业调查报告》，档号4-16-91，1951年。

料、植物油等）已经减少，五金商铺的专业性增强。为全面认识这种变化，下以万丰泰五金行（详见表4-1）为例详述。

表4-1　　　　　万丰泰五金行历年新增存货品种变化统计

年份	新增存货品种名称
1889	白元片 白元砖 奔锡到锡 高截白铜 格而白铜 黑铅 红铜 黄铜 黄铜船页 黄铜管子 加皮白铜 旧铜锁 盆料铜 生铜 响铜 洋白铜片 洋白铜丝 洋红铜 洋红铜片 洋黄铜片 洋黄铜丝 洋铁片
1898	煤油 高白铜丝 高锡 黄铜桶 黄矾
1902	废红铜 废黄铜 纸烟卷 黄矾 本牌火柴 马口铁片 过火白铜 过火铜丝 把子板 洋铁钉
1908	鲁麟白铜片 威厘白铜片 茂生白铜片 青铅条 废白铜 本地白铜 花铁片
1911	高白铜丝 东洋靴底铜 红铜桶 红铜桶板 秋鱼鳔 洋干漆 烧城 泡花城 洋松香 废铅皮 铁螺丝钉 瓦纹黄铜片 碎白铜 花马口铁片 黄铜炮 黄铜棍 铜线钉 铜泡钉 铜螺丝钉 砂布 黄料
1917	黑料粉 草牛 文明棍 烧城 香草油 大凉席 凉席
1920	新黄铜管 青铅条 大红铜片 元宝红铜 新铁丝 到锡条 泥根板 白元片 电石 漂粉 黄铜线丁 细板锉 瓷地刷 磁漆 白胰子 黄胰子 粉红料 泥根粉 铜线布 红铜小板 三分元铁条
1926	薄红铜片 薄黄铜片 破黄铜片 窄面黄铜片 红铜棍 旧黄铜管
1935	黄铜钉 红铜管 洋碱

注：五金商品的计量单位较多，大五金以吨为单位，小五金中，铅丝以盘为单位，每盘以一百市斤计；钉以桶计，每桶一百一十市斤；螺丝以盒为单位，每盒以七十二个或一百四十四个计；门锁合扇以每十二个为一打计。（参见北平市政府统计室编《北平市市场概况》，档号ZQ3-1-461，1946年4月，第39页）

资料来源：北京市档案馆：《万丰泰五金行》，档号J88-1-2，《万金老账》，光绪十二年（1886）立；J88-1-15，《万金老账》，1929年正月。

　　从表4-1可看出万丰泰五金商品品种更新较快，各年新品种增加较多，到1935年更新变慢。商铺初创的头三年所进品种全部是五金产品，其中大五金占主要部分；1898年开始出现不属于五金产品的煤油由万丰泰五金行售卖；1902年又有纸烟卷、火柴等品种；之后又出现了砂布等，1917年增加了文明棍、凉席、烧城、香草油等新品种；1920年又出现了瓷地刷、磁漆、白胰子、黄胰子等。当然，这些非五金类商品在万丰泰并不占主要地位。该店五金产品的新品种也不断增加，而且分类越来越细，如仅白铜片就分为三种：鲁麟白铜片、威厘白铜片、茂生白铜片；黄铜片也分为三种：薄黄铜片、破黄铜片、窄面黄铜片。如果再加上大红铜片、薄红铜片，仅铜片一项就被分成了8种。发生如此变化的原因，主要是由于民国后新式建筑、新式工业等的出现，以及新式交通工具、自来水、电灯等新产品的应用，新的零配件或原材料需求旺盛。相反，一些旧品种由于不适应社会经济发展的需要或销售不畅而被淘汰,商铺一般不进货或少进货。1908年诸如白铜片、到锡丝、废红铜、本牌火柴、洋铁钉、黄铜卷、黄铜船底、烟筒铁、洋铁盆、中白铜丝10种商品即被万丰泰从进货清单中清除,有的年份淘汰品种多达15种以上。① 不过,有些品种如某个时期被淘汰,可当第二年市场畅销时商铺也会再进货。可见,万丰泰的进货非常灵活,更新非常快捷,主要是由于这些商品多由国外进口,受国际市场的影响较大,所以店家适时调整进货品种与数量成为必然。不过,像万丰泰等北京五金商铺各时期的经营品种的变化与交叉经营的情况,似乎过于分散,不如上海五金业那样专业。如上海五金商业在"一战"前主要经营品种为钢铁管子、白铁皮、铁板、铁条、油漆、机器附件、工具等;"一战"中渐趋专业化,形成了一般工具、纺织五金、船舶五金等专业商店;"一战"后到30年代,除一般综合商店外,又划分出工具配件、钢铁管子、橡胶制品、纺织零件、绳索、电焊材料等专业店。②

五金商品不但品种规格繁杂,进口国别与牌号也很多,其中某些牌号的商品在人们长期使用中公认质地优良,行销较广,便建立了"老牌子"的信誉,成为名牌货,或称为热销货。北京五金行参照上海方面进行商品品质之鉴别,一般以"牌号及出产地为准,如西洋货比东洋货好,国货上海又比天津强,西洋货中以德国制老牌为最一等"③。他如箭牌黄胰子、桃牌黄胰子、如意牌砂线、亿利登桶子泥格、鸡牌瓷漆④等商品销售颇盛,为京人所信赖。不过,北京方面的五金名牌远比不上上海同业市场,上海五金业公推的主要热门商品有美国的伯利恒盘元、人头牌白铁皮、三星牌钢锯条;英国的鹰立球钢、手心牌锉刀、人头牌铁砂布;德国的双鹿牌钢、钥匙牌剃刀;法国的松鼠牌刨铁;瑞典的 S. K. F 轴承;比利时的狮子牌玻璃等。⑤ 尽管北京市场上五金名牌不多,但北京五金业对名牌的认识与上海是大体一致的。

北京五金商铺在进货地点的选择上,各时期也有变化。在1840年鸦片战争以前,进货系在本市各晓市收购废铜烂铁和一些旧货成品,购后用搭子背回,每日早晨在三时前即去,日出即回;鸦片战争以后还仍依靠本市各小市进货,另外又开辟了外埠即天津等地进货。民国以后,随着外国

---

① 北京市档案馆:《万丰泰五金行》,档号 J88-1-2,《万金老账》,光绪十二年(1886)立。
② 上海社会科学院经济研究所主编:《上海近代五金商业史》,第75页。
③ 北平市政府统计室编:《北平市市场概况》,第39页。
④ 北京市档案馆:《万丰泰五金行》,档号 J88-1-63,《通信留底》,1935年。
⑤ 上海社会科学院经济研究所主编:《上海近代五金商业史》,第79页。

五金货品进口的增加，各商铺主要"由上海、天津等地来货，间或有由日本大阪运来铜货"①，第一次世界大战后以至20世纪二三十年代尤其如此。不过，小商号一般首选在北京本地五金行进货，因小商号无外地进货的资金实力；中等商号一般首选在天津进货，因这样可以赚取京津间五金商品的价格差；大商号由于资金实力雄厚，进货时可视货品价格、稀缺程度、市场需求程度等具体情况灵活掌握，北京万丰泰即属此类。如北京万丰泰五金行1935年的货物主要由天津的以下商号供应：裕昌号—闸口洋货街、鸿昌德、福兴成、大信成—东马路、协昌号、三益泰、东和行、大东行—日界扶桑街、永慎昌、义成号、庆记、晋丰、福聚成、瑞昌祥—东马路、裕大号—新菜市东、源庆恒、裕升号、源记号—日界旭街、卜内门、富源长—日界山口街、天庆号、公义成、天德行、永裕号、同发祥、老仲记、三合成、义聚祥等。② 当然在天津方面缺货时就由上海进货，1934年北京万丰泰欲在津购"格尔铜，知津无货，由申号购买"。③ 如天津、上海皆无所需之货时，北京万丰泰五金行还要让津号代为发信给驻日本大阪的万丰泰坐庄购买运津，津再发京。如1934年北京万丰泰给天津万丰泰的信中说："今平有主买四十三寸长，十三寸宽，五厘厚钢种片，未悉津地有现货否？祈津询明每箱价若干，如津无货，如与阪号去信时祈代问问如何？"④ 这表明，北京方面进货时除非津、沪方面皆无货时才向日本大阪进货，其目的主要是节省运输时间与运费，以便迅速及时地抢占北京五金市场，满足客户需求，说明这些大商号对进货地点择选上的灵活与高度重视。

从五金商铺进货品类、地点等方面看，北京市场上所需五金货品多为进口的洋货五金，那么，这些进口五金商品占整个五金市场的比重是多少？由于北京是一级大消费都市，工业又极端落后，所以直到七七事变前，北京五金商铺售卖货品在货源上80%—95%均系进口商品，如"大五金之来源，以英、德、美、比、罗森堡等国货品为多，其中之铅丝及白铅皮，又以日货占多数。至小五金，则大多数皆属西洋货。外有附售之

---

① 北平市政府统计室编：《北平市市场概况》，第39页。（到20世纪40年代因交通关系，货源"仅恃天津一处"。见本档案）
② 北京市档案馆：《万丰泰五金行》，档号J88-1-66，《津市来货账》，1935年1月立。
③ 北京市档案馆：《万丰泰五金行》，档号J88-1-26，《联号通信底账》（京字第4号信），1934年。
④ 北京市档案馆：《万丰泰五金行》，档号J88-1-26，《联号通信底账》（京字第16号信），1934年。

第四章 潜在的文化驱动：五金商铺的购销方式与经营模式 165

品，最普通者，为漆布、地布、洋漆、磁漆、硝强水等类"①。此外，煤油、汽油、纸烟、火柴、烧城等洋货也由五金行业经营，如崇外之信昌五金行就曾经售亚细来汽油。②北京五金商铺所售洋货虽来源国较多，但到1937年以前，日货在北京市场占主要地位，当时本市由天津每天进货量80—120吨，日本货约占80%。③尽管1936年已有少数国产五金商品出现于北京市场，但洋货的比重直到七七事变以后才逐渐下降到70%。1937年以后日本侵占中国，冻结其他帝国主义的货物，禁止输入中国，日本洋行和中国部分行商冒充日人大量走私，将东西洋五金器材大量输入北京市场，同业进货多由日本市场和天津日商购进。即使至1945年日本投降后，国外进货还应占60%。北京五金洋货所占比例有时还要稍高于上海，上海五金商业货源中洋货所占比重为85%—90%④，这表明北京五金业对洋货的依赖程度要高于上海同业。

二 进货与付款方式的变化及影响

上面对北京五金商铺的进货品种、地点及洋货比重进行了探讨，接下来就应弄清楚这些洋货如何进、如何付款？当然，其进货方式与付款方式各时期也有变化，一般皆与各时期国内外具体的政治、经济形势有一定联系。

1. 进货方式

国外进口的洋货五金是北京五金行经营的主要商品，其进货方式各时期也不尽相同，民国以前主要在本市洋行进现货，到20世纪二三十年代则主要"有直接向上海订货者，有由天津批货者，有转向他行取货转售者"。⑤从总体上看，北京五金商铺主要有以下四种进货方式。

其一，从洋行进现货。19世纪90年代以前，外商洋行将其输入的五金商品向各户推销，委托五金店试销，同时还有各户的自购，即直接从洋行进货。这些商品一般皆为现货，早期五金商户一般都采取此种进货方式，因为进现货风险较小，盈利稳定。民国以前北京五金商铺以这种进货方式为主，以后虽变化较大，但直到20世纪30年代仍然存在，只是居于次要地位。

---

① 北平市社会局编：《北平市工商业概况》，第418页。
② 北平市社会局编：《北平市工商业概况》，第471页。
③ 北京市档案馆：《小五金、自行车零件废铜、证章业调查报告》，档号4-16-91，1951年。
④ 王相钦、吴太昌：《中国近代商业史论》，第557页。
⑤ 吴廷燮等撰：《北平市志稿》第三卷《度支志·货殖志》，第616页。

其二，设坐庄采购。这又可分为在国外设坐庄与在国内重要商埠设坐庄两种。从19世纪末开始，北京五金行就有商号直接到国外坐庄。其好处，一是在价格上可比从国内洋行进货要便宜些；二是可及时买到最前沿的国外五金商品，以便在北京五金市场上占据品种优势；三是可增强商铺本身的实力宣传与知名度，以便获得更多的顾客。如在1892年万丰泰五金店为谋取和独占最大利润，即开始派专人常驻日本大阪等地收购五金器材。不过，这种在国外设坐庄采购的商铺一般必须具备资力雄厚、进货量大、销售力量强的条件，否则无法长期进行。所以此种方式在北京只系个别户，大部分的商户是在同行业家进货。不唯北京，即使是上海五金业，国外坐庄这种进货方式在早期也只是个别少数商铺可行，且以后长期未得到发展。① 不过，据档案载，北京万丰泰直到1935年、1937年还在日本大阪设有坐庄，当国内津沪二地皆无货可购时，就由阪号在日本购货发津。当然，这些联系业务的手续都由天津万丰泰或益和公司为京号代办。② 此外，北京较大之五金行，在天津、上海等地还设有联号，类似坐庄，唯较小五金行则视需要情形派专人赴天津或上海采购。③ 从档案资料看，北京五金行在天津开设的联号，如天津万庆泰是北京万庆和与万庆成的分号，天津三益泰是北京三益泰的分号，天津万丰泰是北京万丰泰的分号等，这些分号有时负责替北京总号或联号进货。由于京津距离较近，又因天津靠近港口，进口货较充足，所以北京去天津同业购买洋货的较多。虽然也有一些商铺直接向上海订货④，但一般商号首选天津，如津无货时再到上海进货，有时上海也无货时就让海外坐庄采购，如北京万丰泰等商铺即是如此。

其三，在洋行订货。这是北京五金行进口洋货的常用方式，又分向本地外国洋行订货和向驻津沪等地的洋行订货两种途径。如北京万庆和五金店就曾派人直接去天津、上海外国洋行订货，所订货物既有钢板、瓦棱铁、钢管、锅炉、水暖用件等大五金，还有洋钉、铁丝、橡胶、油毡等小五金及杂货。⑤ 到洋行订货（称为期货）时，双方成交后一般还要签订合

---

① 上海社会科学院经济研究所主编：《上海近代五金商业史》，第80页。
② 北京市档案馆：《万丰泰五金行》，档号J88-1-26，《联号通信底账》，1934年；北京市档案馆：《万丰泰五金行》，档号J88-1-156，《益和公司通信底账》（京字第5号信），1937年。
③ 北平市政府统计室编：《北平市市场概况》，第38页。
④ 北平市社会局编：《北平市工商业概况》，第417—418页。
⑤ 王永斌：《北京的商业街和老字号》，第219页。

第四章 潜在的文化驱动:五金商铺的购销方式与经营模式　167

同,注明商品品种、质量、数量、价格、交货期限、定金多少及违约赔偿办法等内容,有的甚至详载洋货的装船日期、到达目的地日期及定金的货币种类等内容。如义和成、鸿昌德、万和成五金行经理崔寿山、张露山、邸泽民于1919年3月3日向美国慎昌洋行订购平铁铝27吨,"双方订定之合同,该货系指明四月以前,由美国装船,准七月以前到津",并"遵照该行惯例,凑交定银一千一百圆"。同时,当订货之时,万和成等"意欲定中国现银,伊行欲定美金",因为慎昌声称当时他们有"主定美金章程,约何时到货,美金定至何时"。① 可见,双方对于作为证明自己利权的订货合同是非常重视的。

　　商铺向洋行订货是有风险的,尽管合同的签订比较严密,但因中国近代国际地位的低下与中国民族商业资本家力量的弱小,加之"我国海外贸易基础,本极薄弱,订购五金大权,向操外人之手",所以"偶一折冲国际贸易市场,捉襟见肘,徒失利权"②,并不能完全阻止洋行方面背信弃义做出践踏合同之事,有时甚至会遭受巨大损失。如上例中慎昌洋行就违背了与万和成等商铺的合约,未按时遵照合同规定将货物运到天津,确切地讲,直到订货合同到期的1919年7月30日止,"此货时下当尚未由美国装运来华"。而慎昌洋行却依前"代定美金价"有损失为借口,故意毁约,反责万和成等商号"应将订购之美金亏价被去",这样不但有背合同,实亦违公理。因据查"订购美金,无非徇该洋行之请,以备提货时用",而慎昌"明知所代定美金,系付平铝铁款项,今货不能如期交到,所定美金,亦属无用"。慎昌违约的真正原因,一是"平铝铁价值增涨,该行竟行违约,不肯交货";二是美元贬值,当初谈好的应付货款已经不能如数买到所订的货物。但此等错误,非万和成等三家商号之错误,实乃慎昌之错误。因在万和成等商号与慎昌洋行定货时,是慎昌要求万和成等"即将应付货款,预先在银行订买七月期美金,以便货到付款。按当时美金行市,每百美金订作华银一百二十八元。商等明知美金行市涨落无定,该洋行既坚执预订,不得不从"。不料,合同签订后,万和成等三商号"见铝铁价目日落一日,自三元以上减至二元余,商等遂将所定之货分别转行,订卖与天津益昌源、三益泰,北京义顺成三号,双方各签合同,并订互有罚款"。然而,7月30日"合同既已满期,该洋行又无货可交,即使有货可交,货价已跌至二元以下,商等赔累难堪"。于

---

① 北京市档案馆:《万和成五金行》,档号J86-1-12,《行所事项底册》,1919年。
② 美商环球信托公司经济研究部:《五金界杂志》发刊词,1940年第1卷第1期。

是，义和成、鸿昌德、万和成五金行经理崔寿山、张露山、邱泽民三人向美国驻华公使馆领事诉告慎昌洋行经理古临信"不遵合同交货，反无理要示"，要求其将"商等定银退还，并所受种种损失如数赔偿"。① 然而，8月26日、9月5日、9月16日接连三次诉求美国领事公裁，但并无结果。至于此案的最后结局，档案并未记载，笔者想大概是不了了之了。从万和成等三家五金行与洋行的交涉过程中可看出近代中国商号在中外贸易中处于一个非常不利之地位，从而说明了弱国无外交的道理及近代中国民族商铺发展的艰难，也在一定程度上促使五金行从无组织状态向建立同业公会迈进的步伐。

上述万和成等商铺的遭遇其实只是近代中国民族资本商铺艰难发展的一个例证，即使在中国五金业龙头的上海，此种事例也不鲜见。上海五金行向洋行订货，也会遇到装船脱期，到货与订单不符，货品有水渍损坏以及数量缺少等情况。遇有这种情况，商铺向洋行提出交涉先行协商，协商无结果时则请公证行证明，由公会公断。再不能解决时，诉请法院处理，有的由洋行割价或补偿，也有的长期拖延成为悬案最后不了了之。② 可见，尽管上海方面在处理中外商人争端的具体程序与北京方面稍有不同，但凶多吉少的结果是大致一样的。到七七事变后，上述情况则更令人担忧，时人对此感触颇深："复以年来国际政治经济极度不安，市价变化倏匆，外汇起落靡常，船期不能预定，海上战祸堪虞，经营如不悉个中情况，不但本身风险，无以趋避，且影响五金业及与五金有关之各产业部门与夫国家权利社会经济，至深且钜。"③

其四，本市同业拆货。拆货一般是"仅陈列少数货品，每有需要，即向他行取货转售，藉博微利"④ 的进货方式，久而久之便形成行业惯例——"拆货制度"，简言之，即"同业之间均互通有无"。⑤ 这是由于一些较小商铺因资金有限而无力由外地进口货品，并因五金货品种类繁多，规格复杂，各铺不可能做到货品齐全，所以对顾客欲购而自己铺中所缺之货，这些商铺就向同业大铺拆货并迅速出手以获微利。如北京万庆和五金店就常采用拆货方式进行经营，具体办法是，"让客户看好样品，讲好价钱，他们就从其他有货的五金商店进货，俟结算后客户付了

---

① 北京市档案馆：《万和成五金行》，档号 J86-1-12，《行所事项底册》，1919 年。
② 上海社会科学院经济研究所主编：《上海近代五金商业史》，第 83 页。
③ 美商环球信托公司经济研究部：《五金界杂志》发刊词，1940 年第 1 卷第 1 期。
④ 北平市社会局编：《北平市工商业概况》，第 417—418 页。
⑤ 北京市档案馆：《小五金、自行车零件废铜、证章业调查报告》，档号 4-16-91，1951 年。

款,他们再给那个五金商店的钱"。① 这表明同业拆货不仅可以满足顾客之急需,而且能使业内商铺间互通有无,加速货品流转。不过,此制度也会造成业内中小商铺因拆货过频引起的五金货品价格不稳等后果,这就需要相关政府部门对其加强管理与引导,将其消极影响尽量控制在最低点。

2. 进货付款方式

各商铺进货付款方法一般随着商品种类、进货地区及时期的不同而异,主要有三种,一是现金进货,二是赊购,三是预交定金。

现金进货,即进货时即付现款,这是最常见的一种付款方式,在战乱或政局动荡时期,现金交易方式凸显。赊购是商业信用的典型形式,即零售商用赊欠(延期付款)的方式购买批发商的商品,即先进货,待货售完再付款,这无疑在一定程度上有利于购货商铺节省运营资金、加快资金周转与扩大商铺经营规模。在洋货尚未大规模来华前,国产旧五金货品方面,北京和外埠均系现款进货,没有赊欠关系;以后由于进口五金货日益繁多,各洋行在五金货供大于求的情况下,为多销货以便占领北京市场,曾主动向进口五金货的商铺赊销,各商号赊进的货物占其总进货量的80%左右。此外,北京五金行同业拆货,由于是熟人,有经常的来往业务,所以多系采取边赊货边付款的办法。预交定金一般是在货源紧缺时,商家先预付部分款项,按合约期限到期取货,再付全款的一种订货付款方式。在一般情况下购买现货可以不限于数量,但高于期货价格(约相差100%);购买期货多系国外订货,签订合同及购买手续必须通过各洋行办理。国外订货又分两种方式,一种是暂不结汇须预交定款20%—30%(有一定业务关系的可不预交),候订货到达后再根据外汇价格结算账目;另一种方式是在签订合同时即根据当时外汇价格结汇付款,这样外汇价格发生上升下降就会使买方未售货先盈亏,在同业中都愿采取第一种方式向国外订货。到20世纪30年代,北京五金业内小户向大户的订货也需先交定金若干②,这其实可视为预付全部或部分货款。不过,采取哪种方法结算货款,由于受当地及国内外政治经济形势的影响较大,所以有时以赊购为主;而在政局动荡或乱世,正常的交易秩序与商业信用遭到破坏之时,有时又以现款结算为主;当然有时又二者兼有,也有些时候却是预交定金后再取货。

---

① 王永斌:《北京的商业街和老字号》,第219页。
② 北京市档案馆:《万丰泰五金行》,档号J88-1-63,《通信留底》,1935年。

三 进货数量与策略

北京五金商铺进口五金货品数量在北京进口洋货总量中占有十分重要地位，据1935年《中国经济年鉴》（续编）统计，1934年"入春以来，时局稳定，商情较为活泼。债市转昂，金融颇有好景。舶来品之输入以布疋、棉纱等纺织品占第一，五金机械次之，化学料品更次之，他若米面、煤油、纸张、文具、糖、海味、烟草、钟表等亦占重要。市内洋广杂货除香烟、煤油、汽油、西药之类外，余均稍沉寂"。[①] 这表明，五金机械类洋货到1934年已居北京洋货进口总值的第二位，并且其他如煤油、香烟及一些化学料品也有一部分归五金行经销，可见五金商铺在北京洋货商铺经营中的地位之重要。北京五金业各年从国外进口商品数量多有不同，我们根据《北平市工商业概况》所载，将收入较少的崇文门税关1929年所列洋货五金各项数据列表如下（见表4-2）。

表4-2　　崇文门税关1929年进口洋货五金情况统计

材料及用品	重量（斤）	占材料及用品总量的（%）	器物、零件名称	价值（元）	占器物、零件总量的（%）
铁丝	739132	14.35	门锁	28530	3.29
黄铜丝	16235	0.31	汽车底盘	119140	13.75
红铜丝	20135	0.39	汽车零件	126701.77	14.62
洋铁片	51164	0.99	自行车零件	361921.9	41.77
铅铁片	990694	19.23	机器	95122.5	10.98
洋钉	464678	9.03	铁零件	134965.42	15.58
洋针	8390	0.16			
铁丝纱	7144	0.14			
洋铁器	10837	0.21			
圆条铁	739132	14.36			
方条铁	43675	0.85			
洋钢条	141013	2.74			
铁板	1854585	36.03			
铁管	60870	1.18			
合计	5147684	100		866381.59	100

资料来源：北平市社会局编：《北平市工商业概况》，北平市社会局1932年印，第419—420、424页。

[①] 实业部中国经济年鉴编纂委员会编纂：《中国经济年鉴》（续编），第467页。

第四章　潜在的文化驱动:五金商铺的购销方式与经营模式　171

上表显示,进口总量较少的1929年,北京进口五金洋货材料及用品共514多万斤,器物、零件总价值86万多元,其中进口材料及用品总量最多的是铁板,共185万多斤,占进口五金材料及用品总量的36.03%。这主要由于当时北京机器铁工业需求此种原料旺盛,"国产每不适用",所以多采用外货,"若无此相当原料,便不能制得相当之机器"。① 可见五金行与北京工业生产联系密切。材料及用品进口占第二位的是铅铁片99万多斤,占进口五金材料及用品总量的19.23%,这主要是由于铅铁片的特定用途、用量所致,因为铅铁片"销售于铅铁铺与洋炉铺,尤为普遍"。② 这表明,当时北京民众使用铅铁片制作的洋炉(主要是冬季取暖用)较为普遍,这间接说明五金商铺的商品经营结构受市民消费潮流的影响,当然,不同的商品经营构成也会对市民消费趋向有一定影响。占第三位的是圆条铁与铁丝,分别计近74万斤,分占材料及用品总量的14%强,这是由于铁丝是面向各个行业的具有用途普适性的特点所致,当然,市民日常生活有时也离不开铁丝,所以需求量也非常大。而圆条铁也是铁工业的主要原料,所以需求也较大。进口材料及用品最少的是铁丝纱、洋针、洋铁器、洋铜丝、红铜丝等,皆占材料及用品总量的1%之下,说明这些洋货一是用途不具有普适性,二是价格较高,在北京的市场很小。在器物、零件方面,自行车零件进口最多,共36万余元,占器物零件总量的40%以上,这是由于自行车和市民的日常生活联系较为密切,所以输入量较大,当然对零件的需求量也相应较大,也表明当时自行车作为一种新式交通工具在北京较为畅销。另外,汽车零件进口也较多,说明当时北京政府机关及上层民众对汽车的需求也较可观。以上新式五金材料用品、器物零件的进口,皆在一定程度上说明北京当时在某些方面已经有了向近代化迈进的趋势。不过,由于钢铁等大型原材料商品进口总共不足300万斤,"故本市铁工厂时感外国钢铁之缺乏之言"。③ 这从一个侧面反映了北京作为一个庞大的消费都市,其工业较为落后的特点。如果拿北京1929年进口洋货五金数据与1929年上海进口金属洋货共314209吨④相比,简直有天壤之别。尽管北京五金业进口洋货数量无法与上海相比,但该业还是按照自己的规律努力发展自

① 北平市社会局编:《北平市工商业概况》,第424页。
② 北平市社会局编:《北平市工商业概况》,第419页。
③ 北平市社会局编:《北平市工商业概况》,第424页。
④ 上海社会科学院经济研究所主编:《上海近代五金商业史》,第251页。

己，进货量也有增加，截至1937年，由天津每天进货量80—120吨。① 照此计算，一年计28800—43200吨。

进口如此多的货物，五金商铺在进货策略上也应该有所讲究，北京万丰泰为我们提供了案例②。

首先，注重所进货品的质量。从京外进货，当商铺验货人员验收来货时，有时难免出现收到的货与所订之货在数量、质量、包装、型号、规格、颜色等方面不符之事，而其中又尤以所进货品的质量问题为重。质量问题又分货品本身质量与包装质量两种情况。如北京万丰泰1934年"买裕昌号之2.5厘机电纸五张，内有两张已破烂不堪，此张又系在里边卷着"。这说明发货家天津裕昌号的机电纸存在严重的质量问题，北京万丰泰当然不能听任"该号以此残旧不堪之货瞙（蒙）蔽"，所以，京号给天津分号去信，"务希津与该号交涉，庶免以后来货再受其欺也，否则京决与该退回也"。③ 可见万丰泰维权态度之坚决。这不仅是在维护京号万丰泰的利权不受侵害，更为重要的是要保证所进货品的质量，以便更好地维护商铺自身的信誉和长远经营。又如有些商铺因货品的包装质量欠佳，从而造成货物在运输途中出现一些变质、变形、流失等问题，其责任一般由发货方负责。如北京万丰泰五金行1935年10月所买天津"裕昌号之砂布粉，内有一包已完全漏没"，万丰泰认为"该货系用蒲包包裹发下，如用一木箱盛装，决不致如此也"。所以，责任应该由裕昌负责，"祈津关照该号，此损失咱不能认可也"。④ 此事由津号去交涉，结果以"裕昌号之砂布粉共去残0.24元"⑤ 告结。为避免此等争端发生，京号在让津号代理向津沪、大阪进货时特别强调所要货物的尺寸、质量等要求。如北京万丰泰曾向津号特别警示："倭元砖买时务祈斟酌斟酌，因本地货劣性太

---

① 北京市档案馆：《小五金、自行车零件废铜、证章业调查报告》，档号4-16-91，1951年。
② 万丰泰是北京五金业中的大户，在天津、上海、日本大阪皆有联号，进货方便，信息灵通，在业内较有代表性，所以我们以其为例对业内进货策略等问题进行分析。一些材料中的"京号"即指北京万丰泰，而"津号"是指北京万丰泰在天津的联号，如天津万丰泰、益和公司等。
③ 北京市档案馆：《万丰泰五金行》，档号J88-1-26，《联号通信底账》（京字第22号信），1934年。
④ 北京市档案馆：《万丰泰五金行》，档号J88-1-63，《通信留底》（京字第102号信），1935年。
⑤ 北京市档案馆：《万丰泰五金行》，档号J88-1-63，《通信留底》（京字第105号信），1935年。

第四章　潜在的文化驱动：五金商铺的购销方式与经营模式　173

多，恐偶不留神买下，即不好出售也，请希注意，千万千万！"① 又如1935 年 6 月北京万丰泰特别叮嘱天津联号益和公司所买之货"每箱要准一百斤重才好，千万不要代（带）水绣及残病之货，如有以上之毛病，即不能用也，与阪号去信时祈亦提明是盼"。② 这表明，在市场竞争激烈的 20 世纪二三十年代，货品的质量问题尤为商家所看重，质量关乎商铺生存空间的增减。商家在遭遇一些有关货品质量的事件后，其对所进商品质量的看法与意识在逐步增强，尽量把因货品质量问题对商铺的危害扼杀在订货之初或未收到货之前，以便减少不必要的麻烦与损失，这也是商家十分宝贵而有益的进货意识、经验教训的展示，是值得借鉴与学习的。

其次，重视进货时的地区价格差。在进货价格方面，一般是本着何地便宜就在何处进货的原则进行，但对于京津两地货同而价也同的货物，一般要在京买，而不用费时与运费去津或他方添办。如 1935 年 10 月北京万丰泰嘱津号"添办□电石一二十箱（先买裕昇号之价 6.6 元），如照此价能成，即与京买三四十箱亦好"③。即津号要按京号所预期的价格进货。两个月后，此货价格又涨，京号对此更是小心，"前津信报大□电五行市 8.1—8.2 元，因京拢算着不相宜，故京号未敢要，惟此货京早已售罄，如价照 8 元或 7.9 元之谱，即与京购买十箱发下，否则即先不要也"。④ 虽然这种进货策略能获得地区差价，对商铺销售有利，但有时也会因一等再等，贻误战机，即如果此货未来价格还在涨，商铺到底是进还是不进，这要看一个商铺领导层的市场预测能力了。在当时交通不太发达的条件下，运费一般都较高，所以运费问题与商品价格问题同样被商家所看重，降低运费其实就是降低进货成本。如天津万丰泰给北京万丰泰添办鸡牌瓷漆一箱，价 2.8 元，京号认为此价格太贵，于是回复津号，"如照此价，即不必买也，因京地瑞昌祥亦售此，价同款，如由津来即不相宜矣"。⑤

---

① 北京市档案馆：《万丰泰五金行》，档号 J88 - 1 - 26,《联号通信底账》（京字第 21 号信），1934 年。
② 北京市档案馆：《万丰泰五金行》，档号 J88 - 1 - 63,《通信留底》（京字第 84 号信），1935 年。
③ 北京市档案馆：《万丰泰五金行》，档号 J88 - 1 - 63,《通信留底》（京字第 104 号信），1935 年。
④ 北京市档案馆：《万丰泰五金行》，档号 J88 - 1 - 63,《通信留底》（京字第 124 号信），1935 年。
⑤ 北京市档案馆：《万丰泰五金行》，档号 J88 - 1 - 63,《通信留底》（京字第 101 号信），1935 年。

因在京买可"省运费也,故京多日未由津地来此货也"①。再如"钢丝价目太贵,平暂不要,平在本地找得价才九毛五分"②。看来,在哪进货,进多少货,如何进货,进货价格是各商铺进货时必须首先要考虑的,在市场波动较大时就尤其谨慎小心,即进货时要同时参照京津两地价格决定进货多少。如1934年北京万丰泰对津号言明,"倭元砖刻京仅存五十来块,每日仍不断售卖,惟价仍涨不上去。刻平售价24元至24.5元之谱,京意再请鉴塘掌柜在津地打听打听货多货少及看行市涨落,如看合适再购办数千斤,务希点对办理。因刻下平地别家再来贱价之货,咱势必受影响之故耳"③。同时,各商铺所购商品的尺寸、重量、价格等虽委托津号办理,但京号仍不放心,所以要求津号在与京号商妥后方可购买。如北京万丰泰要求津号"再与平购办四八尺、五厘英板铁十张,老炮台铁平罗丝……各六十罗或一百罗亦可。但价别大了,在二毛三以下者,至多二毛三,即照购买,如价很贵了,即祈先来信,听信再买可也"④。

最后,根据对未来市场的预测,适当进行进货数量控制。北京五金商铺控制进货数量时一般要与当时五金商品的市场价格联系起来综合考虑,如果价格不合适,在店内有存货时就尽量不进。如1934年北京万丰泰对津号"所报各货之行市均悉,钢种片、漆皮刻平均有货,暂时不要"⑤。行市平稳时,上述决策较易作出,但在市场波动时,一般要依靠对行市的预测而适当增减进货数量。如"格尔铜之事均悉,刻京尚存有三箱多货,因看后首行市必大涨,津意再与京添办点一节,祈津看相办理可也"⑥。同时,有些商铺的分号即下号在行情变动时,由于对未来行市看不准,也要和总号商量,以便进行决策,如"所报铝铁、烟筒铁等货行市大涨一节尽知,昨日下号为此事已与京号来电话一次,京存之货必然提价出售,如要大卜(补)货,京亦暂且不卖,后看津地行市如何,

---

① 北京市档案馆:《万丰泰五金行》,档号J88-1-63,《通信留底》(京字第104号信),1935年。
② 北京市档案馆:《万丰泰五金行》,档号J88-1-26,《联号通信底账》(京字第8号信),1934年。
③ 北京市档案馆:《万丰泰五金行》,档号J88-1-26,《联号通信底账》(京字第21号信),1934年。
④ 北京市档案馆:《万丰泰五金行》,档号J88-1-26,《联号通信底账》(京字第2号信),1934年。
⑤ 北京市档案馆:《万丰泰五金行》,档号J88-1-26,《联号通信底账》(京字第21号信),1934年。
⑥ 北京市档案馆:《万丰泰五金行》,档号J88-1-63,《通信留底》(京字第101号信),1935年。

再为批售可也"。① 有些货品尽管售空，但由于对未来行市存有幻想，在价高时就暂且不予进货，如"电石之行市价太大，暂且不要。因刻下京地卖价每桶4.3—4.4元，照津详之价，即来不通也。京存之货均已售罄，刻下行市正大，只好候候再说可也"。② 不过有时虽然价格涨起，为应付门市，显示本店货全，也必须适量购进一些；如当时不买，日后价格一直涨下去，再进就得不偿失，如1935年北京万丰泰看到"三尺六平铝铁行市又稍涨，因京地亦货少，无奈亦得随行就市，少买点应酬门市而已。照今津所报之价，差不离即再与京添办三二十张可也。因思津地货少，以后恐行市再涨也"。③ 这种进货思路应该说是较为切实可行的，因为既然是买卖，总不能在货空时而因价格问题就不进某种货，如果今天这种商品无货，明天那种商品也没货，时间一长，顾客就少有光顾了。所以正确的应该是边进货，边预测，随时调整品种与数量。

总之，万丰泰五金商铺依靠对进货质量、价格、数量的灵活控制，实施较为科学的进货策略，依据对天津所报市场信息的分析与预测，而不是一味仰赖固有经验行事，这在一定程度上成为决定此类五金行能否在风云变幻的商海大潮中不断得到发展壮大的主要因素之一。当然，一些较小的五金商铺不会运用如此多的策略，但因业内竞争较为激烈，所以它们也应或多或少地注意进货策略的运用。

第二节 销货对象与销货方式的变化

销售与促销在商铺的日常运营中占据十分重要的位置。因为在进货以后，下面面临的主要任务是要把货物销售出去，换回货币，实现商业资本的循环与周转。从现有资料看，北京五金行的销售方式主要有门市销售、坐庄批发、赊销、外勤联系、送货制度等。销货对象各时期因时随势而有变化。在正常销售的同时，促销方式的选择与运用也至关重要，于是广告宣传在商业促销中的作用逐渐凸显。正确的销售策略与经验的总结也在商

---

① 北京市档案馆：《万丰泰五金行》，档号J88-1-63，《通信留底》（京字第102号信），1935年。
② 北京市档案馆：《万丰泰五金行》，档号J88-1-63，《通信留底》（京字第120号信），1935年。
③ 北京市档案馆：《万丰泰五金行》，档号J88-1-63，《通信留底》（京字第124号信），1935年。

铺销货中占有非常重要的地位。

一 销货对象的变动及应对策略

商铺销货对象一般随时代变迁而有变化。北京五金商户在1840年前的主要销货对象是本市的木厂、市民及农民。鸦片战争后，各五金店的进货渠道与货源有所改变，经营品种与范围随之逐渐扩大，因而销货对象与前有所不同，这时主要销售于铁炉铺、杂货炉铺、手工业者，市民日常生活的五金用品有所减少。至19世纪70—80年代以后，进口五金商品开始在北京市场上出现，一些铁铺也开始经营进口商品。经营品种的再一次改变，使销货对象亦不同于前，这时主要供给各建筑、工厂及铁路部门。民国后，学习欧美是当时最流行的新潮流，"一时间新式楼房在北京内城建起，仿照欧美使用新式机器的工厂像雨后春笋一样建起。这些工厂大都是小型的织布、织袜、造胰、电镀和铁工厂等。因此，五金商店营业都极兴隆，用货的客户多，只要报下营业，买卖开了张，没有赔钱的"[①]。这样，随着时代的变化，商铺经营的品种与范围慢慢改变，诸多新型五金洋货的引进，促使人们的消费习惯与消费观念也随之改变。第一次世界大战结束后，外国军队及外商开办的工矿、企业在中国都有显著的增加和发展，同业在销货上主要销于军队、工矿企业、机关及建筑行业。据20世纪30年代的《北平市志稿》载：五金行"销路以各铁工厂为多，他如电车、电灯、自来水公司，铁路及各工厂，各建筑工程亦多需要"[②]。在机器铁工业方面，"平市铁工厂所用原料，除翻砂之生铁系国产外，所需要最多之铁板、铁条、铁管、钢条等，纯系舶来品，现时来货以英德两国为多。至铜板、铜块，用量虽微，亦多采购外货"[③]。北京"各生铁厂制造铁锅、铁勺、铁杴等物，亦多购用外国铁（本市专卖山西与获鹿铁器之铁铺，内外城共只十家），各刀剪店亦有购外国铁者"[④]。同时，北京一些手工业商铺也从五金商铺购买洋货，如白铁匠打洋铁壶需用洋铁片较多，"迨五金行更运黑铁铅铁上市，洋铁作品激增，手艺人乃进而设店营业，冬季兼售洋炉，平时担挑穿街修理。盖大宗应用舶来原料之一种手工业"[⑤]。这说明打制日常生活用具的洋铁

[①] 王永斌：《北京的商业街和老字号》，第218页。
[②] 吴廷燮等撰：《北平市志稿》第三卷《度支志·货殖志》，第617页。
[③] 北平市社会局编：《北平市工商业概况》，第423—424页。
[④] 北平市社会局编：《北平市工商业概况》，第419页。
[⑤] 北平市社会局编：《北平市工商业概况》，第432页。

第四章 潜在的文化驱动:五金商铺的购销方式与经营模式 177

铺也是当时北京五金商铺的主要销售对象之一。北京建筑业需用五金货品也较多,因"建筑材料,当随时世以演进。主干部分,由木石而趋于钢铁"。① "铜铁一项在建筑中,占最要部分……又旧式宫殿房屋,如铜环、铁叶、钉头、铁条、铁丝纲,需用铜铁亦多。西式建筑,如铁梁、铁筋、汽管、水管以及窗口、门橱所用荷叶、锁钥,更形需要。惟我国所产铜铁,原料虽佳,以制造不精,平市新式建筑,遂多用舶来品。"② 总之,"五金之属,凡属新式建筑,几无不用舶来品"③。此外,除批发商铺外,五金零售店"平时售卖铁头、铁皮、铁料及零星用件,其数量亦颇属可观,此则为平市独有之销场"。④

1928 年国都南迁后,北京商业大受影响,但五金业所受影响并不是很大,如当时北京进口钢铁销售旺盛,"外来铁料,仅足供普通机器所采用。……故本市铁工厂时感外国钢铁之缺乏"。⑤ 北京铁工业需用五金材料多的原因主要是"平市铁工产量,常有供不应求之势。永增之人力车轴、和记之印刷机、兴业之针织机,几成为专门制造,异常兴盛。……平市机器铁工业,较之十余年前,实有欣欣向荣之望"。因此,当"其他业务,每于国都南迁后,即感衰落,惟此铁工业,独日有进展。……决不蒙迁都之影响也"。⑥ 这意味着作为五金商铺主要销售对象的铁工业由于"日有所展",那么其所需五金原料也就会日有所增,而为这些铁工厂供应原料的五金商铺在国都南迁后也就因此未曾萧条。此外,小五金商铺销货也依然旺盛,"工匠商民类皆购用,销路颇宽"。⑦ 这主要是由于小五金商品多是日用工具、零配件等,和饮食、服饰等商品不同,受国都南迁的影响较小。尽管如此,但并不是说国都南迁对北京五金业毫无影响,事实上,由于机关建筑工程及其他娱乐、休闲场所建设的减少,大五金的需用也随之减少,如"近时平市各建筑,大多参用新式,如铁梁、洋灰、铁筋及人字架诸作法,类习为风尚"⑧,然而,"建筑业务随市面之荣枯为进退。现在北平市面,尚称安谧,虽少大规模之建筑,普通营造之修改,足

---

① 北平市社会局编:《北平市工商业概况》,第 150 页。
② 北平市社会局编:《北平市工商业概况》,第 142 页。
③ 北平市社会局编:《北平市工商业概况》,第 148 页。
④ 北平市社会局编:《北平市工商业概况》,第 420 页。
⑤ 北平市社会局编:《北平市工商业概况》,第 424 页。
⑥ 北平市社会局编:《北平市工商业概况》,第 426 页。
⑦ 北平市社会局编:《北平市工商业概况》,第 419 页。
⑧ 北平市社会局编:《北平市工商业概况》,第 147 页。

资维持"①。这表明建筑业务只是"足资维持"而已，较之以前也应有所下降，随着建筑工程的减少，五金材料的需用也就相应减少，所以，五金商铺的销售也就或多或少地受到影响。

在销售对象范围方面，北京"范围较狭"②，不如天津宽泛，如天津万丰泰五金行销售对象"以本市河北大街各五金行及本市各厂、矿企业为主，外埠继续销往华北各地及西北地区"③。并且，北京"又与津埠逼处一隅，凡遇有大工程，采用五金材料时，往往为天津五金行所夺。且如平绥铁路工厂及各公司局所，需用大宗材料，即直接向津定购。平市五金行，仅供给其缺乏时之少数配补而已"④。这样，北京五金商铺在销货对象与范围方面就更比不上天津了。当然，北京五金行如以此与上海相比，差距则更大。上海五金商铺的销货对象不仅变化快，而且销售区域从上海扩大到全国，这是北京方面万不能及的。如早在20世纪初在上海采购五金商品的外地客商就已形成了北洋帮、天津帮、长江帮、浙江帮等几大帮系。⑤

各时期销货对象不同，各商铺的应对策略也稍有差异。北京五金商户在1840年前后，购进货后一般要在门市分类出售。20世纪以来，尤其是第一次世界大战以后，同业在销货形式上多以门市和批发业务为主，如万庆和虽有门市零售，但主要是大宗批发。⑥ 同业同外地的批发业务后来逐渐减少，在经营方式上改以通过外勤联系业务，因而在销货对象上逐渐建立了固定的销售关系，渐渐成为经常性交易，其主要销货对象是机关、团体、工矿、建筑、铁路等方面。销货对象的变化，促使一些五金行寻机多做公营单位的生意，且交易额也较为可观，如1931年万德新五金行通过与德顺成铁厂竞争，承包了在市第一监狱女监□卫及工厂、病监、办公室、宿舍等处安设暖气、锅炉、管子、炉片的工程，所用各料计大洋约5000元。⑦ 又如1932年市政府"整理汽车捐，制发小捐牌及更换旧车牌"，最后由荣记五金行承做这些捐牌与车牌，"准计车牌三千副，每面

---

① 北平市社会局编：《北平市工商业概况》，第148页。
② 北平市社会局编：《北平市工商业概况》，第420页。
③ 董少臣：《天津市五金行业的历史回顾》，《天津文史资料》第32辑，第145页。
④ 北平市社会局编：《北平市工商业概况》，第420页。
⑤ 江泰新、吴承明：《中国企业史》（近代卷），企业管理出版社2004年版，第29页。
⑥ 王永斌：《北京的商业街和老字号》，第219页。
⑦ 北京市档案馆：《河北第一监狱关于筹备收禁外犯将本监修理扩充等有关问题的呈报及女监等处全部安装暖气需管子炉片等料与万德新五金行等地的来信往来》，档号J191-2-15540，1931—1932年。

第四章　潜在的文化驱动：五金商铺的购销方式与经营模式　179

五角三分，共需洋三千三百元；捐牌三千面，每面一角七分，共需洋五百一十元"①，共计洋3800多元。这种靠承做公营单位的生意所得收入较比零售应该要高一些，这也是五金行发展较快的原因之一。抗日战争时期，销货对象主要是日本建筑部门。② 据1941年《建设总署都市局底账》载，都市局从万丰泰五金行取元灰筋、元铁、罗丝等，4—5月计11257.6元，6月13日全清；7月4日取货计96403.5元，5日收洋2万；6—18日取货若干，25日收洋1万元。③ 五金商铺所交往的这种消费大户是其他行业很少见的，这也是五金行的特色之一。在天津五金业，将这种与公营企业联系生意的人，称为"跑局所的"，因那时一般"必须与铁路局、铁工厂、兵工厂、造船所等官办企业联系，才有大批生意可做，有大利可图"。④ 北京由于工业落后，不像天津那样有那么多兵工厂、造船厂、铁工厂等大量需用五金材料、零件的公营单位，所以在做公营单位生意上应该是远不如津。不过，做局所生意也有风险，如1930年天津晋丰五金行赊销给某兵工厂货款30多万元，后因该兵工厂的易主而使晋丰五金行遭受重大损失。各股东纷纷退股，1931年邸玉堂将晋丰"独资以后就注重做街面生意，而不敢太接近局所生意了"。⑤

　　由于在业务上有固定销货对象，因而各商铺在交易中赊销关系较多，并一贯留有送货制度。但北京五金行七七事变以前无居间商（即跑合的），主要是事变前五金市场虽也有波动，但相对还算平稳，且业内多熟人或老主顾，常让利压价，利润较高，所以业内无须居间商；事变后物价波动大于事变前，这时商人不能很好地把握五金价格升降情况，所以要靠专业知识较强的居间商来撮合，改变了以前随意压价的状况，于是居间商逐渐多起来。⑥ 由于北京不是商埠，进货主要仰赖天津或上海，加之工业极端落后，所以在销货方式上就远比不上津、沪五金业销售方式的灵活与多样。例如上海五金商铺的推销方式主要有门市出售、跑街推销、居间人介绍、埠际推销等。⑦ 京沪两地五金业销货方式的差异，主要是由于"津沪之五金，能大批行销各地，故有大五金业、小五金业、机器五金业、车

---

① 《训令：令社会、财政局：制发小捐牌及更换旧车牌一案业经购办委员会审核准由荣记五金行承做所有应需价款统由财政局筹拨仰遵照由》，《北平市市政公报》1932年第169期。
② 北平市政府统计室编：《北平市市场概况》，第38页。
③ 北京市档案馆：《万和成五金行》，档号J86-1-62，《建设总署都市局底账》，1941年。
④ 邸玉堂：《我是怎样发家致富的》，《天津文史资料》第32辑，第155页。
⑤ 邸玉堂：《我是怎样发家致富的》，《天津文史资料》第32辑，第162—163页。
⑥ 北京市档案馆：《五金业工会调查居间行业总结及调查表》，档号22-12-263，1950年。
⑦ 上海社会科学院经济研究所主编：《上海近代五金商业史》，第93页。

料五金业，分门别类，各有专营"。① 故上海五金业销货方式多种多样、分工细致，而北京同业则因销货地域狭小、用货量少等被津沪甩在后面。

二　商业信用：赊销的效用及风险防范

赊销，亦称赊账，属于商业信用，是企业对购买者先交商品，延期收回销货款②，即卖方给予买方的一种不需支付利息的信贷，但有还款时间限制。赊销作为一种商业信用，是市场充分发展的结果，在宋代这种现象就很普遍，明清时期又有所发展。不过，这是中国传统的信用，现代意义的商业信用和信用管理起源于19世纪30年代的英国和美国。近代以后西方商业信用交易方式传入我国并不断蔓延，在洋行对零售商铺普遍采用赊销方式的刺激下，中国商人也学着纷纷采用此方式。商业信用一般受各地经济发展水平、行业与市场行情之差异的影响，但更多的是受动荡的时局与社会的影响。③ 北京各行商业"无有不赊账者"，但主要限于本行批发本行、常年主顾、本巷殷实铺户三端，其余大半是现钱交易。④ 不过，北京五金行的销货方式大部分是赊销，估计可占60%以上。⑤

1. 赊销概况

北京五金业赊销现象较为普遍。由于五金商铺所销商品的特殊性，其主要销货对象是机关、团体、工矿、建筑、铁路等方面，五金行一般与销货对象在长期交往中建立了固定销货关系，渐渐成为经常性交易，所以业务上的固定性，决定了交易中的赊销关系较多。赊销是五金商铺增加营业额、增强市场竞争力，并促进其不断发展的主要手段之一。北京五金商户在1840年前，由于一般采取门市分类出售方式，所以销货时皆为现钱交易，即一手交钱一手交货，并无账目制度，偶而赊出时当即用白条暂记。1914年全年流水为白银450000两以上，这时商铺经营的方式大部分是赊销，统计可占60%以上。第一次世界大战期间，同业在销货方式方法上变动不大，仍以赊销为主。但1917年随着第一次世界大战的结束，五金物资紧缺，曾发生倒流现象。当时外商洋行大量收购五金商品，同业各家

---

① 北平市社会局编：《北平市工商业概况》，第420页。
② 张其洣等主编：《中国商业百科全书》，第162页。
③ 齐大之：《中国近代的信用交易》，《新理财》2005年第3期。
④ 敏：《垫账》，《晨报》1926年9月20日。
⑤ 北京市档案馆：《关于北京市私营五金业历史演变的调查情况》，档号87-23-90，1956年9月25日。

商铺也互相抢购,致使物价猛烈上升,因而一度在销货上变动较大,多以现款为主。20世纪二三十年代,五金行的销售方式主要有现款销售、赊销(迟数日或随用货随交款)与先收款后发货三种。不过,在多数情况下,赊销仍占主要地位。一般而言,赊销方式往往会因行业、赊销对象的规模与信誉、购货数量的多少与商品的市场供求情况等而有所不同。例如有些五金店与多家商号或个人有赊销业务,如1935年万庆成五金行与恒丰厂、宝祥钉、庆昌厂、德盛王、范师傅、椿宅、王德明、隆义号等100多家商铺或个人有赊销来往。① 各铺赊销数额大小不一,北京万丰泰五金行的《零散外欠旧年老账》上载有91项外欠银,计352笔外欠款,最少的0.37两,一般都在10两以上,当然也有100两、200两、300两以上的,最多2082两。个人的外欠较少,一般是10两以下;私营商铺外欠较多,一般要10两以上。② 到1937年2月万丰泰销售的某些商品仍以赊销为主,"黄红铜丝片昨日共卖出四五百斤,现款者三分之一,其余即是交往家购去"。③ 这表明万丰泰赊销给固定客户的货款占总销售额的60%以上。此外,万丰泰赊销货款总额一年中各节多寡不一,各年也有差异(详见表4-3)。

表4-3　1933—1936年北京万丰泰五金行三节外欠款与收回款比较

(单位:洋元)

年份	端午节前(2—6月) 外欠	端午节前(2—6月) 收回	中秋节前(6—9月) 外欠	中秋节前(6—9月) 收回	年前(9月至次年2月) 外欠	年前(9月至次年2月) 收回
1933					9500余	
1934	16000余	15000余,合九成	15000			
1935			12000余		12000余	9000多,合八成多
1936	14000余				15000	七、八成

资料来源:北京市档案馆:《万丰泰五金行》,档号J88-1-26,《联号通信底账》(京字第10、48、82号信);1934年:北京市档案馆:《万丰泰五金行》,档号J88-1-63,《通信留底》(京字第120号信),1935年;北京市档案馆:《万丰泰五金行》,档号J88-1-111,《天津益和公司通信账》(京字第9号信),1936年;北京市档案馆:《万丰泰五金行》,档号J88-1-112,《天津、张垣各联号通信底账》(京字第48号信),1936年;北京市档案馆:《万丰泰五金行》,档号J88-1-156,《益和公司通信底账》(京字第17号信),1937年。

---

① 北京市档案馆:《万庆成五金行》,档号J85-1-20,《历年外欠底账》,1935年。
② 北京市档案馆:《万丰泰五金行》,档号J88-1-4,《零散外欠旧年老账》,光绪二十一年(1895)正月。
③ 北京市档案馆:《万丰泰五金行》,档号J88-1-156,《益和公司通信底账》(京字第22号信),1937年。

表4-3显示，北京万丰泰五金行端午节前外欠相对较多，如从年节前外欠数据看，各年有增加之势。该铺收回外欠货款一般是7—9成，中秋节前收回率最低。1933—1936年万丰泰三节外欠平均13357.14元，如以此数据将上表外欠项下的数据补全，则变为表4-4，据此我们来估算一下万丰泰全年外欠占销售额的比重大约是多少？

表4-4　　1933—1936年北京万丰泰五金行三节外欠款比较　（单位：洋元）

年 份	端午节	中秋节	年节	合计
1933	13357.14	13357.14	9500	36214.28
1934	16000	15000	13357.14	44357.14
1935	13357.14	12000	12000	37357.14
1936	14000	13357.14	15000	42357.14

据1936年12月20日万丰泰统计，当时该铺共有外欠洋15000元，至年终还有一个半月，或再现卖10000元或8000元。[①] 据此推算，1936年万丰泰全年销售额估计达64000—80000元，而全年外欠额达42357元，这样，全年外欠占销售额的53%—66%，即两数的平均值接近60%，这与档案所载一般商铺赊销欠款约占销售额的60%[②]这一数据相符。至1937年抗日战争时期，尤其是太平洋战争爆发后，同业的销货绝大部分是现款，赊销比重下降，如1938年万丰泰全年共卖货186019.18元，共有呆账洋7692.69元[③]，如果按前述呆账占外欠货款总值的两成左右计算，则此年外欠洋共有38463.45元，那么，外欠只占全年销售额的20.68%左右，这与1936年相比，外欠在当年销售额中的比重已经下降2倍左右，可见当时赊销减少，相应地现款增多。又如北京万和成作为业内较大之商铺，1945年销货净额为1345130.36元，外欠款326269.99元，外欠占销货净额的24.26%[④]，即赊销款已减少至销货额的25%以下，这与万丰泰的情况大体一致。尽管这只是少数商铺的情况，但可在一定程度上反映出当时五金业赊销情形有减少之势；相反，现款交易可能会增加，这应该和时局有关。

[①] 北京市档案馆：《万丰泰五金行》，档号J88-1-112，《天津、张垣各联号通信底账》（京第125号信），1936年。
[②] 北京市档案馆：《关于北京市私营五金业历史演变的调查情况》，档号87-23-90，1956年9月25日。
[③] 北京市档案馆：《万丰泰五金行民国二十五年存货账》，档号J88-1-113，1936年。
[④] 北京市档案馆：《万和成五金行资产负债表、损益计算书》，档号J86-1-76，1945年2月14日。

2. 收账

赊销不同于现金交易,是有风险的,一旦赊账不能如约兑现,信用风险也就开始发生。虽然信用风险在信用交易一开始就存在,但这种风险发生的可能性是不确定的。为了防范赊销产生的风险,所以北京商铺有三节收账、年终结清的习惯,即午节例于四月二十日前后,秋节例于八月初一以后,年关例于腊月十五日以后,各商号就纷纷向债务者讨债,所送之账单,名"节帖子"。不过,收账时间"近年经济紧迫,大半提前"。此外,赊账又有"节账""月账"之分,昔年"节账"居多,近年"月账"流行。① 国民政府定都南京后,规定"结账日期,定为国历年终,还账收账,仍照原约办理,其无约者,得临时收付。"但由于商民多不习惯阳历收账,且商业不振,收账困难故,1930年南京方面在推行国历之中,"寓顾恤商艰之意……本届总收解,以二十年二月十五日为限"。② 北京五金行也依北京传统商业习惯在阴历年前收账,如万丰泰"结至阳历年底共计外欠洋12000余元,惟在此阳历年关均不肯还账,仍以阴历为旧习,故收进无几也"。③ 即本来阳历年前该还的货款这时要再后拖一个月左右,这无疑使赊购方又多占用赊销方一个月左右的资金,从而利于赊购方的资金周转。

北京五金行货款的收回是流动式的,采取边赊销边收款之法,但以每年三节结账为主,并在每旧历年底(春节前)进行一次性的外欠账目清结。虽在结账期不一定都能将外欠收回,但大部欠款是能收回的。工厂、手工业商号等单位所需材料、零配件一般要从五金商铺进货,且进货量较为稳定,双方遂成为固定交往客户,五金商铺也就给这些单位以赊销待遇。由于各工厂的商业信誉不一,营业规模与偿债能力各异,所以五金行对各工厂的赊销期限也不同,但一般是三节结账,年终总清结。那么,五金商铺收回工厂赊销欠款的比例是多少呢?下以北京万丰泰为例说明(见表4-5)。

表4-5 1935年部分铁厂赊欠万丰泰五金行货款及偿还款额比较(单位:元)

欠款单位名称	1935年年节			端午节			中秋节			1936年年节		
	欠款	还款	还占欠(%)	欠款	还款	还占欠(%)	欠款	还款	还占欠(%)	欠款	还款	还占欠(%)
恒大厂	59.13	10.00	16.91									

---

① 一厂:《赊账》,《晨报》1926年9月15日。
② 《结帐变通法》,《北平晨报》1930年12月31日。
③ 北京市档案馆:《万丰泰五金行》,档号J88-1-63,《天津益和公司通信账》(京字第元号信),1936年。

续表

欠款单位名称	1935年年节 欠款	1935年年节 还款	1935年年节 还占欠(%)	端午节 欠款	端午节 还款	端午节 还占欠(%)	中秋节 欠款	中秋节 还款	中秋节 还占欠(%)	1936年年节 欠款	1936年年节 还款	1936年年节 还占欠(%)
全兴局	70.97	70.50	99.34	65.31	50.00	76.56	42.27	42.00	99.36	58.50	58.50	100
永增厂	599.57	400.00	66.71	562.89	250.0	44.41	455.92	150.00	32.90	428.97	200.00	46.62
谦顺厂	195.78	193.70	98.94	263.01	27.70	10.53	295.08	294.40	99.77	247.27	246.40	99.65
华利厂	42.41	20.00	47.16	56.39	30.00	53.20	105.49	77.52	73.49	142.84	100.00	70.01
德聚厂	85.13	84.00	98.67	32.05	32.00	99.84	9.74	9.60	98.56	70.00	40.00	57.14
义兴局	23.48	23.40	99.66	23.86	23.80	99.75	18.56	18.50	99.68	70.45	70.00	99.36
合计	1076.47	801.60	74.47	1003.51	413.5	41.21	927.06	592.02	63.86	1018.03	714.90	70.22
平均	153.78	114.51	74.46	167.25	68.92	41.21	154.51	98.67	63.86	169.67	119.15	70.22

资料来源：北京市档案馆：《万丰泰五金行》，档号J88-1-94，《铁厂外欠账》，1935年；《铁厂外欠账》，档号J88-1-144，1936年。

表4-5中，万丰泰回收欠款占各铁厂赊欠款总额比例的平均数多在60%—70%以上。其中，年节回收欠款比例最高，多在70%以上；中秋节次之，约近70%；端午节比例最低，只有40%多一点。各厂各节偿还欠款的比例也不均衡，谦顺厂端午节的欠款偿还比例还不到11%，是偿还率最低的一个铁厂，而年节、中秋节却高达99%左右；义兴局偿还欠款率在这三节中皆达到了99%以上；1935年年节时7个铁厂，其中有4个铁厂的还款比例在98%以上，而端节只有2个铁厂达到这个比例。这说明五金行较为重视年节与中秋节收账，而不太重视端午节收账，这从端节收账比重平均只有40%多一点可见一斑。尽管五金行对年节收账较为重视，但赊欠款项的回收也并非都十分理想，例如1935年年节恒大厂欠款偿还比例只有近17%，大大低于平均值。这样，此铁厂由于信誉指数差，万丰泰于是停止与此厂的赊销业务往来。

表4-5中，7铁厂1936年年节平均欠万丰泰五金行货款169.67元，当年共有29个铁厂[①]与万丰泰有赊购业务，共计欠款近4920元。这只是

---

① 1935年从万丰泰赊购五金货品的铁厂共有29个：恒大厂、全兴局、永增厂、谦成厂、丰华厂、谦顺厂、华利厂、德聚厂、锷锋厂、义兴局、文华兴、德华厂、永顺李、俊民齐、义记将、和记、庆生号、樊宅、永利号、辉隆、纯记、万德祥、三义厂、德顺兴、万恒号、长盛陈、孙殿隆、冯记厂、恒利车行。由于有些铁厂并不按照三节结账，有的是月账，有的是不定期结账，所以无法将这些铁厂的所有赊欠数据编入表4-5，如果要求这些铁厂总的赊欠款额，我们不妨用上表中数据的平均值对这29个铁厂的赊欠款额进行估算。（参见北京市档案馆《万丰泰五金行》，档号J88-1-94，《铁厂外欠账》，1935年。）

第四章　潜在的文化驱动：五金商铺的购销方式与经营模式　185

对铁厂欠款的估计，如果加上其他厂，如电料、电镀、铁盒厂、铜厂等厂的欠款，则数额就更大。而此年节前万丰泰共有外欠货款12000余元，"至笔下（1936年1月23日）共收进9000余元"，即已经收回75%，预算着能收"进八成多账"①，此比例要高于万丰泰从各铁厂收回欠款平均数的一成左右。由于万丰泰的赊销对象中不但包括铁厂、铜厂等，也包括一些商铺、机关等单位，也就是说，铁厂偿还欠款的比例可能要低于其他非工厂单位。这就意味着铁厂等工厂无偿地使用五金商铺资金的时间要比其他非工厂单位长些，即拖欠时间长。可见五金行的赊销对这些工厂企业的资金周转有一定积极作用。这可从永增铁厂偿还万丰泰货款的情形中得到进一步证明（见表4-6）。

表4-6　　　1934—1938年永增铁厂赊欠万丰泰五金行货款及

偿还款额比较　　　　　　　　（单位：元）

年份	年节			端午节			中秋节		
	欠款	还款	还占欠%	欠款	还款	还占欠%	欠款	还款	还占欠%
1934	301.04	170.00	56.47	244.28	150.00	61.40	1060.67	700.00	66.00
1935	599.57	400.00	66.71	562.89	250.00	44.41	455.92	150.00	32.90
1936	428.97	200.00	46.62	452.32				200.00	
1937	299.12	150.00	50.15	179.68					
1938							179.68	75.00①	41.74

注：①永增铁厂在偿还万丰泰75元后，账面上记载"打账清完"字样。（见北京市档案馆《万丰泰五金行》，《电镀铁厂外欠账》，档号J88-1-230，1938年。）

资料来源：北京市档案馆：《万丰泰五金行》，档号J88-1-50，《铁厂外欠账》，1934年；《铁厂外欠账》（副册），档号J88-1-51，1934年；《铁厂外欠账》，档号J88-1-94，1935年；《铁厂外欠账》，档号J88-1-144，1936年；《电镀铁厂外欠账》，档号J88-1-184，1937年；《电镀铁厂外欠账》，档号J88-1-230，1938年。

表4-6显示，永增铁厂偿付欠款率一般在70%以下，达不到表4-5中所示的平均数，说明永增偿债能力较差。偿付欠款率最好的一年是1934年，在60%上下，最差的是1935年中秋节，并且年节一般要好于端午与中秋二节。从总体上看，永增的偿付欠款率有下降之势，有时甚至出现长期拖欠赊销款项的现象。如1938年永增铁厂共欠万丰泰货洋179.68元，其实这些欠款是1937年端午节就应该偿还的，后一再拖延，直到1938年中秋节永增铁厂又偿还万丰泰货洋75元，但剩余部分经"打账清

---

① 北京市档案馆：《万丰泰五金行》，档号J88-1-111，《天津益和公司通信账》（京字第9号信），1936年。

完"。也就是说，剩余的104.78元货款被永增铁厂无偿占有了。值得注意的是1937年端午节后到1938年中秋节，这期间永增欠万丰泰的货款数额未变，而且账本上也不再记载此厂的取货、还款情况，这有三种可能：一是永增自1937年端午后不愿从万丰泰赊购货；二是永增用现款从万丰泰进货；三是万丰泰见永增不能结清赊欠货款，于是不再赊销给永增铁厂货物。笔者认为第三种可能性最大。事实上，这种裂痕早在1936年端午节时就已出现，当时永增铁厂也未结清万丰泰的欠款，到1936年中秋节时只还了200元，1937年年节时又还了150元。此后剩余欠款一直拖到1938年中秋节，才以"打账"方式告结。这种不讲信用，长期拖欠账款的行为理应受到万丰泰不再予以赊销货物的制裁，这和天津同业五金行用开"红票"的方式限制进货方拖账行为的办法所起的作用是一致的。据《北平市工商业概况》载，北京"现时制造机器而规模较大者，曰永增、曰和记、曰中华。其余则多系翻砂，或专系修理机件，而能承造简单机器者，亦占有一部分"①。即永增铁厂作为当时规模较大的铁工厂，应该具有一定的代表性，永增既然如此，其他工厂对五金商铺的拖欠、打账现象就可想而知了。但从另一个角度讲，这种不守信用的铁厂作为生产企业，从五金行赊购货物并长期拖欠，最终还以少给欠款打账告终，其实是在长期无偿地占用甚至占有五金商业资金，这对铁厂等工业的资金周转与发展应该是有些益处的。不过，此种现象是在损害五金商铺部分利益的条件下实现的。

工厂偿还五金行货款时，除上述偿还现金外，还可通过偿还实物来抵偿欠款。如1935年2月21日谦成厂欠万丰泰货款5.82元，3月10日又从万丰泰取炉粉面计1.26元，3月16日万丰泰收到谦成厂偿还4分黄铜接口一打计3.78元，3月23日谦成厂又从万丰泰取炉粉面16斤计1.92元，这时谦成厂共欠万丰泰货款5.22元。② 此数值是3月16日万丰泰将收到谦成厂的货物折合成3.78元现款，从欠款总数中除去所得。这是用部分实物折还欠款的情况，还有些厂家的欠款全部以实物抵还，如1937年12月4日中西电厂从万丰泰取□牌白胰子四桶，单价0.68元，共2.72元，在此金额上盖一"销"字；到12月12日万丰泰收□牌白胰子四桶，单价0.68元，共2.72元，在此金额上也盖一"销"字③，表示中西电厂

---

① 北平市社会局编：《北平市工商业概况》，第421页。
② 北京市档案馆：《万丰泰五金行》，档号J88-1-94，《铁厂外欠账》，1935年。注：5.22 = 5.82 + 1.26 - 3.78 + 1.92。
③ 北京市档案馆：《万丰泰五金行》，档号J88-1-184，《电镀铁厂外欠账》，1937年。

欠万丰泰的货款被其所偿还的实物所抵销。这意味着中西电厂通过偿还实物的方式抵偿所欠货款,实际上既是把其所产货物销售给了万丰泰五金行,同时又利于其进行资金周转。在这个意义上讲,万丰泰五金行事实上又在一定程度上利于中西电厂的发展。

此外,抹零即抹去欠款的尾数,这不仅是一项销货收款时拉笼顾客的策略,而且也是对欠款厂家的一种照顾。如到1934年8月,俊民厂共欠万丰泰货洋219.1元,8月22日万丰泰收俊民厂还洋200元,23日又收俊民厂还洋18元,抹1.1元,盖"清"字章①,表示欠款结清,即俊民厂不再欠万丰泰货款了。所抹数额虽小,但对工厂来说确实得到一点点实惠,并对吸引工厂尽快偿付欠款有一定积极作用,这对工厂与商铺双方都有一定益处。

对上述五金商铺与工厂关系的认识,与学术界长期存在的传统观点有所不同。传统观点认为中国民族商业资本因占用工业发展资金,所以压制和阻碍了民族工业的发展。然而,这种现象恰在北京五金行很少存在,因五金行80%—95%的商品来自国外进口,直到七七事变后才下降为70%。② 这样,五金行不仅很少占用本市或本国工厂资金,反而因赊销给北京当地工厂五金材料、零配件等而使这些工厂占用五金商铺的资金,有时甚至由于某些工厂赖账、打账从而造成工厂无偿占有五金商铺的部分资金;并且工厂在偿还欠款时还可以其所产商品冲抵所欠五金商铺的货款,实际上这又是变相地卖给五金商铺部分国产货。总之,五金商铺并未阻碍工业发展,反而在一定程度上有利于当地工厂发展,利于民族资本主义工业的发展。

除上述三节结账外,北京五金行还根据进货商铺、工厂或其他单位的信誉、开设时间、规模实力等进行月账与不定期的随买随还账结算。按月结算欠款的,如1930年北京万和成五金行与天庆公、一郡组、谦顺工厂、松昌电料行、德丰木厂、伊藤洋行、三和工业、堀田先生、茂生汽车行、惟新纸店、万庆和、兴亚制本所、华兴公司、多田部队等50个商号、单位或个人有赊销关系。一般情况下,买主上月取走货后,到下月初就还款。如天庆公,8月2日取走1寸半三角4斤,每斤0.55元,共2.2元;31日又取走4分白三通10只,0.63一只,共6.3元;到9月1日付洋8.5元。不定期偿还欠款的,一般无规律可循,如俊民

---

① 北京市档案馆:《万丰泰五金行》,档号 J88-1-50,《铁厂外欠账》,1934年。
② 北京市档案馆:《关于北京市私营五金业历史演变的调查情况》,档号 87-23-90,1956年。

厂归还万丰泰的货款时，有时月末还一部分，有时月初，有时买货后的5—20天之内还。① 也有些买主当月就还款，如一郡组8月2日、6日、11日取货分别为294元、122.5元、876元，到27日将欠款共1292元全部还清。也有的买主赊销后几天内即还欠款，不过只还总欠款的一部分，如伊藤洋行8月11日取货1635.39元及842.4元，13日付洋一千元，其余部分以后再还。然而，也有的买主如同合义、天益公、茂生汽车行、多田部队等始终在账本上就没见还款记录②，这就有了成为坏账的可能。当然，这些月账与不定期账的客户多为一些规模较小、赊购货物较少的固定交往家，而规模较大、赊货较多的交往家一般是三节结账，信誉不佳或新开商铺、工厂是得不到此待遇的。

抗日战争爆发后，三节结账虽仍继续存在，如1938年万德成铁厂、义和泰、天恩永等偿还万丰泰货款即是，但已经减少。③ 之后到1940年，万德成、隆和水、新记电、永明厂、万恒号等24厂，一般皆是尽量月结，月底或下月初结清；实在结不清的就在三节结清。④ 在赊销结账方法上，北京五金业与天津、上海同业基本一致，如天津五金行起初采用赊销办法，"三节"清账；"九·一八"事变后，受政治、经济局势影响，一般在经营方式上有较大的改变，到30年代逐渐改为月期或现款交易。⑤ 当然，这并不是说三节结账就绝对消失了，而只是居于次要地位而已。

不过，有的商铺因种种理由不能按时还款，致使还款率非常低。这是因为当年不能结清货款的店厂或个人，以后能继续偿还并结清欠款的甚为了了，剩余部分可能要陆续下拖，有的十多年亦不归还，这其实就已成为呆账或坏账（详见表4-7）。

表4-7　万和成与万庆成五金行历年赊销店厂拖欠货款的家数统计

万和成			万庆成		
年份	欠款店厂数（家）	结清个数（个）	年份	欠款店厂数（家）	结清个数（个）
1917	6	1	1920	27	
1919	3		1921	8	

---

① 北京市档案馆：《万丰泰五金行》，档号J88-1-50，《铁厂外欠账》，1934年。
② 北京市档案馆：《万和成五金行》，档号J86-1-158，《取货账》，1930年。
③ 北京市档案馆：《万丰泰五金行》，档号J88-1-224，《电料铁厂外欠账》，1938年。
④ 北京市档案馆：《万丰泰五金行》，档号J88-1-308，《电镀铁厂外欠账》，1940年。
⑤ 董少臣：《天津市五金行业的历史回顾》，《天津文史资料》第32辑，第137、142页。

第四章　潜在的文化驱动：五金商铺的购销方式与经营模式　189

续表

万和成			万庆成		
年份	欠款店厂数（家）	结清个数（个）	年份	欠款店厂数（家）	结清个数（个）
1923	1	1	1923	3	
1924	3		1925	8	
1927	23		1926	5	
1929	4	1	1927	9	
1932	4		1928	11	
			1929	58	
			1936	17	
			1940	153	34

资料来源：北京市档案馆：《万和成五金行》，档号 J86-1-5，《民国三年历年外欠账》，1914 年；《万和成五金行》，档号 J86-1-7，《四城旧外欠账》，1915 年；《万庆成五金行》，档号 J85-1-27，《众行外欠底账》，1940 年；《万和成五金行》，档号 J85-1-20，《历年外欠底账》，1935 年。

上表中，万和成各年拖欠货款的店厂家数从总体上看要少于万庆成。万和成 1923 年只 1 家外欠，且后来又能继续偿还结清，结清率达 100%，这是最好的一年；1927 年有 23 家尚未结清欠款的店厂，到 1932 年统计时仍未结清，这些店厂所欠货款就已成为呆账，且很有可能成为坏账。万庆成的情况比万和成更惨，1920 年尚有外欠 27 家，到 1929 年达到 58 家，1940 年高达 153 家。1920—1936 年总共 146 家，不管是最好的年份 1923 年的 3 家，还是最差的年份 1929 年的 58 家，其结清欠款率皆为零。1940 年虽然有 153 家外欠店厂，但尚有 34 家能结清欠款，结清率仅达 22% 以上，不能还款的仍占绝大多数。有的虽能在账面上写着"清"字，但也是在万庆成遭受一定损失与做出一定让步的情况下达成的，如 1940 年宋大掌柜欠万庆成货洋 303.88 元，在还一些实物后，仍欠 237.58 元，1943 年 3 月还洋 100 元后，由吴掌柜"说合两清"，后写一"平"字①，表示双方的债权、债务关系中止，这比小额欠款的店厂对万庆成造成的损失好像更大一些。诸如此类的损失及呆账、坏账的存在，是五金商铺赊销中的一大风险，对五金商铺的发展造成资金周转缓慢，有时也会影响商铺的正常运营。

3. 赊销的影响及风险防范

赊销的积极影响主要体现在：其一，赊销不仅可大大增加赊出方的销

---

① 北京市档案馆：《万庆成五金行》，档号 J85-1-27，《众行外欠底账》，1930 年。

售额，从而加快商品流通与对节省储货成本大有裨益，而且还可使其增进与日常固定交往客户的友谊，以便他们来年继续合作，从而使赊销方能够长期获利。其二，各较大五金商铺对北京各固定交往客户采用三节结账，年终清结的赊销办法，这不仅有利于赊购方进行灵活的资金周转，且可使赊购方增强继续购买的兴趣，对赊购方的发展具有一定的促进作用。

但赊销在某些时期也有一定的消极影响，主要有以下几点。

第一，要账难，有时外欠货款成为呆账，对赊销商铺造成一定损失。有的商铺赊欠货款到三节时一经催要就痛快还款，以利于日后继续利合作。1936年1月北京万丰泰代天津益和公司向瑞昌祥催讨欠津号之款，万丰泰顺利"将款收进，计189元"。这是最受同业欢迎的一种商铺。然而，有的商铺虽经债权人"催问数次"，也不一定有结果。如1936年1月18日"大源号欠津号洋77.75元，今京亦向该号催问，该云三二日内即与津号汇去，抑或交京号代收"。[①] 表面上看，好像该号马上就能归还欠款，实际上这不过是一种托词而已，万丰泰"每日催问，该号日复一日的推诿"。[②] 到3月21日，大源号欠津之款，仍无结果。[③] 大源号一次次地失信于万丰泰与天津益和公司，赊欠款数月间仍未归还，这就有了成为呆账的可能，或最后以"打账"完结，甚至歇业倒闭分文不给。事实确是按此推理发展，到9月3日"大源号业已关闭"[④]，万丰泰认为此乃"实无法之事也"。[⑤] 这表明，赊销商铺对诸如此类欠款的小商铺的拖欠、赖账、打账等行为确是束手无策，欠款数额小了不值得打官司，数额大了也不一定能打赢，因在当时法制极不健全的情况下，欠款商铺有随时弃铺逃跑的可能。这种因赊销而成坏账、呆账的情形应该是那时商界的普遍现象，前述万和成、万庆成等商铺也是如此。有些商铺为减少因呆账、坏账对分红造成的影响，于是将呆账记入销货费用内，例如万丰德五金行1940年只呆账就有2184.68元，而当年销售总费用共

---

① 北京市档案馆：《万丰泰五金行》，档号J88-1-111，《天津益和公司通信账》（京字第6号信），1936年。

② 北京市档案馆：《万丰泰五金行》，档号J88-1-111，《天津益和公司通信账》（京字第8号信），1936年。

③ 北京市档案馆：《万丰泰五金行》，档号J88-1-111，《天津益和公司通信账》（京字第38号信），1936年。

④ 北京市档案馆：《万丰泰五金行》，档号J88-1-111，《天津益和公司通信账》（京字第110号信），1936年。

⑤ 北京市档案馆：《万丰泰五金行》，档号J88-1-156，《益和公司通信底账》（京字第2号信），1937年。

计12266.58元①，这样，前者占后者的18%，即当年销售总费用中共有18%的钱是外欠呆账，收回的可能性已经很小。

第二，除造成坏账、呆账外，更有甚者，因为收账发生纷争者屡见不鲜，有的还要将债主告上法庭，如万和成五金行"与余记洋车铺交易，伊使用我铺货物，本年五月节恃账结清，积欠我现洋二百零四元七角。我屡次讨要，该铺长冯庆三声明，俟变卖家产再为偿还。及至阴历九月二十七日，我以该铺长屡失信用，复向该铺认真，与伊立行索要。该铺长冯庆三自知无可再推当，亲书字据一张，上载准于阴历十一月十二日，将款如数付清等语。商持据回铺，至期到伊铺索取该款，不料，冯庆三逃往他处，合铺如洗"。于是万和成五金行一纸诉状将余记铺长冯庆三以"抗债不还，弃账逃走"为名告上法庭。② 这种因赊销产生的纠纷各个时期、各个行业一般皆有，只要有赊销方式存在，纠纷就有可能发生，只是纠纷现象出现多少的问题而已。

为避免上述由于赊销引起的纠纷与损失，有些商铺采取了积极的规避风险措施，我们仍以万丰泰五金行为例。

首先，详加调查，对信誉或营业不佳之单位减少或停止赊销待遇，或只以现款销售。前述大源号五金行的营业境况，其实万丰泰在1935年7月30日之前经过调查就早已明晰，认为"该号亦是凑合之事，并无相当资本，近一二年中，时闻该号有不稳之风声"，因此万丰泰亦"未敢多赊给该号，每遇问京找大批货，即以无货或要现款答覆"。也就是说，在对大源号的营业有充分认识的前提下，为不开罪于该号，亦在同业中树立声誉，北京万丰泰赊销给大源号的货物皆为一些零星小额货，而对大宗货则予以拒绝，这样该号欠万丰泰"之款不过数十元之谱"，其主要目的是"藉防不虞"。③ 有些商铺虽有偿还能力，但如果是新设商铺且营业欠佳时，万丰泰对其也往往不予或停止赊销。如1935年开泰恒欠万丰泰"二百余元之货款，至年终虽已付清"，但鉴于万丰泰因闻开泰恒有"不佳之情形，故以后找京号等货，亦未敢给，该所欠京款不过数元"。④ 总言之，

---

① 北京市档案馆：《万丰德五金行》，档号 J199-1-1，《万丰德万金老账》，光绪三十二年（1906）新正月十八日。
② 北京市档案馆：《万和成五金行》，档号 J86-1-12，《行所事项底册》，1919年。
③ 北京市档案馆：《万和成五金行》，档号 J88-1-63，《通信留底》（京字第102号信），1935年。
④ 北京市档案馆：《万和成五金行》，档号 J88-1-111，《天津益和公司通信账》（京字第23号信），1936年。

"遇此年月，只好少赊账而谨守少贪利掉现钱，以现活动。如此行之，遇有变动，藉免不虞之损失"。① 不过，"处此百业凋零之时局"，如"净卖现款"，则生意"更见寥落"，所以以万丰泰为代表的五金行只好赊销，当然，赊销不是盲目的，而是在对赊销对象进行调查并有充分了解的情况下进行的，因为这些得到赊销待遇的客户"都是多年旧交往家，谅一时亦不致有何意外之事也"。②

其次，对固定的交往家即老顾客，提高赊销价格。即为笼络这些固定交往户，一些大五金商铺往往要对其进行赊销，但在赊销时要故意使赊销价格高于现款交易价格。如1936年11月万丰泰将马口铁以27.5元之价赊销给旧交往家，而现款销售价格只20元左右。这主要由于有交往之用主购买这些五金商品时，"或一二箱，或三五箱不等，当时并不付款，抑或数日内交款，亦许遂用货遂交款，均是长拉短欠之交往家"，所以万丰泰"不得不稍看点利耳"。此外，"因现下各货行市日见增涨，又当平地别家亦无此路货，但闻别家有来此货者，京必预先落价可也"。③ 即对某些紧缺货在赊销时更要适当提价外赊，以弥补赊欠期间因货币贬值或拖欠账款时带来的损失。换言之，付款方式不同，商铺对商品的销售价格"不能一致。现钱之主看着价差不离即卖"。④ 简言之，"现款之买主，尤得廉价出售"⑤。

再次，优先销售给现款结算的客户。1936年9月万丰泰将三分红铜片优先售出专卖与协成号，每斤0.72元，系现款，而对于庆顺和前定之货，则采取"如能推却再推伊数日"之策略。⑥ 这样既不开罪于庆顺和，稳住它以便继续合作，又能拉拢协成号，得到现款尽快实现利润，以便与其实现进一步合作，可谓一箭双雕。

最后，收账时采取"打账"策略，即对所欠账款，"不收实数，只收

---

① 北京市档案馆：《万和成五金行》，档号J88-1-63，《通信留底》（京字第158号信），1935年。
② 北京市档案馆：《万丰泰五金行》，档号J88-1-111，《天津益和公司通信账》（京字第20号信），1936年。
③ 北京市档案馆：《万丰泰五金行》，档号J88-1-111，《天津益和公司通信账》（京字第149号信），1936年。
④ 北京市档案馆：《万丰泰五金行》，档号J88-1-111，《天津益和公司通信账》（京字第24号信），1936年。
⑤ 北京市档案馆：《万丰泰五金行》，档号J88-1-156，《益和公司通信底账》（京字第22号信），1937年。
⑥ 北京市档案馆：《万丰泰五金行》，档号J88-1-111，《天津益和公司通信账》（京字第115号信），1936年。

取几分之几"。① 如瑞孚公司因赊购万丰泰五金行的货物，共欠洋64.7元，1928年10月24日瑞孚公司却以万丰泰所赊之货"短分量"为由，只偿还万丰泰洋45元，剩余近20元被"打账"了，即勾销了。又如同心诚铁厂欠万丰泰货款洋23.02元，1928年7月16日收洋2元，8月12日收洋5元，其余16元则是"言明打账"了。② 万丰泰的"打账"策略有点类似天津同业对特定客户实行货物赊销时采用的开"红票"③，其目的无非是故意向赊购方让利，吸引其尽快还清欠款，尽管收回的欠款比原赊出货款要少一些，但总比一拖再拖最后不了了之的要强，而且这样做还能加强双方的感情交往，奠定以后继续合作的基础。

总之，赊销作为一种不同于现款交易的信用方式，是买卖双方形成的一种特殊的债务与债权关系，只要赊销存在，外欠款项就程度不同地存在拖欠问题，所以此种方式具有一定的风险性。不过，五金商人认识到，在竞争激烈的商场中不敢冒险的一味求稳，既不利于击败对手，也不利于相机盈利，是无知落后的表现，不可能与时俱进。当然，这并不是否定适当适时地求稳经营。如果能使多风险的赊销与求稳经营有机结合，则是促进商铺发展的极佳途径。

三 新型的广告宣传方式及其费用

商业广告是商品促销的重要手段，具有十分鲜明的功利特征与强大的经济功能。什么是广告？广告，"由广义释之，凡募集公债，招考学生，声明失票，招租房屋……等，无一非广告也"。但本书所谓"广告"，则专指"商业商品"之广告，即"以货物公布于世，使人知而购之也"。方宗熬先生在20世纪20年代就曾指出贩卖广告的重要性："现今商业繁盛，竞争者众，营商者不能不注意招揽客之方，故广告之法尚焉！外商之所以不惜巨费，投于广告，良非是不足与众相竞。微特新开之店，须赖广告，以扩张其营业，即信用素著者之老店，亦须赖此以保持其销路而谋增进也。"④ 同时，阎桢先生也认为："购货者人，欲求人至，先使人知，果操

---

① 一厂：《赊账》，《晨报》1926年9月15日。
② 北京市档案馆：《万丰泰五金行》，档号J88-1-14，《旧外欠账》，1928年。
③ 董少臣：《天津市五金行业的历史回顾》，《天津文史资料》第32辑，第138页。注：开"红票"，即向代销的零售企业赊销货物时"开出的一种用红纸书写的批票，列明货物品种数量、单价等，是批售货物的凭证，数量不等，因对象而异，一般都在五、六百担，价格平均比市场价低百分之八左右"。如果持有"红票"的商家，旧欠不能全部归还，年初就不能再得到赊销的待遇，也不能拿到低价格的货物了。
④ 方宗熬：《论广告》，《商学季刊》1923年第1卷第2号。

何术而可以使人知？则广告尚矣！"① 看来，商业广告对于商铺经营有着非常重要的作用，可以引发顾客的消费欲望，增加商品销售，促进商品生产和商品流通的发展。

广告并非始于今日，文字图画广告宋代即有，至今已有千余年。旧中国广告的种类很多，主要有"印刷广告（报纸杂志、传单、小册子、包装纸、日历、价目表等）、日用品广告（信封、信纸、手帕、扇子、小镜、寒暑表等）、游行广告（组织乐队、车辆上街宣传）、夜间广告（利用各种照明灯具）、户外广告（墙壁招贴、画、广告牌）、公共场所广告、实地广告（陈列、口头宣传）、店前广告（招牌、橱窗装饰）和电台广告"等。② 北京商铺比较注重运用各种近代手段进行广告宣传。老北京商铺的广告形式丰富多彩，除众所周知的吆喝叫卖、幌子招牌外，还有灯光广告、包装广告、门票广告、响器广告、游行广告、活人广告等。③ 从北京现存档案看，北京五金行商铺所采用的广告宣传形式主要有散布传单、报纸广告、奖券、贺年片、广告片、通俗电影广告、烟阁内外刷贴各种广告等，其中以散发传单等印刷品为主。下以万和成五金行广告宣传的种类与广告制作的成本费用（见表4-8）为例析之。

表4-8　　　　　1929—1930年万和成五金行广告宣传明细

日期	广告类型	数量（张）	金额（元）
1929年10月22日	散布传单（印刷品）	10000	22.5
	散布传单（印刷品）	10000	23
1929年10月29日	散布传单	10000	7
	张贴彩色条子广告		17
1929年11月4日	白条广告	1000	13
1929年11月11日	散布传单	10000	7
1929年11月14日	张贴白条广告	1000	10.2
1929年11月19日	张贴白条广告	1000	10.2
1929年11月26日	张贴白条广告	1000	10.2
1929年12月5日	散布传单	10000	7
1929年12月6日	散布传单	10000	7

---

① 阎桢：《说广告与商业密切之关系》，《商学季刊》1923年第1卷第4号。
② 王相钦：《旧中国民族资本商业企业经营管理中的若干问题》，《商业时代》1985年第3期。
③ 张双林：《老北京的商市》，北京燕山出版社2007年版，第62—65页。

第四章 潜在的文化驱动:五金商铺的购销方式与经营模式 195

续表

日期	广告类型	数量（张）	金额（元）
1929年12月9日	散布传单	10000	7
	散布传单（印刷品）	30000	67.5
1929年12月20日	商报登广告		7
	大观楼登广告半年		21
1929年（无月份）	大北相馆做广告片	2	4
1929年（无月份）	全民报登广告		24
1930年1月20日	商报登广告		7
1930年1月25日	张贴白条广告	2000	13.6
1930年1月26日	报纸大广告（印刷品）	1000	13
	贺年片（印刷品）	900	3.7
1930年2月11日	张贴白条广告	2000	13.6
	张贴报纸大广告	1000	13.6
	彩色大广告	260	6.4
1930年3月10日	通俗电影登广告		4.5
1930年4月28日	小条广告（印刷品）	10000	15.5
1930年5月2日	小条广告	5000	6
1930年11月27日	奖券	3000	6
1930年12月8日	传单	10000	7

资料来源:北京市档案馆:《万和成五金行》,档号J86-1-23,《杂项分类底账》,1930年。

从表4-8看,万和成的广告类型主要有散布传单、报纸广告、奖券、贺年片、广告片、通俗电影广告、烟阁内外刷贴各种广告等,其中以散发传单等印刷品为主。万和成每年做广告宣传的时间一般集中在当年10月到第二年的2月间,3—5月较少,6—9月没有广告。万和成为何要选择这期间集中进行广告宣传呢?笔者认为,商铺做广告的目的就是想让更多的人知道本店概况及本店的产品性能、价格、用途等信息,以便顾客及时光临。这就需要选择农闲季节或节假日,尤以年节前后为宣传重点期间。因为这期间不仅上街市民多,进城农民也比平时要多些,各种庙会、文娱活动等也较多,各家办喜事或亲友聚会的也较平时要多,这样商品的需用量也就大增,这时不失时机地进行大规模的广告宣传,正是发挥广告宣传作用的最佳期间。例如,仅1929年10月万和成就印有30000张传单进行散发,费用52.5元,12月又印了60000张,费用88.5元。这不仅说明万和成广告宣传的集中,而且也表明散发传单这种广告形式最便宜,使用次数最多，量最大，是1929年广告宣传的主要形式。广告种类不同，费用也就各异，即使种类相同，费用也有差异，如1929年10月万和成打印的传单10000张才7元钱，而印刷10000张传单需用23元。一些较为新潮的广告形式价格则较贵，如用通俗电影登广告要4.5元，大北照相馆做广告片2张用洋4元，不过，这些形式只是偶尔用用而已，并非广告的主要形式。为更全面细致地了解万和成运用广告进行销售宣传的情况，我们将上表简化为表4-9进行论述。

表4-9　　1929—1930年万和成五金行广告类型及其主次地位

广告类型	1929年 数量（张）	1929年 费用（元）	1929年 占总费用的（%）	1930年 数量（张）	1930年 费用（元）	1930年 占总费用的（%）
大北相馆做广告片	2	4	1.51			
大观楼登广告半年		21	7.94			
彩色条子广告		17	6.42			
散布传单	100000	148	55.93	10000	7	6.37
白条广告	4000	43.6	16.48	4000	27.2	24.75
报纸登广告		31	11.72		7	6.37
报纸大广告				2000	26.6	24.20
彩色大广告				260	6.4	5.82
小条广告				15000	21.5	19.56
出奖券				3000	6	5.46
贺年片				900	3.7	3.37
通俗电影登广告					4.5	4.09
合计		264.6	100		109.9	100

资料来源：北京市档案馆：《万和成五金行》，档号J86-1-23，《杂项分类底账》，1930年。（表中有些数据是笔者据原资料进行统计归纳而得）

万和成进行广告宣传的形式并非一成不变，而是根据销售情况及社会形势进行适时调整。以哪种广告宣传形式为主，要从这种广告形式的价格是否合理、传播是否快捷、效果好坏、消费者的接受程度等几个方面进行定位。1929年万和成的广告宣传种类主要有散布传单、白条广告、报纸登广告、彩色条子广告、大观楼登广告半年及大北相馆做广告片6种，其中以散发传单为主，共花费148元，占当年总广告费用的近56%。1929年共散发传单100000张，相当于平均每天发放近274张，每月发放8333多张，可见万和成1929年对此种广告形式是非常看中的。其次是白条广告和报纸广告,其费用分别占当年广告总费用的 16.48% 和 11.72%。在照相馆做广告片是新兴广告形式,由于价格较贵,所以其费用只占广告总费用的 1.51%。1930 年万和成调整了广告宣传种类,保留了上年的散布传单、白条广告、报纸登广告 6 种形式,其余四种形式已经被去除,又新增了报纸大广告、彩色大广告、小条广告、印发奖券、贺年片、通俗电影登广告 6 种宣传形式。同时,全年总的广告费用比上年减少了一些。上年以散发传单为主的形式,到 1930 年地位急剧下降,共花费 7 元,占当年广告总费用的近 6.4%。白条广告与报纸大广告、小条广告是 1930 年广告宣传的重点形式。白条广告费用虽比上年下降了近三分之一,却占 1930 年广告总费用的 24.75%,位居第一。印发奖券、贺年片、通俗电影登广告三种形式各占总广告费用的 6% 以下,说明这些新兴广告形式在当时还只是处于试用阶段,其效果与作用如何要等实践检验后方可决定下年投入费用的多寡。

上述广告宣传费用占各时期万和成五金商铺销售总费用的比重是多大呢?即广告宣传在万和成销货经营中的地位如何呢?这从表 4-10 的相关数据中可得到解释。

表 4-10　　　　　　1929—1930 年万和成杂项支出费用统计

	大宗家具	日用杂项	印刷品	公用局打印	电影报费	残烟、烟样	各项捐费	合计
支出(元)	281.7	978.5	155.2	148.8	67.5	55.81	166.2	1797.9
百分比	15.67	54.42	8.63	8.28	3.75	3.1	9.24	100

注:①日用杂项包括:印花、邮票、口袋、包袱、账本、笔墨、车钱、水钱、白面、刷子、伙计工钱、跨盘工钱等。②印刷品费、公用局打印费、电影报费皆属广告宣传成本费。

资料来源:北京市档案馆:《万和成五金行》,档号 J86-1-23,《杂项分类底账》,1930 年。

表 4-10 显示,万和成的杂项开销中包括大宗家具、日用杂项、印刷品、公用局打印、电影报费、残烟、各项捐费 7 大类,即销货费用。其中,日用杂项费用最高,计 978.5 元,占总开销的 54.42%。此项费用之所以如此高,是因为它包括印花、邮票、口袋、包袱、账本、笔墨、车钱、水钱、白面、刷子、伙计工钱、跨盘工钱 12 项日常开销。印刷品费、公用局打印费、电影报费这三项皆为广告宣传成本费,计 371.5 元,约占开销总额的 20.66%。据王相钦估计,"旧中国民族商业企业在一般情况下广告费用占销售费用的 10% 左右,如 1923 年南洋兄弟烟草公司上海总公司及其所属部分的广告费占销售费用的 11.12%,被认为是很高的费用比例"[①]。然

[①] 王相钦:《旧中国民族资本商业企业经营管理中的若干问题》,《商业时代》1985 年第 3 期。

而，万和成的广告费用占总开销费用的 20% 强，应该算是非常高的比例了，可见万和成对广告宣传是非常重视的。此外，捐费一项占了总开销的 9.24%，近十分之一，捐费之重成为民族商业发展的一大障碍，在商业萧条期尤其如此。

不过，上述费用只是商铺制作广告的成本费，要完成广告宣传的全过程，还要有相关人员去洽谈印刷、报纸版面，去散发传单、张贴广告等事宜，这些都要有人工费。然而，此种人工费在《杂项分类底账》中并不包括在任何一项广告费中，而是归于日用杂项一类中。并且，对于粘贴类型的广告，在什么地方张贴，还要付给广告宣传品所要张贴之依托物的相关所有权人一些费用。如万和成在天桥烟贩韩维德的烟榈内外刷粘各种广告，其费用不用现金，"双方言定……每月赠送十支广告烟十小盒"。自 1930 年 2 月 15 日起开始执行，于 3 月 13 日万和成"付十支广告烟一条计十小盒"。[1] 这样，不仅推销了烟，节省了广告宣传的费用，而且使所张贴的广告宣传品不致被人撕掉，可较为长久地被行人观览，是一较为可行的宣传途径。同时，不论何种形式广告，还需向政府交广告捐。这样，人工费、张贴依托物费、广告捐等费用加算起来，就比上面的制作广告的成本费要高得多了。下以广告捐为例，来考察万和成广告费用支出情况。

北京广告捐于 1913 年 7 月"由前京师警察厅创办，初仅分特许及游行两类广告征捐"[2]。特许广告捐分三类：道旁广告，每月每方尺 8 分；墙壁广告，每月每方尺 4 分；屋顶广告，木架嵌设电光者，每月每方尺 1 角。又无论何种广告，设立三月以上者，按原捐总额核减十分之二；设立六月以上者按原捐总额核减十分之四。游行广告捐，每日每人纳捐洋 2 角。游行人数以二十人为限，且所携乐器每件每日以五人计算纳捐。1927 年 11 月政府修订之，规定"各种广告牌改征季税，税率依牌之大小而定，最小者每季征 4 角 8 分"[3]。

万和成五金行的彩色条子广告、彩色大广告、白条广告、小条广告等可能要在道旁或墙壁上张贴才能完成宣传目的，所以属于"张贴散布类"。也就是说，万和成除支出这些广告的制作成本费外，还要支付张贴这些广告纸的捐费。当时张贴广告一方尺的一年 0.16 元，五方尺的

---

[1] 北京市档案馆：《万和成五金行》，档号 J86-1-23，《杂项分类底账》，1930 年。
[2] 雷辑辉：《北平税捐考略》，社会调查所 1932 年版，第 92 页。
[3] 雷辑辉：《北平税捐考略》，社会调查所 1932 年版，第 93 页。

一年0.8元，十方尺的一年1.44元。① 由于我们不知万和成这些彩色或白条广告纸的尺寸到底有几方尺，这给我们估算其广告捐的费用额带来一定困难。我们暂且将彩色条子广告、白条广告、小条广告按最小尺寸一方尺来估算，一张广告一年要交捐费0.16元，1929年只白条广告就4000张，一年要交捐费640元，这相当于其制作费用的14.7倍。彩色大广告的尺寸可能要比彩色条子广告大一些，我们如按中等尺寸——五方尺一年0.8元估算，1930年260张这样的广告要交广告捐208元，是其制作费用的32.5倍。如果实际广告宣传品的尺寸大于上述假设尺寸的话，则交纳的捐费要更高。可见，广告捐的费用要比广告品的制作成本高出许多。

再看散布传单的捐费。1929年散布广告捐率是：不及一方尺的0.1元，在一方尺以上不及二方尺的0.15元，二方尺以上者0.2元。② 如按最小尺寸——不及一方尺的0.1元估算，万和成1929年散发传单100000张，捐费就是10000元，而其制作费用才148元，前者是后者的67.6倍。不过，鉴于当时有"散布广告张数，建设特许广告方尺数及张贴广告件数，如逾五百，则还有折扣"之规③，所以实际所交捐费比上述估算结果要低些（见表4-11）。

表4-11　　　　　　　　北平市广告捐按成折扣

广告种类				按原捐率折扣
散布广告张数		建设特许广告方尺数		
以上张数（张）	未满张数（张）	以上方尺数（方尺）	未满方尺数（方尺）	
100	500	1	500	不扣
500	1000	500	1000	九扣
1000	3000			八五扣
2000	5000	1000	3000	八扣
5000	10000			七五扣
10000	30000	3000	5000	七扣
30000	50000	5000	10000	六扣
50000		10000		五扣

资料来源：雷辑辉：《北平税捐考略》，社会调查所1932年版，第96页。

---

① 原档是1.44元，系1.6元按9折计。雷辑辉：《北平税捐考略》，社会调查所1932年版，第94页。
② 雷辑辉：《北平税捐考略》，社会调查所1932年版，第94页。
③ 雷辑辉：《北平税捐考略》，社会调查所1932年版，第96页。

表4-11说明，万和成1929年散发传单10万张的捐费按5扣计算计5000元。如此巨额，普通商铺怎能负担得起！

此外，在电影院放映广告片在当时应该算非常新潮、上档次的，万和成五金店1929年就在大观楼登广告半年。大观楼建于1917年，是北京最早的影院。当时的电影，只有影，而无声。大观楼放映电影，轰动了北京城，许多人都争着来看无声电影。由于电影是新生娱乐形式，并未得到推广与普及，所以当时在电影院放映广告片的捐费并不高（见表4-12）。

表4-12　　北平电影院及其他娱乐场所映演广告片每片捐率　　（单位：元）

日期	一日	五日	十日	十五日	一月	三月	半年	一年
捐率	0.05	0.20	0.4	0.6	1	2	3	5

资料来源：雷辑辉：《北平税捐考略》，社会调查所1932年版，第95页。

从表4-12可看出，万和成1929年在大观楼登广告半年，除给大观楼成本费21元外，还要再向政府交广告捐3元，共计24元。

上述各类型广告的捐费除电影广告较低外，其余皆非常高昂，这为一般商铺所无法承受，成为北京商铺发展的瓶颈。商铺要生存、要发展，无奈只得设法逃税、逃捐。于是，逃漏捐税成为商铺的平常之事。例如，若按当时捐率计算，万和成仅1929年散发传单的捐费就有5000元，而事实上据账本记载1929—1930年该店各项捐费一共才166.2元，即该铺用于广告宣传的捐费支出无疑要少于166.2元。其捐费如此少的唯一解释就是逃捐，而且所逃捐费数额巨大。此种事例在近代北京商界是不胜枚举的，商铺为生存而逃税，虽属无奈，但有时有的商铺也会受到惩处。如1931年丰泰五金行在商铺门前设有木质广告牌一面，按《广告管理规则》规定应交广告捐年4.8元。然此铺故意违抗不交，后被罚4倍，共19.2元，连捐共24元。① 总之，如何避免偷漏捐税现象的发生，除严格监管外，政府应如何在实事求是的基础上制定合适的符合当时商业发展实际的税率、捐率也是非常重要的。

综上，商业广告作为商品促销的重要手段，近代以来越来越受到各行商家的重视与运用。北京五金商人由于长期经销洋货五金商品，接触国外先进的广告促销理念较早，所以运用广告手段进行商品促销也较突出。从北京现存档案看，北京五金商人所采用的广告宣传形式主要有散布传单、

---

① 北京市档案馆：《北平市公安局侦缉队关于商号丰泰五金行抗不纳捐的呈》，档号J181-21-11239，1931年。

报纸广告、奖券、贺年片、广告片、通俗电影广告、烟阁内外刷贴各种广告等,其中以散发传单等印刷品为主。万和成每年做广告宣传的季节性明显,宣传形式一般要根据销售情况及社会形势进行适时调整。万和成的广告费用支出占商铺总开销费用的比重较高,包括制作广告的成本费、人工费、张贴依托物费、广告捐等费。各类型广告的捐费除电影广告较低外,其余皆非常高昂,这为一般商铺所无法承受,成为五金商铺发展的瓶颈,于是,逃漏捐税成为商铺的平常之事。如何制定合理的捐率,规避偷漏捐税之现象,是政府应该关注的一大问题。

第三节 传统文化与商业发展:经销策略与经验

在激烈的市场竞争中,商铺要获得发展,总要有一些独到的经销策略与经验,这些经验教训与传统文化密切关联,逐渐形成商业文化。我们以万丰泰、万和成等商铺为例将其主要经销策略与经验总结于下。

第一,据天津行市与北京当地市场价格情况灵活调整五金商品的出售价格,薄利多销。其一般规律是商品进价高则售价也相应要高,同时铺中原有存货价格也要相应提价出售。不过,一些老商铺虽是根据天津"所报各货之行市",对"京存之货必然遂时出脱",但"决不搬价"。[①]如1935年10月天津万丰泰给北京万丰泰买妥格尔铜一箱,价258元,价格较前上涨,所以"京号存之格尔铜亦必提价出售"。[②] 7天后,北京万丰泰又据津号"所报各货行市"作出"京存之货均提价出售"[③] 的价格调整决定。相反,当市场价格下降时,各商铺也相应降价出售存货。据1935年11月万丰泰称:"刻下京地三尺六平铝铁已落至1.02—1.03元,买主尚有迟疑之意,正所谓买起不买落也。幸发京之一千张极力已甩出八百来张,价1.07—1.08元,及落至1.03—1.04元,下剩之二百来张,谅亦不致赔钱卖出也。"[④] 这不仅说明当时五金商品价格变化无

---

① 北京市档案馆:《万丰泰五金行》,档号J88-1-63,《通信留底》(京字第85号信),1935年。
② 北京市档案馆:《万丰泰五金行》,档号J88-1-63,《通信留底》(京字第102号信),1935年。
③ 北京市档案馆:《万丰泰五金行》,档号J88-1-63,《通信留底》(京字第105号信),1935年。
④ 北京市档案馆:《万丰泰五金行》,档号J88-1-63,《通信留底》(京字第116号信),1935年。

常,跌速较快,而且展示了商家在市场价格下跌时的复杂心态,既有一种大部分货已脱手的侥幸心理,又有一种"不致赔钱"的胸有成竹之感。

商铺要想实现长期盈利,就要讲究诚信,在价格上须注意不能随意开价,即要实行薄利多销策略,一些老店在这方面做得很好。如北京万丰泰作为五金业的老铺子,对一些商铺随意开价扰乱市场价格的行为嗤之以鼻,认为"刻下京地三尺六铝铁、十三片烟筒铁行市均气微,亦因生意寥落,互相开价所致也"。所以,万丰泰为保住自己的招牌,不能与之同流合污,即使在市场低迷时对"京存之各货均不敢搬价,核算价差不离即卖"。[①] 如1936年2月万丰泰"照津意以多销货为宗旨",以较低价格卖给德华工厂所要马口铁数十箱。[②] 不仅如此,有时为招揽主顾,有的商铺还在以原定价格结算时进行让利销售,如万丰泰"门市如有买此货之用主者,必然少算二三毛钱不等"。[③] 这种适可而止、薄利多销的经营之道,主要受中国传统经营理念的影响,应该视为传统经营思想中的精华部分在20世纪30年代的延续。此外,一些规模较小的北京本地分号或联号也在当地各联号进货,而不去津沪,主要也是基于成本与价格的考虑。如北京万丰德来北京万丰泰进货,"所谈三尺六红铜片一货,昨晚万丰德问京号之价,京提价八毛六,该云过一二日来看货,如该来时价差不离即售卖可也"。[④] 这不仅仅体现了万丰泰对联号的价格照顾,其实也是上述薄利多销思想在对联号销货问题上的应用。事实上,薄利多销策略也是由同业的激烈竞争所致,例如,1936年3月对于铜货,庆顺和等家"均系抱粘利就卖的主意",其他各家"亦不甘落其后"[⑤],"决然抱定贱卖之主意,以示与该等相拼"之决心[⑥]。总之,"适此商业竞争之时代,各货亦实不能

[①] 北京市档案馆:《万丰泰五金行》,档号J88-1-63,《通信留底》(京字第114号信),1935年。

[②] 北京市档案馆:《万丰泰五金行》,档号J88-1-111,《天津益和公司通信账》(京字第13号信),1936年。

[③] 北京市档案馆:《万丰泰五金行》,档号J88-1-111,《天津益和公司通信账》(京字第149号信),1936年。

[④] 北京市档案馆:《万丰泰五金行》,档号J88-1-26,《联号通信底账》(京字第24号信),1934年。

[⑤] 北京市档案馆:《万丰泰五金行》,档号J88-1-111,《天津益和公司通信账》(京字第30号信),1936年。

[⑥] 北京市档案馆:《万丰泰五金行》,档号J88-1-111,《天津益和公司通信账》(京字第49号信),1936年。

看大利也"。①

第二，试卖与控制库存并行，进行稳妥经营。在市场行情不稳时，商铺对某些新产品的经营非常谨慎，一般是先少买试卖。如1935年10月天津万丰泰报称"亿利登桶子泥格价35元，箱子货43元"，北京万丰泰由于以前购过十箱货，然"现下已无多少，故先少来点，看看成色如何"。于是，京号托津号"看相各与京购办两箱、桶试卖试卖"。② 这是对以前曾经购过但又不是常销商品，商家不知未来发展趋势，所以一般得试卖几次。对以前从未销售过的新产品，商家更是小心，如1937年2月万丰泰对益和公司"所报津到之各色化学板，京号亦未来过此路货，与京各捎下几张试卖试卖"。③ 试卖的好处在于：一是可保证发货方对货品的质量，因为既然是试卖，如果无质量保证，当然就谈不上以后继续合作。二是求稳。试卖意味着进货量少，在市场不稳时，这样做虽然不能多盈利，但也不致多亏本。同时又可通过新产品的试卖，招揽顾客，以便带动其他产品的销售。

商家要立于不败之地，控制库存也是十分必要的。控制库存包括单位商品的库存控制与所有商品的库存总量控制。存货的主要目的是避免因缺货造成的客户流失，如1936年11月万丰泰所存之马口铁"连日出售，至笔下京存此货不足十箱，又未稔咱后首是否有此货续到。只因京地各做此铁片工厂家，均与京号有交往，京号无论如何亦得预备此货，以免咱适一时无货，别家或有货，必趁时入步，将来咱货到，京亦必受影响。……京虽然无大拨之用主，此货诚不可缺，平常亦得存个三四十箱，实不为多也。再者，按京号今预算，除今与京发40箱外，至旧历年终尚须预备五六十箱"④。这表明三点，一是不要等到将货售光时再进货，因为天津作为北京五金市场的货源地也不知何时有货；二是缺货有可能造成以前的固定客户群流失；三是库存量是根据对市场需求的预测进行控制的。商铺拥有一定量的存货，是与其他商铺进行竞争的有力基础，这主要是由于当时政治、军事、经济及国际形势等不稳定造成的货源不稳所致。由货源不稳

---

① 北京市档案馆：《万丰泰五金行》，档号J88-1-111，《天津益和公司通信账》（京字第18号信），1936年。
② 北京市档案馆：《万丰泰五金行》，档号J88-1-63，《通信留底》（京字第106号信），1935年。
③ 北京市档案馆：《万丰泰五金行》，档号J88-1-156，《益和公司通信底账》（京字第14号信），1937年。
④ 北京市档案馆：《万丰泰五金行》，档号J88-1-111，《天津益和公司通信账》（京字第157号信），1936年。

造成的缺货之痛，实难形容。如1936年12月对于铜丝，北京万丰泰"已两个多月无货，真是望眼欲穿……此货到京并不是在京号存放，实因多日无货，各用主每日纷纷询买，亦因无货，只好再三搪塞，至今实有枯苗思雨之急也"①。也就是说，缺货所造成的损失不只是收入减少，更重要的是商铺的信誉有时会因此而遭到客户质疑。所以，有些五金货品，如条马口铁，"不论行市大小，总不能断货"，因为只有这样才能"藉免别家趁时入步"②，抢夺客户。当然，有的商铺根据各种信息，未雨绸缪，提前进货。如1936年2月因"塘沽货船被冰所阻，诚恐咱后首之货，一时再到不了，接不上卖之故"，所以当万丰泰所存马口铁还有十七八箱时，还"提前再要数十箱，以接售卖之故"。③ 这不仅说明当时五金商铺经营意识的进步，而且说明信息对商铺经营的重要性。

当某种货品价格上涨之时，不但要控制库存量，还要保守这些库存货暂时不让同业拆去，以便相机出手获利，减少竞争对手。如1935年11月当格尔铜"行市正大"之时，幸好北京万丰泰当时"尚存二百余斤，新秤卖价2.7—2.8元"，所以这时能不进此货就暂且不进，看看行情再说。要盈利，万丰泰对仅有的库存货这时一般"决不能令同业者掏去"④，即所谓"奇货可居"。在行市屡屡提涨之际，"京门市零星之主，价差不离亦得遂着卖，但有要多数之主者，京号必额外加注意，以免将货被人掏去"。⑤ 也就是说，在商场上对购货对象购买意图的有效识别，以便保护自己存货不被同业买空，这对一个商铺保存实力，争取在商业竞争中的有利地位是十分重要的。

那么，五金行的存货控制情况到底如何呢？下文以北京万丰泰五金行格尔铜、黄铜丝各年存货情况为例进一步对其存货控制进行说明（详见表4-13、图4-1）。

---

① 北京市档案馆：《万丰泰五金行》，档号J88-1-111，《天津益和公司通信账》（京字第164号信），1936年。
② 北京市档案馆：《万丰泰五金行》，档号J88-1-156，《益和公司通信底账》（京字第37号信），1937年。
③ 北京市档案馆：《万丰泰五金行》，档号J88-1-111，《天津益和公司通信账》（京字第26号信），1936年。
④ 北京市档案馆：《万丰泰五金行》，档号J88-1-63，《通信留底》（京字第117号信），1935年。
⑤ 北京市档案馆：《万丰泰五金行》，档号J88-1-156，《益和公司通信底账》（京字第9号信），1937年。

第四章　潜在的文化驱动:五金商铺的购销方式与经营模式　205

表4-13　北京万丰泰五金行格尔铜、黄铜丝各年存货重量比较　（单位：斤）

年份	格尔铜	指数（以1917年为100）	黄铜丝	指数（以1917年为100）
1914	210	123	2845.12	103
1917	171	100	2765.5	100
1920	323	189	5110	185
1923	75	44	3899.4	141
1926	33.12	19	2864	104
1929	750	439	5600	202
1932	182	106	5150	186
1935	800	468	6100	221
1938	359	210	5030	182
平均	322.57	189	4373.78	158

资料来源：北京市档案馆：《万丰泰五金行》，档号J88-1-2，《万金老账》，光绪十二年（1886）立；《万丰泰五金行》，档号J88-1-15，《万金老账》，1929年。

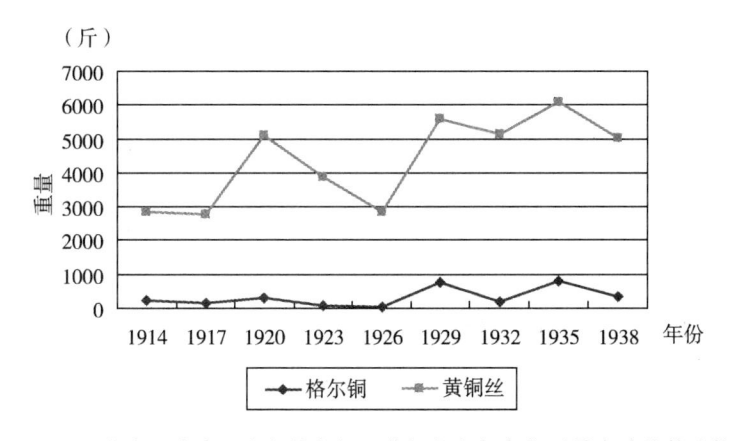

图4-1　北京万丰泰五金行格尔铜、黄铜丝各年存货重量变动趋势比较

从图4-1、表4-13我们可以清晰地看到，格尔铜存货量最低、最高点分别出现在1926年、1935年，最高是最低的24倍多；而黄铜丝存货量最低、最高点则出现在1917年、1935年，最高是最低的2倍多。这表明格尔铜存货量各年多少不一，差额极大，不是店内的主卖商品，只为应酬门市；而黄铜丝则不同，由于用途广，销售量大，在库存控制上各年相差不是很大，是店内的主售商品。不过，两者的库存量也有共同之处。虽然黄铜丝的存货量要大大多于格尔铜，1926年前者是后者的86倍多，即使是格尔铜存货最多的1935年，前者也达后者的7倍多，但是两者存

货量低点与高点出现的时间几乎同步，低点主要是 1917 年、1926 年、1932 年、1938 年，高点分别是 1920 年、1929 年、1935 年。这说明，尽管二者的存货量相差很大，但商家对它们的库存量控制的增减趋势还是大体一致的，都与各个时期的市场大形势密切相关。

如果将上述两种商品的库存量趋势与万丰泰的总库存量对比，总势趋同（详见表 4-14、图 4-2）。

表 4-14　　　　部分五金行各年存货金额变动趋势比较　　　（单位：元）

年份	万和成	万庆和	万丰泰	万庆成	万丰成	万丰德	万丰顺	广聚兴	万庆泰
1914	5068.4	2751	8823	3462	994	2703	712		22754.01
1917	6201	1690	4890	1957.5	987.6	1919.6	423.1		19977.09
1920	7636.63	1367	4570.62	1911.5	2428.16	2269.6	400		8154.2
1923	7934.44	1444.4	4606.62	2437.9	2079.96	2758.5	504.4		13838.42
1926	11868.9	2781.73	6544.06	3375.32	2520.54	3167	548	5184.11	32660.74
1929	12566.65	2405.2	21222.61	3495.9	2893.77	2928.6	693	7174.5	27937.39
1932	12275.92	3122.4	16904.55	5174.31	3751.8	4979	755.8	13417.28	26534.54
1935	10860.85	3764.46	19249.97	8315.293	1817.76	4187.4	883.12	9007.572	30343.76
1938	12216.41	2645.37	17678.78	14603.84	2201.052	11209.8	954.94	29755.95	70599.21
1939	13137.75	3173.45	25023.73	18990.52	无	11369.5	无	27884.18	113715.5
1940	26916.94	4655.46	75774.04	38381.42	2176.09	27205.7	427	32330.5	132119.8
平均	11516.72	2709.13	18662.54	9282.32	1986.43	6790.67	572.85	17822.02	45330.42

资料来源：北京市档案馆：《广聚兴五金行》，档号 J87-1-3，《万金宝账》，1924 年；《万丰德五金行》，档号 J199-1-1，《万丰德万金老账》，光绪三十二年（1906）新正月十八日；《万丰顺五金行》，档号 J203-1-3，《万丰顺万金老账》，光绪十四年（1888）三月十五；《万丰泰五金行》，档号 J88-1-15，《万金老账》，1929 年正月；《万和成五金行》，档号 J86-1-6，《万年聚金账》，1914 年正月；《万庆成五金行》，档号 J85-1-15，《聚金红账》，1917 年正月；《万庆和底账》，档号 J85-1-13，光绪二十二年（1896）三月二十七日；《万庆成五金行》，档号 J85-1-209，万丰成《万金老账》，光绪十七年（1891）新正月；《万庆泰五金行》，档号 J200-1-3，《万庆泰聚金红账》，光绪三十一年（1905）三月。

通过表 4-13、图 4-1 与表 4-14、图 4-2 的对比发现，以 1926 年为界分为两部分，1926 年之前格尔铜、黄铜丝的库存量趋势与万丰泰的库存总量的趋势差异较大，此后则大体一致。其原因主要由于 1926 年之前万丰泰销售的非五金商品占一定比重，而这些商品多属日常生活用品，销售对象、销售量与黄铜丝等五金商品不同，所以商家对其库存控制也与五金商品有些差异，从而造成黄铜丝等五金商品库存量趋势与库存总量趋势的不同。1926 年之后万丰泰售卖五金商品的专业性渐强，非五金商品

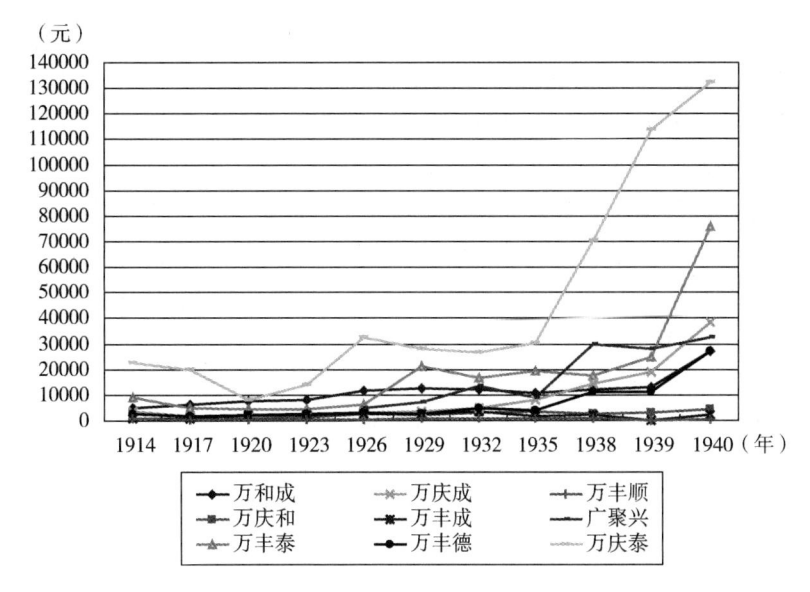

第四章 潜在的文化驱动：五金商铺的购销方式与经营模式　207

图 4-2　部分五金行各年存货金额变动趋势比较

资料来源：北京市档案馆：《万丰泰五金行》，档号 J88-1-2，《万金老账》，光绪十二年（1886）立；《万丰泰五金行》，档号 J88-1-15，《万金老账》，1929 年。

减少，所以就与图 4-1 所示走势大体趋同了。

如果将万丰泰库存总量趋势与其他几个五金商铺比较，共同点是总势趋升。除天津万庆泰在 1926 年以前与北京其他几个商铺差异较大外，其他时间、其他商铺的库存总量的走势大体一致。说明，天津万庆泰作为北京万庆成、万庆和的分号，其库存量较北京各店为大，又由于北京五金行市依天津而动，所以北京各店库存量控制的趋势也大体与天津一致。各商铺库存量各年变动趋势一般受国际输入中国五金货品的多少及国际汇率变动的影响。如"一战"爆发后，由于金属品的进口量锐减，到 1917 年出现抢购现象，存货量也随之锐减。1919 年"一战"结束后，金属进口量迅速回升，到 1920 年市场已经趋于饱和，口岸五金商号在经营方面遇到了巨大的压力。1920 年 3 月以后汇率暴跌，出现国内市场的销售价格低于新货进价的局面，原来已订货的企业都受到很大损失。以后 30 年代的经济危机对五金商业的影响不是太大①，1935 年国民政府实行法币政策后趋于好转。如万丰泰 1936 年比 1935 年"多存七千元的货，计比前年多存黄铜片 5000 斤，红铜丝多存 1500 斤，格尔铜多存 600 斤，白铜丝片多存 300 斤，条马口铁

---

① 江泰新、吴承明编：《中国企业史》（近代卷），第 653 页。

多存60箱，洋钉多存30桶，倭元砖多存4000斤，烟筒铁多存140把，红铜片多存2000来斤，大张红铜皮多存780斤，黄铜丝棍、硝强水及五金零货比前年存的不差上下"①。1938年后各铺存货量渐增，到1940年一般皆达到历史最高水平，这主要由于"七七事变后，五金业受到市面上刮起的囤积居奇之风的影响，五金钢材价格屡屡上升，到1939年，两年之间就上涨70%，一时促使社会上一些游资奔向五金业。当时市面上流行'一多一少'，即多负债（存货），少存款"②。这与北京档案所载1940年是北京五金商铺发展的黄金时期的结论是一致的。天津、上海方面亦大致如此。③

总之，库存量的控制对商铺的销售与盈利非常重要，因为"东家的投资体现在一定的存货上，这种存货就变成了不可更动的老本，最（就）好像不动产土地那样，只'长出'收益来"。④这样，适量控制库存的好处，一是在国际形势突变、进口减少、市场缺货时可以此为盈利基础；二是当五金商品价格大涨时也可以此大赚一把；三是避免出现其他商铺"有货，而咱反无货，该等势必夺京号之主顾，而无异以自己之拳砸己"⑤的被动地位。不过，如逢市场价跌，也有赔累之时。并且，在资金一定的情况下，"因存货稍多，得利即差一点"⑥，即存货量对利润也有一定影响。因此，管理层要深入研究市场走势，适量控制库存，这对一个商铺的发展无疑是裨益非小。

第三，服务快捷高效，重时守信。五金商铺除正常的门市零售与批发现货业务外，还有一种大户五金店承揽客户订货的销售方式，但客户须先交定金若干，如1935年6月北京万丰泰与天津联号益和公司的信中说：北京"有主定购三厘厚、五厘厚普通小张钢宗片各一箱，今已与该定好批单，亦交定款，限两个月期，如津见信即祈与阪号去信购买是妥"。这说明，北京客户当需用某些商品而在国内买不到时，就向北京万丰泰订货，然后由万丰泰再托天津联号与日本阪号联系进货事宜，订货合约中载明货名、数量、定金与交货日期等事项。当然，在接受客户订货时，万丰

---

① 北京市档案馆：《万丰泰五金行》，档号J88-1-156，《益和公司通信底账》（京字第22号信），1937年。
② 董少臣：《天津市五金行业的历史回顾》，《天津文史资料》第32辑，第142页。
③ 王卫：《上海的五金工业》，《经济周报》1945年第1卷第3期。
④ 中国科学院经济研究所等编：《北京瑞蚨祥》，第114页。
⑤ 北京市档案馆：《万丰泰五金行》，档号J88-1-111，《天津益和公司通信账》（京字第159号信），1936年。
⑥ 北京市档案馆：《万丰泰五金行》，档号J88-1-156，《益和公司通信底账》（京字第22号信），1937年。

第四章　潜在的文化驱动：五金商铺的购销方式与经营模式　209

泰就在交货时间上十分谨慎，本来"日期大约有一个来月，即可到货，京不得不多展日期，以免到期交不了货，捣麻烦耳"。这种故意延长交货日期的作法，非有恶意，其实是一种经营策略，即宁可在合同（说在明处）中多延长交货时日，也不能犯不能如期交货之错误（由不可抗力引起的误期问题另当别论），并因此而砸了自己的牌子。要遵合同，按时交货，就要注重办事效率，所以万丰泰在给天津联号益和公司的信中强调"虽为此说（合约中有意延长了交货时间），仍希速发"。① 在承揽客户订货时，当吃不准能否买到顾客所订之货时，万丰泰要先向津号询问，然后决定是否承接此笔生意。"今京有主欲定购4分、6分铝管各数十条，未知津地刻下有现货否，计4分、6分铝管子、4分、6分三通湾头东西洋货各价若干，祈询明以信速为示知，切盼。"② 这里，万丰泰注重的也是办事效率，要求津号迅速回复，以免客户等不及而他订。三天后万丰泰接到津号回信，"湾头三通等价均知，因4分铝管津地无货，因此未说妥，此事即作罢论也"。③ 这说明京津联号间办事迅捷，10月6日京号发出信，9号就收到津号回信，信息传递快捷而及时，虽终因铝管无货而使买卖未成，但这种诚实守信、快捷高效的办事作风也许是其成为老字号的原因之一。借大部分商品有货而假说货全，骗订购货合同，如果在合同期限内恰好先前缺的那种货也能买到，就等于骗订的合同得手，此种做生意之道是20世纪二三十年代的万丰泰所不齿的。

诚实守信是商铺生存的十分重要的职业支撑，否则一个不重信誉，靠坑蒙拐骗为伎俩的商铺迟早会湮没在顾客舆论中。万丰泰不仅对顾客的订货快捷高效、重时守信，而且对顾客已收到货物的质量、重量问题也及时进行解决，以保证自己在业内守信声誉的远播。如1936年该铺得知卖给济南合兴恒之白铜皮短分量一片，合洋2.25元，于是迅速进行补偿。④ 不过，也有些规模较小的商铺因个别店员的关系，而不守信用，得罪顾客，引起纠纷。如1924年8月有一十四五岁之幼童在华泰五金行买去铁锁一把，以后该幼孩复来该铺要更换此锁，铺伙严彭林不允，并因此口角

---

① 北京市档案馆：《万丰泰五金行》，档号J88-1-63，《通信留底》（京字第84号信），1935年。
② 北京市档案馆：《万丰泰五金行》，档号J88-1-63，《通信留底》（京字第103号信），1935年。
③ 北京市档案馆：《万丰泰五金行》，档号J88-1-63，《通信留底》（京字第104号信），1935年。
④ 北京市档案馆：《万丰泰五金行》，档号J88-1-111，《天津益和公司通信账》（京字第149号信），1936年。

争吵，将孩子打了几下，将衣服撕破，后家长带孩来理论，经大家出头说合，始免了结。① 诸如严彭林等这种不讲信誉，欺客无礼的野蛮行径，不仅影响了商铺的信誉与名声，也必然受到惩处。之后不久，该铺伙即被辞退。此种情形发生之原因主要是该铺规模较小，独资经营，只严彭林一个伙计，其余是4个小学徒，加之铺掌张锡寿年仅23岁，经验与阅历太浅，管理不到位所致。

第四，抢时间、看火候，灵活掌握销售时机。何时以何价格销售给一些固定客户，如果火候掌握得好，抓住关键时机，则会收到事半功倍之效果，否则就会使客户被他铺所抢，从而使自己处于不利之地位。如万丰泰通过调查发现"庆生工厂现有存货不少，故该厂买此货并不着急，京意打算照21.2元之价卖给该50箱"②。即遇到不急用货的交往家，如果一味地争价格，可能就会丧失销售时机。因此，万丰泰决定低价卖给庆生工厂一批货。当天晚上益和公司就给京号打电话，同意京号的决策，并急速发货。③ 有时为争取时间，以最快的速度取到货物并销售给客户，如争夺德信工厂这桩大生意，万丰泰还"直接与阪号去信详问"货源情况，而不经过天津联号。然而，有时因各种原因致使货物不能按时销售给客户，从而失掉一部分买卖，如1936年2月永利工厂欲在万丰泰买烟筒铁，因万丰泰"之货迟到两日"，故永利工厂等不及，从而"买妥义和成十余把"。④ 这说明商场如战场，抢时间就是抢金钱。当然，这种对时间的重视也不是盲目的，而是在对市场走势进行认真预测的基础上进行的。在不能预知未来行情的时候，要冷静，忌急躁，如1937年万丰泰向永明工厂推销马口铁料子，每箱26元，而当时天津此货成本价已涨至28元，可是永明工厂"尚在犹疑（豫）"，所以万丰泰采纳了津号"此时只可不必极急（积极）的张罗该厂，以俟行市平稳再说"的建议，目的是"以免批出受掣"。⑤ 这种随时就势，缓急相间的销售策略对于价格

---

① 北京市档案馆：《京师警察厅外左一区分区表送华泰五金行不戒于火形甚可疑将张锡寿等解请讯办一案卷》，档号J181-19-42841，1924年。
② 北京市档案馆：《万丰泰五金行》，档号J88-1-111，《天津益和公司通信账》（京字第12号信），1936年。
③ 北京市档案馆：《万丰泰五金行》，档号J88-1-111，《天津益和公司通信账》（京字第13号信），1936年。
④ 北京市档案馆：《万丰泰五金行》，档号J88-1-111，《天津益和公司通信账》（京字第44号信），1936年。
⑤ 北京市档案馆：《万丰泰五金行》，档号J88-1-156，《益和公司通信底账》（京字第8号信），1937年。

第四章　潜在的文化驱动：五金商铺的购销方式与经营模式　211

不稳、市场多变的五金行业来说是十分宝贵的经验总结，至今仍有一定的可资借鉴之价值。

第五，注重在搜集与运用商业信息的基础上进行商业竞争。商业信息的正确和及时与否，决定着商铺在竞争中的主动程度，所以获取竞争对手的商业信息就显得十分必要。1936年11月万丰泰为获取同行价格与存货信息，曾冒充顾客或其他商铺向一些同行询问。如硝强水等货行市已涨，万丰泰"充别家以电话询买此货，均云成箱者无货"。① 此种冒充顾客身份探询对方商业信息的做法在业内是较为普遍的，如庆顺和、义和成等家，时以充别家与万丰泰打电话询问马口铁之行市。万丰泰为了与大信成争夺马口铁的销售客户，还请天津联号帮忙探听大信成的销售情况，以便及时与大信成进行价格大战。万丰泰之所以这样做，是考虑到"大信成有此条马口铁，该等必然来此货，如果该等来到此货，势必夺侵咱京号之主顾，以后咱之货再来了，亦必受很大之影响。故此京号正为急躁，故先由大信成买点，以备应酬门市之计，并望津号打听，如大信成卖给京地别家此货者，务祈快信示知京号，以便与该等拼着卖，藉免将来受掣耳"②。为与同业争夺销售给工厂的生意，万丰泰对同行销货去向信息的打探极为用心，如对万德新五金行在天津购买马口铁后的销路及去向，万丰泰"派人打听，该号所来之此货是否卖与何主，因京地用此货之工厂家均与京号有来往，并未闻各用主提及别家来此货及挣价之情形。今日始访明，万德新所来之此货确实卖给永明印花工厂一家，价钱在37.23元之谱"③。当然，在信息未确知之前，万丰泰并未放松与万德新对工厂争夺的实践，如万丰泰认为"永明工厂由万德新购买马口铁一事，恐系空气。因京连日赴该厂张罗此货，无奈该厂并不忙，刻下亦未购买之意。所云万德新与该厂办买此货一节，恐不确实。虽如此说，京号每日仍照赴各处张罗"④。万丰泰不仅对与同业竞争的信息十分关注，而且对与自己经营有关的政府信息也非常关注，以便获取信息后能够提前应对。如1937年3月万丰泰得知北京当地"检查货物，如铅铁、铅丝、红黄铜片、红黄铜丝等，如

---

① 北京市档案馆：《万丰泰五金行》，档号 J88-1-111，《天津益和公司通信账》（京字第150号信），1936年。
② 北京市档案馆：《万丰泰五金行》，档号 J88-1-111，《天津益和公司通信账》（京字第166号信），1936年。
③ 北京市档案馆：《万丰泰五金行》，档号 J88-1-111，《天津益和公司通信账》（京字第149号信），1936年。
④ 北京市档案馆：《万丰泰五金行》，档号 J88-1-156，《益和公司通信底账》（京字第25号信），1937年。

无运单,即认为私货等情",所以,该号当即给天津联号去信,要求联号"将海关运单与京捎下数份来,要近期的,以资预备检验也"。① 此外,万丰泰还对国际上各种与商铺经营有关的信息也极为关注,如1934年9月万丰泰得悉"日本大阪、神户受飓风之吹袭,遭灾颇重,各工厂率多损坏,不能出货"的信息后,预测五金"行市势必看涨"②,然后据此进行进货调整。又如1936年2月27日从京地各报得知"日本非常政变,并大阪各商业停市等"信息后,作出日后"各货行市势必提涨"③ 的判断。可见,关心国际局势与政治的变动信息,对商铺适时进行经营策略调整的影响也较为密切。万丰泰的这种注重信息、实事求是、脚踏实地的商业作风是其经商成功的可靠保证与宝贵经验。

第六,注重商业竞争中的人际关系的疏通。广泛与和谐的人际关系网络的疏通,对商铺的发展无疑起着保驾护航的作用,对北京这个有着浓厚官气的旧都而言,经商者对此的重视是不言而喻的。1934年1月20日万丰泰掌柜酬客时分送印帖170份④,即如果所请之人都来赴宴的话,按10人一桌的话,得摆17桌筵席。这种大批量的请客作法与北京瑞蚨祥、稻香春等商铺的请老主顾吃春酒的目的是基本相同的。旧历年底请主顾及各方与商铺有联系之人吃饭,不仅仅是加强感情交流,更重要的是能促进生意的巩固,因为没有一定的人际关系,一些生意根本就无法做成。如1935年8月鸿昌德五金行将红铜皮二百余张卖与协和医院,事前协和亦向万丰泰五金行问价,然而,"因鸿昌德与协和有熟人且已有账",故万丰泰未能揽上此笔生意。⑤ 这种现象不仅在那时,就是现今也是屡见不鲜的。

一些五金商铺不仅在年底大请照顾生意之人,平常为了生意事也要时常请客。1931年6月15日至28日,不到半月时间,万和成五金行只请人吃饭就花去大洋6.3元,分别是6月15日请朱宪章花洋1.5元,18日吃

---

① 北京市档案馆:《万丰泰五金行》,档号 J88 - 1 - 156,《益和公司通信底账》(京字第27号信),1937年。
② 北京市档案馆:《万丰泰五金行》,档号 J88 - 1 - 26,《联号通信底账》(京字第82号信),1934年。
③ 北京市档案馆:《万丰泰五金行》,档号 J88 - 1 - 111,《天津益和公司通信账》(京字第27号信),1936年。
④ 北京市档案馆:《万丰泰五金行》,档号 J88 - 1 - 26,《联号通信底账》(京字第7号信),1934年。
⑤ 北京市档案馆:《万丰泰五金行》,档号 J88 - 1 - 63,《通信留底》(京字第103号信),1935年。

饭洋 1.5 元，21 日请朱宪章吃饭洋 2.1 元，28 日请统税局吃饭洋 1.2 元。① 28 日请统税局的人吃饭可能是为了税款问题，是逃税被查出以请吃饭来摆平，还是想暗中减税、偷税、漏税等，这皆不好确知，但有一点是确定的，肯定是为了生意事。至于 15 日、21 日接连两次请朱宪章吃饭，并且第二次比第一次花钱还多，甚至吃饭的规格要高于请统税局的人吃饭的规模，这表明朱宪章非一般平民百姓，此人估计应该是万和成五金行生意上的靠山之一。万和成请其两次吃饭的目的，估计一是在端午节前后，有加强感情交流的意思，这个估计如果成立的话，也只能是次要的；二是有急事或大事有求于此人去办而尚未办成，或是办成之后的答谢宴，否则就不会接连两次宴请，且第二次花费更高。这种人际关系的疏通在当时一般商铺都应该是不同程度地存在着，否则正常的生意将面临巨大的人为障碍。

一些商铺为某些进入政府部门的人作保，也是该铺疏通人际关系的渠道与捷径之一。如 1936 年具保商号万和成五金行，"今保得蒋兆炘在贵局（北平市财政局）充任筵席捐稽征处调查员，倘有亏款舞弊等情事，铺保愿如数赔偿损失，并遵照贵局具保简单，担负完全责任，所具保结是实"②。这意味着，万和成充当铺保保得蒋兆炘在市财政局任职，并担负赔偿等责任，万和成作出的这些努力可能在蒋兆炘任职后出于感恩就会给予回报，这对于万和成生意的顺利发展应该是有所裨益的。

第七，经营中传统理念的传承。受传统儒家思想的影响，五金商铺在经营中特别注重面子。1934 年 11 月万丰泰为与同业竞争，对 20 号黄铜皮明知无利可取，但仍低价出售，这是因为该号"要不卖，同行家广聚兴、天增义等家亦卖，咱要看着生意让人别家做上，如咱已亦不好看"。即贱卖黄铜皮是由于怕生意被他铺抢去，而使自己丢面子、不好看才这样做的。并且，由于面子原因，出于老字号的自尊与自大，万丰泰在进货方面也显得非常保守，如"现下咱京铜皮货，尚短十余号，别家各号短少可以能外买配点花色，咱号若是外买，其（岂）不令人耻笑？刻京号无论何货具是竭力进步推销，恐落人之后也"③。这种注重面子的儒家思想，体现在商业经营上，一则在缺货时因怕被耻笑，不在比自己规模小的商铺

---

① 北京市档案馆：《万和成五金行》，档号 J86-1-30，《现售货账》，1931 年。
② 北京市档案馆：万庆成五金行《民国二十九年负债资产纯益分配单》，档号 J85-1-219，1940 年。
③ 北京市档案馆：《万丰泰五金行》，档号 J88-1-26，《联号通信底账》（京字第 108 号信），1934 年。

进货从而失去竞争与盈利机会,这其实是自高自大、愚昧落后的表现;二则因怕落人之后、丢面子,所以竭力推销经营,这在一定程度上又有积极进步、力争上游的一面。因此,对待传统思想只有实事求是地去分析,从两方面去观察,才能作出较为合理的认识与判断。此外,仁爱怜悯思想在商业经营中也时有存在。如1935年12月万丰泰对大源号即存儒家经营风范,不斩尽杀绝。这是因为大源号当时尚欠万丰泰货款一百余元,而万丰泰"素常亦未找过该号之货,如猛然找该号若干铜货,势必将该号之原气撞破。按近年该号之生意,虽然不佳,看情形尚不致于有意外之事发生"。① 这意味着,万丰泰对大源号心存一丝仁爱,不想搞恶性竞争;同时,万丰泰也是想让大源号继续发展,以便能偿还欠款,否则大源号大伤元气后,万丰泰在该号的外欠款也就无有着落。总之,这种仁的做法,是既利人(大源号)又利己(万丰泰)。最后,经营中的求稳思想也是传统经营理念的体现。关于运费与运输路径的安全问题,一些商铺力求稳妥,宁可多花运费,也避免冒险。1936年7月在如何将天津之货运到北京的问题上,有的商铺如庆顺和,是"由河路发至通州再用汽车装京,可是省点脚力,不过,危险正大。……在通县装卸车时,三二箱不断损失"。如此则得不偿失,万丰泰认为这"不如装大车运京最为妥当。虽然多化点运费,准无危险、损坏等情"。另外,"如由通州转运,对于公会方面亦无关系,即如同私运等情"。② 这种统筹全局,周全考虑,稳妥经营的思想事实证明是十分明智的,对商铺正常发展也是非常有利的。其实,"少赊账而谨守少贪利掉现钱,……遇有变动,藉免不虞之损失"③ 的销售理念,与"处此时局,只可遂风逐浪的随着走,稍不留意,势必落后"④ 的竞争意识同样是求稳思想的体现,但这种求稳思想各有利弊,只有将其置于特定的历史情境中才会得出较为科学的认识。

第八,广开财路,进行多种经营。北京五金商铺除正常进行五金等商品销售外,为多增加收入,还进行一些本行业外的其他业务经营,如位于前门外廊房头条的翼记五金杂货电料行曾代理过仁记洋行水火保险公司、

---

① 北京市档案馆:《万丰泰五金行》,档号 J88-1-63,《通信留底》(京字第164号信),1935年。
② 北京市档案馆:《万丰泰五金行》,档号 J88-1-112,《天津、张垣各联号通信底账》(京第58号信),1936年。
③ 北京市档案馆:《万丰泰五金行》,档号 J88-1-63,《通信留底》(京字第158号信),1935年。
④ 北京市档案馆:《万丰泰五金行》,档号 J88-1-26,《联号通信底账》(京字第34号信),1934年。

永年人寿保险公司、福中公司河南无烟煤、登路普橡皮公司、长信洋行各种油毡、路克司煤油汽灯公司、克思森靴油公司等商号的业务。① 万和成五金行也曾给老世昌保险公司代理商铺保险,其代理情况见表4-15。

表4-15　　　　1939年7月北京万和成五金行代理保险情况　　　（单位:元）

项　目	万庆成五金行	三益泰五金行	南枣义园	万丰泰五金行
保房	25000	18000	20000	25000
保家具	2000	3000		
保衣服	3000	4000		5000
保小五金	20000			20000
总价值	50000	25000	20000	50000
保险费	145	72.5	60	145

资料来源:北京市档案馆:《万和成五金行》,档号J86-1-46,《代理老世昌保险底账》,1939年。

从表4-15中可发现,万和成代理保险时主要是先向其分号或联号介绍保险业务内容并吸收它们加入保险,然后再向其他各商号推销。如最早入保险的商铺是万和成的独资分号万庆成,之后三益泰、万丰泰相继加入。参保项目主要有房、家具、衣服、小五金四种,其中房子是必保的,因为各商铺是最怕铺房着火遭灾的。7月共获保费"422.5元,按十分扣,合42.25元,7月26日收洋42元,除经手费16.8元,净存25.2元"。② 这表明,老世昌保险公司要给万和成10%的代理提成,所以万和成取得42元的提成,去除经手费,净剩25.2元。收入虽不算高,但毕竟又开辟了一条生财之路,这充分说明万和成五金行在抗日战争初期身处恶劣的政治、经济环境下居安思危、未雨绸缪的先进经营理念,而代理保险业务在当时也算是较为前沿的新式商业。

总之,上述八种经销策略,事实证明是较为有效的,为这些五金商铺的发展奠定了坚实基础,提供了切实而有力的保证。当然,对于一些较小五金商铺而言,可能只是运用其中的一种或几种策略。

事实上,在激烈的市场竞争中,上述经销策略与其说是策略,不如说是经验,也是教训,这离不开传统文化的影响与熏陶,久而久之,经过长期积淀,并逐渐形成商业文化。商业文化是精神层面的财富,对于营造商业文明环境、提高商业员工素质和促进商业发展中的作用巨大。当然,

---

① 北京市档案馆:《中华各届名号簿》,档号ZQ3-1-472,长兴印务局1916年版。
② 北京市档案馆:《万和成五金行》,档号J86-1-46,《代理老世昌保险底账》,1939年。

"人"在其中起主导作用。五金商人积极进行诚实守信、德义兼备、注重质量、和气生财等传统商业文化等方面的实践，对于当下我国市场经济的健康发展或许也是一种不错的历史借鉴。

第四节 资源共享机制：联号经营模式分析
——以万和成及其联号为例

北京五金商铺的厚利与稳定发展，还离不开时刻进行业务扩充而形成的联号经营模式这一资源共享机制，下文以万和成五金行及其联号为例进行分析探讨。

一 联号界定

什么是联号？据1935年由陈稼轩编的《实用商业辞典》中载："因出资之关系，使两个或两个以上之独立商号在业务上订互相联络之契约曰联号。此种组织之起原（源），由于资本家因欲减少危险，并增加信用。以其财产分别投资于数种事业或同种事业之数店，各该店会计完全独立，只于业务上互为联络，而在联号各店，其股东未必完全同一，故并不含有本店及各店之意味。"① 张晓辉将这种较多存在于商业领域的"相互并不统属的联号称为并列联号"。同时，他指出"联号类型除并列联号之外，还有分支和复合联号两种类型"。② 北京"较大之五金行，在天津、上海设有联号，类似坐庄"③，即采取联号经营模式，如万和成、三益泰、万庆成、万庆和、万丰泰、万丰德、万丰顺、万丰成、天津万丰泰、天津三益泰、天津万庆泰、天津益和公司、天津亨通公司、张家口万丰永、包头万庆德等皆为联号。又如万德新在天津有万德栈联号，益和祥与益和祥东号是联号，打磨厂的同义德与巾帽胡同的同义德是联号等。当然一些较小的五金商铺也有联号模式，如华泰五金行与华泰电料行就是联号。

为何称作联号？缪克沨认为，这是因为"联号在店名字号上是相联的，有如弟兄名字的排行一样；两字名的店名中一字相同，三字名的店名

---

① 陈稼轩：《实用商业辞典》，商务印书馆1935年版，第1107页。
② 张晓辉：《中国近代华资联号企业释义》，《广东社会科学》2007年第6期。
③ 北平市政府统计室编：《北平市市场概况》，第38页。

中两字相同"①。五金商铺的联号在店名的称呼上也基本如此。如万庆成、万庆和二联号与万和成都有二字相同,万庆泰与万庆成、万庆和二总号有两字相同,万丰成与万庆成、万丰泰也有两字相同等。

在北京五金业,联号与连号、分号、支号皆属同一概念。老字号商铺万和成将"联号"与"支号"视为同一概念,如1923年万和成职工张英山去世后找得"众联号各货升价、护本、浮存等项"厚成。② 这里找厚成的范围是各联号,但有时被称作各支号,如1932年万和成账期聚金账上记载"众号所存各货厚成列后,由本号及众支号红单抄来",各支号有万庆成、万庆和、万丰泰、万丰顺、天津万聚泰。③ 这说明联号与支号是同一概念。新中国成立后的相关调查资料也证实了上述看法,如1954年万和成相关人员接受调查时言,"本号数十年的惯历,在柜享受身股一分者,死后按正股分红三次,以后即将本联各号的厚成、浮存等项价值算清"。④ 这表明,联号的称呼与所指范围在万和成五金行多年间一直未变。"支号"与"联号"等同的情况在万庆成也同样存在。1923年万庆成五金行职工刘玉群去世后将"财神股及联号万庆和、万庆泰、万丰成及本号厚成均行一律找清"。⑤ 1935年万庆成职工孟存礼去世后"将本号及众支号财神股、浮存等项"厚成找出。⑥ 因属同一商铺,所以此处的"支号"与上例中所称的"联号"应是同一概念。此外,上例中万庆成五金行所称的"联号"是指万庆和、万庆泰、万丰成,而在万丰泰则称"连号"。如1917年北京万丰泰职工刘江同"情愿辞柜出号,当将身力股五厘裁去,所有津口分号以及各连号所余之厚成一切,笔下一律找清"。⑦ 由于在五金业有人力股的职工去世后找厚成的惯例基本相同,所以万庆成的"联号"与万丰泰所称的"连号"也应是同一概念,只是写法不同而已。由于当时北京万丰泰在天津的分号只有天津万丰泰一家,所以"津口分号"肯定指天津万丰泰。那么,这"连号"又是指哪个商铺呢?下面的材料给我们提供了线索。1926年北京万丰泰职工宋世爵因病在家身故,应将"财神股及各连号万丰永、万丰成、万丰顺、本号余利厚成均

---

① 缪克沣:《老北京的"连锁店"》,《北京市财贸管理干部学院学报》1994年第3期。
② 北京市档案馆:《万和成万年聚金账》,档号J86-1-6,1914年甲寅新正月。
③ 北京市档案馆:《万和成万年聚金账》,档号J86-1-6,1914年甲寅新正月。
④ 北京市档案馆:《万和成、万庆成等几家私营企业重估财产报告表及公私合营协议书》,档号J203-1-8,1952年。
⑤ 北京市档案馆:《万庆成五金行》,档号J85-1-15,《聚金红账》,1917年正月。
⑥ 北京市档案馆:《万庆成五金行》,档号J85-1-15,《聚金红账》,1917年正月。
⑦ 北京市档案馆:《万丰泰五金行》,档号J88-1-2,《万金老账》,光绪十二年(1886)立。

行一律找清"。① 很明显，这"连号"应该是万丰永、万丰成、万丰顺三个商铺，也就是说，北京万丰泰与万丰永、万丰成、万丰顺是连号关系。值得注意的是，万丰成、万丰顺是万丰泰与他铺合伙开设，与万丰泰是连号关系不足为奇，然而，北京万丰泰为何与独资的天津万丰泰是总、分号关系，而与独资的张家口万丰永却是连号关系呢？在当时的万丰泰五金行，分号与连号是否是同一概念？1941年北京万丰泰职工刘英华自辞出号时，"将本柜厚成及天津万丰泰、益和公司、东口万丰永、包头万丰永、北京万丰顺、万丰成各连号等厚成，一律找清"。② 显然，天津万丰泰、益和公司与张家口万丰永、包头万丰永、北京万丰顺、万丰成都是北京万丰泰的连号。如此看来，分号应该和连号是同一的。综合以上各种情况，联号与连号、分号、支号皆属同一概念。新中国成立初的一些调查资料也对此结论给以佐证，如将万庆成是万和成的分号说成是联号，万庆成的联号说成是分号，即分号、联号彼此对等。③

二 联号分类及联号间关系

首先，我们将万和成五金行的联号体系进行简要说明。万和成，初称铁铺，由金、杨、闻姓三家合资开设于咸丰九年（1859），后改五金行。万和成于同治四年（1865）独资开设万庆成，又于光绪二十二年（1896）万和成、万庆成合资开设万庆和。再者，万和成还与他铺合伙投资开设新铺。万和成与三益泰、张恒丰、李德和合伙，于光绪十二年（1886）开设北京万丰泰。万和成又与三益泰、万丰泰、闻姓于光绪十四年（1888）合资开设北京万丰顺，光绪三十二年（1906）万丰顺又与江姓合资开设北京万丰德。另外，万和成还与三益泰合资于光绪三十二年（1906），开设天津三益泰铁庄；并于1934—1935年出资五千元，投资于天津亨通贸易公司等。以上是万和成独资或合伙投资开设的商铺情况，这当中又包括各分支联号也组织联号的情形。如万庆成、万庆和两家于光绪三十四年（1908）合资开设天津万庆泰。1921年后，万庆泰独资开设天津庆记五金行，后万庆泰、庆记同天津益大铁行三家合资开设天津大兴铁厂。又如，北京万丰泰独资开设天津万丰泰，天津万丰泰以后又开设天津益和公司。又北京万丰泰独资开设张家口万丰永，以后万丰永独资

---

① 北京市档案馆：《万丰泰五金行》，档号 J88－1－2，《万金老账》，光绪十二年（1886）立。
② 北京市档案馆：《万丰泰五金行》，档号 J88－1－15，《万金老账》，1929年正月。
③ 北京市档案馆：《万庆成五金行》，档号 22－7－644，1951年。

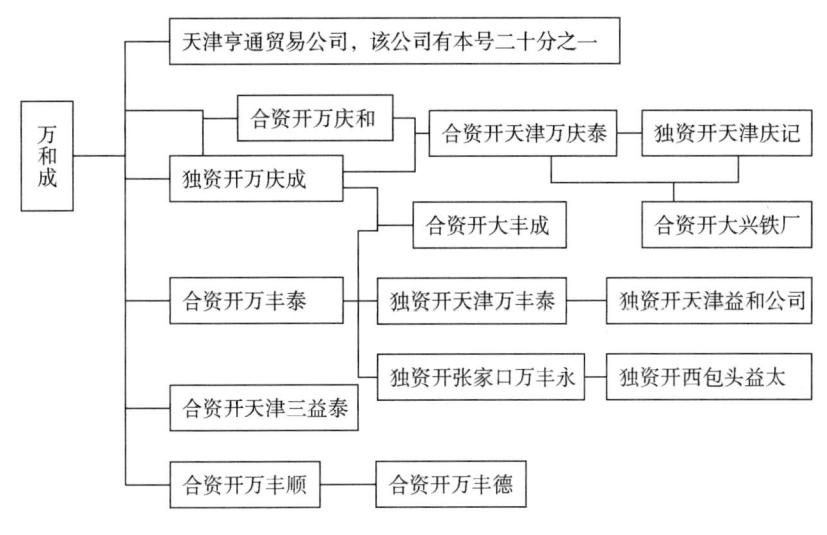

第四章 潜在的文化驱动：五金商铺的购销方式与经营模式 219

图4-3 万和成五金行联号网络示意图

绘图来源：北京市档案馆：《万和成沿革》，档号J86-1-299，1950年。

开设西包头益泰铁庄。北京万丰泰还与万庆成合伙于光绪十七年（1891）开设万丰成铜铺等。可见，总号联着分号，分号又开分号，总号或分号又与他号合伙另开新号，即各商号间有着直接或间接之联系，所以统称联号。

上述万和成五金行的联号按联号与总号的关系，可分为分支型联号与网络型联号两种形式。

首先，分支型联号又分直接分支型联号与间接分支型联号两种。直接分支型联号，是指由某一个商铺出资开设一个或多个子店而形成的联号，如万庆成是万和成的直接分支型联号，万丰德是万丰顺的直接分支型联号。此种联号类似西方的母子企业，分支机构与总号在资金、人事、业务方面有一定联系。如万和成作为总号对联号万庆成进行投资、供货，同治六年（1867）四月初八日《入银钱货物总账》中载，万庆成成立之时的资金、货物皆由万和成铁铺提供，主要货物有炉条、炉口、锅铲、铜盆、铜灯、锡烛仟、锡灯台、香炉、煤铲、茶盘、铁药缸、磁油瓶、炉子、桶条等；共入万和成银200两，共入钱1355千文，共入货钱1145千文。[①]同时，万和成对万庆成还要进行一定的人事管理，并规定利润分配办

---

① 北京市档案馆：《万庆成五金行》，档号J85-1-9，《日清老总账》，同治四年（1865）新正月二十二日。

法。如万庆成张英山、桑庚申、杨有兰及万庆和绳俊吉、尹福辰五人等,"皆系在万和成总号有股份,惟届算账时在分号应得余利人股若干,须如数归在总号内,再由总号按其原有身力股照数均分"。同时规定:"万庆成、万庆和现有新续身力股者,并将来后续者,俱享本分号之余利,不得干涉总号。如总号直接者,天津三益泰,又北京万丰泰、万丰顺,每届账期所得余利归入总号,在总号有股分者,能享此利益,在分号新续股者,不能干预。如总号间接者,天津万庆泰、北京万丰成,每届账期所得余利,应归分号,再间接入总号"。① 这表明张英山、桑庚申、杨有兰原是万和成总号人员,后被派往分号万庆成、万庆和经营管理店务;同时,分号要在账期将在总、分号都有人力股份人员的分红上交总号,然后由总号进行统一分配;并且在会计上,分号也各自相对独立核算,只是将账期总号银股份额该分红利上交总号而已,当然分号厚成、存货、未分利润等也还和总号有一定关系。但又非如张晓辉所理解的:"它们之间是总行和分行的关系,颇像血缘家族系统,彼此相互缠结,甚至招牌名称亦多一致,彼此资金互相融通、调配,各自间并不进行独立核算。"②

直接分支型联号还有一种情况,就是由两个或两个以上商铺或自然人联合出资开设一个商铺而形成的联号,如万丰成是万庆和与万庆成的间接分支型联号,万丰顺是三益泰、万和成、万丰泰的间接分支型联号。此种形式的联号虽也同总号有一定的管理与被管理关系,但相对独立性要比上一种情况大些,尤其是会计自主核算方面。随着形势的变化,总号对联号的管理也不断创新,有些商铺在分号增设监理人,享有监理股份,如天津三益泰是在 1906 年冬月由公聚德、万和成、三益泰三家合伙创设,至 1926 年改组时,万和成、三益泰各设有监理股一分。③ 又如万丰泰于宣统元年(1909)试办分号万丰永,至 1917 年正月北京万丰泰议决增设监理人一职,作身力股一俸。④

间接分支型联号是指某商铺与该联号的母商号有直接投资关系,而该母商号又对此联号进行直接投资而形成联号,如三益泰与万和成合伙开设

---

① 北京市档案馆:《万庆成万金底账》,档号 J85-1-10,同治九年(1870)新正月初十日。
② 林金枝、庄为玑编:《近代华侨投资国内企业史资料选辑》(福建卷),福建人民出版社 1985 年版,第 379 页;张晓辉:《中国近代华资联号企业释义》,《广东社会科学》2007 年第 6 期。
③ 北京市档案馆:《万和成沿革》,档号 J86-1-299,1950 年。
④ 北京市档案馆:《万丰泰五金行》,档号 J88-1-7,《万丰永万金老账》,1917 年正月。

万丰泰，万丰泰独资开设天津万丰泰，天津万丰泰又独资开设天津益和公司，这样，天津万丰泰、天津益和公司就是由万和成间接投资而成的联号，天津益和公司也是北京万丰泰的联号。如果直接分支联号与总号间是子—母关系，那么间接分支型联号与总号间则恰如孙—母—祖母关系。此种形式的联号与总号间很少存在人事、财政、行政等管理关系，联号基本是独立核算，各计盈亏的，类似张晓辉所归纳的并列型联号。这类联号商铺相互间的联系较之其他一般关系的商铺更为紧密，一般能在资金、货品价格及余缺调剂方面提供优先帮助。

其次，网络型联号。它是分支型联号的进一步发展，由向本市及外省市直接或间接投资，有些是由跨行业投资而成的众多店号组成，并形成一定的营业网。例如，万和成的联号有万庆成、天津万庆泰、万丰成、万庆和、天津万聚泰、万丰泰、天津万丰泰、张家口万丰永、万丰顺、万丰德。① 万丰泰的联号有天津万丰泰、益和公司、东口万丰永、包头万丰永、北京万丰顺、万丰成各连号。② 这些联号分布在北京、天津、张家口等地，尽管数量不多，但也基本形成一简单的经营网络，有的联号如天津亨通贸易公司等还属跨行业性质的。这样，网络型联号可通过联合经营来提高效率、扩大规模，是近代企业成功发展的模式，这与孔祥毅所研究的晋商广设联号，相互协作的网络体系有些相似。③ 但由于行业性质不同，与晋商联号网络又不完全相同，五金商铺各联号相对独立性较强，一般都要自负盈亏；并且各店店名虽相近，但也非"店名相同、优如兄弟"④。不过，网络型联号间相互支持，相互扶助，共同为本身和总体的发展壮大进行努力的目的是一致的。

三　联号模式对商铺发展的利弊分析

联号间彼此瓜藤相连，同舟共济，互通信息，相互投资及持股，不断进行资金融通，使联号商铺成为一个密切联系的稳固整体，以便提高联号本体与个体的适应力和竞争力，从而成为联号发展的巨大动力。联号模式对北京五金商铺发展的积极作用表现在以下几个方面。

首先，联号模式利于各联号商铺之间互帮互助。联号间互帮互助，乃

---

① 北京市档案馆：《万和成五金行》，档号 J86-1-1，《万年账》，咸丰九年（1859）三月初六日。
② 北京市档案馆：《万丰泰五金行》，档号 J88-1-15，《万金老账》，1929 年正月。
③ 孔祥毅：《金融票号史论》，中国金融出版社 2003 年版，第 174—175 页。
④ 缪克沣：《老北京的"连锁店"》，《北京市财贸管理干部学院学报》1994 年第 3 期。

商界尽知之分内权利与义务，如互相提供信息与货源、代购货品及处理相关因购货引起的纠纷等，这是组织联号的基本着眼点与利益点，这样，既可增强联号对外竞争的实力，又可提高联号商铺的整体知名度，最终为共同盈利奠定基础。例如，作为联号，天津万丰泰、益和公司等就承担起为北京万丰泰找货源、进货、催货及处理善后等义务。津号代京号①在津地五金商铺购货，首先京号要给津号发出用货信息，如购裕大号铜帐卷二罗，瑞昌祥机器油五箱，裕昌号砂布粉五十包。②即要明确购什么、购多少、品牌、价格及货源单位等信息。因京号欲购何货，一般要根据津号所提供的津地市场行情来决定，且津号要按京号指示办理，不能私自做主，并规定"京添办何货，必以信达知"③。这说明进货是商家非常重视的业务环节，进货是否得当关乎盈利之多寡。有些货品如津地买不到，也让津号代京号询问上海坐庄，并代为购进，如1934年北京万丰泰给天津万丰泰的信中说："昨平与益和去信要箭牌皂五箱，如咱有货即祈与平发下是妥；如津无货，祈与申号去信购买十箱是妥。"④津号不仅负责为京号购货，还时常负责催促发货方迅速发货，以满足京号急需之望。1935年12月，北京万丰泰急需双箭牌黄胰子一货，虽已购妥，但发货方尚未发货，所以京号"祈津再与申庄去信催问催问是荷，因京存之货已无多少，诚恐接不上售卖之故也"⑤。当时上海来货先是海运至津，津再发京。因此，津号在负责向申庄购妥京号所要之货后，下一步还要负责在天津港实现货物的快捷中转运京事宜。如"京要之箭牌黄胰子五箱，知津号已去申号去信添办，后货到津即希顶着发京可也"⑥。催货固然体现了商家对发货、运输效率与速度快捷的重视，是市场竞争意识增强的一种反映，但在竞争激烈的商业战场上，更重要的是，要科学地分析市场信息，把握市场走势，提前进货或灵活控制库存，不要临时抱佛脚，等货快卖完再

---

① 京号指北京万丰泰，津号指北京万丰泰在天津的联号天津万丰泰。后面出现的京号、津号所指与此同。
② 北京市档案馆：《万丰泰五金行》，档号 J88-1-63，《通信留底》（京字第102号信），1935年。
③ 北京市档案馆：《万丰泰五金行》，档号 J88-1-63，《通信留底》（京字第102号信），1935年。
④ 北京市档案馆：《万丰泰五金行》，档号 J88-1-26，《联号通信底账》（京字第15号信），1934年。
⑤ 北京市档案馆：《万丰泰五金行》，档号 J88-1-63，《通信留底》（京字第119号信），1935年。
⑥ 北京市档案馆：《万丰泰五金行》，档号 J88-1-63，《通信留底》（京字第108号信），1935年。

进，有时可能要失去某些商机。如"京号要之电石，已蒙买妥二十箱，价6.75元，祈催着速发为盼。因京存之货昨已售结之故耳"。① 显然，北京万丰泰是在这些商品"售结""等卖"的情况下才考虑进货的，如果早点动作，则不致如此被动与仓促。

联号间在进货价格上进行照顾。如1936年3月三益泰向联号万丰泰购买十号红铜丝，万丰泰"卖与该号之价，实系0.52元，当该号问价时，京说价0.54元，不能再少。后再三说项让至0.53元，无奈该经理累累的非给0.52元不可，故京亦处于不得已之事耳。此价虽然苦点，该号又云给现款……又属联号之关系，亦无法之事也"。② 又如万丰德来北京万丰泰进货，"所谈三尺六红铜片一货，昨晚万丰德问京号之价，京提价八毛六，该云过一二日来看货，如该来时价差不离即售卖可也"。③ 这表明，由于三益泰、万丰德与万丰泰皆属联号关系，所以在进货价格方面就相互照顾，这也是联号间应有之义务。

天津联号有时还要负责替北京总号摆平所购之货中存在的质量、重量等问题，维护京号的尊严与信誉。京号让联号去采购货品也是有风险的，有时还惹来纷争。如由津号所找的供货方在给京号发货时，有时也会出现货物缺斤短两之事，这时还得由津号去交涉摆平。1934年北京万丰泰五金行"所买晋丰号之倭元砖共239元，计重9909.75斤。该货今到平，过分量计共重13053磅，75扣，9789.75斤，以此计算共短分量120斤"。京号怕"过错，故当时又复过一次，实是短分量。惟块数不短，谅系该号将分量过错也。"因此，京号即嘱托津号，"如见信，鸦望津号与该严重交涉，平号决不能吃此亏也。如该不信，可派人当面再过磅，或将原过分量单寄去，亦无不可"。④ 有时还常遇到货品数量不符，甚至将货退回检查之事。如1935年11月北京万丰泰"买裕昌号之放高尺四打，内铁盒的少一打，膠盒的多一打，与该号交涉，该不认有此事，故此货京已打妥，交承庆栈捎津"。这下一步还得由天津分号为京号去办理，于是，京号特意嘱咐津号如收到京号捎津之裕昌货，"祈交经手人与该号办理，惟

---

① 北京市档案馆：《万丰泰五金行》，档号 J88-1-63，《通信留底》（京字第105号信），1935年。
② 北京市档案馆：《万丰泰五金行》，档号 J88-1-111，《天津益和公司通信账》（京字第40号信），1936年。
③ 北京市档案馆：《万丰泰五金行》，档号 J88-1-26，《联号通信底账》（京字第24号信），1934年。
④ 北京市档案馆：《万丰泰五金行》，档号 J88-1-26，《联号通信底账》（京字第1号信），1934年。

该膠盒的京已卖出五只，祈亦关照该号，惟此货京号并非作退，不过令该检查检查，以明真相，非京号无故捏造耳。遂符上该号加封及原清单各一只，至希转交，如办妥或换或另作价，务希速为捎回，切切"。① 还好，都是老客户，为了买卖，三四天后，此事在天津联号的鼎力办理下得到解决，京号与裕昌号双方"均不改账，后将货收到"。② 这说明作为联号的天津万丰泰在维护京号利益方面责无旁贷。这也正是一些商铺创设联号的利益所在。

其次，联号模式利于实现相互间对五金市场商情信息的共享。商情信息是"反映商业经营活动的市场、消费等情报信息，包括商流信息和物流信息。"市场情况瞬息万变，信息只是在一定时期有效，即信息具有时效性。同时，商业信息是四面八方汇集起来的，具有时间连续性与系统性，所以，商铺经营中就要特别注意各环节的联系，要有信息反馈系统。③ 联号模式在一定程度上具备了上述信息共享与信息反馈之功能，为商铺的发展准备了条件。

北京联号间互通信息，如"北平三益泰亦与京号来电话转告咱津号报铜货行市已大涨"的信息，同时，三益泰还告诫万丰泰"如有买多数之主，京号必然格外多加留意"。④ 天津联号负责给北京总号定时汇报津地五金市场行情与信息，以便京号及时而准确地对当下与未来五金市场作出正确的判断与预测，避免进货、销货及经营的盲目性。如1935年10月北京万丰泰对天津万丰泰"所报铝铁、烟筒铁、洋药等行市屡屡见涨等情尽知"，按此涨价信息，并据长期经营五金业的经验，天津五金商品涨价一般要引起北京方面也相应涨价，所以北京万丰泰做出"京存之货亦必提价出售，大卜货京暂且亦不卖，后看津地行市如何再定行止"⑤ 的决定，并把京号决策信息及时反馈给津号，以便双方达成共识，避免单方面行动。同时，京号一般要根据津号提供的津地市场信息来处理货物的进与不进，进多进少问题，如同年12月京号对于津号"所报强水及各货之行

---

① 北京市档案馆：《万丰泰五金行》，档号 J88-1-63，《通信留底》（京字第115号信），1935年。
② 北京市档案馆：《万丰泰五金行》，档号 J88-1-63，《通信留底》（京字第117号信），1935年。
③ 张其泮等主编：《中国商业百科全书》，第37页。
④ 北京市档案馆：《万丰泰五金行》，档号 J88-1-156，《益和公司通信底账》（京字第8号信），1937年。
⑤ 北京市档案馆：《万丰泰五金行》，档号 J88-1-63，《通信留底》（京字第103号信），1935年。

第四章　潜在的文化驱动:五金商铺的购销方式与经营模式　225

市均知,祈稍候候再说可也"。① 当然,京号也要及时将京地商情信息反馈给津号,如北京万丰泰在对于"津地之情形尽知"的情况下,及时发信给津号,"刻下京地市面亦正安静,生意平平。各货行市亦均平稳"。② 也就是说,京地五金商品价格当时尚未上涨,京号要相机而动。在津地涨价时期某些货品虽不易多买,但有时为应酬门市也要购进一些。如 12 月 16 日北京万丰泰"与益和去信,再与京添办(平铝铁)四五十张,祈斟酌买妥,速为发下,以便应酬门市"。③ 显然,对应酬门市的货,京号最注重的是发货速度,即一定要迅捷,生怕贻误商机。对于由上海订购发津的货物,京号更是要求运输之快捷,如"由申庄已买妥双箭牌皂数箱,正好以俟该货到津,即祈顶着与京发下是荷"。④ 这"顶着发下"意味着货到天津后马上运京,不要在津过多停留,对商家而言,抢运输时间就如同抢金钱。京号除将京地信息及时发给津号外,还将他地分号反馈给京总号的信息也及时通知津号,如北京万丰泰"昨接下号来信详及马口铁、铝铁等行市均已大涨,京存之货亦必然提价出售可也"。⑤ 联号间除提供五金商品市场行市等信息外,还互相提供各自所需的有关当地某些商铺的营业、信誉等情况的信息,以便据此作出是否继续对这些商铺进行交往的决定。如天津益和公司向北京万丰泰询问北京天增义的营业情况,万丰泰称"该号近几年之生意并不见好,惟亦无闻有何不良之风声"。⑥ 这些信息成为益和公司以后是否继续对天增义进行赊销及赊销量的依据。看来,联号间互通商情信息对商铺能否作出正确决策与是否能顺利发展是至关重要的。那么,如何实现异地联号间商情信息的及时互通呢?联号间的业务通信制度为异地及时获得对方信息提供了保障。

京津联号间的商业信件往来非常频繁,尤其是位于通商大埠天津的分号给北京总号的信件更为频繁。下以 1935 年 10—12 月北京万丰泰五金行

---

① 北京市档案馆:《万丰泰五金行》,档号 J88 - 1 - 63,《通信留底》(京字第 122 号信),1935 年。
② 北京市档案馆:《万丰泰五金行》,档号 J88 - 1 - 63,《通信留底》(京字第 121 号信),1935 年。
③ 北京市档案馆:《万丰泰五金行》,档号 J88 - 1 - 63,《通信留底》(京字第 122 号信),1935 年。
④ 北京市档案馆:《万丰泰五金行》,档号 J88 - 1 - 63,《通信留底》(京字第 121 号信),1935 年。
⑤ 北京市档案馆:《万丰泰五金行》,档号 J88 - 1 - 63,《通信留底》(京字第 110 号信),1935 年。
⑥ 北京市档案馆:《万丰泰五金行》,档号 J88 - 1 - 156,《益和公司通信底账》(京字第 9 号信),1937 年。

与天津联号通信情况为例进行说明（详见表4-16）。

表4-16　1935年10—12月北京万丰泰与天津万丰泰通信情况统计（一）

日期	京号收津号信（第×××号）	京号发往津号信（第×××号）
10月1日	132、133	101
10月5日	134	102
10月6日	135	103
10月9日	136、137	104
10月12日	138、139	105
10月14日	140、141	106
10月17日	142、143、144	107
10月19日	145、146	108
10月21日	147	109
10月26日	148、149	110
11月5日	150、151	111
11月8日	152、153	112
11月10日	154、155	113
11月14日	156、157	114
11月16日	158	115
11月17日	159	116
11月20日	160、161	117
11月26日	162	118
12月4日	163、164	119
12月7日	165	120
12月10日	166	121
12月16日	167、168、169	122
12月18日	未收到信	123
12月20日	170、171	124
12月23日	172	125
12月26日	173、174	126
12月28日	175	127
合计（封）	44	27

资料来源：北京市档案馆：《万丰泰五金行》，档号J88-1-63，《通信留底》，1935年。

表4-16显示，京号自1935年10—12月共给津号发信27封，而津号给京号则共发信44封。京号一般每2—4天给津号发信一封，多是在接到

津号来信后再给予回复。不过，在某些特殊情况下，有时京号尽管未接到津号来信也主动给津号去信询问行情或订购货物，当然这种情况不多，在上述三个月中，仅有一次，即12月18日发的第123号信。京号这次给津号去信的主要目的，一是对英华先生在京花费进行解释，二是向津号透露时人较为关注的北京学潮进展情况。笔者认为后者应该为京号此次给津号发信的主要原因。另外，在本月末与下月初这一时段内，京号给津号发信间隔一般长于其他时间，表4-16中10月末至11月初、11月末至12月初的发信间隔分别是10天与9天。估计是当时业内有月末或月初结算当月货款的习惯，业务较忙，所以互发信较少。为便于更好地认识京津联号间信件往来情况，我们将上表简化为下表（表4-17）。

表4-17　1935年10—12月北京万丰泰与天津万丰泰通信情况统计（二）

月份	天数（天）	京号发往津号信数（封）	发信频率（天）	津号发往京号信数（封）	发信频率（天）
10月	31	10	3.1	18	1.72
11月	30	8	3.75	13	2.31
12月	31	9	3.44	13	2.38
合计	92	27	3.41	44	2.09
平均	30.67	9	3.43	14.67	2.14

资料来源：北京市档案馆：《万丰泰五金行》，档号J88-1-63，《通信留底》，1935年。

表4-17中，1935年10月京号发津号共10封信，平均三天多发信一封；而津号发京号共18封信，平均不到两天就发信一封。11月京号发津号共8封信，平均不到四天发信一封；津号发京号共13封信，平均不到两天半发信一封。12月京号发津号共9封信，平均不到三天半发信一封；津号发京号共13封信，平均不到两天半发信一封。三个月平均，京号发津号每月平均9封信，平均不到三天半发信一封；而津号发京号每月平均不到15封信，平均两天多发信一封。这说明天津联号给北京总号写信非常频繁，这一方面表明总号、联号间业务的繁忙，另一方面也说明联号对总号的负责，能够及时向北京总号提供天津最新五金行市、货源、订货、货款收付及其他相关业务情况，这为北京总号对五金市场预测的正确性奠定了基础，提供了条件。其实，在当时瞬息万变的商业竞争环境下，互通信件制度在一定程度上就是在联号间建立起了信息传递与反馈系统。当然，这也是这些北京五金商铺能够持续发展的一个非常重要的原因。

再次，联号模式利于增强联号商铺抵御风险的能力，保障联号的稳定发展。联号间通过相互帮助，互相提供市场信息，自然会增强联号应对来自外界的竞争与不测之能力，保证联号经营的稳定性，但对于分支型联号而言，分号的盈利多寡直接关系到总号的安危，对总号起着保驾护航之作用。下以分号万丰德的历年盈利对总号万丰顺的作用为例进行分析（详见表4-18）。

表4-18　万丰顺五金行总号与其联号万丰德各年盈利对比

年份	万丰顺总盈余	万丰顺总号盈利	万丰顺在分号万丰德所占股份应得红利	
			数额	占总盈余的（%）
1924	3886	1706	2180	56.10
1927	2074	1324	750	36.16
1930	1992.4	1842.4	150	7.53
1932	1925.4	1085.4	840	43.63
1935	1348.4	748.4	600	44.50
1938	2497.8	97.8	2400	96.08
1940	6719	719	6000	89.30
1941	14014.5	-985.5	15000	107.03

注：表中单位，1935年以前是两，此后是元。
资料来源：北京市档案馆：《万丰顺五金行》，档号J203-1-3，《万丰顺万金老账》，光绪十四年（1888）三月十五。

万丰顺在万丰德占有3分银股，而万丰德自1924—1941年的总股份在6.8—7.5分[①]，也就是说，万丰德每账期40%—44%的利润要上交万丰顺。这样，当万丰顺总号盈利减少或出现亏损之时，就会用其在分号万丰德的所得红利来弥补本号之损失，以保证其稳定发展，不至于因亏损或盈利过少而一蹶不振，甚至遭受歇业或倒闭之险。表4-18中，除1930年外，万丰德上交万丰顺的红利各年皆占万丰顺总盈余的35%以上，并且，1924年及1938—1941年万丰德上交万丰顺的红利皆超过了万丰顺总号之盈利，1938年前者是后者的24倍多，1940年也达8倍多，尤其是1941年，当万丰顺亏损近千元时，而万丰德此账期却因盈利多而上交万丰顺15000元，这极大地弥补了万丰顺的损失。可以想象，如果没有分号万丰德，万丰顺将是如何一个处境。这表明，分号可在盈利方面减少总

[①] 北京市档案馆：《万丰德五金行》，档号J199-1-1，《万丰德万金老账》，光绪三十二年（1906）新正月十八日。

号的经营风险，起到给总号保驾护航之功效，总号也会因此增强抵御风险的能力。

最后，联号模式使各联号通过相互扶持，共同发展，不仅利于各自规模扩大，而且利于各联号在同业发展中的影响与地位的提高。如各联号对外社交的名义独立，独立参加各项公共及商界事务，不受总号的约束。1934年五金业同业公会主席是万和成的邸占江，执行委员包括三益泰的朱奉魁、万丰泰的张凤栖、万庆成的李玉振、万庆和的郑全①，这些商铺在同业公会中占有如此重要的职位，与其皆属联号关系应该有一定联系。

以上是联号模式对五金商铺发展的积极作用的几个方面，不过，联号模式也有某些不足之处，如联号间也存在一些不正当竞争，甚至猜疑。万丰泰作为万和成的联号，本应互帮互助，但在进货与售价问题上也是互相猜疑，暗地使招。1937年3月万丰泰得悉万和成已由天津益和公司订购40张红铜片，感觉这会成为自己的销售障碍，所以嘱托益和公司："如该号再问京询买此数号红铜片时，即对该号说无货可也，以免该号互相闸价耳。"② 其实这是万丰泰利用了其下联号益和公司的关系来限制万和成进货，看来万丰泰的目的很明确，就是尽量让万和成缺货，从而避免万和成与其进行售价竞争。不过，这是一种不正当的商业竞争。竞争是商业活动正常运行中必不可少的法则，只有竞争才能促进商业经济快速稳定地发展，但前提是这种竞争必须是公平、合理、正当的竞争，不正当的竞争不仅不会促进商业经济的发展，反而会成为商业发展的巨大障碍。如果将这种利用联号关系进行的不正当竞争之法用于对付联号之外的商铺，这就意味着联号模式无形中助长了这种不正当竞争。如1936年12月，为使永明工厂成为自己的固定客户，万丰泰与万德新之间展开了价格大战，万丰泰将马口铁以42元之价卖给永明工厂20箱，现款，而"按津今信报此货是43.6元之行市……京卖给永明之价，确是与万德新闸价所致"。因万德新批给永明工厂之价亦是42元，所以万丰泰"不得已故照此价卖该厂20箱，以图后交耳。……因思万德新前后已交该厂数拨货，京再不与该拼着卖，以后即不好入步矣"。③ 两铺之所以能进行这种超低的价格战，其主要原因就是各自依托各自的联号进货，并限制卖给对方及其联号货物，犹

---

① 北京市档案馆：《北平市商会会员录》，档号ZQ8-1-61，1934年10月刊印。
② 北京市档案馆：《万丰泰五金行》，档号J88-1-156，《益和公司通信底账》（京字第30号信），1937年。
③ 北京市档案馆：《万丰泰五金行》，档号J88-1-112，《天津、张垣各联号通信底账》（京字第173号信），1936年。

如两大集团作战,在两败俱伤的同时,也无形中扰乱和损害了正常的商业竞争环境与秩序,从而成为商业经济发展的潜在障碍。不过,从另一角度看,商铺间激烈的价格战,一方面促使各商铺为招揽顾客从而在销售、服务等方面更加完善;另一方面恰为工厂提供了较为廉价的进口商品,从而有利于工业、手工业的发展。如果这种竞争是由争夺公营单位的生意而起,当然也会在一定程度上使那些公营单位获益,并有加快市政建设速度及保证工程用料质量的作用。当然,这可能并不是联号商铺之间或联号商铺与其之外商铺竞争的本意。

综上,五金商铺经营过程中的联号模式既利于各联号商铺相互扶持、扩大经营规模,又利于与本行他铺竞争,是投资方在市场竞争日益加剧的情况下进行横向合作以加快发展的结果。实践证明,这种经营模式为一些商铺解决资金和市场问题提供了新思路,是适应当时社会经济发展的,尽管也存在微瑕,但利远远大于弊,此模式是值得充分肯定的。

第五章　厚利与保守：北京五金商铺的利润分析

利润是资本流动的内在动力。有学者认为，旧式企业的利润一般是不问盈亏先要提取规定的股息即"官利"，再有盈余称为红利；有些合伙企业的股东平日也在店中支款或使用货物，年终结算时账面盈余自然减少，从而带来职工收入的降低。这种认识值得商榷，因为优先提取"官利"只是针对有官股的企业而言，并非所有股息都等同于"官利"。具体到北京五金商铺，并未发现"官利"一说，并且有人力股的铺伙与铺东是按股均分红利，并无先后之别；铺东（合股制下的股东）在店支取款物，一般皆有记录，年终结算时要从其应分红利中扣除，店铺总盈余还是不变的，而非使"账面盈余自然减少"。

利润与利润率的高低虽是衡量一个行业或行业内商铺发展的一个重要指标，但由于翔实史料难寻，因此学界关于行业利润问题的研究成果并不多见，笔者所见仅有王玉茹、汪士信、汪崇筼、刘建生、燕红忠等少数学者对煤矿、盐业、茶叶、票号等相关行业利润进行了探讨。[1] 有关近代北京相关行业利润的研究甚为寥寥，本章即对北京五金商人的商业利润进行探讨，希望能抛砖引玉，引起学界对此方面问题研究的拓展与深入。

---

[1] 王玉茹：《开滦煤矿的资本集成和利润水平的变动》，《近代史研究》1989 年第 4 期；汪士信：《乾隆时期徽商在两淮盐业经营中应得、实得利润流向试析》，《中国经济史研究》1989 年第 3 期；刘建生、吴丽敏：《试析清代晋帮茶商经营方式、利润和绩效》，《中国经济史研究》2004 年第 3 期；燕红忠：《山西票号资本与利润总量之估计》，《山西大学学报》（哲学社会科学版）2007 年第 6 期；汪崇筼：《乾隆朝徽商在淮盐业经营中的获利估算》，《盐业史研究》2000 年第 1 期；汪崇筼：《明万历淮益疏理中的两个问题和利润介析》，《盐业史研究》2001 年第 4 期；汪崇筼：《明清淮盐经营中的引窝、税费和利润》，《安徽史学》2003 年第 4 期；汪崇筼：《明清徽商在淮盐经营中的获利探讨》，《盐业史研究》2007 年第 4 期。

第一节　利润与利润率的变动

　　资本利润率表示以年度为单位的全部预付资本与全部盈利的比率，各时期利润率的变动预示着商铺发展趋势的变动情形。从五金业整体情况看，其利润水平在北京众多行业中应该算是盈利较高者。当然行业内各铺利润也有高低，即使同一时期各铺利润也不尽一致。1840年以前，由于同业经营的是废旧商品，一般都按市价出售（不管进价如何便宜），利润一般能达到100%—300%。至1884年以后，大小五金商品的进口日益增多，同业各货平均可获毛利30%，纯利约为15%。当时大五金进口比较多，其进货价格如钢管每百斤进价34—35两，销价40两，并且一般商品进一百斤却按95斤计算。由于当时利润较大，商品流转亦快，在行业内流行着"快马赶不到行市"之俗，可见当时五金价格多变并无制度限制。至1914年以后的第一次世界大战时期，行业内皆获利较多，1917年随着战争的结束因发生物资倒流，遂使价格上涨数倍，同业利润增加到100%—500%，造成当时售出就买不回来的情况。此时，五金商铺营业处于历史的黄金时期。第一次世界大战结束后伴随国外进口商品陆续进入，物价也逐渐下降，至1918年尤其是1920年以后，国内军阀混战频发，使物价时涨时落，同业都是随着市场的变动而随时更改出售价格，利润也呈下降之势。1933年外国货不能进口又影响到物价上涨；1935年政府实行法币政策后，币值稳定，同业盈利较好，一般商户可获毛利约30%，纯利15%左右。1937年日本占领北京后，对五金商品的需要量不断增加，因而价格又趋上升，同业之利润也逐渐上升到40%—50%，纯利为30%以上。①

　　以上只是我们根据1956年对北京市私营五金商铺利润的整体增减趋势的简要叙述，但具体到某些商铺，情况就稍有变化。当时五金商铺的利润计算法是：利润等于资产减去资本与负债，有学者认为此法不太科学，并按现今的会计法进行了试算。② 然而，由于我们目前尚缺乏对五金商铺

---

① 北京市档案馆：《关于北京市私营五金业历史演变的调查情况》，档号87-23-90，1956年9月25日。如无特殊注释，本章数据皆出于此。

② 试算的方法是：每年的进货总额+期初的存货-期末存货+加工费=当年销货成本。销货总额-销货成本=当年毛利。毛利-费用=当年纯益。（其中期初存货是以上年的盘存代替，参见中国科学院经济研究所等编《北京瑞蚨祥》，第125页。）

第五章　厚利与保守：北京五金商铺的利润分析　233

进行试算的全部资料数据，所以暂不试算，仍据原账本数据及其当时会计思路进行研究，但这并不影响我们对其利润的增减趋势作出判断。下面我们通过几个典型五金商铺①的利润及各铺平均利润的变动情况来分析其利润状况（见表 5－1、表 5－2）。

表 5－1 各铺利润率总体呈增势，1917 年前后利润与利润率一般较高，1918—1920 年下降，1926 年前后利润率回升，1928 年国都南迁后又稍减，1935 年后又逐渐增高，1938 年达到最高水平。由于选取的各铺具体经营状况不尽相同，规模有大有小，所以同一账期各铺利润率不同，不同账期差异则更大。从各铺平均情况看，利润与利润率最低是一战后的几年，最高的是 1938 年。表 5－1 各铺资本皆是以股东的投资股本为依据，各年股本基本稳定，而股本只是各铺获得利润所运用资本的一部分，即股本小于实用资本，又因各年利润差异较大，所以得出的利润率有些年份偏高，有的高达 200% 以上，7 铺平均最低者也在 40% 以上。一般来说，企业的总资本由股本、借入资本、各项公积准备和盈余滚存等部分组成。②为使利润率数据更接近实际情况，下面我们来看看各铺实用资本的利润率（表 5－2）。

表 5－2 所显示的各铺利润率比表 5－1 皆大幅度减少，有的甚至减少了近 5 倍，但表 5－2 利润率增减趋势与表 5－1 大体一致。为便于观察，我们将表 5－1 与表 5－2 中的 7 铺各年平均利润率进行对比于下（表 5－3、图 5－1）。

表 5－3 与图 5－1 显示，1915—1938 年股本利润率③一般在 40%—80%，而同期实用资本利润率一般在 15%—35%。这基本清晰地表明 7 铺各年平均股本利润率也大大高于实用资本利润率，最高者是最低者的 4 倍多，这说明利润的取得、利润率的高低与实用资本量的大小是有很大关系的。从总趋势看，二者变化的总势基本相同，但股本利润率的变化幅度，要大于实用资本利润率；并且国都南迁前后各出现两个低点，一是 1918—1920 年，二是 1933—1935 年，前者是受"一战"结束后进口五金商品增多之影响，后者是受当时德、日进口货物充斥了市场之影响。

---

① 注：万和成、万丰泰、万庆成是行业内较大商铺，广聚兴、万庆和是中等商铺，万丰顺、万丰德则属于小型商铺。
② 王玉茹：《开滦煤矿的资本集成和利润水平的变动》，《近代史研究》1989 年第 4 期。
③ 此处股本利润率指五金商号利润占合股制下的铺东向商号所投资本（包括原始投资及后续追加护本金）的百分比。

234　北京五金商铺研究(1914—1940)

表 5-1　部分五金商铺历年资本股本账面利润

(资本与利润的单位：两)

账期(年)	万和成 资本	万和成 利润	万和成 年利润率(%)	万庆成 资本	万庆成 利润	万庆成 年利润率(%)	万庆和 资本	万庆和 利润	万庆和 年利润率(%)	万丰泰 资本	万丰泰 利润	万丰泰 年利润率(%)	万丰顺 资本	万丰顺 利润	万丰顺 年利润率(%)	万丰德 资本	万丰德 利润	万丰德 年利润率(%)	广聚兴 资本	广聚兴 利润	广聚兴 年利润率(%)	7铺平均 资本	7铺平均 利润	7铺平均 年利润率(%)
1915—1917	10000	48545	162	2000	8119	135	4200	6213	49	10300	13050	42	1200	1067	30	2000	2341	39				4243	11334	65
1918—1920	10000	31301	104	4000	6309	53	4200	4000	32	10300	16200	52	1200	1225	34	2000	1274	21				4529	8616	42
1921—1923	10000	39559	132	4000	5927	49	4200	4000	32	10300	39000	126	1200	1706	47	2000	2200	37				4529	13199	60
1924—1926	10000	38419	128	4000	6710	56	4200	5000	40	10300	62300	202	1200	1920	53	2000	1813	30	2400	1803	25	4871	16852	76
1927—1929	10000	36900	123	4000	2000	17	4200	3000	24	10300	54725	177	1200	1842	51	2000	390	7	2400	9914	138	4871	15539	77
1930—1932	10000	38834	129	4000	5800	48	4200	3800	30	10300	48938	158	1200	1085	30	2000	2134	36	10400	10422	33	6014	15859	66
1933—1935	10010	36389	121	4000	7000	58	4200	2800	22	11802	56000	158	1169	524	15	1960	1540	26	—	—	—	4734	14893	57
1936—1938	10010	55097	183	4000	7700	64	4200	3500	28	11802	63368	179	1176	69	2	1960	4798	82	9600	3449	12	6107	19711	79

注：1. 原账本载 1935 年之前盈余单位为"两"，1935 年后改为洋"元"，表中已将 1935 年之后的数据按 1 元 = 0.7 两的比例折合为银"两"。因各五金商号账本显示，为不受币值变动影响，从而进行稳妥核算，1935—1940 年间万和成、万丰泰、万丰顺、万丰德、广聚兴 5 商号皆在记账时仍用洋元为单位，至于折算比例，应是依当时行情及铺内具体情况而定。1938 年初以前，法币贬值不大，洋元更微，万和成、万丰顺二铺，1938 年账期以国币为单位记账，但实际上他们将国币等同于洋元等同于银元来核算。因据万和成 1932 年账记载：万和成原本银 4000 两（按 1 元洋 = 0.7 两银折算，5714.28 x 0.7 = 4000），1938 年账期变为 5714.28 国币。此时账面虽名为国币，但实际与同前一账期等值，即账面表达 5714.28 元，其目的可能是为应付账面妥记妥核算，而商号经理账及主要记账人员应该清楚他们所记的国币其实和洋元、国币也是如此。(见北京市档案馆《万庆成五金行》档号 J85-1-15，《聚金红账》，档号 J87-1-3，《万和成五金行资本鉴定书》，档号 J199-1-1，J203-1-3，J199-1-3，J199-1-1，J87-1-3，《万和成五金行资本鉴定书》，档号 J85-1-15，《聚金红账》档号进行数据整理统计。

2. 此账簿并非只载 1917 年的数据，而是记载了 1917 年至新中国成立后的全部。为便于观察，我们对表中数据皆进行了四舍五入后的取整统计。

3. 由于 1914—1937 年盈余是三年一账期的数据，所以表中已将利润率除以 3 变为年利润率。

资料来源：北京档案馆，档号 J85-1-13，J85-1-15，J86-1-6，J88-1-15，J203-1-3，J199-1-1，J87-1-3；1938 年。
J86-1-43，1938 年。

第五章 厚利与保守:北京五金商铺的利润分析　235

表 5-2　部分五金商铺历年实用资金账面利润

（资本与利润单位：两）

账期(年)	万利成 资本	万利成 利润	万利成 年利润率(%)	万庆成 资本	万庆成 利润	万庆成 年利润率(%)	万庆和 资本	万庆和 利润	万庆和 年利润率(%)	万丰泰 资本	万丰泰 利润	万丰泰 年利润率(%)	万丰顺 资本	万丰顺 利润	万丰顺 年利润率(%)	万丰德 资本	万丰德 利润	万丰德 年利润率(%)	广聚兴 资本	广聚兴 利润	广聚兴 年利润率(%)	7铺平均 资本	7铺平均 利润	7铺平均 年利润率(%)
1915—1917	11758	48545	138		8119		5800	6213	36	17061	13050	25	2499	1067	14	2525	2341	31				5663	11334	35
1918—1920	14324	31301	73	8900	6309	24	9300	4000	14	26479	16200	20	2458	1225	17	2739	1274	16				9171	8616	23
1921—1923	19908	39559	66	15820	5927	12	10871	4000	12	25151	39000	52	2686	1706	21	2789	2200	26				11032	13199	27
1924—1926	24107	38419	53	11295	6710	20	11681	5000	14	26501	62300	78	2595	1920	25	3355	1813	18	5779	1803	10	12188	16852	31
1927—1929	24050	36900	51	20032	2000	3	13589	3000	7	52353	54725	35	2795	1842	22	4693	390	3	11200	9914	30	10983	15539	22
1930—1932	22793	38834	57	26149	5800	7	13346	3800	9	48938	48938	33	3093	1085	12	5589	2134	13	14316	10422	24	19175	15859	22
1933—1935	26872	36389	45	19042	7000	12	16575	2800	6	50301	56000	37	3305	524	5	6297	1540	8	—	—	—	4734	14893	16
1936—1938	37256	55097	49	19249	7700	13	12359	3500	9	32616	63368	65	3659	69	1	9434	4798	17	10674	3449	11	6107	19711	24

注：1. 实际运营资本额包括股本（原本、护本金、护身金），盈余滚存、财神股金、各种存款等部分。
　　2. 资本与利润单位为银两。
资料来源：同表5-1。

236　北京五金商铺研究(1914—1940)

表 5-3　　　　　7 铺各年平均股本与实用资本利润率统计①

（资本与利润单位：两）

年份	股本 资本	股本 利润	股本 年利润率（%）	实用资本 资本	实用资本 利润	实用资本 年利润率（%）
1915—1917	4243	11334	65	5663	11334	35
1918—1920	4529	8616	42	9171	8616	23
1921—1923	4529	13199	60	11032	13199	27
1924—1926	4871	16852	76	12188	16852	31
1927—1929	4871	15539	77	10983	15539	22
1930—1932	6014	15859	66	19175	15859	22
1933—1935	4734	14893	57	4734	14893	16
1936—1938	6107	19711	79	6107	19711	24

资料来源：表 5-1 与表 5-2。

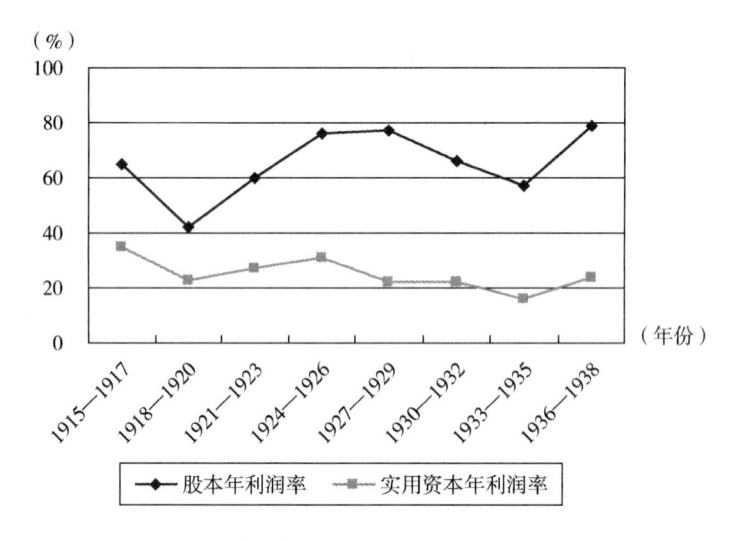

图 5-1　7 铺各年平均股本与实用资本利润率比较

不过，按表 5-2 的实用资本求得的利润率又稍低了点，因为这只是通常所说的"账面利润"。一般而言，在近代各行业私营商铺中，账面利润只是实际利润的一部分。实际利润与账面利润的差额就是商铺隐藏的财

---

① 此处实用资本利润率是指五金商号利润占商铺账本所载的商号运行所运用的资本（包括股本及其他可利用的资金）的百分比。

产或利润——"厚成"①。由于五金商铺的账面利润中并未包括店号所隐藏的大量厚成，如果加上这部分被隐藏在存货中的厚成的话，利润则更高，利润率也相应会更高。此外，历年所缴税款及各种房产等不动产本应计入盈利项下，但各商铺却将其作为成本费用的一部分，表5-2中的利润数均未包括税款和各不动产在内。如将这部分转移的资金计入利润中，各年利润率当相应有些许提高。这样，不管哪种情况，也就是说五金商铺的利润率至少也在15%以上，当然至高能达到如档案所载的100%—500%。②马克思在《资本论》第24章曾引用邓宁格《工会与罢工》言：资本惧怕没有利润或利润过于微小的情况。一有适当的利润，资本就会非常胆大起来。只要有20%的利润，它就会活泼起来；有50%—100%，就会引起积极的冒险，甚至使人不顾一切法律。③显然，这种高利润激励着五金商人持续而大胆地前进。

五金商铺利润率的高低，到底在同行或他行中处于何地位呢？我们将北京部分五金商铺的利润率与上海同业、北京他业部分商铺的利润率进行对比如下（表5-4）。

表5-4　　北京五金商铺与上海同业及北京瑞蚨祥西鸿记绸缎庄损益对比　　（单位：千元，元）

比较项目	资本额	销货净额	资本周转次数（次）	销货成本	毛利 金额	毛利率（%）	费用 金额	费用率（%）	纯益 金额	纯益率	利润率（%）
北京万丰泰五金行	128509	186019.18	1.45	147489.98	38529.20	20.71	8836.51	4.75	22000	11.83	17.12
北京7户五金店平均	6107								19711		24
上海慎记五金行	288	1200	4.20	1038	162	13.5	40.00	3.30	122	10.17	42.40

---

① 所谓厚成，是商铺经过一定时期经营后，随着业务扩大对运营资本的需求，特别是为了防御风险，东掌为巩固资源起见，在年终或账期结账时，将应收（外欠）账款及现存资产（主要包括存货、现款、存款、铺底、修盖房用款、财神股、投在分号的原本护本等）予以一定折扣记账，即部分被隐藏的未分利润。
② 北京市档案馆：《关于北京市私营五金业历史演变的调查情况》，档号87-23-90，1956年9月25日。
③ 马克思：《资本论》第一卷，郭大力、王亚南译，人民出版社1953年版，第839页。

续表

比较项目	资本额	销货净额	资本周转次数（次）	销货成本	毛利 金额	毛利率（%）	费用 金额	费用率（%）	纯益 金额	纯益率	利润率（%）
上海6户五金店平均	294.2	1258	4.28	1103	155	12.3	38	3.02	117	9.3	39.77
瑞蚨祥西鸿记绸缎庄	80000	672483.78	8.4						22826.7	3.39	28.53

注：资本包括原本、护本、护身、浮存、财神股浮存。万丰泰资本是1938年的实用资本，7户平均资本是1936—1938年的实用资本。1938年瑞蚨祥西鸿记绸缎庄的资本是指东家投资的股本，利润也是账面利润。1936年上海慎记及6户五金行的资本皆指实用资本。注：上海各铺金额单位是"千元"，其余各铺则为"元"。

资料来源：北京市档案馆：《万丰泰五金行民国二十五年存货账》，档号J88-1-113，1936年（此处原档封皮记载有误，因档案内容皆为1938年之内容）；上海社会科学院经济研究所主编：《上海近代五金商业史》，上海社会科学院出版社1990年版，第139、153页；北京市档案馆：《万和成五金行资产负债表、损益计算书》，档号J86-1-76，1945年2月14日；中国科学院经济研究所等编：《北京瑞蚨祥》，生活·读书·新知三联书店1959年版，第124页。

表5-4中，北京万丰泰资本额、销售额、利润、利润率、资本周转次数分别为128.5千元、186千元、22千元、17.12%、1.45次，而上海慎记分别为288千元、1200千元、122千元、42.4%、4.2次，后者分别是前者的2.2、6.5、5.5、2.5、2.9倍。北京万丰泰系万和成与三益泰、张恒丰、李德和合伙开设于光绪十二年（1886），开设时资本1400两白银[①]，在天津、张家口、日本有联号，是北京五金业中的大户。慎记，系洪益三、徐永清、鲍穗南合资开设于光绪十四年（1888），开设时资本2000两，是行业中有典型代表性的中等靠上之户。[②] 看来，北京万丰泰与上海慎记皆是开设于同一时代的发展历史较为久远的老字号五金商铺，但从表5-4可看出，北京万丰泰的发展无论是资本额、销售额，还是利润、利润率皆远落后于上海慎记。另外，从北京7铺与上海6户五金店平均情况看，北京7铺的资本额、利润、利润率分别为6千元、19.7千元、24%，而上海6户则分别为294千元、117千元、39.8%，后者是前者的48.2、5.9、1.7倍。可见，无论是某个老字号商铺，还是多户平均情况，北京五金行皆大大落后于上海同业，其原因主要有以下几点。

其一，北京五金商铺进货渠道不如津、沪便利。北京是内陆都市，进

---

① 北京市档案馆：《万丰泰五金行》，档号J88-1-2，《万金老账》，光绪十二年（1886）立。
② 上海社会科学院经济研究所主编：《上海近代五金商业史》，第116页。

口主要依赖天津，在天津无货的情况下还要去上海进货，这样进货成本与价格可能要高于津、沪。相反，天津、上海由于是沿海港口城市，可直接从国外进货，价格与成本皆较低。

其二，北京五金商铺销量比津、沪少。北京作为古老内陆都市，商铺多以本地零售为主，大规模的批发商家不多，销量少；相反津、沪由于直接从国外进口，其销售对象面向全国，并多以批发为主，销售量大，当然盈利就多。并且，由于北京靠近天津，有些大工厂或公营单位如遇大工程需用五金商品较多，则多亲自去天津进货，所以北京五金商铺销量有限，远比不上津、沪。此外，北京工业落后，无大型的造船厂、兵工厂等企业，所以对五金商品的需求量也有限。

其三，北京五金商铺与津、沪五金商人对五金价格升降的反应速度不同，津、沪由于直接从国外进口，受国外市场的影响较大，所以当国际市场五金商品价格升降时，津、沪市场也相应升降，而北京市场由于信息不如津、沪灵通，即使得知市场升降信息，由于商人较为保守，也可能不会那么迅速地调整价格，致使利润该高时而并未升高。

如果将上表中北京五金行与北京瑞蚨祥西鸿记相比，1938年北京万丰泰利润率低于鸿记，7铺平均利润率也稍低于鸿记，但我们也要看到鸿记乃北京绸缎业龙头企业，实力雄厚，向以盈利丰厚著称，所以7铺平均利润率稍低于鸿记应该是很易理解的。另从表5－2我们看到，万和成、万庆成、万丰泰等五金商铺的利润率多高于鸿记，万丰泰1936—1938年的利润率也高于鸿记，而表5－4中的1938年北京万丰泰利润率之所以低于鸿记，这是因为表5－2中数据是三年的平均值，而表5－4中的北京万丰泰利润率只是1938一年的。综合以上情况，我们认为表5－4中北京五金商铺的利润率如果与瑞蚨祥有差距的话，相差也不会太大。由于瑞蚨祥在北京商界中的显赫地位，我们可以推断，上表中北京五金商铺的利润率在北京商界也应属于较高者。

此外，从全国各业情况看，明清两淮盐商利润率仅有10%—17%[①]；清代"晋帮茶商获利丰厚，兴盛期利润率为47%至120.26%，然市场低靡期利润率也仅为0.3%至9.8%"[②]；被称为"近代中国似无任何一家煤炭企业能与之相匹敌的经营稳定、高利润的开滦煤矿的资本利润率，

---

① 汪崇筼：《明清淮盐经营中的引窝、税费和利润》，《安徽史学》2003年第4期。
② 刘建生、吴丽敏：《试析清代晋帮茶商经营方式、利润和绩效》，《中国经济史研究》2004年第3期。

1912—1937年25年间年均利润率为15.98%"。① 依此而论，北京五金商铺的利润率在全国商界也应属于较高者。

第二节 利润分配

利润分配是以店号账面利润为依据的。然而，账面利润一般要比实际利润低，因为在利润计算前一般都要提取厚成，这大部分厚成一般隐藏在存货中，不参加分配。② 同时，各铺虽然一般是阴历年底结账，但盈余分配一般要等到三年账期时，以分红形式出现，这实际是商铺拿职工日常应得薪酬作经营资金。并且分完后，各人所分红利并不能从铺内即时提走，而是留在店内，用时预支。有的商铺规定在店存留三年后方能提用，以保运营资金之充实。独资店一般无固定的分配制度，如何分，分多少，由铺东来定。由于五金商铺多是股份合伙制商铺，所以一般要按股均分红利，并从每账期红利中提取部分作为职工勤劳进行赠送，当然这只是红利总数的尾数或零数。分配时，先算出每股应分多少，然后先分给财神股应分红利，再依次按股东持股多少、人力股持股多少进行分配。不过，占有银股的东家分去的商铺利润要多于人力股持有者，北京万庆成五金行自1920年至1937年银股比人力股多分8770元，银人股分配比例是54:46。下面我们再以万丰德五金行的利润分配情况为例（见表5-5）对此结论给予进一步说明。

表5-5　万丰德五金行历年利润分配统计

年份	银股或东股（分）	财神股（分）	人力股（分）	总股份（分）	人力股占总股份的（%）	利润（两）	送勤劳（两）	每股均分（两）	财神股分得（两）	东家银股分得（两）	人力股持有者分得（两）
1915	4	0.5	2.3	6.8	33.82	925.6	109.6	120	60	480	276
1918	4	0.5	2.9	7.4	39.19	2341.38	41.38	310.8	155.4	1243.2	901.32
1921	4	0.5	2.3	6.8	33.82	1273.93	73.93	183.8	91.9	735.2	422.74
1924	4	0.5	2.3	6.8	33.82	2200		323.53	161.77	1294.12	744.12

---

① 王玉茹：《开滦煤矿的资本集成和利润水平的变动》，《近代史研究》1989年第4期。其中1912—1919年为21.55%，1920—1927年为20.99%，1928—1937年为10.39%。

② 这是中南财经政法大学会计史专家郭道扬教授的看法。

续表

年份	银股或东股(分)	财神股(分)	人力股(分)	总股份(分)	人力股占总股份的(%)	利润(两)	送勤劳(两)	每股均分(两)	财神股分得(两)	东家银股分得(两)	人力股持有者分得(两)
1927	4	0.5	2.3	6.8	33.82	1813		250	125	1000	575
1930	4	0.5	3.3	7.8	42.31	390		50	25	200	165
1932	4	0.5	2.6	7.1	36.62	2134.4		280	140	1120	728
1935	4	0.5	2.9	7.4	39.19	1540		140	70	560	406
1938	4	0.5	2.9	7.4	39.19	4797.8		560	280	2240	1624
1940	4	0.5	3	7.5	40.00	11472.29		1400	700	5600	4200
平均	4	0.5	2.7	7.2	37.18	2888.84	74.97	361.81	180.91	1447.25	1004.22
合计						28888.4			1809.07	14472.52	10042.18

注：银股及人力股份单位为"分"，利润及持股人应分红利单位为"两"（表中已将1935年之后的数据按1元=0.7两的比例折合为银"两"。见北京市档案馆：《万庆成五金行》，档号 J85-1-15，《聚金红账》，1917年正月。）

资料来源：北京市档案馆：《万丰德五金行》，档号 J199-1-1，《万丰德万金老账》，光绪三十二年（1906）新正月十八日。

表5-5显示，自1915年至1940年，万丰德银股数总多于人力股数，人力股数占总股份的百分比自33.82%至42.31%，平均37.18%，也就是说，银人股分配比例大体稍高于"钱七人三"的比例，1930年之后甚至接近或超过了"钱六人四"的比例。北京三益泰五金行也曾规定每账期所得利润要按"东六伙四"进行分配。① 由于各铺在利润分配时一般是按所持股份均分，所以持股越多则分红越多，万丰德的这种利润分配的比例要稍高于北京商界的盈利大户瑞蚨祥绸缎庄"钱七人三"的分配比例。同时，从各年利润分配的具体情况看，无论按平均值还是总数计算，东家分得利润总是多于人力股持有者。如果从各年总计看，东家银股分得14472.52两，人力股持有者分得10042.18两，东家银股比人力股多分4430.34两，财神股分得1809.07两，即万丰德50.10%的利润被东家占有，34.76%的利润属于人力股持有者，6.26%的利润作为财神股公积金，8.88%的利润未分或其中部分属于其他无人力股的职工。如果在总利润中除去财神股所得，尚剩有27079.33两，那么东家则要分得53.44%，人力股持有者分得37.08%，即银股与人力股的分配比例要稍高于"钱六人四"。总之，万丰德五金商铺股东对职工让

---

① 北京市档案馆：《三益泰万金行》，档号 J198-1-8，《万金账》，1923年正月。

渡利润的程度要高于瑞蚨祥等绸缎商铺，当然，东家吃利润的大头也是无疑的。

上面的利润分配事例只是一个商铺内部的分配情况，如果某个商铺下面还有分号，那么总号与分号之间的利润又是如何分配的呢？下面我们以万和成、万庆成、万庆和等商铺的利润分配为例进行说明。

据1917年《万庆成万金底账》载，万庆成五金行的张英山、桑庚申、杨有兰及万庆和五金行的绳俊吉、尹福辰五人等，"皆系在万和成总号有股份，惟届算账时在分号应得余利人股若干，须如数归在总号内，再由总号按其原有身力股照数均分"，同时规定"万庆成、万庆和现有新续身力股者，并将来后续者，俱享本分号之余利，不得干涉总号。如总号直接者，天津三益泰，又北京万丰泰、万丰顺，每届账期所得余利归入总号，在总号有股分者，能享此利益，在分号新续股者，不能干预。如总号间接者，天津万庆泰、北京万丰成，每届账期所得余利，应归分号，再间接入总号"。[①] 这表明分号要在账期将在总、分号都有人力股份人员的分红上交总号，然后由总号进行统一分配；新入或新续人力股者及将来后续者，只能享受各分号的利润，而不能干涉总号的利润分配。这些有总、分号的商铺为何要有如此规定呢？其主要原因在于总号在进行利润分配时，在总号有股份的职工所得红利多于分号。绳俊吉、尹福辰历年在总号万和成与各分号的利润分配情况即为一典型例证（见表5-6）。

表5-6　绳俊吉、尹福辰历年在总号万和成与各分号的利润分配情况

年份	万和成 绳俊吉 身股	万和成 绳俊吉 分红	万和成 尹福辰 身股	万和成 尹福辰 分红	万庆和 绳俊吉、尹福辰 身股	万庆和 绳俊吉、尹福辰 分红	天津万庆泰 绳俊吉 身股	天津万庆泰 绳俊吉 分红
1914	7	1400	6	1200				
1917	7	2800	6	2400				
1920	9	2250	6	1500	10		10	
1923	10	3000	9	2700	10	1200		
1926	10	3000	9	2700	10	1500	10	1416.67
1929	10	3000	10	3000	10	1300	10	1583.4
1932	10	3000	10	3000	10	1200	10	1333.34

[①] 北京市档案馆：《万庆成万金底账》，档号J85-1-10，同治九年（1870）新正月初十日。

续表

年份	万和成				万庆和		天津万庆泰	
	绳俊吉		尹福辰		绳俊吉、尹福辰		绳俊吉	
	身股	分红	身股	分红	身股	分红	身股	分红
1935	10	4000	10	4000	10	1000		
1938	10	6000	10	6000	10	1600		

注：身股单位为"厘"；分红金额单位，1914—1932年为两，1935—1938年为元。
资料来源：北京市档案馆：《万和成五金行》，档号J86-1-6，《万年聚金账》，1914年；《万庆成五金行》，档号J85-1-13，《万庆和底账》，光绪二十二年（1896）三月二十七日；《万庆泰五金行》，档号J200-1-3，《万庆泰聚金红账》，光绪三十一年（1905）三月。

绳俊吉、尹福辰的人力股股份最初在总号万和成，后来二人又皆去万庆和工作，并在万庆和各持有人力股份10厘，同时1920—1932年绳俊吉还在天津万庆泰有人力股份10厘。二人的账期红利分配办法，以1932年绳俊吉为例：绳俊吉先在天津万庆泰按所持股份分得红利1333.34两，然后将此所得均分别上交其上一级总号万庆成、万庆和，此二铺各入账666.67两白银；绳在万庆和也按其所持股份应分1200两，这当然就比在天津万丰泰分得的红利要多500多两；然后，万庆和又要将绳之所得1200两再上交其上一级总号万和成，绳最后在万和成分得红利3000两，这当然又比在万庆和分得的红利要多1800两。因此，所有有人力股的职工都梦想能在总号有人力股份，其秘密即在于此。

不过，在分配问题上，如果不能正确协调各方利益，有时会引起职工之间、职工与管理者之间、职工与股东之间、股东与股东之间的各种矛盾，从而造成有的股东辞职，有的退股，有的拆伙分店等不利于商铺发展的后果。如广聚兴五金行"兹于民国十五年底结算大账，共获利洋6637.92元，张增贵因意见不合，情愿告退"[①]。张增贵之所以退股，其原因就可能与账期红利分配有关。可见，利润分配问题是关系到商铺能否健康发展的一个非常重要且敏感的问题，如何协调好各方利益，如何适时调整分配政策是管理者需要认真思考的。

第三节 利润流向的变化

商铺经营获利并不断积累，如何运用这部分资金，或利润流向何处，

---

① 北京市档案馆：《广聚兴五金行》，档号J87-1-3，《万金宝账》，1924年。

则是体现这个商铺经营与投资意识的先进与否。通常情况下，一般行业商铺的利润流向大致有以下情形：有的商铺把所得利润大多用于扩充本店规模，或开设分号、联号，有的则用于个人消费，有的购田置房以收取地租、房租，也有的放高利贷。北京五金商铺也不脱此规律，不过，其利润抗战前主要流于商业，抗战后则多流向房产等行业。但无论抗战前，抑或抗战后，利润流向于工业生产方面的很少。

有些五金商铺在不断盈利、规模扩大后，投资于本业或其他商业，开设分号，并不断增资。万和成于同治四年（1865）原出资本银500两正独资开设万庆成，至光绪十四年即成原本银2000两，至光绪三十一年入护本2000两，至1917年改组时账上载"万和成入原本银四千两，又续护本银一万两正，共计一万四千两"。至1939年万庆成的旧管资本已达60597.06元。同时，万庆成也不断向外投资开设分号，如至光绪十七年该号出资500两，开设万丰成；至光绪二十二年投入万庆和原本2000两，至光绪二十五年改为2100两。这些商铺不仅在北京本地投资开设分号，而且还在天津、张家口等地投资，如万庆成光绪三十四年投入天津万庆太原本3000两。1912年账期载，万和成、三益泰各红本银10000两开设天津三益泰；至1926年改组时的万金账载，万和成、三益太原存资本银各21000两；至1935年，废两改元，改原本各31134.18元；至1940年旧管资本有122268.36元。万庆成不仅投资于本业，而且还投资于他业商业，在1935年万和成、万庆成入股天津亨通贸易公司5000元，票面每股计洋2000元，先收半数，至1939年股票补收四分之一，计为7500元，1940年又补收四分之一，共计10000元正，计五股。①

各铺不管是新投资或是增资，皆非任意或随意进行，一般要经过"东伙双方同意"，并报税收机关备案查核等程序方为有效，如1938年3月"万和成五金行声称，该号资本原为国币14300元，现拟将施善堂项下国币4083.4元，又公余堂项下国币9000元，又公积堂项下国币12000元，又厚成项下国币11669.09元，并入资本，共计改订资本为国币51052.49元。东伙双方同意按照所得税条例第一类征收须知第四项之规定，将改订后之资本申报于所得税机关"。② 这是为减少商铺经营中的东伙矛盾，协调各方利益关系而施行的，为保障商铺的正常而稳妥地经营奠定了基础，

---

① 北京市档案馆：《万和成沿革》，档号 J86-1-299，1950年。
② 北京市档案馆：《万和成五金行资本鉴定书》，档号 J86-1-43，1938年。

五金商铺除投资于商业外，还将利润大量投资于房产。北京五金商铺将利润用于买卖有铺底权①之铺房的活动较多，这时买卖双方一般要订立书面契约，且多有中人或铺保的撮合、担保方可达成交易。为进一步说明商铺倒买铺底房及其他住房的大概，兹列表于下（见表5-7）。

表 5-7　　　　　部分五金商铺倒买铺底房及其他住房情况

买房者	年月	位置	房屋间数	倒价或买入价	卖房者	卖房原因
万丰泰、万庆成	1889.3	打磨厂东头路北	傢俱、铺底、字号、牌匾、幌杆、门面3间，前后共房8间	倒价市平松银300两	孙福立，祖业和兴铜铺	家中无人
万和成	1896.4	崇外花儿市西口外路西	傢俱、铺底、零星物件、货物、门面3间	倒价银3100两	张恒柱，隆泰兴铁铺	手乏
万和成		花儿市西口外路西		倒价市平松银50两	张尚福、何魁元	无人承做
万庆成	1933	崇外大街路西	瓦房11间，灰瓦房9间，灰平台3间，灰棚3.5间	包括铺底洋4000元在内，共洋70000元	六合堂，铺房	
万丰德	1935			铺底洋417元		
万丰德	1939			铺底洋1057元		
万和成	1934.9	外一区崇文门外大街路东48号	房平台3间，楼房12间	银洋850元整，另加财政局补契、代笔、税契等洋，共付洋1186.7元	金承藻祖遗铺面房	今因正用

---

① "铺底"是指店铺因故歇业或无力承做时，将所有出租或转倒给他人经营的家具、货底、字号、招牌、顾客群、商业信用和房屋的租赁权等有形或无形有价值的资产。"铺底权者，支付租金，永久使用他人铺房之物权也"。"铺底权为我国旧都独有之物权。"参见倪宝森《铺底权要论》，北京金华印刷局1942年版，第3—5页；左增信《从一起案件了解到的"铺底权"的历史》，《第三届中国律师论坛文集》（实务卷），2003年，第92页。

续表

买房者	年月	位置	房屋间数	倒价或买入价	卖房者	卖房原因
万和成	1936.9	崇文门外大街49号	共计灰瓦房45间*	卖价洋国币3500元，另加佣洋、登报费洋、付财政局税契等洋，共付洋4211元	宝淑娟祖遗铺面房	
万和成	1935			楼房地基房产1180元，自置住房一所1100元，自置后院房一所1500元		
	1938			又自置后院房产地基洋4211元		
	1940			自置住房一所1600元		

注：根据各铺历年有关租房底账记载，倒买铺底房的记录只表中前6项，后5项是万和成买入的房产，有产权，和铺底权无关。

* 门面瓦房3间，接连瓦房3间，前院过厅瓦房6间，南北平台6间，东瓦房6间，南院瓦房2间，北瓦房5间，二层北瓦房5间，三层北瓦房7间，灰棚2间，南灰棚3间。

资料来源：北京市档案馆：《万庆和底账》，档号J85-1-13，光绪二十二年（1896）；《万丰成聚金账》，档号J85-1-208，光绪十七年（1891）；《万庆成五金行铺底工程账》，档号J85-1-19，1931年；《万和成铁铺租房底账》，档号J86-1-8，1917年正月；《万和成租房底账》，档号J86-1-15，1924年；《万和成万年聚金账》，档号J86-1-6，1924年正月。

  倒铺底是为了更好地做买卖，是在商业方面进行投资经营，尤其是将这些铺底房用于开设五金商铺的分号方面。因为倒买有铺底权的铺房比买下这些铺房的产权不仅价格便宜，而且可承继以前铺底权人的客户群，同时还可长期租用。这就使得一些五金商铺倒买有铺底权的铺房时一般要以同业铺房为主，在某些同业铺东歇业倒出时，一些规模较大的同业商铺就相机买入。如表5-7中万丰泰、万庆成曾倒买了孙福立的祖业和兴铜铺，万和成曾倒买了张恒柱的隆泰兴铁铺。倒铺底房用款数额较为可观，一般要占各铺年均利润的20%以上，占自有资金的亦在20%以上，万和成1935年房地产用洋3780元，1933—1935年盈余51984元，平均每年利润17328元，自有资金14300元，铺底洋占年均利润的21.81%，铺底洋占自有资金的26.43%。[①] 不过，有时有些商铺倒铺底房用款数额

[①] 北京市档案馆：《万和成万年聚金账》，档号J86-1-6，1914年正月。

大的甚至要多于该铺年平均利润额，万庆成1935年铺底家具洋4000元，1933—1935年盈余10000元，平均每年利润3333.33元，自有资金11285.71元，铺底洋占年均利润的120%，铺底洋占自有资金的35.44%。① 这表明万庆成当账期年均利润不敷铺底用款，这实际就是倒买铺底款又占用了历年积累的资本。然而，1935年之后，五金商铺倒买铺底房的现象减少，万丰德1935年铺底洋417元，1933—1935年利润2200元，平均每年利润733.33元，自有资金3557元，铺底洋占年均利润的56.86%，铺底洋占自有资金的11.72%；1939年铺底洋1057元，利润685.24元，自有资金14115.5元，铺底洋占账期利润的154.25%，铺底洋占自有资金的7.49%。② 伴随倒买铺底用款的减少，一些商铺遂逐渐投资购买有产权的住房、地基等房地产的增多，万和成到1941年后"因怕日本鬼子买货给不了钞，又在定出小价钞来收货，本号就不正式做买卖，卖了货以货钱买房子"。③ 并且买房后进行出租成为稳定的财源（见表5-8）。

表5-8　　　　　　　万和成五金行出租房屋统计

年月	房屋位置、间数	承租者	租价	铺保或中人
1924.7	崇外瓜市大街路东，外左二区门牌49号，院内西房两间，门道两间	金和成、孙茂亭	月租洋8元	长盛号
1925.3	崇外东唐洗街外左四区，门牌8号，东房两间	张子宾	月租洋3.5元	骡马市义顺号洋货铺
1925.3	崇文门外路东门牌49号，后院住房28间	福源油店铺长吉玉书	年租金洋690元，租期为10年，租金均10年交清	中人黄润亭、朱星垣
1929.10	崇文门外瓜市大街路东，外一区门牌49号，南院内南房2间，东瓦房3间	福源油店	月租洋8元	金和成、孙茂亭
1941	外一区东茶食胡同路南门牌101号，房10间半	兴茂棉花铺经理李春霖	月洋50元，每月初一交	义聚公，中人张珠亭
1941	外三区铁辘轳把门牌10号，45间	同义成粮店	通用国币500元	

---

① 北京市档案馆：《万庆成五金行》，档号J85-1-15，《聚金红账》，1917年正月。
② 北京市档案馆：《万丰德五金行》，档号J199-1-1，《万丰德万金老账》，光绪三十二年（1906）新正月十八日。
③ 北京市档案馆：《民国三十三至三十六年变更申请书买契各类收据、三五反材料》，档号J86-1-159，1944—1947年。

续表

年月	房屋位置、间数	承租者	租价	铺保或中人
1943	外三区铁辘轳把门牌10号，45间	白敏生	通用国币700元	洪记铁厂，经理李洪之
1943	外一区崇外木厂胡同路北门牌甲17号，无铺底，共19间半	陈荣华	月洋700元	兴源永和记，经理刘希颜
1944	外一区崇外薛家湾路北门牌10号，18间半	赵子久	通用国币4000元	同升和鞋帽店，经理孙芳久
1945.3	外一区崇外高家营路西门牌18号，11间半	高仲华	通用国币5000元	长记号，经理田文考，中人徐德胜
1945.5	外一区高家营胡同19号，瓦房3间	何锡恩	通用国币1800元	兴华袜厂

资料来源：北京市档案馆：《万和成租房底账》，档号J86-1-15，1924年；《万和成民国三十年房租收益底账》，档号J86-1-61，1941年。

表5-8显示，1937年之前万和成向外出租房较少，间数少，租金少，只4起，租期与租金皆较为稳定，最多的一次是1925年共租出房屋28间，10年租期。1941年之后，出租房屋间数较1937年前大为增加，这些出租房从哪里来？显然应该是万和成先买房，再出租，即1941年前后该铺将利润多用在买房上。不过，这时租金不稳，增长幅度大，以前投资于商业铺底房方面的利润，这时多投在纯粹房产买卖与对外出租方面。

为什么会这样？是因为房产利润率高于五金商业利润率吗？

表5-9 民国北京房产与五金行商业资本利润率比较

房产				五金行			
年份	平均每间售价（元）	平均每间月租（元）	年利润率（%）	年份	资本（两）	利润（两）	年利润率（%）
1921—1926	213	2.37	13	1921—1923	11032	13199	27
1931—1937	265	2.4	11	1924—1926	12188	16852	31
1935	176.5	2.4	16	1927—1929	10983	15539	22
1936	295.75	2.39	10	1930—1932	19175	15859	22
1938	167	2.3	17	1933—1935	4734	14893	16
				1936—1938	6107	19711	24
平均			13.3				23.67

资料来源：本章表5-3；唐博：《清末民国北京城市住宅房地产研究（1900—1949）》，博士论文，中国人民大学，2009年。

表 5-9 表明，1938 年房产利润率虽最高，但各年变化不大，平均为 13.3%；1938 年五金业利润率虽高于 1929—1935 年，但各年变化也不大，平均为 23.67%，可见，房产年平均利润率要低于五金业平均利润率。

表 5-9 数据是否可靠？唐博研究认为："与 40 年代相比，20—30 年代北京的住宅销售价格稳中有升，但住宅平均月租几乎为零增长，或略有下跌。"① 据《北平晨报》载，1936 年北平城区的房租平均"每间代价总在一元五角以上，冷僻地点的房屋，月租价至多不过一元；繁华地段如西单一带，每月租额须三元左右"。② 1947 年《北平日报》载，"政府南迁，房价大落，上等房每间一元左右，下者仅几角钱，二十六、七年（1937、1938）仍然如此；三十一、二年（1942、1943），租房一间尚不过两三元钱而已"。③ 依此看来，表 5-9 中的房产数据基本符合当时情况。

那么，在五金业平均利润率高于房产平均利润率的情况下，为什么抗战开始后人们还要倾向于投资房产呢？笔者认为，主要原因有二。

其一，房产属不动产，在乱世，投资与收益较为稳定。1937 年日本人占领北京，北京的房价和房租上涨，房产中介大行其道。④ 加之伪币不稳，很多富人把钱投于房产和黄金，正如老舍先生在《四世同堂》中所言："有些积蓄的人，既不信任伪币，又无处去投资，于是就赶紧抓住了这个机会——买房！房，房，房！到处人们都谈房，找房，买房，或卖房。房成了问题，成了唯一有价值的财产。"⑤

其二，北京商人思想较为保守，战乱时期，即使利润率不高，人们一般也选择买房出租，而不是冒险投资其他行业。传统中国，"对房屋，国人一般只租不卖，因卖方被称作'破方'，卖房等于破家，很受忌讳"⑥。在北平，人们也有租房传统，有钱人投资的首选是买房置地，然后用于出租，时局动荡与战乱年代尤其如此。不唯北平，在上海"孤岛"时期，投资他业危险多多，而房地产业较其他行业更具稳定性，是通货膨胀时期货币保值的首选。⑦ 因此，日军占领北京后，一方面五金业需求旺盛，另

---

① 唐博：《清末民国北京城市住宅房地产研究（1900—1949）》，博士学位论文，中国人民大学，2009 年。
② 《北平晨报》1936 年 9 月 17 日。
③ 《住在北平》（上），《北平日报》1947 年 6 月 10 日。
④ 李开周：《民国北京房租揭秘》，《李开周博客》，http://blog.sina.com.cn/s/blog_4865b35c0100kl0x.html，2010 年 8 月 11 日。
⑤ 老舍：《四世同堂》，人民文学出版社 2000 年版，第 567 页。
⑥ 李开周：《民国开发商不卖房》，《城市住宅》2010 年 9 月。
⑦ 耿崇桑：《抗日战争时期上海房地产业研究》，硕士学位论文，复旦大学，2009 年。

一方面经营风险也在大大增加，从而使五金商人的经营更趋于谨慎，而对比较稳定的房产的经营积极性增加。

值得一提的是，中国近代产业的投资，主要是本行业商业利润的转化，但五金商业并非如此。虽然五金商业向称利润丰厚，但业主多将积累投于房地产或轻工业，鲜有投于五金生产者。以致直到20世纪30年代，上海才有一些五金商投资开设拉丝、制钉等小工厂。① 天津五金业也是如此，直到1936年才出现天津最早的一家轧钢工厂——天兴制铁所。② 然而，这些厂技术设备等条件皆较简单，经营效果颇微，有的甚至中途停歇。主要原因可能是华商自觉难以在五金这种重工业的投资与技术方面与外商竞争，所以宁愿继续进口洋货以获厚利而不想冒险，这应该是半殖民地半封建经济结构的必然反映。③ 这就使得五金商铺历年盈余积累没有积极地向产业资本转化，故其在推动工业生产的发展方面的作用极为欠缺。这是包括津沪在内的旧中国五金业在利润流向方面共同的局限性。然而，笔者至今未见北京五金行投资开设金属制造厂之记载，是根本不存在此等事例，还是流传的此种记载太少不易找到，笔者不敢臆断，但至少可以表明：长期作为都城且工业甚为落后的北京，其五金商铺在这方面的局限性可能要比津沪同业更为明显一些。

总之，通过对北京五金商人商业利润与利润率变动、利润分配、利润流向等问题的探讨，认为五金业利润水平在北京（甚至全国）众多行业中应算是盈利较高者；东家分得利润总是多于人力股持有者，而普通店员所得甚少；商铺利润抗战前主要流于商业投资方面，抗战（尤其1941年后）时则将利润多用在买那些以出租为目的的房屋方面，未见投资于工业生产方面，说明北京五金商人的近代化意识落后于津沪同业。

---

① 王相钦、吴太昌：《中国近代商业史论》，第559页。
② 董少臣：《天津市五金行业的历史回顾》，《天津文史资料》第32辑，第149页。
③ 王相钦、吴太昌：《中国近代商业史论》，第559页。

第六章　商者无忧：北京五金商铺员工收支与生活

人是趋利性动物，是共同的"利"使人结合成大小各异的集体，一旦利之不存，则成鸟兽散，因为自然人的生存需要最起码的物质依赖。对某一商铺而言，支撑这个小集体存而不散的支柱，是能保证员工及家属基本的日常收入与消费。北京五金商铺员工收支水平如何？有哪些具体的制度性规定？这些规定是否合理，能否调动员工的积极性？其生活水平如何？其生活水平与其在铺内身份有无关系？这是本节要重点探讨的。

第一节　五金商铺员工的日常收入

近代旅京冀州商人颇多，遂形成冀州商帮①，主要从事五金业、铜铁锡品业、书业、古玩业、老羊皮货业、细皮毛业、新旧木器业、布业等行业。关于近代商人的收入问题，因资料所限，笔者所见极微，当然有关旅京冀州商帮此等问题的研究更是寥寥无几。北京五金商铺多由枣强、南宫、冀县等冀州商帮开设或经营，该业职工的日常收入不尽一致，主要受工龄长短、德行、工作能力强弱及对商铺的贡献大小、商铺盈利多寡等因素的影响。如开设于1927年的庆顺和五金工具行"用人以忠实为原则，按品行之优劣，工作之勤惰为进退之标准"。此外，各店员在店工作年限、能力也是盈利分配时所

---

① 关于北京的称谓，在清朝和北洋政府时期，"北京"与"京师"互通，1928年后的国民政府时期一度改称"北平"，日伪时期又称北京，为行文便，除引文外，按习惯相沿一般统称北京。本书北京地域范围仅指现今二环以内的城区部分。冀州商帮之来源并非只指冀县，还包括清代冀州所辖的衡水、武邑、枣强、南宫、新河等县。北京五金商铺多由冀州商帮经营。

要考虑的因素。① 从北京市档案馆现存档案资料看，五金行员工收入抗战前变化不大，抗战后由于形势及账期的变化引起收入状况相应有所变化。②

员工日常收入一般包括固定工资、不固定的馈送酬劳与账期分红三部分。北京五金商铺经理或掌柜一般是有人力股份的，3 年账期（有的商铺账期为 2 年，1938 年后一般改为 1 年 1 账期）期满时参加分红，分红比例是按各自所占股份与东家均分。员工分两种，第一种员工是占有部分人力股份，与铺东、掌柜一样在账期按占有股份的多少均分红利，而无固定工资；另一种员工则无人力股份，不参与店内分红，只有月工资或年工资，年终有点馈送。值得注意的是，不管是经理还是有人力股的员工，到 1938 年之后一般是既享有月工资，又参与年终分红。下面将五金商铺员工收入分普通店员的收入与有人力股人员的收入两种情况进行论述。

一 普通店员的收入

普通店员的收入一般包括固定的工资与不固定的年终馈送勤劳金两部分。

固定工资一般又分为年薪和月薪两种。年薪，是商铺按年度发给员工的工资，晚清及以前五金商铺职工工资即以年薪形式发放，经理每年可挣 60—70 两白银，五六年工龄的职工每年挣 20 两白银，学徒无工资。③ 1914 年之后一般商铺多采用月薪制。月薪，一般按一定标准如工龄、劳动强度、实际表现或入号时合同约定的数额，按月发给店员的工资。一些商铺对无人力股的员工月薪有封顶限制，学徒仍无工资。如 1914—1937 年多数五金商铺规定普通店员的月工资最高不能超过 5 两白银，即年薪不得超过 60 两白银。再如五金业中的刀剪锁把店在第一次世界大战前后，学徒期满后开始挣工资，每月约挣白银 1.2—1.3 两，年终仍有馈送，但最多不超过本人 3 年工资总额。到 1930 年左右学徒期满后工资略有改变，每月挣 3—4 元，最高者不下 10 元左右，年终仍有馈送。当时发展势头较好的万庆和五金店"店伙月工资也只有十几元钱"。④ 然而，北京裕兴昌

---

① 《庆顺和五金工具行》（1950 年），北京市档案馆藏，北京市工商管理局，档号 22-9-327，以下不一一注明藏处。

② 有些资料所载五金商铺员工收支状况的数据，虽然并非只针对冀州商帮而言，但由于北京五金行大多是由冀州商人经营或开设，所以这些资料也当然适用于冀州商帮。文中五金商铺所指，如无特别说明，一般是指旅京冀州商帮所经营或开设的商铺。

③ 《关于北京市私营五金业历史演变的调查情况》（1956 年 9 月 25 日），北京市同业公会，档号 87-23-90。

④ 王永斌：《北京的商业街和老字号》，第 217 页。

估衣铺从业人员月工薪从 4 元起,最高 9 元钱。① 北京的西湖营绣货庄店员是固定工资,每月一般 15 元,少则 5—6 元,最多 20 元,当时皆为银元,按月付给。② 北京瑞蚨祥外伙计实行月薪制,在全面抗战前最低 4 元,最高 21.1 元,平均 8.4—10.4 元。③ 这说明,五金业虽是盈利较为可观的行业,但商铺普通店员的工资收入并不比其他行业高。1937 年后的北京五金行,职工学徒期满每月工资 5—30 元,年终还馈送 1000—3000 元④,看似比抗战前有所增加,但由于货币贬值、物价增长等因素的影响,实际收入也并不比抗战前高多少。

馈送,铺东与掌柜一般根据每年商铺盈利多寡和各人具体情况来决定馈送金额,一般在旧历年终发放,发放时并不公开,谁也不知谁得多少。北京五金行晚清时即有馈送惯例,1914 年以后馈送与分红制度是根据当时的业务情况分别处理,业务好盈余大就多分红利,否则就少分红利,同时馈送主要依据每人工作情况和业务的好坏来决定数额的多少。⑤ 如万庆和五金店店伙"年终时还可根据一年出力大小,得到馈送几十元到一二百元"⑥。各商铺及各年的馈送多寡不一,有些商铺有些年份甚至无馈送记载。⑦(详见表 6-1)

表 6-1　冀州商帮所营之五金行账期馈送伙友勤劳金数额统计

年份	万丰顺 盈利、股数、每股应分红利	送伙友勤劳	万庆成 盈利、股数、每股应分红利	送伙友勤劳	万丰成 盈利、股数、每股应分红利	送伙友勤劳	万丰泰 盈利、股数、每股应分红利	送伙友勤劳	广聚兴 盈利、股数、每股应分红利	送伙友勤劳
1926					17208.6 200	14.57			1261.8 4.9 257.5	110.6
1929			11725.06 7.5 1500	475					6939.8 5.9 1176.2	395.5

---

① 齐大之:《近代中国商业企业的利益分配》,《新理财》2004 年第 4 期。
② 张铁九:《北京的绣货业和鸿兴德》,中国民主建国会北京市委员会等编《北京工商史话》第二辑,中国商业出版社 1987 年版,第 93 页。
③ 中国科学院经济研究所等编:《北京瑞蚨祥》,第 61—62 页。
④ 《关于北京市私营五金业历史演变的调查情况》(1956 年 9 月 25 日),北京市同业公会,87-23-90。
⑤ 《关于北京市私营五金业历史演变的调查情况》(1956 年 9 月 25 日),北京市同业公会,87-23-90。
⑥ 王永斌:《北京的商业街和老字号》,第 217 页。
⑦ 一些商铺无馈送账面记载,是真无馈送习惯,还是有馈送而不记于账面,尚不得而知。

续表

年份	万丰顺 盈利、股数、每股应分红利	万丰顺 送伙友勤劳	万庆成 盈利、股数、每股应分红利	万庆成 送伙友勤劳	万丰成 盈利、股数、每股应分红利	万丰成 送伙友勤劳	万丰泰 盈利、股数、每股应分红利	万丰泰 送伙友勤劳	广聚兴 盈利、股数、每股应分红利	广聚兴 送伙友勤劳
1930					3302.1 9.7 300	392.1				
1932	1925.45 370	75.4	14200.03 7.6 1800	520.03	2866.6 9.7 290	54.6			7295.1 6.8 1072.8	497
1934					1817.39; 190	107.3				
1935	1348.45 260	48.4	16784.4 8.2 2000	384.4					4926.6 8.1 608.2	544
1936					2346.2 10.6 200	226.2				
1937									36248.7 9.45 3835.8	1805
1938					2887.89 10.6 260	131.89				
1939									25834.6 510.13 2550.31	1780
1940							27440.97	6152		2255

说明：原账簿中，从1935年账期大账时起，各铺盈利及红利单位由原来的银"两"改为洋"元"（唯独广聚兴除外，该铺自1924年开始的《万金宝账》，始终用洋"元"作单位，笔者虽尚不明其故，但可推断，在银两与银元并用的年代，用银元记账是与时俱进之举；为便于比较，笔者已将1926—1932年的盈亏及馈送金额按当时1元=0.7两的比率将"元"换算成了"两"）。人力股数单位为"分"，其余为"两"。

资料来源：《万丰德万金老账》（1906年正月），万丰德五金行，J199-1-1；《万丰顺余金账》（1888年），万丰顺五金行，J203-1-2；《万和成万年账》（1859年3月），万和成五金行，J86-1-1；《万庆成万金老账》（1891年正月），万庆成五金行，J85-1-209；《万丰泰余金老账》（1886年），万丰泰五金行，J88-1-2；《万金宝账》（1924年），广聚兴五金行，J87-1-3。

表6-1中，各商铺馈送伙友的银钱一般以"赠送勤劳"的名义发放，所发放银钱之来源一般有两种形式：一是账期盈利按股均分时为便于

分配一般要取整，剩余的零头部分送伙友。如万丰顺五金行 1935 年账期所得盈利 1348.4 元，按 5 股均分，每股 260 两，外余洋 48.4 元加增众伙计勤劳。此外，万庆成、万和成、万丰成皆采取此形式。二是先在铺有资金中拿出部分馈送伙友，计算盈利后再按股均分，如广聚兴五金行 1937 年账期馈送伙友 1805 元，而盈利 36248.7 元，整好按 9.45 股均分，每股 3835.8 元。这样，就使得馈送多少各年各商铺并无一定比例和规律，有些年份盈利虽多但馈送不一定多，盈利少时而馈送也并不一定少。如万丰成五金行 1930 年盈利 3302.1 两，馈送 392.1 两，1932 年盈利 2866.6 两，馈送 54.6 两，而 1934 年盈利 1817.3 两，馈送 107.3 两。盈利最少的 1934 年馈送反比 1932 年多近一倍，1932 年盈利不是太少，馈送反比 1930 年少 6 倍多。另外，铺东馈送伙友勤劳金时，多数商铺为保密起见，账本并不指明分给何人多少，如万庆成、万丰德、万丰顺、万和成、万丰成、万丰泰等。但也有些商铺账本明确记载何人得多少勤劳金，如广聚兴五金行 1935 年账期的账本上就明确写明"东股酬赠勤劳"，其中宋元冬、王德响各 100 元，高印起 40 元。① 其之所以这样做，主要是显示多劳多得及竞争的公平，不让其他店员起疑心，以保证内部的团结。

表 6-1 还显示，铺东馈送给伙友的勤劳金数额很小，远远低于股东或有人力股者每股所分红利数额，如万丰成五金行 1926 年账期总盈利 1720 两，而馈送勤劳金只有 14.57 两，前者是后者的 118 倍多，这样一股身股所得红利 200 两就是馈送的全部勤劳金额的 13 倍多。况且这 14.57 两勤劳金还要分给店内各个伙友，当然伙友越多，则每个伙友所得馈送就越少，这就造成每个伙友所得馈送与商铺所获盈利存在严重的不对称。所以巨大的收入差距吸引着众多伙友为得上 1 厘人力股而兢兢业业，努力奋斗终生。

二　有人力股人员的收入

有人力股人员包括经理与有人力股的店员，其收入主要由四部分组成：各账期按所拥有的人力股份多少而享有的分红、商铺各年积累的厚成、馈送、月薪。不过，由于馈送不是有人力股店员收入的主要部分，故不再赘述。

1. 月薪、分红

月薪与分红是五金商铺有人力股人员收入的主要组成部分，而尤以分红为重。下面对部分五金商铺经理的月薪与分红情况进行对比（详见表 6-2）。

---

① 此系东家给店员的馈赠金，由东股应分盈利中出，并不包括在赠伙友勤劳洋 544 元之内。

表 6 - 2　　　　　1938 年部分五金商铺经理的月薪与分红统计

姓名	年岁（岁）	籍贯	所属商铺	月薪（元）	年薪（元）	人力股份（厘）	分红（元）	入号年份（年）	任经理年份（年）	备注
彭振纲	65	枣强	万丰德	12	144	10	267	1906	1924	
张广铎	67	枣强	万丰顺	8	96	10	166		1921	
王长兴	54	枣强	万丰泰	15	180	5	1417	1900	1917	
邸占江	52	枣强	万和成	15	180	9	1800	1902	1917	1929 年任总经理
谢永昌	41	南宫	万和成	5	60	5	1000	1913	1926	
李玉振	52	枣强	万庆成	15	180	9	900	1902	1919	
乔森廷	42	枣强	万庆成	5	60	5	500	1912	1927	
郑全	52	南宫	万庆和	15	180	7	373	1904	1917	
朱金珂	37	冀县	广聚兴	12	144	10	1279		1922	
李鸿崑	54	冀县	三益泰	12	144			1901	1911	
张立成	60	枣强	三益泰	15	180			1896	1911	1937 年任总经理
李振镐	44	枣强	恒兴义	8	96			1916	1934	
曹岐山	67	冀县	鸿昌德	20	240					1908 年任总经理
张霞山	66	冀县	鸿昌德	20	240				1908	
李衍龄	29	冀县	聚昌泰	6	72					1932 年任副理
张凤锁	26	枣强	开泰恒	8	96			1931	1936	
段宗绍	42	枣强	同义德	12	144			1917		1933 年任总经理
李全恩	42	枣强	同义德	10	120			1917	1933	
孟宪辛	37	枣强	万庆公	12	144				1923	
张文博	36	冀县	义昌号	10	120				1918	1930 年任总经理
张凤藻	42	枣强	义信成	8	96			1912	1925	
平均				11.57	138.86					

说明：1. 表中各商铺经理是否都有人力股，尚不得而知，但据档案所载，北京五金行店员一般情况下，"工龄到10 年左右即放送身股3—6 厘"，且称"一般资方、资代身股一般为2—20 厘"。[参见《关于北京市私营五金业历史演变的调查情况》（1956 年 9 月 25 日），北京市同业公会，87 - 23 - 90] 看来，经理吃人力股是五金业的普遍现象，表 6 - 2 中人员既然都是经理，所以大多数应该都有人力股。2. 表 6 - 2 中各人力股份的当年分红是在原账期分红数额的基础上除以 3 所得，因为账期皆为 3 年。

资料来源：《五金业委员名册和会员委员调查表》（1938 年），北京市同业公会，87 - 23 - 11；《万金宝账》（1924 年），广聚兴五金行，J87 - 1 - 3；《万丰德万金老账》（1906 年正月），万丰德五金行，J199 - 1 - 1；《万丰顺万金老账》（1888 年 3 月），万丰顺五金行，J203 - 1 - 3；《万金老账》（1929 年正月），万丰泰五金行，J88 - 1 - 15；《万年聚金账》（1914 年正月），万和成五金行，J86 - 1 - 6；《聚金红账》（1917 年正月），万庆成五金行，J85 - 1 - 15；《万庆和底账》（1896 年 3 月），万庆成五金行，J85 - 1 - 13。

表6-2中，月薪标准共有7级：5元、6元、8元、10元、12元、15元、20元。不同商铺之间的经理工资多有差异，如鸿昌德经理张霞山月薪20元，而万和成经理谢永昌只有5元，前者是后者的4倍；时任五金同业公会主席的万和成总经理邸占江的月薪也只有15元，低于张霞山5元，这应该与各铺营业规模、盈利多少与工资政策有关。即使同一商铺内部同是经理，其月薪有的也有差异，如万庆成李玉振与乔森廷同是经理，李玉振月薪15元，而乔森廷只有5元，李是乔的3倍，这可能与两人的资历、工龄、当经理时间的长短与对商铺的贡献有关。如李玉振当时52岁，1902年入万庆成学徒，1919年就开始当经理；而乔森廷42岁，1912年初入万庆成学徒，1927年才开始任经理。这样，李比乔年长10岁，早入号10年，早当经理8年，所以无论工龄、资历，还是当经理的时间，皆是乔所不及的，李比乔的月薪高当然是可以理解的了。另外，总经理一般要比经理月薪高，如同义德的总经理段宗绍月薪12元，而经理李全恩是10元，段高于李2元；但也有的商铺总经理与经理的月薪相等，如鸿昌德的总经理曹岐山与经理张霞山的月薪皆为20元。总之，所有这些异同都与各铺具体的工资政策与标准有关。

上表中21个经理或掌柜平均月薪11.57元，其中月薪5元、10元、20元的各有2人，6元的1人，8元的4人，12元、15元的各有5人，可见以月薪12—15元的占主流，一年工资收入多在144—180元。不过，经理的月薪不是他们的主要收入，其主要收入是各个账期的分红所得。上表中，各铺经理分红所得差异较大，一般与各铺的盈利水平有关，也与各自所拥有的人力股份有关，但有一共同特点，就是分红额远高于月薪收入，如万和成的谢永昌分红1000元，而年薪只有60元，前者是后者的近17倍；邸占江的分红是年薪的10倍；差距最小的是万丰顺的张广铎，其分红也达到年薪的近2倍。这表明，经理收入主要依靠账期分得红利而非工资。由于五金商铺分红时一般按所持人力股份与钱股均分，所以其他有人力股店员的分红所得也应比其工资收入要高，兹不赘述。

2. 找厚成

在五金商铺中，有人力股员工拥有找厚成权，这些厚成金也是其收入的一大组成部分，虽然平时积累在商铺内，但到退出人力股时一般都能将这部分收入提走。

所谓厚成，是商铺经过一定时期经营后，随着业务扩大对运营资本的需求，特别是为了防御风险，东掌为巩固资源起见，在年终或账期结账时，将应收（外欠）账款及现存资产（主要包括存货、现款、存款、铺底、修盖房用款、财神股、投在分号的原本护本等）予以一定折扣，以达到实际资产额超过账面资产额的隐藏利润之目的。如1932年万和成《万年聚金账》上记载"众号所存各货厚成列后，由本号及众支号红单抄来"，包括存货升价银、现扣银、投在各支号的原本、护本银、建筑铺底银（铺底家具银、房产银）、公积股银（有时称财神股银）等六项资产。① 这表明厚成包括所有被隐藏起来的未分配盈余。

不过，这些被商号平时隐藏起来的应分而未分之盈余，在有人力股的经理或伙友因自辞、被辞及死亡后退股时，一般有权分取自己该得部分，即找厚成。因据北京五金行"数十年的惯例，在柜享受身股1分者，死后按正股分红3次，以后即将本联各号的厚成、浮存等项价值算清，每正股核银（后改洋）多少，找出7厘股的钞拿走，下余3厘股的钞不取，在本号永远存照"②。也就是说，有人力股的经理或伙友死后一般要提取其应得的商铺厚成。多数商铺也确实是这样做的，如万和成五金行"因母桂龄3年前升仙，3年后账期，今将众号各货升价、护本、浮存项共银70977.48两，按12.6股分金，每股该（分）5633.13两。母桂龄原身力股1分，当面裁退7厘，下有3厘永远存照。将7厘股厚成浮存等项，该找出银3943.15两，作为4000两"③。即母桂龄的后人能从其生前商号中取得4000两厚成银。取得这笔数额极为可观的银子，即为找厚成，这是一种极具激励作用的物质刺激机制，充分体现了旅京冀州商人先进的管理理念，在一定程度上激发了全体店员奋力拼搏的热情与恪守铺规的自觉。

当然，找厚成虽然可视为职工的一项收入，但对某些职工存在诸多不公平。首先，商铺无人力股的职工在任何情况下皆不能提找厚成，实际是商铺剥夺了这部分人的应得之利益。其次，对出号职工不公平。他们如能在同一商铺一直工作到去世，找回的厚成可能会弥补以往应得而未得之利益；如自辞或被辞，即使是到账期出号，由于占有人力股份较少，所找厚成的范围很窄，找回的厚成数额也较少，不到账期时出号则就更得不偿失了。厚成情况较为复杂，另有专文详述。

---

① 《万和成万年聚金账》（1914年正月），万和成铁铺，J86-1-6。
② 《万和成、万庆成等几家私营企业重估财产报告表及公私合营协议书》（1952年），万丰顺五金行，J203-1-8。
③ 《万和成万年聚金账》（1914年正月），万和成铁铺，J86-1-6。

三 应支制度

上述经理或有人力股店员的分红并不能即时从铺内提走，一般要存在铺内，需钱时按铺规要从店内支取，这就涉及"应支制度"。①

"应支制度"是指抗战以前有人力股的员工平时无月工资，只是依商铺规定按年或月预支部分款项自用或贴补家用的制度；抗战后虽有了月薪，但应支制度仍继续存在。这是因为北京商铺多为3年1个账期，账期结账后方可分红。远水不解近渴，东家为让有人力股者及时得到实惠，遂规定可按人力股份额多少逐年预支，此曰"应支"。如广聚兴五金行合伙合同第12条规定："号中伙友凡占身股者，每年每分应支辛〔薪〕工洋100元，9厘者应支洋95元，依此递减，至1厘者，每年应支洋55元，但股东不得享此权利。"② 这表明，应支制度被分成10个等级，即使最少的人力股持有者每年也有55元的应支款项。不过，这种预支款到大账期时要从分红额中扣除，只把余数分给人力股持有人。此种规定在1956年的私营工商业调查中得到证实，据称北京五金行业"经理一般在名义上不挣工资，而采取借支的方式来满足自己的收入，一般的经理最少有10厘身股，每年每1厘身股最少要借支10两白银，按10厘身股计算每人每年要收入100两白银，等3年结账期如赚钱超过借支再多补，补多少不等。如赚钱少或无盈余，其经理前借支转为长支"。③ 现存五金行账本也确实是这样记录的，如万丰德经理孙壬成宣统元年（1909）以前提支银58.98两，宣统元年账期时分得红利21.92两，账面记为"孙壬成除去得利，净长支银37两"，然而此账期东家因其业绩突出"柜送40两"，所以账面又记"孙壬成除去长支，净浮存银3两"。④ 这表明长支款项在账期分红中扣除，如不够，仍记为"除去余利前后跟来净长支××"，即还有债务；如果分红额大于长支款项，则记为"前后跟来净存××"，即已有店内存款。此外，各五金商铺的应支制度对应支数额一般也有明确规定（详见表6-3）。

---

① 值得注意的是，实际上，无论有人力股的员工，还是无人力股而有月工资的员工，平时需钱时都要在铺内支取，而不能按月领取固定的收入［参见《辛金账》（1935年），万和成五金行，J86-1-39］。由于无人力股员工的支取比例，笔者未见明确的文字记录，所以只讨论有人力股员工的应支问题。
② 《合同》（1924年），广聚兴五金行，J87-1-105。
③ 《关于北京市私营五金业历史演变的调查情况》（1956年9月25日），北京市同业公会，87-23-90。
④ 《万丰德万金老账》（1906年正月），万丰德五金行，J199-1-1。

表6-3　　　　　　　部分五金商铺应支数额统计

商铺最初名称	应支数额
万和成铁铺	有人力股者每年每人预提100吊
万丰泰铜局	1886年每人每年预提20两，1923年每年每分人力股提支200两
万丰顺铜镫局	人力股1分，每年每人预提15两
万丰德铁铺	1909年身力股1分，每年应支工银30两*
广聚兴铜铁局	每分人力股，每年应支100元洋，至1厘人力股时应支55元
天津三益泰五金行（北京三益泰之联号）	每分人力股，每年应支100两

说明：*万丰德五金行的孙壬成人力股1分，原规定应支工银15两，然而宣统元年邢魁元出号，归孙壬成1人经理，应支数额遂增为30两白银。1912年彭振纲新入身股7厘，应支银20两，刘九河6厘，应支18两。以上表明1厘人力股每年应支3两。

资料来源：《万和成万年账》（1859年3月），万和成五金行，J86-1-1；《万丰泰余金老账》（1886年），万丰泰五金行，J88-1-2；《万金老账》（1929年正月），万丰泰五金行，J88-1-15；《万丰顺余金账》（1888年），万丰顺五金行，J203-1-2；《万丰德万金老账》（1906年正月），万丰德五金行，J199-1-1；《合同》（1924年），广聚兴五金行，J87-1-105；《三益泰万金行》（1923年正月），天津三益泰万金账，J198-1-8。

表6-3表明，不同商铺应支数额并不一致，同一商铺不同时期也不完全相同。如万丰泰五金行1886年规定每人每年预提20两，然而到了1923年规定每年每分人力股提支200两。每年每分人力股应支数额最多的是万丰泰，高达200两，最少的是万丰顺，只有15两，前者是后者的13倍有奇。这说明应支数额的多少与各商铺的经营规模与盈利大小有直接关系，规模大、盈利多的商铺应支数额也相应较大，反之则否。总之，"应支"作为一大物质刺激的激励制度，注意到了正确处理职工的物质利益，以此方式及时给予员工合理的报酬，以维持其劳动力日常的再生产及养家糊口所必需，这就极大地激发了员工劳动热情，利于培植他们对商铺的忠诚度，从长远看，有利于商铺的发展和资本家更多的获利。

总之，近代旅京冀州商人涉足人数较多的五金业虽是盈利较为可观的行业，但商铺普通店员的工资收入并不比其他行业高，铺东馈送给伙友的勤劳金数额很小，远远低于股东或有人力股者每股所分红利数额，同时，经理和有人力股份店员的收入主要依靠账期分得红利而非工资。普通店员的一般日常消费包括衣、食、住、医等方面，除衣服、鞋帽等穿戴物品外，其余费用一般皆由各商号免费提供。有人力股店员的各年收入基本大于支出，支出去向较为复杂，除借入与借出的大支出外，交际费用较高，日常穿戴费用要高于养家支出费用，用于养家的费用偏低。经理或掌柜的日常花费基本都由柜上支付。上述对近代旅京冀州五金商人收入与消费方面的认识，期望丰富近代北京商人收入、交际、消费等社会生活方面的历史，同时为当今商业企业职工收入福利制度的改革与完善提供有益的历史借鉴和现实启示。

第二节 五金商铺员工日常消费

一般而言，员工的消费能力与水平与其收入状况关系非常紧密，当然，五金商号员工也不例外。北京五金商铺多由枣强、南宫、冀县等冀州商帮开设或经营，该业职工的日常收入结构及多寡不尽一致，主要受工龄长短、德行、工作能力强弱及对商铺的贡献大小、商铺盈利多寡等因素的影响。从北京市档案馆现存档案资料看，冀州商人涉足人数较多的五金业虽是盈利较为可观的行业，但商铺普通店员的工资收入并不比其他行业高，铺东馈送给伙友的勤劳金数额很小，远远低于股东或有人力股者每股所分红利数额；同时，经理和有人力股份店员的收入主要依靠账期分得红利而非工资；有人力股店员的各年收入基本大于支出。这样，五金商铺员工日常收入的多少就会大大影响着其日常消费能力的强弱与消费结构的变化。[①] 五金业冀州商人的日常消费情况较为繁杂，为便于叙述，我们将其分为普通店员的一般消费、有人力股人员的消费、经理人代铺消费三个方面来探讨。

一 普通店员的一般消费

普通店员的一般日常消费，无非包括衣、食、住、医等方面，除衣服、鞋帽等穿戴物品外，其余费用一般皆由各商号免费提供。从另一个角度看，这其实又是员工的一种收入，因为毕竟吃、喝、住、医、洗澡、剃头等日常消费不用自己花钱，无形中就等于省了一笔花费。表6-4就部分地反映了万和成五金商铺为员工免费提供的吃喝、剃头等方面消费情况。

[①] 家境富裕，靠家中资助进行消费的员工或有特殊消费嗜好的员工之消费情形不在本书讨论之列。另，有些资料所载五金商铺员工收支状况的数据，虽然并非只针对冀州商帮而言，但由于北京五金行大多是由冀州商人经营或开设，所以这些资料也当然适用于冀州商帮。文中五金商铺所指，如无特别说明，一般是指旅京冀州商帮所经营或开设的商铺。

表6-4　　　万和成五金行为员工免费提供的部分事项举例

日期	商号柜内支付金额
1931年6月15日	出西路水钱2千文
16、17日	出纸烟公会节礼洋1元，出剃头节礼洋5角，出剃头钱1千文，出剃头钱1千文
18日	出吃饭洋1.5元，出水钱6千文
19日	出东路水钱3600文，出西路水钱2千文，出水钱600文
20日	
21日	出胰子钱1200文，出剃头钱2400文，出茶叶洋1毛，出水钱600文
23—25日	出饺子钱10千文，出手纸钱2000文
26日	出茶叶钱4千文，出胰子钱2千文，出水钱600文，出车钱1600文
27日	
28日	出茶叶洋1毛，出水钱600文，出点心钱12千文，出饺子洋钱5毛，出车钱水钱6200文

资料来源：北京市档案馆：《万和成五金行》，档号J86-1-30，《现售货账》，1931年。

首先，店员免费在商号吃住，但铺盖要自带。这也是旧中国商铺的惯例，因为那时店员一般多是京外人，远离家乡，年轻的男店员又较多，即使已婚的也不准带家属，简言之，即店员多是单身京外男人，所以商铺为了好管理，就规定店员吃住在店，不得随便外出，这样随叫随到也不误生意，利于商铺发展。在当时各城市店铺员工每天都吃两顿饭，上午10点多开饭，下午饭4点多开饭。各大买卖家都很讲究吃。来了客人都在柜上吃，到饭庄吃。旧社会有句俗话："小买卖怕吃，大买卖怕赔"。当然，冀州商帮也是如此。万丰泰五金行掌柜常讲："吃不穷，喝不空，算计不到就要穷，咱们做上一号好买卖就够吃上二年的"。因此，万丰泰五金行在员工日常生活上很讲究，每天每顿饭10个人一桌，总是开五六桌，桌桌都是八个菜一个汤，上午10点开饭吃到12点，下午4点开饭吃到6点，厨房常有4个人，每天都是这样准备饭菜。[①] 万庆和五金行的伙食"也和其他商铺一样，免费供职工两顿饭，可是万庆和与其他商铺不一样的是，他们的伙食好。不仅天天有白面吃、炒菜，而且经常改善伙食。在当时从穷苦农村来的学徒和伙计，他们有的在家一年都吃不上一顿白面，

---

① 王者香：《北京万丰泰五金行》，中国人民政协河北省枣强县委员会文史资料委员会编《枣强县文史资料》第9—10辑，第265页。

吃万庆和的好伙食就很满足,所以,肯于为万庆和出力"[①]。冀州商帮所营商铺除给店员提供食宿外,逢年过节还要改善伙食。如万丰泰五金行遇到节日大师傅们忙不过来,还得添两个有烹饪技术的大师傅帮厨。有趣的是,此等商铺的伙食费用常常超过店员的工资收入,从而使店员将其应该得到的货币收入又以吃喝的形式消耗在商铺内(见表6-5)。

表6-5　　部分五金商铺伙食、薪金等费用及其指数比较　（单位：元）

项目名称	万丰泰 1938年 费用	指数	万丰泰 1939年 费用	指数	万丰泰 1940年 费用	指数	万丰德 1940年 费用	指数	万庆和 1940年 费用	指数	万庆成 1940年 费用	指数
薪金洋	3423	39	656	2	1547	5	574	6	2418	32	466	2
年终酬劳			119	1	6152	22	14533	43	2850	28		
日用福食	2692	30	3206	12	8111	24	4462	44	2439	33	11068	37
盘费			129	1	0		0					
总费用	8837	100	27441	100	33845	100	10082	100	7491	100	30237	100

注：原数据有小数，表中数据皆按四舍五入进行了调整。
资料来源：北京市档案馆：万庆成五金行《民国二十九年负债资产纯益分配单》，档号J85-1-219，1940年；《万丰泰五金行民国二十五年存货账》，档号J88-1-113，1936年；《万丰泰五金行》，档号J88-1-15，《万金老账》，1929年正月；《万丰德五金行》，档号J199-1-1，《万丰德万金老账》，光绪三十二年（1906）新正月十八日；《万庆和底账》，档号J85-1-13，光绪二十二年（1896）三月二十七日。

表6-5中,日用福食费各铺皆较高,1940年各铺日用福食费都超过了薪金支出,说明五金行店员吃喝方面的福利待遇都较高,但工资收入则相对较低。就万丰泰而言,1938年薪金费占费用总数的39%,日用福食费占总费用的30%,前者高出后者9%,虽较其他年份、其他商铺较为合理,但薪金在总费用中的比重偏低,而日用福食则偏高。自1939年开始,日用福食费则大大高出薪金支出,1940年稍有好转,但变化不大。这说明万丰泰1938—1940年,店员不但工资收入有下降之势,吃喝方面的待遇也有下降之势,并且吃喝日用等费已超过工资支出。万庆成1940年的日用福食费甚至高达薪金的18倍多。如果从各铺店员一年人均日用福食费的对比来看,上述趋势也很明显。1938年万丰泰店员共12人,日用福食费共2692元,则各店员人均每月日用福食费为19元。1938年万丰泰、

[①]　王永斌：《北京的商业街和老字号》，第217页。

万丰德、万庆和、万庆成的店员分别为 12 人、9 人、19 人、18 人①，1941 年则分别为 22 人、12 人、20 人、22 人②，由于没有 1940 年的店员人数数据，并且 1938—1941 年店员人数是递增的，如果按最保守的数据，即取 1941 年的店员个数来计算，各铺店员每月人均日用福食费分别为：31 元、31 元、10 元、42 元。各铺经理 1938 年月薪最高的只有 15 元③，也就是说，无论是 1938 年的万丰泰，还是 1940 年的万丰泰、万丰德、万庆成，各店员的人均日用福食费都比各铺经理的月薪还要多，有的甚至高出近 2 倍左右。五金商铺这种高水平的吃喝花费如果与北京当时以伙食优厚著称的瑞蚨祥绸布店相比，差距也不是很大。1940 年瑞蚨祥 5 个柜的"日用"一项（基本是伙食支出）共为 186496.65 元，平均每柜 37299.33 元，如按西柜 77 个店员计，则西柜人均 484.4 元，平均每人每月伙食费为 40.4 元。④ 这表明万庆成五金行的福食消费稍高于瑞蚨祥，除万庆和外，其余几个五金商铺虽比瑞蚨祥低，但差距不是很大。

其次，店员"住家"往返路费由商号支付，住家期间的消费基本在原籍。"住家"即相当于现在的探亲假，这是与店员免费在店吃住相对应的，前已述及，那时商铺职工多非北京本地人，又皆不许带家属来京，所以就有了定期回家探亲的规定。北京五金行规定店内职工"每二年回原籍一次（遇特殊事项例外），假期三个月，工资照发，另外还有春节假半个月"，这样两年中共有四个月的休假时间。住家惯例其实在北京其他行业商铺也多如此，如 1922 年 4 月 20 日冀县人杨文涛"在聚义炉房作生意已二十余年，去年五月曾回家一次，至八月回铺"⑤，杨在冀县住家也大约三个月。由于职工的平时假期很少而且隔很久才有一次，多数职工皆把"住家"当作一年中最为期盼与为之兴奋之事，毕竟住家日期是较长的，并且住家的往返路费一般也由商铺支付。⑥ 值得一提的是，冀州商帮住家时，往往在京购买一些新鲜东西带回家乡，遂悄悄改变了冀州农村社会，如冀县人使用煤炭、"洋火"（火柴）、"洋油"（煤油）、"洋布"（机器织

---

① 北京市档案馆：《北京市商会会员录》，档号 ZQ8 - 1 - 62，1928 年 6 月刊印。
② 北京市档案馆：《五金业委员会员名册和店员数调查表》，档号 87 - 23 - 14，1941 年。
③ 北京市档案馆：《五金业委员名册和会员委员调查表》，档号 87 - 23 - 11，1938 年。
④ 中国科学院经济研究所等编：《北京瑞蚨祥》，第 63、70 页。
⑤ 北京市档案馆：《京师警察厅外右一区分区表送冀县会传杨文涛一名请核办一案卷》，档号 J181 - 19 - 35522，1922 年 4 月。
⑥ 北京市档案馆：《关于北京市私营五金业历史演变的调查情况》，档号 87 - 23 - 90，1956 年 9 月 25 日。

的布）等，"均比周边地方时间早"①，即为一证。

最后，店内职工遇婚丧大事时的花费，各商铺一般都给予适当照顾。如北京五金商户"遇喜丧则送礼金，病死在企业者一些费用也由店号负担"。② 并且，职工得病期间医药费一般也由铺内出账，这也是行业惯例。③ 上海五金行虽然对于与店员有关的红白大事，商铺均有所馈送，但职工疾病医药费用全由自己负担，并对长期病假不能工作者加以辞退。④ 相比较而言，北京同行在对待职工疾病方面的规定要比上海方面更人道一些，对调动职工的积极性与笼络人才有着一定的促进作用。

此外，北京五金行员工的理发、洗澡、腿带等一些零碎花钱亦由商铺负担。

上述五金行的员工的日常花费一般皆由商铺免费提供，自第一次世界大战后直至抗战初并无大的变化，相对较为稳定，多数成为业内惯例。直到新中国成立初期这些惯例仍然存在，如"伙食费、医疗费由企业负担，理发、洗澡每月两次，回原籍路费一般给 14 元，服装费每人每年 40 元，毛巾、肥皂、茶叶每人每年 24 元，死亡由企业负担本人一年的实际工资。假期为年假 36 天，月假 2 天"。⑤ 总之，商铺的这些福利尽管零零碎碎，却使员工们省一笔钱，这对稳定店员人心，加强对店员的管理与调动其积极性起着不可言喻的作用。另外，员工们将这笔本应该属于他们自己的钱消费在商铺内，商铺搞一刀切，无形中使商铺受了益，如果商铺将这笔费用分给各职工，有些贫穷职工可能会更为受益一些。

二 有人力股人员的消费

据账簿档案资料，五金商铺有人力股店员的分红数额较为可观，又配以应支制度满足日常消费，那么他们的收入与支出的大致情况及趋势如何呢？下面我们以万和成店员吕文杰为例来考察其各年分红、应支的变动及日常支出情况（见表 6-6）。

---

① 《因"商"形成的冀州"十大"特色习俗》，《冀州论坛网》http：//www.jizhoubbs.com/bbs/viewthread.php？tid=55684&extra=page%3D2，访问日期 2011 年 3 月 20 日。
② 北京市档案馆：《关于北京市私营五金业历史演变的调查情况》，档号 87-23-90，1956 年 9 月 25 日。
③ 北京市档案馆：《民国三十三至三十六年变更申请书买契各类收据、三五反材料》，档号 J86-1-159，1944—1947 年。
④ 上海社会科学院经济研究所主编：《上海近代五金商业史》，第 114 页。
⑤ 北京市档案馆：《关于北京市私营五金业历史演变的调查情况》，档号 87-23-90，1956 年 9 月 25 日。

表 6-6　　1929—1938 年各账期万和成店员吕文杰收支情况统计　（单位：两）

年份	支取金额	人力股份（厘）	分红金额	除支净浮存金额
1929	495.4	2	600	104.6
1932	610.31	2	600	94.29
1935	1118.15	4	1120	96.14
1938	813.72	4	1680	962.42
合计	3037.58		4000	1257.45

注：1. 1929—1932 年金额单位为银"两"；1935—1938 年为洋"元"，笔者按当时 1 元 = 0.7 两的比率将"元"换算成了"两"。
2. 吕文杰于 1926 年开始有人力股 2 厘，在万和成五金行内所占人力股最少。
资料来源：北京市档案馆：《万和成万年聚金账》，档号 J86-1-6，1914 新正月。

从表 6-6 我们可看出，除 1932 年外，吕文杰各账期的分红金额都大于支取数，分红逐年增加，所以每年都有些红利存在铺内，即并没有将分红都花光，存款数额总体上有增加之势。除 1938 年外，吕文杰的各年存款总数大大小于从店内支取之数。

那么，吕文杰从店内支取这么多钱是如何花费的呢（见表 6-7）？事实上，其日常消费除包括上述普通店员的基本情况外，还有以下情形。

表 6-7　　1935 年 2 月—1936 年 1 月万和成店员吕文杰支出明细

日期	支洋（元）	占支洋总数的（%）	用途
1935 年 2 月 25 日	6	1.34	砚科借 5 元，捎家 1 元
2 月 27 日	1	0.22	帽子、袜子等
3 月 7 日	2	0.45	振煜礼
3 月 8 日	200	44.53	还邸掌柜
3 月 20 日	2.5	0.56	绸裤料一件
3 月 23 日	1	0.22	成衣手工
3 月 30 日	10	2.23	还裕兴成
4 月 1 日	3	0.67	砚科用 2 元，□子 1 元
4 月 4 日	0.6	0.13	大米 30 斤
4 月 10 日	1.2	0.27	金宅幛子
4 月 12 日	5	1.11	颐和园 2 元，单裤手工等 3
4 月 12 日	0.9	0.20	照相
4 月 21 日	1.1	0.24	买袜子
4 月 24 日	2	0.45	王云甫、张云鹤幛子
5 月 6 日	10	2.23	买布捎家

第六章　商者无忧：北京五金商铺员工收支与生活　267

续表

日期	支洋（元）	占支洋总数的（%）	用途
5月6日	30	6.68	乔借
5月22日	5	1.11	请李用4元，惠迁用1元
5月28日	0.9	0.20	陈慧卿幛子
5月30日	10	2.23	还裕兴成
6月3日	6	1.34	砚科借
6月3日	0.8	0.18	张二朋份子
6月4日	1.5	0.33	鞋钱
6月14日	4	0.89	请张礼用
7月2日	1	0.22	三益太（泰）幛子
7月4日	5	1.11	还恒茂
7月7日	1	0.22	邸宅幛子
7月8日	5	1.11	买布捎家
8月28日	1	0.22	手工钱
9月13日	1.9	0.42	鞋钱
9月18日	0.3	0.07	王善臣幛子
9月23日	1.2	0.27	纪森礼
9月23日	0.8	0.18	纪森礼
9月24日	6	1.34	高伯安礼1元，还裕兴成5元
9月25日	5	1.11	请听戏
9月30日	3	0.67	做棉被
10月2日	0.3	0.07	王晋英幛子
10月4日	1.6	0.36	刘逊斋公议
10月9日	1	0.22	桑掌柜幛子
11月4日	13.7	3.05	裕兴成做棉袍二件
11月7日	12	2.67	买布捎家
11月16日	8.3	1.85	谦用7元，茂亭礼1.3元
11月20日	1	0.22	老杨手工
11月26日	5	1.11	□用
11月30日	5	1.11	王宅听戏代
12月3日	3	0.67	请李恩远
12月25日	50	11.13	还从仁
1936年1月3日	5	1.11	席票4元，假帽1元

续表

日期	支洋（元）	占支洋总数的（%）	用途
1月9日	1	0.22	乔宅份子
1月19日	3	0.67	砚科借
1月19日	1.5	0.33	做大褂
1月22日	2	0.45	付兴隆斋
一年支洋总数	449.1	100.00	

资料来源：北京市档案馆：《万和成五金行》，档号J86-1-39，《辛金账》，1935年。

表6-7显示，吕文杰一年中从店内共支洋449.1元，第一季度支出235元，第二季度82元，第三季度31.2元，第四季度100.9元，即第一季度支洋最多，第四季度次之，第二季度又次之，第三季度最少。这是因为第一季度正好包括旧历春节在内，这时应酬与花费较多；第四季度适逢冬季要添棉衣被等，以及阳历元旦前也有较多应酬；其他二季度虽也有端午、中秋二节，但相对年节的应酬与花费要少些。这表明一年中支洋与花费和季度、节令有一定关系。如果细看，我们还会发现吕文杰最大的一笔支出是3月上旬还邸掌柜的200元款，占总支出的44.5%，第二笔较大的支出是12月下旬还从仁的50元款，这说明吕文杰平时需钱时除在铺内支取外，还向同事借钱，到年底时要还清债务，实在还不清的就要等到春节过后用分红所得再为偿还。吕文杰除向同事借钱用外，有时还借给其他同事钱，这偿还借款与借出款共占支出总数的74%强。其他支出花费共占总支出的不到26%，包括交际费、衣帽鞋被等基本生活用品费、捎家及其他几部分。为便于叙述，我们将上表归纳为表6-8进行分析。

表6-8　1935年2月—1936年1月万和成店员吕文杰支出分类统计

支出去向或用途		金额（元）	占总数的（%）	次数（次）
用于交际	幛子	7.7	1.71	8
	份子	1.8	0.40	2
	送礼	6.3	1.40	5
	请吃饭	17	3.79	5
	请看戏	10	2.23	2
	共	42.8	9.53	22
借出与偿还借款	借出	53	11.80	6
	偿还借款	280	62.35	6
衣帽鞋被等基本生活用品		33.2	7.39	13

续表

支出去向或用途	金额（元）	占总数的（%）	次数（次）
捎家	28	6.23	4
其他	12.1	2.69	7
合计	449.1	100	58

资料来源：北京市档案馆：《万和成五金行》，档号J86-1-39，《辛金账》，1935年。（表中数据是笔者据原资料进行统计归纳而得）

表6-8中，用于交际的花费又包括幛子钱、份子钱、送礼、请人吃饭、请人看戏五类，共42.8元，占总支出的9.53%。其中请人吃饭的花费最大，看戏次之，幛子钱、送礼又次之，最少的是份子钱。不管是请人吃饭、看戏，还是送礼、随幛子钱、份子钱，吕文杰都是因人而异，一般是根据所请送对象的身份高低、权力大小、有无利用价值等方面进行适当支出。拿随幛子钱来说，一年中共随给9个人，分别是王善臣、王晋英各0.3元，陈慧卿0.9元，邸宅、桑掌柜、三益泰各1元，金宅1.2元，王云甫、张云鹤2元，共7.7元，占总支出的1.7%。幛子钱之所以被吕文杰分成以上四个等级，主要是因为这四种人的身份不同，所以写幛子的钱就有差异，如吕文杰随给金宅的幛子钱最高是1.2元，因为金家是铺东之一；邸宅、桑掌柜居第二位，各1元，是因为邸、桑皆为掌柜或经理，掌握着铺内的生杀大权；至于王云甫、张云鹤，笔者尚不知其身份，但应该也不是一般人，否则就得不到1元的幛子钱；王善臣、王晋英的幛子钱最少，估计这两位应该是普通同事，无多大交情，而随幛子钱可能是五金行业内惯例，所以不得不随。可见，吕文杰用于平时交际的花费是较为灵活的，而且此花费要高于他养家糊口的支出与满足自身基本需求的支出数额。此外，吕文杰的日常穿戴花费共33.2元，比捎家的钱还多，只11月初做棉袍两件就花去大洋13.7元，可见吕的穿戴应该是不错的。一年中，吕文杰共往家中捎钱四次，多时12元，少时只1元，共28元，占支出总数的6%多一点，这种捎家钱物的低比例，说明挣钱养家不是吕之主要目的，穿好、玩好、交际好，趁机向上钻营可能更切实际一些。1955年对五金行店员的调查结果与笔者的看法类似：这些店员来北京的目的，"不是为了养家，而是为了学买卖，积蓄几个钱，然后爬上做一个资本家"。[①]

总之，有人力股店员的各年收入基本大于支出，支出去向较为复杂，

[①] 北京市档案馆：《中华全国总工会政策研究室关于北京市私营商业调查材料前门区五金、百货纸张批发商中心商店、家庭店调查部分》，档号39-1-567，1955年。

除借入与借出的大支出外，交际费用较高，日常穿戴费用要高于捎家支出费用，用于养家的费用偏低。当然，这只是占有人力股份仅4厘的店员支出消费情况，如果是其他拥有人力股份更多的店员，其支出消费可能还要高，这是无人力股的普通店员所无法与之比的。

三　经理人代铺消费

经理人作为商铺的经营与管理者，其消费不能简单地等同于其他店员的消费情形，很大程度上是代替商铺为谈生意、疏通人际关系或其他社交活动而为之。[1] 经理人非常注重商业竞争中的人际关系的疏通。因为广泛与和谐的人际关系网络的疏通，对商铺的发展无疑起着保驾护航的作用，当然，对北京这个有着浓厚官气的旧都而言又尤其如此，所以经理人的日常应酬颇多，春节、端午、中秋三节尤甚。1934年1月20日万丰泰掌柜焕章酬客时分送印帖170份[2]，即如果所请之人都来赴宴的话，按10人一桌，得摆17桌筵席。这种大批量的请客做法与北京瑞蚨祥、稻香村等商铺的请老主顾吃春酒的目的是基本相同的。旧历年底请主顾及各方与商铺有联系之人吃饭，不仅仅是加强感情交流，更重要的是能促进生意的巩固，因为没有一定的人际关系，一些生意根本就无法做成。如1935年8月鸿昌德五金行将红铜皮200余张卖与协和医院，事前协和亦向万丰泰五金行问价，然而，"因鸿昌德与协和有熟人且已有账"，故万丰泰未能揽上此笔生意。[3] 这种现象不仅在那时，就是现今也是屡见不鲜的。

一些五金商铺不仅在旧历年底大请照顾生意之人，而且在平常或不太重要的节日前夕为了生意事也要时常请客，当然一般都得经理或副经理出面应酬。1931年6月15日至28日，不到半月时间，万和成五金行只请人吃饭就花去大洋6.3元，分别是6月15日请朱宪章花洋1.5元，18日吃饭洋1.5元，21日请朱宪章吃饭洋2.1元，28日请统税局吃饭洋1.2元。[4] 28日请统税局的人吃饭可能是为了税款问题，是逃税被查出以请吃饭来摆平，还是想暗中减税、偷税、漏税等，这皆不好确知，但有一点是

---

[1] 当然，经理人为纯属自己的私事而进行消费情况，因资料所限，本章暂不论述，因为对过去私营企业的经理人来说，公私之事，很难分清，有时还有混合的情形。

[2] 北京市档案馆：《万丰泰五金行》，档号 J88-1-26，《联号通信底账》（京字第7号信），1934年。

[3] 北京市档案馆：《万丰泰五金行》，档号 J88-1-63，《通信留底》（京字第103号信），1935年。

[4] 北京市档案馆：《万和成五金行》，档号 J86-1-30，《现售货账》，1931年。

确定的，肯定是为了生意事。至于15日、21日接连两次请朱宪章吃饭，并且第二次比第一次花钱还多，甚至吃饭的规格要高于请统税局的人吃饭的规模，这表明朱宪章非一般平民百姓，此人估计应该是万和成五金行生意上的靠山之一。万和成请其两次吃饭的目的，估计一是在端午节后夏至前夕，有加强感情交流的意思，这个估计如果成立的话，也只能是次要的；二是有急事或大事有求于此人去办而尚未办成，或是办成之后的答谢宴，否则就不会接连两次宴请，且第二次花费更高。再如，万丰泰善臣掌柜"已定于明日（1935年12月24日）在平酬客"①，尽管档案未记载此次酬客之花费，但此时正好处于元旦前夕，时人虽然并不十分重视阳历的元旦，但既然是酬客，估计花费也不会太少。诸如此种人际关系的疏通等方面的社交活动在当时一般商铺都应该是不同程度地存在着，否则正常的生意将面临巨大的人为障碍。

那么，经理或掌柜的上述社交花费来自何处呢？1936年3月15日万丰泰掌柜瑞征办一事"送礼洋4元，此款已收津号之账"。② 这说明，掌柜办事送礼的花费由该铺柜上支付，由此推之，诸如掌柜请客或其他社交活动的花费应该也由柜上支付。此种推断在1956年的相关资料中得到证实，如"在日常期间，经理不管工资的大与小，花钱随便从企业中支取。还有一些顾客、亲戚、朋友的来往，吃饭馆、看戏、洗澡等都是由企业出账。……由以上看来，经理每年的收入是大不可计算的"。③ 这表明经理或掌柜的日常花费基本都可由柜上支付。

总之，近代旅京冀州商人涉足人数较多的五金业作为盈利较为可观的行业，总体而言，员工的消费能力与水平与其收入状况关系非常紧密，即员工日常收入的多少大大影响着其日常消费能力的强弱。普通店员的一般日常消费包括衣、食、住、医等方面，除衣服、鞋帽等穿戴物品外，其余费用一般皆由各商号免费提供。有人力股店员的日常支出去向较为复杂，除借入与借出的大支出外，交际费用较高，日常穿戴费用要高于捎家支出费用，用于养家的费用偏低。经理或掌柜的日常花费基本都由柜上支付。

---

① 北京市档案馆：《万丰泰五金行》，档号J88-1-63，《通信留底》（京第125号信），1935年。
② 北京市档案馆：《万丰泰五金行》，档号J88-1-112，《天津、张垣各联号通信底账》（京字第23号信），1936年。
③ 北京市档案馆：《关于北京市私营五金业历史演变的调查情况》，档号87-23-90，1956年9月25日。

第三节　身份与花费：冀州帮从业人员的日常支出

——以万和成五金行《薪金账》为例

以上两节对冀州五金商人的收入与消费问题进行了初步探讨，但仍嫌过粗，尤其是消费支出问题，只了解一个吕文杰的情况，远不能洞悉五金商铺内各身份员工与学徒的消费与生活情况，因此，为全面认识其中细节，有必要对各身份员工消费情况进行分析与探讨。关于此类研究，相关成果[①]多集中于农民、教师、公务员、工人、人力车夫等人群，对于商铺从业人员的消费支出，虽有零星涉猎，但专项研究国内成果尚少。现有研究将店员与工人并列，认为皆是收入超低人群，笔者认为似乎不能将店员进行简单叙述与概括。其实，在一些行业商铺内，店员情况颇为复杂，身份有高低，可分为有人力股及无人力股的店员两种，收入差距较大，北京五金行即为此类。对此进行细致分析，可进一步丰富近代北京商铺从业人员社会经济方面的历史。

五金业利润水平在北京（甚至全国）众多行业中应该算是盈利较高者，然此业虽是盈利较为可观的行业，但实际分配极不均衡，东家分得利润总是多于人力股持有者。经理和有人力股份店员的收入主要依靠账期分得红利而非工资，如1938年万和成的谢永昌分红1000元，而年薪只有60元，前者是后者的近17倍；邸占江的分红是年薪的10倍；差距最小的是万丰顺的张广铎，其分红也达到年薪的近2倍。普通店员所得甚少，其工

---

① 民国时期，如孟天培、甘博的《二十五年来北京之物价工资及生活程度》（国立北京大学出版部1926年版）、李景汉的《北平郊外之乡村家庭》（商务印书馆1929年版）及《北平最低限度的生活程度的讨论》（《社会学界》1929年第3卷）、陶孟和的《北平生活费之分析》（商务印书馆1933年版），等等。近年来，一些社会生活史的成果渐多，如慈鸿飞的《二三十年代教师、公务员工资及生活状况考》，《近代史研究》1994年第3期；李金铮的《近代长江中下游地区农家收支对比及其相关因素》，《学海》2002年第4期；李彦荣的《民国时期上海教师的薪水及其生活状况》，《民国档案》2003年第1期；王玉茹的《近代中国物价、工资和生活水平研究》，上海财经大学出版社2007年版；王玉茹、李进霞的《20世纪二三十年代中国农民的消费结构分析》，《中国经济史研究》2007年第3期；李小尉的《1912—1937年北京居民的工资收入与生活状况》，《史学月刊》2007年第4期；张东刚、关永强的《1930年前后中国农家收支状况的实证分析》，《经济史》2009年第4期；陈育红的《战前中国教师、公务员、工人工资薪俸之比较》，《民国档案》2010年第4期；张忠民的《近代上海工人阶层的工资与生活——以20世纪30年代调查为中心的分析》，《中国经济史研究》2011年第2期，等等。

资收入并不比其他行业高，铺东馈送的勤劳金也很少，远远低于股东或有人力股者每股所分红利数额。

近代旅京冀州五金商铺从业人员主要有铺东、经理人、店员（有人力股店员、无人力股店员）、学徒四种身份。商铺从业人员因在店内身份不同，使得收入差异较大，遂使其日常支出亦各不同，这当然不同程度地影响到各自的日常生活状况也不尽一致。万和成作为北京五金业中的老字号，实力雄厚、信誉颇佳，且在京津沪冀等地有多家实力雄厚的联号，该号经理邸占江（枣强县人）长期担任北京五金同业公会会长，同时还担任北京市商会常务委员及商事公断处处长等职，所以万和成无论是在旅京冀州五金商帮中，还是在整个京城五金业皆具有典型的代表性。

本节使用的万和成《薪金账》，档号 J86－1－39，原名《辛金账》，笔者认为是《薪金账》，主要记载 1935—1938 年年初万和成五金商铺各从业人员的日常在店内预支款数额及花销用途的账目。由于资料限制，本节暂不过多讨论铺东的花费情况。从《薪金账》看，万和成商号员工的日常花费主要分为交际、穿戴、捎家、其他四部分。

一　交际

据账本信息，旅京冀州五金商铺从业人员的日常交际主要分为随礼、请客、请看戏三种。

1. 随礼

随礼可分为送幛子、凑份子、其他礼钱三种。

幛子是一块丝毛棉布织品，用来祝贺婚寿大礼或吊唁丧礼的礼物。这是较为贵重的礼品，只有关系比较亲近的人才送幛子。幛子分两种，喜寿幛和挽幛，前者多用色彩鲜艳的红、绿、绛、紫等绸缎，后者多是兰、黑、灰、褐为主的布料。现在大多直接送钱了，幛子退出了历史舞台。[①]"份子"指婚丧嫁娶以及老人庆寿，小孩子办满月，亲友们合伙凑钱送的礼物（也可是现金），以示祝贺。幛子送去，本家立时挂在院中显眼处，以示为荣及对送幛者的尊重。[②]当然，根据送礼人各自的经济实力，及当地风俗习惯与随礼标准，有的可能既凑了份子，又送了幛子，这是关系非

---

① 张映勤：《幛子》（记忆碎片），《江南时报》2006 年 1 月 8 日第 8 版。
② 《叫花子送幛子——穷凑份》，http：//blog. searchina. net. cn/log. asp？logid＝61610，2009 年 9 月 8 日。

常不一般的,不过,也有的可能有其他目的。

各员工在铺内身份不同,其给店内同一人是否随礼、随多少礼各异。下面分三种情况论述(见表6-9)。

首先,给铺东随礼。以金宅为例。

表6-9　　各身份员工送铺东金宅幛子、份子、祝寿花费　　(单位:元)

员工分类及总人数	随礼人姓名	1935年 幛子	1936年 份子	1937年 祝寿	合计
铺东5家	仁和堂	1.2			1.2
	万庆堂	1.2			1.2
人力股7人	绳俊吉	1.2			1.2
	尹福辰	1.2			1.2
	李书文	1.2			1.2
	邸占江	3.4	2	3	8.4
	谢永昌	1.2	2	1	4.2
	吕文杰	1.2	1	1	3.2
无人力股12人	张子喆	1.2			1.2
学徒5人					

注:1935年谢永昌曾给金宅幛子、老杨手工、仝禄昌的花费共0.6元,但无法分清谁占多少,又因数额不大,故笔者未将此数计入表中。
资料来源:北京市档案馆:《万和成五金行》,档号J86-1-39,《辛金账》,1935年。

万和成商号由金、杨、闻姓三家合资开设于咸丰九年(1859),老股东去世后,股本分给子孙继承,多子孙的就要平均分成几份,在给其他股东随礼时,就出现各家不一的情况,在京的、关系好的可能就随一些,不在京住的或关系一般的就不随。铺东分成5堂,其中有仁和堂与万庆堂两堂给金宅随礼1.2元,且只是1935年,后来的两年都未随礼。

各员工中,有人力股的共7人,其中6人皆给金宅随了礼,只桑庚申未随(桑不但未给金宅随礼,多年间,他亦未给铺内任何人随过礼,不分红白事)。就随礼金额而言,一般一次为1.2元,经理邸占江稍多,三年共随8.4元;其次是谢永昌4.2元,吕文杰3.2元,其他皆为1.2元。随1.2元的多为有人力股的店内老人,随多随少只是礼仪上的应酬而已,与其切身利益无太大关系;邸占江是经理,不论是继续掌权,还是长期受益,当然不能错过各次随礼机会,加之邸是老员工,与金宅私人关系也应不一般,所以年年随礼已成自然;谢永昌与吕文杰,拥有人力股份，当时是店内举足轻重人物，不是副理，也应是红人，是不是得益于金宅股东，虽不能妄议，但此二人每年都给金宅随礼，虽少于邸占江，也说明其可能是经理的后备人选，即使不是的话，日后多得一厘人力股也是值得的。事实证明，此确为捷径。1929年邸占江人力股份7厘、谢永昌3厘、吕文杰2厘，到1932年大账后加股，邸占江的人力股份变为9厘、谢永昌5厘、吕文杰4厘。1938年账后再加股，邸占江续1厘，共1股；谢永昌续1厘，共6厘；吕文杰续1厘，共5厘；同时，还发放新身股，张子喆入身力股3厘，邢长清3厘，谢杭2厘。[①] 这表明，员工的增股与新入股，与其日常和经理、股东的交往不无关系，有股的加股，无股的获准入股。

无人力股的员工与学徒一般不给铺东金宅随礼，金宅此时皆为后人，分家分散，在铺内无实权，普通员工与学徒可能认为没必要随礼。

无人力股的员工共12人，只张子喆一人给金宅随礼，只随了一年，共1.2元，看来，此人当时虽无人力股份，未来可能看好，或有此妄想，或是店内后备力量，或是金宅有恩于他。总之，他应该与其他无人力股的店员不太一样。

学徒共5人，无一给金宅随礼，这可能与学徒的年龄、收入、家庭条件有很大关系。他们年龄较小不谙此事、无收入而无力随礼应是主因。

其次，给经理（掌柜）随礼。与上不同的是，各职员给经理随的礼钱远多于给铺东的。

表6-10　　　各身份员工给经理邸占江的幛子、份子钱　　　（单位：元）

员工分类及总人数	随礼人姓名	1935年 幛子	1935年 份子	1936年 幛子	1936年 份子	合计
铺东5家	庆和堂	1.2				1.2
	善庆堂	1.2		1.5		2.7
	致化堂		1.2			1.2
	仁和堂	1.2		1.5		2.7
人力股7人	绳俊吉			1.5		1.5
	李书文	1.2		1.5		2.7
	谢永昌	1		1.5	2	4.5
	吕文杰	1		1.5	2	4.5

---

① 北京市档案馆：《万和成万年聚金账》，档号J86-1-6，1914年。

续表

员工分类及总人数	随礼人姓名	1935年 幛子	1935年 份子	1936年 幛子	1936年 份子	合计
无人力股12人（其中李长文未随礼，故未列入）	张子喆		0.7	1	1	2.7
	邢长清	0.7				0.7
	谢杭		0.7	1	1	2.7
	李从仁		0.5	1		1.5
	李俊桂		0.5	1		1.5
	邱楷		0.5		0.9	1.4
	王纪森		0.5		0.9	1.4
	陈振煜		0.4			0.4
	张树芬		0.4			0.4
	王英奇		0.4			0.4
	董荫棠		0.4			0.4
学徒5人						

注：幛子与份子皆有红白之分，据账本资料，由于笔者看不出是红事，还是白事，所以只将幛子与份子钱作交际的一种来论述，并不区分其性质。

总体上看，1935年、1936年这两年，员工们给邸占江随礼金额，幛子钱多于份子钱，看来，当时北京社会遇红白大事送幛子比随份子可能更受重视。但无论幛子还是份子，一般都是几个员工凑钱集零成整，因按常理，为图吉利，单个人的随礼现金不可能随零头，比如0.4元、0.7元、0.9元、1.2元等。至于几个人凑整随份子或送幛子，这不好说，但一般是平日关系不错、身份相近或是收入差不多的；至于凑的钱是买物品，还是送现金，此不臆断。

各铺东，除万庆堂外，皆给邸占江随了礼，但随礼数额不同。善庆堂、仁和堂分别给邸宅随礼2.7元。1935年致化堂（金宅）给邸宅随礼1.2元，而此前邸则给金宅随礼3.4元，并且1936年、1937年邸又分别给金宅随礼2元、3元。看来，经理与铺东在礼金往来上有所差异。至于致化堂为何与邸不能礼尚往来，原因不明。

有人力股的员工7人，除尹福辰、桑庚申二人外，其余皆随礼。随礼最多的是谢永昌与吕文杰，皆为4.5元，此二人皆为在职员工，又有人力股份，当然遇邸经理有事，机会难得，随礼稍多是自然的。

无人力股的12名员工中，除李长文外，其余11人皆给邸掌柜随了礼。张子喆、谢杭二人给邸占江随礼较多，皆为2.7元，后来商号新开人力股给他们，估计与此平日的随往有关。邢长清虽随礼不多，仅0.7元，但后来与张子喆、谢杭二人一样,获得了新开人力股,原因不详。

学徒共5人,无一给邱掌柜随礼,原因大致与其不给铺东随礼相同。

最后,给无人力股店员及学徒随礼(见表6-11)。

表6-11　1935—1937年各身份员工给无人力股员工及学徒随礼情况

(单位:元)

员工分类及总人数	随礼人姓名	1935年 陈振煜 3月	1935年 王纪森 9月	1936年 谢杭 2月	1936年 李从仁 3月	1936年 邱楷 7月	1936年 李俊贵 10月	1936年 李长文 10月	1937年 张树芬 1月	1937年 王英奇 1月	1937年 陈振煜 5月	1937年 李从仁、王纪森 12月	学徒 1936年 李芳泽 2月	学徒 1936年 彭俊华 10月
人力股7人	邱占江		2	2		2			2	2	2			
	谢永昌	2	2	2	2	2	2	2	2	2	2	4		
	吕文杰	2	1.2	2	2	2	2	2	2	2	2	4		
无人力股12人	张子喆	2	2		2	2	2	2	2	2	2	4		
	谢杭	2	2		2	2	2	2	2	2	2	4		
	李从仁	2	2	2		2	2	2	2	2	2			
	李俊贵	2	2		2		2	2	2	2	2	4	1	
	邱楷	2	2		2	2		2	2	2	2	4		1
	王纪森	2			2	2	2	2	2	2	2			
	陈振煜		2		2	2	2	2	2	2		4		
	张树芬	2	2	2	2	2	2	2		2	2	4		
	王英奇	2	2		2	2	2	2	2		2	4		
	董荫棠	2	2	2	2	2	2	2	2	2	2	4		
	李长文	2	2		2	2	2		2	2	2	4		1
学徒5人	彭俊华				1	1	1			1	2			
	李芳泽					1	1							

注:1. 表中1937年一栏,王纪森、李从仁被放在了一起,这是笔者遵照原账本思路而设。原《薪金账》载:1937年12月部分员工给李王随礼共4元。到底"李王"指谁?是李姓一人,还是李姓、王姓各一人?据笔者综合分析,"李王"是两个人,李指李从仁,王指王纪森。因此栏数据,除李从仁、王纪森同一天相互随礼2元外,其他店员(未随礼的不计)皆给"李王"随礼4元,学徒彭俊华给"李王"随礼2元,这与其他年份数据明显不同。这说明李从仁、王纪森同一天办喜事(或其他大事);多数店员随礼4元,显然是给李从仁、王纪森各2元;学徒彭俊华随礼2元,显然是给李从仁、王纪森各1元,这样就同其他年份的随礼标准相吻合了,加之同姓的李长文、王英奇本月又无受礼记录,因此,可断定"李王"即是李从仁与王纪森。

2. 从表中数据看,笔者认为各员工随礼为现金。

由表 6-11 可知，无论铺东，还是有人力股的职工，一般不给无人力股的员工或学徒随礼。铺东 5 堂，有人力股的员工 7 人，除邱占江、谢永昌与吕文杰 3 人给部分无人力股员工随礼外，其余皆不。

经理邱占江随礼时因人而异。邱分别于 1935 年给无人力股店员王纪森，1936 年给谢杭、邱楷，1937 年给张树芬、王英奇、陈振煜 6 人，各随礼 2 元。事实上，此 2 元数额，要多于他随给铺东及部分店员随给邱宅的礼钱。店内无人力股的店员共 12 人，学徒共 5 人，而邱氏只给此 6 位随了礼，说明这 6 位店员不是邱的同乡、好友，就是在店内发展前景较好。

有人力股的谢永昌，除没给学徒李芳泽、彭俊华随礼外，亦未给店员张树芬随礼，而给其他 11 个无人力股店员皆随礼 2 元。吕文杰与谢永昌的随礼情况基本一样，只是吕氏给其他店员皆随礼 2 元，而唯独给王纪森随礼 1.2 元。这其中的原因不得而知。但有一点可断定，即因人而异。

同样，对无人力股的员工来说，在随礼事宜上也是因人而异。一般情况下，店员都互相随，即有来有往。邢长清，除去给邱宅 0.7 元与李惠庭 0.8 元的幛子钱外，一般不给任何人随礼。张树芬除未给学徒李芳泽、彭俊华随礼外，亦未给店员谢杭随礼，而给其他 10 位店员皆随礼 2 元；而张本人除邱占江给其随过礼外，其他人皆否。令人费解的是，那些接受过张树芬礼钱的店员，为何却不给张随礼呢？难道铺内员工连礼尚往来的道理都不懂吗？看来问题并不这么简单。其原因，可能是张在店内没什么地位，或是新人，而与掌柜邱占江又有某种特殊关系。

学徒虽不给铺东与经理随礼，但他们当中有些人却给其他同事随礼，可能是因年龄相差不多，平日相互关照；或受礼人是这些学徒的师傅、入职介绍人及同乡等。学徒 5 人中，程庆铮、刘世通、高嗣庸三人不给任何人随礼，只有彭俊华、李芳泽二人与铺内同事有交往。1937 年 12 月 21 日彭俊华给李从仁、王纪森随礼共 2 元，估计是随给李、王每人各 1 元。这表明学徒既年轻，又无工资，遇红白大事随多少，都能理解；并且学徒随礼也是各自随意，有的学徒来店时间短，或与他人不熟，可能就不用随礼，如学徒程庆铮、刘世通、高嗣庸就没给李从仁、王纪森二人随礼。

不过，学徒彭俊华、李芳泽二人只是和店内无人力股的员工有来往，与店内红人——有人力股的员工及铺东则无。并且，令人不解的

第六章　商者无忧:北京五金商铺员工收支与生活　279

是,为何他们给别人随礼,数额也不小,而别人却不给他们随,或随礼数额减少?如 1936 年 2 月,整个店内员工,只有李长文给学徒李芳泽随礼 1 元,而 1936 年 10 月,有邱楷、李俊贵、李长文三人给学徒彭俊华随礼各 1 元。之所以彭俊华有三位无人力股的店员给其随礼,是因在这之前,他于 1936 年 7—10 月曾分别给邱楷、李俊贵、李长文三人随礼各 1 元。李芳泽在吸收店内交际的教训后,随后也于 1936 年 7—10 月分别给邱楷、李俊贵、李长文三人随礼各 1 元。这可能是李芳泽经深刻反省,并加强与这三人关系之故。总之,据笔者估计,对学徒来说,无论从哪方面讲,学徒的成长离不开各员工的支持与帮助,尤其是那些较易接近的无人力股的普通店员,而给这些店员随礼也是应该的。这是一种附带趋利性的自愿,体现了店内较为复杂且有趣的人际关系。

总之,各员工在随礼事宜上基本是因人而异。2 元可能是当时业内随现金的一般行情,一切自愿,人缘好、交际能力强、来店时间长或有发展前景的员工,给随礼的人也多;反之则否。铺东、不在职的老掌柜一般都不给属下员工随礼。这是当时北京商界惯例,还是个案,因资料所限,目前尚不得而知。

2. 请客

广泛与和谐的人际关系网络的疏通,对员工个人的发展无疑起着保驾护航的作用,对北京这个有着浓厚官气的旧都而言,经商者对此的重视是不言而喻的,而逢年过节请客吃饭则是一条绝好途径。在旧历三节(春节、端午节、中秋节)请主顾及各方与商铺有联系之人吃饭,不仅仅是加强感情交流,更重要的是能促进生意的巩固,因为没有一定的人际关系,一些生意根本就无法做成。1934 年 1 月 20 日万丰泰五金行掌柜酬客时分送印帖 170 份①,即如果所请之人都来赴宴的话,按 10 人一桌计,需 17 桌筵席。这种大批量的请客作法与北京瑞蚨祥、稻香村等老字号请老主顾吃春酒的目的是基本相同的。当然,各员工也会视自身情况请不同的人吃饭,以拓展人际网络。

---

① 北京市档案馆:《万丰泰五金行》,档号 J88-1-26,《联号通信底账》(京字第 7 号信),1934 年。

表 6-12　　1935—1937 年各身份员工请人吃饭支出统计（一）

员工分类及总人数	请客方姓名	1935 年			1936 年			1937 年	
人力股 7 人	李书文				1月付致美楼18.6元				
	邸占江	8月公请姚泽生2.8元	9月付致美楼、万全堂160元		2月办寿付致美楼20元	3月付致美楼420元	6月付致美楼38.8元	3月请吃12.5元	6月付致美楼20元
	谢永昌	6月金和成鱼钱9.6元	10月报单请客5元		7月请王先生1，请同德邹5元	8月请客4元	12月请内掌柜5元	4月请乡亲6元	6月付长庆楼2.2元
	吕文杰	5月请李用4元	6月请张礼用4元	12月请李恩远3元	2月请吃饺子1元		11月请邢8元		
无人力股 12 人	张子喆		11月吃1元		6月请客4元	11月买鞋帽、袜子、请客7.9元，请邢3元	12月吃2元		
	邢长清					12.21请吃2元			
	谢杭	4月请亲戚4元				12月吃饺子1元		1月吃1元	1月吃1元
	李从仁		11月请本村3元					1月吃1元	
	邱楷	8月请乡亲2元			2月请乡亲2元				

注：1. 1935年9月邸占江付致美楼、万全堂共160元，而万全堂是药店，那么，邸给付致美楼、万全堂各多少大洋呢？账本未指明，此处笔者姑且按各自占50%计算，即付致美楼、万全堂的费用各80元。

2. 1937年6月谢永昌付长庆楼2.2元，那么，长庆楼是不是饭店尚不好确定。另，1937年2月付长庆楼5.7元。

3. 1936年11月张子喆买鞋帽、袜子、请客7.9元，那么，请客到底用了多少大洋，尚不好确定。

为便于对比与叙述，我们将表 6-12 数据归纳统计，简化为表 6-13。

表 6-13　　1935—1937 年各身份员工请人吃饭支出统计（二）　　（单位：元）

员工分类及总人数	请客方姓名	1935 年	1936 年	1937 年	合计
人力股 7 人	李书文		18.6		18.6
	邸占江	82.8	478.8	32.5	594.1
	谢永昌	14.6	15	8.2	37.8
	吕文杰	12	9	0	21
无人力股 12 人	张子喆	1	13	0	14
	邢长清	0	2	0	2
	谢杭	4	1	2	7
	李从仁	3		1	4
	邱楷	2	2	0	4

从表 6-13 可知，邸占江作为万和成商铺经理人，请客花费最多，高达 594.1 元，平均每年 198 元，看来，每年的吃喝费用确实不低。那么，这些花费是邸占江自己掏腰包，还是商铺出账，账本未写明，不好确定。但可断定的是，这高昂的花费不可能全部由其承担，即使有时是为了办他自己的私事。当然，这些宴请中，有的是公事，比如公请姚泽生[①]，应该就是公事，花费当然也应由铺内出账。但 1936 年 3 月，他一次性在店支取 420 元给致美楼，这不可能全是公事的宴请支出吧？这表明，那时商铺经理的对外应酬账目较大，且分不清公私，即经理人的权力颇大，有不可避免的财务漏洞。新中国成立后店员的回忆："在日常期间，经理不管工资的大与小，花钱随便从企业中支取。还有一些顾客、亲戚、朋友的来往，吃饭馆、看戏、洗澡等都是由企业出账"[②]证实了此看法。

铺东 5 家、学徒 5 人都无请客记录。其原因，可能是前者没必要在京请客应酬，他们一般不管理铺内事务，只是账期分红而已，且有的并不在京居住；而后者则是因为无固定收入，经济实力不强，年龄又小，交际面窄。有人力股 7 人中，4 人有请客记录，无人力股的 12 人中，5 人有请客记录。相比较而言，有人力股的员工请客比率、金额较其他身份员工要高，究其因，主要是这些人收入较高，经济实力较强，交往面较宽。而无人力股的员工则由于在现有基础上想尽量向店铺上层转移，争取获得人力股份，

[①] 姚泽生是同德银号经理，丰泽园饭庄铺东，1934 年任北平市商会执行委员。北京市档案馆：《北平市商会会员录》，档号 ZQ8-1-61，1934 年 10 月刊印。

[②] 北京市档案馆：《关于北京市私营五金业历史演变的调查情况》，档号 87-23-90，1956 年 9 月 25 日。

或结交乡友，以备日后跳槽之需。李从仁、邱楷主要请客费用花在老乡身上，而张子喆、谢杭请客次数较多，至于请谁未知，但从后来此二人获得铺内人力股份（之前无此股份）来看，所请之人应该是与其有利益关系之人。由于他们当时只是普通员工，请客费用应该是自费，在私人合股商铺中，不可能有花公款的可能。之所以如此，是因为店员来北京的目的，"不是为了养家，而是为了学买卖，积蓄几个钱，然后爬上做一个资本家"。①此种说法尽管有些绝对，但却从一个侧面说明了五金商铺的学徒大多数并非出身于贫困家庭，养家糊口不是他们的主要负担。当然，每个店员都有获得商铺人力股份，及已获得人力股份者增加份额的美好愿望。

3. 请看戏

20世纪30年代的北京，人们的娱乐活动远比不上现在多，唱戏、听戏是当时的娱乐时尚之一。如请人办事，或答谢某人，请听戏应是较为隆重与入时的宴请形式。旅京冀州五金商铺从业人员当然也不乏此。

表6-14　　　　1935—1937年各身份员工请人听戏花费

员工分类及总人数	请方姓名	1935年	1936年	1937年	合计（元）
人力股 7人	邸占江		1936.1.21 同德戏钱 4元		4
	吕文杰	1935.9.25 请听戏5元		1937.2.22 戏2元	12
		1935.11.30 王宅听戏代5元			
无人力股 12人	谢杭	1935.3.21 请听戏2元			2
	李俊桂	1935.11.21 老杨手工、请戏共2元			2
	张树芬		1936.2.16 请听戏5元		5

请看戏，一般选择中秋、元旦或春节前后。从上表可看出，铺东与学徒无请人看戏娱乐等记录，原因同上述他们不请人吃饭的原因类似。有请人看戏经历的5人中，除吕文杰（有人力股）1935年有过两次请人听戏记录、1937年1次外，其他4人三年中分别只有1次请人听戏记录，而店内其他20来名员工则无此记录。从各身份员工请人听戏的频率看，并

---

① 北京市档案馆：《中华全国总工会政策研究室关于北京市私营商业调查材料前门区五金、百货纸张批发商中心商店、家庭店调查部分》，档号39-1-567，1955年。

不是每个员工都有能力或必要请人听戏，可能是想办事有求于人，或办完事后的答谢时才请，因此，请看戏并不是他们交往的主要手段。

二　穿戴

众所周知，满足衣食住行之需，是人们日常最基本的花费支出，缺一不可。这其中，以衣为首，这是因为"衣"，既是人和其他动物区别的重要标志，又是人类文明的重要标志。旅京冀州五金商铺从业人员对穿戴的重视即体现此意，可分为有人力股员工穿戴、无人力股员工穿戴及学徒穿戴三种情形论述。

首先，有人力股员工的穿戴情况。

表6-15　　　1935—1937年有人力股员工穿戴费用明细　　　（单位：洋元）

邸占江			谢永昌			吕文杰		
年月	用途	支洋	年月	用途	支洋	年月	用途	支洋
1935.3	付老杨手工	2.2	1935.4	仝禄昌大褂一件	1.4	1935.2	帽子、袜子等	1
1935.4	买春绸	4		买袜子	1.1		绸裤料一件	2.5
1935.6	鞋钱	2.4	1935.6	立三鞋钱	4.2	1935.3	成衣手工	1
	买皮包	3.8		仝禄买大褂	2		还裕兴成	10
	还裕兴成绸子钱	14.5	1935.9	买表用	5	1935.4	单裤手工等	3
	付老杨手工	2	1935.10	德林买大连绒	1.5		买袜子	1.1
1935.7	买柳条包用	1		立三做大褂	2	1935.5	还裕兴成	10
1936.4	芝莲用买夹袄	3.6	1935.11	买绸子	0.8	1935.6	鞋钱	1.5
1936.6	芝莲鞋钱	1.2		买布用	4	1935.8	手工钱	1
1936.7	染大褂	1	1936.1	德林买布	3.3		鞋钱	1.9
1936.9	芝莲鞋钱	1		买毛衣	3	1935.9	还裕兴成	5
1936.11	振潭做大褂	3.3	1936.4	与永喜做衣服	5		做棉被	
1936.12	买白布	2	1936.5	立三做单衣	3	1935.11	裕兴成做棉袍两件	13.7
1937.1	内掌柜买雪花膏	0.8		买袜子	3.2		老杨手工	1
1937.3	金墀胶皮鞋	0.9	1936.6	买汗衫	1.9		假帽	1
1937.5	金晋单衣	3		付兴隆斋	14	1936.1	做大褂	1.5
	金池买袜子	1		买布□子	2		付兴隆斋	2
1937.6	买公事包	10	1936.8	帆布毯子	2.5	1936.2	做棉裤里、手工、邮资等	3

邸占江			谢永昌			吕文杰		
	付兴隆斋	3.7		立山鞋钱	2.6	1936.3	买草帽	1
1937.9	益和毛毯一件	18.7	1936.9	金田鞋钱	1.3	1936.5	夹裤	2.4
1937.11	金池买棉衣	3		永喜鞋钱	2.2		买袜子	1.2
			1937.3	永喜买胶皮鞋	1		大小布钱	1.7
			1937.5	买单袄料	2.5		买汗衫	1
			1937.6	汗衫钱	3.3	1936.6	成衣手工钱	2
				付兴隆斋	7.8		鞋钱	2.1
			1937.8	银林买胶皮鞋	1		买布	2.6
			1937.9	鞋钱	11	1936.11	鞋钱	3.4
			1937.11	李德全买帽子	1		大褂布钱	1.6
				永喜买大褂	1.8	1937.2	买脚带围脖	2
							鞋钱	2.3
						1937.2	帽子	2
						1937.4	绸子15尺	2
						1937.5	老杨手工	2.4
							域青市布裤二条	2
						1937.6	毯子钱	5.8
							□帆布毯子	2.5
							草帽□□	各1
							付兴隆斋	2.1
						1937.9	买裤料	4
							靴钱	4.9
						1937.4	做棉裤、大褂	7.2

注：1. 受版面及表格太大不易操作所限，本表按《薪金账》账面记载顺序（一般按职工的资历、在店工作时间长短等为序记载），仅选取有人力股职员的后三名。

2. 1936年2月，吕文杰买棉裤里、手工、邮资等花费3元，分不清前两项共用洋多少，此暂且按2元计算，即三项各占三分之一。

表6-15显示，有人力股的员工比较注重穿着打扮，几乎每年各季都要买些新衣物鞋袜。邸占江花费共21项，83.1元，平均每笔花费近4元。3元以上的花费有10项，其中花费在10元以上的有3项，即益和毛毯一件18.7元、还裕兴成（做服装的店铺）绸子钱14.5元、买公事包10元，其他分别是买春绸、买皮包、付兴隆斋、芝莲用买夹袄、振潭做

大褂、金晋单衣、金池买棉衣。

谢永昌花费共29项，95.4元，平均每笔花费近3.3元。3元以上的花费有12项，其中花费在10元以上的有2项，即两次分别付兴隆斋（靴鞋铺）14元、7.8元，鞋钱11元，其他分别是买表用、永喜做衣服、立三鞋钱、买布用、德林买布、汗衫钱、买袜子、买毛衣、立三做单衣。

吕文杰花费共41项，123.4元，平均每笔花费近3元。3元以上的花费有12项，其中花费在10元以上的有3项，即裕兴成做棉袍两件13.7元、两次还裕兴成分别为10元，其他分别是做棉裤、大褂、毯子钱、靴钱、买裤料、鞋钱、单裤手工、做棉被、做棉裤里、手工等。

从以上三人的对比中可看出，经理邸占江虽消费次数不多，但平均每笔花费要高于其他二人，仅公事包就花了10元，这在当时可算是上档次的消费了。吕文杰在这三人中花费次数最多，金额最大，但每笔花费数额偏小；谢永昌居于邸占江与吕文杰当中。这三位有人力股的员工穿戴花费有一共同点，即消费较为前沿，不仅满足自己消费，也满足家人日常花销，所需现金皆可在店支取。如皮包、手表、绸缎、毛毯、毛衣、大连绒、雪花膏等皆为当时较为新潮的穿戴及化装用品，而且价格亦属可观。可见，有人力股的五金行从业人员在当时北京应是穿着入时，生活较为丰裕的阶层了。[①]

其次，无人力股员工与学徒的穿戴支出。

无人力股员工11人，其在店时间比学徒长，收入较稳定，也不像学徒那样时不时辞职出号。无人力股的张子喆花费共40项，150.1元，平均每笔花费近3.7元。3元以上的花费有21项，其中花费在10元以上的有3项，即皮袄面手工30元（这在当时非一般人所能承受，可见此人非常注重穿着）、买布、羊皮与买棉袍、棉裤各支洋10元，其余则多是他及其亲人日常买鞋袜衣裤、布料等物品，这在当时应该不算是低档消费。

谢杭花费共30项，131元，平均每笔花费近4.4元。3元以上的花费有19项，其中花费在10元以上的有1项，即付裕兴成12.4元，至于这些钱是谢一次做衣服的费用，还是多次的，尚不得而知。其余分别是做鞋袜袄褂、买布、鞋帽等日常用品，仅买草帽就花了3块大洋，可见买的不是低档货。

---

① 事实上，应该将五金商铺从业人员穿戴花销情况与北京其他行业商铺从业人员进行对比分析，但遗憾的是，笔者虽经多方查找，至今仍未找到北京其他行业商铺从业人员能够进行量化的数据。

表6-16　1935—1937年无人力股店员、学徒穿戴费用

单位：洋元

年月	无人力股员工							学徒				
	张子喆		谢杭			李从仁			彭俊华			李芳泽	
	用途	支洋	年月	用途	支洋	年月	用途	支洋	月份	用途	支洋	月份	用途	支洋
1935.1	付兴隆斋	6.6	1935.4	买袜子	1.1	1935.4	做单衣	6.3	1935.11	买棉袍	2	1935.9	鞋钱	5.9
	衣料	4.7	1935.5	单衣手工	1		付老杨手工	1.5	1936.1	付兴隆斋	2.3	1936.1	付兴隆斋	2.5
1935.4	鞋袜	3.1	1935.6	炳昌鞋钱	3.9	1935.5	买布2.3元，手工0.6元	3	1936.6	鞋钱	1.2	1936.6	鞋钱	3.8
	买袜子	1.2	1935.7	买蚊帐	1.6		大褂2.97元，裤3.19	6	1936.6					
	表弟鞋钱	1.1	1935.8	做大褂、借朋友	6.2	1935.6	买鞋	2	1936.8	鞋钱	1.3	1937.2	鞋钱	7.1
1935.6	表弟大褂	2	1935.9	鞋钱、肉有炳昌3.7元	5.3	1935.7	汗衫	1	1937.2	鞋钱	4.5	1937.5	付兴隆斋	4.4
1935.9	鞋钱	1.6		付裕兴成	12.4		拆洗被褥四件0.6元，口子1元	2	1937.5	买袜子	6.3		李芳泽于1937.5.24出号	
1935.11	在津用单裤袄里手工、送礼	6.8	1935.11	老杨手工	4		被单	2	1937.5		2			
	棉被	2	1936.1	付兴隆斋	3.9	1935.9	买布、手工等	5	1937.6	做单衣	5			
1935.12	皮袄面手工	30	1936.2	买布	7		鞋钱	2.9	1937.8	付兴隆斋	3.3			
										买被单	3			

第六章 商者无忧:北京五金商铺员工收支与生活　287

续表

	无人力股员工							学 徒			
	张子喆		谢杭			李从仁			彭俊华		李芳泽	
年月	用途	支洋	年月	用途	支洋	年月	用途	支洋	月份	用途	支洋	月份	用途	支洋
1935.12	买布、羊皮、□□用□树人用□1.15元	10	1936.6	付裕兴成	7.2	1935.9	买鞋用	2.4	1937.9	鞋钱	3.5			
	裤面	1.5	1936.9	做夹袄手工等	8.3	1935.11	买鞋用	2	1937.10	做夹衣	5			
1936.3	炳乾大褂	1.5	1936.11	鞋钱	2.4		做大褂	3						
	炳乾帽子	1		买布用	7	1936.1	付兴隆斋	3.7						
1936.4	津用鞋袜	5.5	1936.12	买皮袄面	2.8	1936.2	买花面	4						
	表弟衣单	3	1937.1	做马褂	6.9		老杨手工	1						
1936.5	津用鞋钱、袜子、借□□	7.3	1937.3	做大袄	8.8	1936.6	鞋钱	3.4						
1936.6	袜、单衣手工	2.2	1937.4	买帽子	5	1936.7	买布	4						
	袜子钱	1.5		买草帽	3		做夹衣	5.6						
	单衣布	4.1	1937.6	汗彩线	1.1	1936.8	手工	1.2						
	鞋钱	4.1		付兴隆斋	6.4		买布2.7元	5						
	买枕头	1		炳伟做单衣	3.4	1936.10	买背心□子	5						
1936.7	并裤料4.5元,袜子4毛,□1元	5.9	1937.7	帆布镫子一个,炳炯用	1.2	1937.1	买镫子	5						

续表

无人力股员工

年月	张子喆 用途	支洋	年月	谢杭 用途	支洋	年月	李从仁 用途	支洋
1936.9	树仁鞋	3	1937.8	买鞋	1.8			
1936.10	棉袍、棉裤	10	1937.9	炳烨买衣	4	1937.2	鞋钱	3.3
	表弟买衣	4.4		靴钱、炳伟用	4.6		老杨手工	3
							买大褂、张鉴塘份子	6
1936.11	买鞋帽、袜子、请客	7.9	1937.10	袍料	6	1937.5	买布	2.7
	棉裤手工	1		炳烨买衣	5.6	1937.6	付裕兴成	7.5
	裤单、袜子			袍里、手工	0.6	1937.9	靴钱	1.6
1937.2	鞋钱	4.8	1937.11	炳伟买衣	1.6	1937.10	付手工	2
1937.3	桂森买鞋	1					布钱	1.1
	桂森小褂	0.8				1937.6	付兴隆斋	4.1
1937.4	桂森衣钱	4						
	桂森大褂	1.8						
	桂森单衣	3.1						
1937.6	买烟、柳条包等	5						
	付兴隆斋	2.7						
	老杨手工	1.1						

彭俊华			学 徒	李芳泽	
用途	支洋	月份	月份	用途	支洋

第六章 商者无忧:北京五金商铺员工收支与生活 289

续表

无人力股员工								学徒			
张子喆			谢杭			李从仁			彭俊华			李芳泽	
年月	用途	支洋	年月	用途	支洋	年月	用途	支洋	月份	用途	支洋	月份	用途	支洋
1937.7	桂森做裤钱	1												
1937.9	靴钱	3.3												
合计 ｜｜ 150.1	合计 ｜｜ 131	合计 ｜｜ 105.3	合计 ｜｜ 39.4	合计 ｜｜ 23.7

注：1. 受版面及表格太大不易操作所限，本表按《薪金账》账面记载顺序（一般按职工的资历，在店工作时间长短等为序记载），来分析各层次职工的穿戴费用统计表。员工前三名与学徒后两名组成数据统计表，仅选取无人力股职员前三名与学徒后两名组成数据统计表。
2. 张子喆1935年11月在天津用单裤袜里手工，送礼共支洋5元；谢杭1935年11月在天津用裤袜里手工、送礼共支洋6.8元，1936年5月天津用鞋钱、袜子，借口口支洋7.3元，1936年11月买鞋帽、袜子、请客支洋7.9元，1937年6月买水烟、柳条包等支洋5元；李从仁1935年8月做大褂、借朋友支洋6.2元，李从仁1937年2月买大褂、张鉴塘份子支洋6元。以上这些原账本数据，由于是几项合在一起，所以笔者尚分不清穿戴费用到底占多少，为便于统计，暂且按穿戴与其他各占50%来计。
3. 账本中铺盖费用也计入员工穿戴中。

李从仁花费共33项，105.3元，平均每笔花费近3.4元。3元以上的花费有17项，其中花费在10元以上的无，最大的一笔是还裕兴成7.5元，其他主要是买鞋袜裤褂、布、毯子等物品。

从以上对比中可看出，张子喆穿戴花费最大，消费频率也最大，但平均每笔费用低于谢杭。谢杭穿戴花费总额、消费频率皆次之，但平均每笔费用要高于张。此二人三年中无论穿戴消费总额，还是平均每笔费用都超过了经理邸占江及有其他两位有人力股的员工。可见，张、谢二人在店内也应属于实力派，后来他们都能获得人力股即为明证。①

李从仁明显比前两位在穿着上差一些，买衣物也不是那么频繁，没有太大花费，但又比学徒强。原因可能是李是比学徒有更长工龄的员工，可却没有像张子喆、谢杭那样在未来获得人力股份。李应当属于铺内普通职工。

可见，无人力股的员工日常穿戴花费并不比有人力股的员工少，添置衣物的种类、频率也不比有人力股的少，但这并不说明他们是店内收入最高的，而是说明这些五金商铺从业人员都比较注重外表与穿戴。

学徒彭俊华花费共12项，39.4元，平均每笔花费近3.3元。3元以上的花费有7项，其中花费在10元以上的无，最大的一笔是买鞋用6.3元，其他主要是买鞋袜衣物被单等。

学徒李芳泽花费共5项，23.7元，平均每笔花费近4.7元。3元以上的花费有4项，其中花费在10元以上的无，最大的一笔是买鞋用7.1元，其他主要是买鞋与还兴隆斋款。

以上两学徒，彭俊华比李芳泽稍好，可能前者比后者家境好。但二人的共同点是，皆较拮据，购买频率较低，都无10元以上的大单花费，每年添不了多少衣物，并主要用于买鞋，可能跑腿多，而布鞋又易坏。拮据的主要原因，是无固定工资。

此外，程庆铮、刘世通、高嗣庸三学徒在店工作时间皆不算长，程刘二人日常花费颇少，只3—4元；而高嗣庸则在1937年7月8日一次性支取两笔款，第一笔大洋48元，用于偿还丢失的元发银；第二笔大洋22.5元，用于偿还丢失车子一辆（折半）。可见，高嗣庸虽花费很大，但都没花在自己或家人身上。更为戏剧性的是，高在支款偿还丢失款物之后，柜上馈送其洋50元，并随即出号。看来，学徒的日子不太好过。

---

① 我们可以将其看作"准人力股"店员，受商号重视，可能也会影响其收入，其身份是变动的。

学徒的日常支出非常简单,无下饭馆请客、请听戏等其他复杂的交际,只是一些必要的鞋袜衣被等花费。家境富裕的学徒可能就多买一些,贫穷的就少买一些。

以上仅据员工身份分类对各自穿戴情况进行了说明,但较分散,对比性不强,下面我们将上述各数据及账本其他员工穿戴情况汇总,以便进一步对比说明各相关情况。

表 6-17　　　　1935—1937 年各身份员工穿戴花费

身份	姓名	1935 年	1936 年	1937 年	合计（洋元）
有人力股	邱占江	29.9	12.1	41.1	83.1
	谢永昌	18	48	29.4	95.4
	吕文杰	55.7	27.5	39.2	122.4
无人力股	张子喆	67.2	56.8	26.1	150.1
	邢长清	0	0	0	0
	谢杭	32.4	38.6	60	131
	李从仁	39.1	32.9	33.3	105.3
	李俊贵	63.5	42.4	23.4	129.3
	邱楷	39.7	17.7	36	93.4
	王纪森	13.6	33.2	25	71.8
	陈振煜	24.1	13.7	12.5	50.3
	张树芬	20.8	7	19.8	47.6
	王英奇	9.2	12.8	14.1	36.1
	董荫棠	5.7	14.1	10.5	30.3
	李长文	16.3	11.5	19.8	47.6
学徒	彭俊华	2	9.3	28.1	39.4
	李泽芳	5.9	6.3	11.5	23.7
	程庆铮	1.7	1936.8.31 出号		1.7
	刘世通	3	1936.2.17 出号		3
	高嗣庸			1937.1—1937.7.8 在店	0
合计（洋元）		447.8	383.9	429.8	1261.5

从各员工总花费看,1935 年最高,1936 年降低,1937 年又有所增加,但仍低于 1935 年。尽管 1937 年的货币不如 1935 年的坚挺,但 1937 年的花费反而比 1935 年减少,这可能是由于 1937 年,尤其下半年,受战争影响,

五金商号员工有时无暇顾及购买衣物，使得穿戴消费比以前降低了。

表6-17显示，1935年花费总额排名前五位的是张子喆67.2元、李俊贵63.5元、吕文杰55.7元、邱楷39.7元、李从仁39.1元；1936年花费总额排名前五位的是张子喆56.8元、谢永昌48元、李俊贵42.4元、谢杭38.6元、王纪森33.2元；1937年花费总额排名前五位的是谢杭60元、邱占江41.1元、吕文杰39.2元、邱楷36元、李从仁33.3元；三年花费总额排名前五位的是张子喆150.1元、谢杭131元、李俊贵129.3元、吕文杰122.4元、李从仁105.3元。这表明，所有员工当中，无论各年花费总额排名前五位的，还是三年花费总额排名前五位的，花费最高的不是经理与有人力股份的高级员工，而是无人力股的张子喆，且前五名也多是无人力股份的员工，而张子喆、谢杭在下一账期却也获得新的人力股份。

这里有一问题，经理及有人力股的员工穿戴花费为何倒不如无人力股的员工多呢？笔者认为，有人力股的员工收入高，家底厚实，有些日常支出未必都在柜上支取，致使账面无记录，但这并不等于他们的真实花费就一定比无人力股员工低。而无人力股的员工由于收入不高，所以日常各种支出可能都要在柜台支取，所以账面支取数额就稍大了点，当然，这也不等于他们的真实花费就一定比有人力股的员工高。

无人力股的员工如陈振煜、张树芬、董荫棠、王英奇、李长文等，三年总花费皆在50元左右及以下，董荫棠、王英奇二人仅30多元，甚至比学徒的花费还少，有人力股的张子喆一年的花费是董荫棠三年花费总和的2倍还多。这些员工并非不想多买衣物，也并非不需要时尚体面的衣物，估计是经济实力不允许而已。学徒花费数额最小，有逐年增加之势。在店工作时间长的学徒，其花费要多于在店工作时间短的，估计是年终馈送多一些。

因此，无论怎么比较，花费最少的当属学徒阶层，从经济实力角度看，他们应该处在商号的最底层。当然，也有部分无人力股员工由于各种原因导致他们并不比学徒强多少。

总之，商为末业，历来不被人重视，到民国时期亦无太大改观，所以商铺从业人员一般较注意讲究体面、排场，以提高社会对他们的认知，当然穿戴上是绝对不能马虎的，出去尽可能地风光。他们的家属也随之效仿，新潮前沿的服装鞋袜，一年要添置多件。由于收入及家庭条件所限，有人力股员工及少数上层无人力股员工对穿戴的重视程度，可能要比学徒及部分下层无人力股员工强。当然，这并非否定学徒及部分下层无人力股员工对穿戴的重视，只是受经济条件所限而已。

三 捎家养家

旅京冀州五金商铺从业人员长年在京工作，一般为单身，不允许带家属，所以其收入的一部分应该寄回或捎回家乡贴补家用，以养家糊口。除大额现金进行银行、银号、钱庄汇款外，其他小额现金或一般物品通常是回家自带，也有的是委托本店老乡，或其他本行商号同乡，抑或其他行业同乡回家探亲时捎带。当然，回家探亲这一福利待遇也使得捎家一事极为方便，因为店员探亲是轮流的，所以同乡之间一年四季可不断将家乡亲朋急需或新鲜的物品、现金捎带回去。

表6-18　　　　　1935—1937年各身份员工捎家统计　　　　　（单位：洋元）

员工分类及总人数	员工姓名	1935年			1936年		1937年	
人力股7人	邸占江	6月，布茶叶20元，帆布2.5元	7月515元	9月茶叶1.5元	7月大米2元	12月10元	1月2元	11月烟1元
	谢永昌	4月□2元	6月白布4.3元，胰子1.4元，汇200元	10月汇300元，12月鞋1元	10月壶2元		6月物33.2元，代16元，汇200元	
	吕文杰	2月1元	5月布10元，7月布5元	11月买布12元	2月鲜货2元，4月物5元	7月24元，11月布12	1月药5元	7月10
无人力股12人	张子喆	1月自行车皮带5元	3月帽2元，6月物15元，布3.9元	9月物2元	9月药4元，10月药1		1月茶叶2元，后又2元	5月膏药4元	6月物15元，自带30元，汇150元
	邢长清						3月100元	
	谢杭		6月物5元		2月50元	7月衣料4元	10月药书8元	
	李从仁	3月药3.8元	8月物5元	10月10	3月61	6月丸子5元，10月药2元	12月眼镜1.5元，钱1.5元，又眼镜4元	12月36元

续表

员工分类及总人数	员工姓名	1935年			1936年			1937年	
无人力股 12人	李俊贵				2月50元	10月物20元,钱50元	12月丸子1.2元	4月布2元,5月布3元	6月茶叶2元
	邱楷	3月花镜茶叶4元	6月药5元,7月布药5元	8月药酒3元	2月布5元	4月30元,7月30元	10月靴4元,12月药、丸子各2元	1月花镜2元	3月药5元
	王纪森	3月10元,5月10元	7月20元	9月物10元,10月汇40.5元	1月物6元	4月烟嘴3元			12月36元
	陈振煜	3月布5元	7月八宝坤丸3元,布、点心3元	11月布6元	2月物2元			1月物2元	5月布5元,洋40
	张树芬	4月物5元							5月物6元
	王英奇								
	董荫棠					7月物13.5元,带家20元			7月漆5元
	李长文	6月10元			10月30元				

注：庆和堂捎家的有6人，其中4人是相同金额的，另有2人减半也相同，包括了汇水在内。

1. 表中捎家的主要包括现金、物品以及汇款，皆以洋元计。表中"物"指捎家物品，"汇"指给家汇款。

2. 表中统计的只是在职员工，有人力股的只统计了邱占江、谢永昌、吕文杰3人，从账本看，其他4人可能已离职，或由后人接替，故未作统计。

各员工捎家频率多少不一，有的三年共10来次，有的四五次，有的两三次。各员工捎家物品不同，多少亦有别。这皆视各自家庭条件与自身收入多少而定。捎家的主要物品，如茶叶、药品、药酒、烟嘴、帆布、自行车、胰子、鞋、靴、衣料、布、鲜货、点心、大米、书籍、花镜、眼镜、油漆等，既有饮用品、食品、药品、鞋袜服装布料、书籍等日常用品，又有交通工具、眼镜、油漆等故乡农村不常见的器具。即使是日常用品，也多为进口货或其他时潮新鲜物品，如药品，估计多是西药，或家乡不易买到的京城中草药、中成药等；布料服装，可能也多是洋布或家乡不易买到的服装；就当时农村生活状况而言，点心、大米也应算是较为稀奇的食品与粮食，尤其是大米，对冀中南农村而言，可谓新鲜物。冀州五金商铺从业人员将这些新鲜物品带回家乡，对农村人眼界的开阔，生活习惯与生活方式的改变，家庭生活条件的改善等方面，可能都有一定的促进作用；汇款与自带、让人捎带现金给家乡亲朋，无疑对农村的资金短缺也有一定补给作用，有利于冀州地区农村经济的发展。

鉴于表6-18内容较杂乱，为方便阅读与分析，笔者将其简化为表6-19。

表6-19　　　　　　　1935—1937年各身份员工捎家统计

员工分类及总人数	捎家员工姓名	1935年	1936年	1937年	合计（洋元）
人力股7人（总人数7人，其中只有3人有捎家记录）	邱占江	539	12	3	554
	谢永昌	508.7	2	249.2	759.9
	吕文杰	16	43	15	74
无人力股12人	张子喆	27.9	5	203	235.9
	邢长清	0	0	100	100
	谢杭	5	62	0	67
	李从仁	18.8	75	36	129.8
	李俊贵	0	121.2	7	128.2
	邱楷	17	73	7	97
	王纪森	90.5	9	36	135.5
	陈振煜	17	2	47	66
	张树芬	5	0	6	11
	王英奇	0	0	0	0
	董荫棠	0	33.5	5	38.5
	李长文	10	30	0	40
合计（洋元）		1254.9	467.7	714.2	2436.8

表6-19显示，有人力股的谢永昌贴补家用金额最大，高达760元，

高于经理邸占江。从其各年捎家钱物多寡不一来看，这可能是由于谢永昌家中需要其时常接济。邸占江与谢永昌差不多。吕文杰虽然收入与谢永昌差不多，但捎家金额却很小，可能吕家经济实力较强，不太需要吕文杰贴补。

无人力股员工接济家用多寡不一，相差很大。接济家用最多的是张子喆，三年高达236元；最少的王英奇，三年为0元；张树芬次之，为11元。看来，这些员工不但收入相差很大，且家庭条件也有差别。贴补家用虽不能完全反映各家经济状况，但也能在一个侧面反映员工的养家能力与自身经济实力。有的员工可能想多给家中汇款，然而可能力不从心。

看来，无论有人力股员工还是无人力股员工，一般都牵挂着故乡的亲人，时常给家中捎带钱、物，或汇款接济家用，收入高的接济家里就多些，收入少的就少些。无固定收入的学徒，就无法接济老家。接济家用无规律可循，有时多，有时少，有的年份则无。不忘本是中国传统商铺从业人员的共性。

冀州五金商铺从业人员除上述日常交际、穿戴、捎家等支出花费外，当然还有其他一些丰富多彩的生活支出，如医药、自行车、工具、书籍、捐款、借入借出等。此外，还有一些没写用途的支出。由于各员工情况不一，介绍起来颇感纷乱，进行分类统计亦觉困难，所以笔者打算另文详述。

四 综合分析

通过上述分类分析，我们大体对冀州人在京经商生活过程中的消费支出情况有了一定了解与认识，但要深入认识每个员工一定时期内各类消费的总体情况，以及彼此间的差异，还应对每个员工进行综合与对比分析。

表6-20　　1935年1月—1936年1月各身份职工支出分类统计

支出去向或用途		邸占江 金额(元)	邸占江 占总数的(%)	邸占江 次数(次)	谢永昌 金额(元)	谢永昌 占总数的(%)	谢永昌 次数(次)	张子喆 金额(元)	张子喆 占总数的(%)	张子喆 次数(次)	李长文 金额(元)	李长文 占总数的(%)	李长文 次数(次)
用于交际	幛子	17.5	2.46	13	7	1.23	9	3.1	2.83	4	0	0	0
	份子	18.3	2.56	9	2.8	0.49	3	1	0.91	2	0	0	0
	其他礼	18.7	2.63	10	7.5	1.32	4	9.2	8.41	4	8	23.32	4

续表

支出去向或用途		邸占江 金额(元)	邸占江 占总数的(%)	邸占江 次数(次)	谢永昌 金额(元)	谢永昌 占总数的(%)	谢永昌 次数(次)	张子喆 金额(元)	张子喆 占总数的(%)	张子喆 次数(次)	李长文 金额(元)	李长文 占总数的(%)	李长文 次数(次)
用于交际	请吃饭	82.8	11.66	2	14.6	2.57	2	1	0.91	1	0	0	0
	请看戏	4	0.56	1	0	0	0	0	0	0	0	0	0
	共	141.3	19.90		31.9	5.61		14.3	13.07		8	23.32	
衣帽鞋被等基本生活用品		29.9	4.21	7	28.3	4.97	11	67.2	61.43	12	16.3	47.52	8
捎家		539	75.89	4	508.7	89.42	6	27.9	25.50	4	10	29.15	1
以上合计		710.2	100		568.9	100		109.4	100		34.3	100	
交际、穿戴、捎家		710.2	33.80		568.9	57.27		109.4	31.34		34.3	75.88	
其他		1391.3	66.21		424.5	42.73		239.7	68.66		10.9	24.12	
总支出		2101.5	100		993.4	100		349.1	100		45.2	100	

注：表中选取有人力股的邸占江（经理）、谢永昌，无人力股的张子喆（后来获得人力股），无人力股的排名最后一位普通店员李长文。通过四位员工的对比，研究店内不同身份员工的日常支出的大体情况。本想再加一学徒，但由于表格太大不好控制，又因学徒一项相对简单，故未列入。

资料来源：北京市档案馆：《万和成五金行》，档号J86-1-39，《辛金账》，1935年。（表中数据是笔者据原资料进行统计归纳而得）

表6-20显示，如果仅从各身份员工交际、穿戴、捎家等日常基本支出费用来看，一年中，经理邸占江捎家金额最大，共539元，占其日常基本支出费用的近76%；交际次之，共141.3元，约占20%；穿戴等费用最少，共29.9元，仅占4.21%；可见，其捎家金额不仅远大于其交际、穿戴费用，也大于其他员工的捎家金额，表明他对故乡亲朋的贴补力度是较大的。邸作为经理，其交际费用比其他员工皆高，且交际费用中又以请人吃饭为最，占其交际总费用的近59%，占其日常基本支出费用的近12%，看来，经理比较注重日常交际，尤其是以请人吃饭作为交际的主要手段。日常幛子钱、份子钱及其他礼钱，虽次数较多，但实际金额并不大。

有人力股的谢永昌捎家共508.7元，仅次于经理邸占江，但捎家金额却占其日常基本支出费用的89.42%，则又高于邸；交际费用共31.9元，不到其日常基本支出费用的 6%，远低于经理邸占江；穿戴等费用更少，共 28.3 元，仅占其日常基本支出费用的 4.97%；可见，谢永昌与邸占江一样，都非常重视挣钱贴补家用，甚至贴补力度还稍高于邸占江。谢氏交际与穿戴费用皆较低，不仅低于邸占江，如果从花费比重看，也低于其他无人力股员工。

无人力股的张子喆捎家共 27.9 元，仅为经理邸占江的十九分之一，为谢永昌的十八分之一，虽稍高于位居员工之末的李长文，但捎家金额占其日常基本支出费用的比重又稍低于李；交际费用最低，仅 14.3 元，不到经理邸占江的九分之一，但占日常基本支出费用的比重又高于有人力股的谢永昌；然而，张子喆穿戴费用却很高，共 67.2 元，占其日常基本支出费用的比重高达 61%；可见，张子喆非常重视日常穿戴，养家能力不高，纵有广交际之愿望，但可能力不从心。

无人力股的李长文与张子喆一样，皆是注重穿戴，穿戴费用最高，其次是捎家，最后是交际，且交际相对简单，只有日常随礼一项，共 4 次 8 元。不过，从交际费用占其日常基本支出费用的比重看，李长文比张子喆更有交际的愿望，但亦更力不从心。

此外，当时请人看戏虽是交际的手段之一，但四位员工中，只邸占江有此手段，其他三个皆无，且邸请人看戏花费所占比重非常小，可见当时这种手段并不普及，只是少数较高身份与嗜好的员工才用此手段与人交际，沟通感情。

以上只是对各身份员工交际、穿戴、捎家情况进行了比较分析，而实际他们的支出不只这些，还有其他情况，只是这些在实际生活中出现的频率较高而已。从上表下半部分看，经理邸占江的支出主要部分不是穿戴、交际与捎家，而是其他，如医药、自行车、工具、书籍、捐款、借入借出等。邸之借入借出，仅 1935 年 3 月就有三笔，共 1200 余元。无人力股的张子喆，其他一项支出亦大于其穿戴、交际与捎家支出，主要是由于 1936 年 1 月有一笔 150 的借入借出款。谢永昌与李长文则是穿戴、交际与捎家支出皆大于其他支出。看来，如果排除各员工的借入借出款项，穿戴、交际与捎家支出则皆大于其他支出项，反之则否。

上面既已对各身份五金商铺从业人员的支出情况有了基本认识，那么，从总体上看，其消费在北京处于一怎样水平呢？

通常情况下，居民消费水平与其收入状况关系非常紧密。我们不妨先从收入方面观察万和成五金商铺从业人员在北京处于什么水平。

表 6 – 21　　　　1935—1937 年万和成各身份员工收支情况　　（单位：洋元）

身份	姓名	月工资	年工资	1935年支	1936年支	1937年支	三年共支	1938年3月馈送及加增洋	1938年3月分余利洋	除支净存洋	年均账面收入	月均账面收入
有人力股	绳俊吉			2002.4	1.5	1500	3503.9		6000	2496.1	2000	166.67
	尹福辰			1954.69	1002.66		2957.35		6000	3042.65	2000	166.67
	李书文			2434.4	2006.7	51.5	4492.6		1800	-2692.6	600	50.00
	桑庚申			2413.2	363.2	9.7	2786.1		6000	3213.9	2000	166.67
	邱占江			2101.5	1003.4	403.4	3508.3		5400	1891.7	1800	150.00
	谢永昌			993.4	203.4	367.8	1564.6		3000	1435.4	1000	83.33
	吕文杰			449.1	503.1	222.9	1175.1		2400	1224.9	800	66.67
无人力股	张子喆	6	72	349.1	211	343.9	904	800		118	488.67	28.39
	邢长清	6	72	350.7	229	356	935.7	800		86.3	488.67	28.39
	谢杭	6	72	182.4	272.95	208.5	663.85	800		358.15	488.67	28.39
	李从仁	4	48	168.5	208.3	156.9	533.7	520		134.3	321.33	18.89
	李俊贵	4	48	94	206	76.3	376.3	460		231.7	301.33	16.89
	邱楷	3	36	78.8	134.7	70.4	283.9	390		217.1	241	13.91
	王纪森	3	36	139.6	84.8	88.5	312.9	360		158.1	231	13.08
	陈振煜	2.5	30	81	60.1	83.4	224.5	260		128	179.17	9.79
	张树芬	2.5	30	46.9	109.9	49.1	205.9	260		146.6	179.17	9.79
	王英奇	2	24	27.1	77.2	49.8	154.1	240		119.9	140.67	7.62
	董荫棠	2	24	36.7	81.7	47	165.4	150		58.6	124	6.23
	李长文	1.5	18	45.2	72.1	38	155.3	150		50.2	105.5	5.71

注：1. 此表是笔者据万和成《薪金账》（档号 J86 – 1 – 39，1935 年立）整理而成，"三年共支"与"除支净存"栏数据与原档不同，原档是将上一账期存柜金额计算在内，而本表则是三年纯支、纯存，并未考虑各员工上一账期在柜存款情况。另，表中亦未将各员工存款利息计算在内。

2. 无人力股店员工资皆为年终支付，原账本 1935 年、1937 年皆按一年 12 个月计算，1936 年按一年 13 个月计算。

3. 除支净存 = 馈送及加增洋（或余利洋） + 三年工资 — 三年共支。

4. 绳俊吉、尹福辰、李书文、桑庚申、邱占江、谢永昌、吕文杰 7 人皆有人力股，其中邱占江当时为经理，如按资历论，则在绳俊吉、尹福辰、李书文、桑庚申之后，而这几人曾为经理，有的年老，有的已去世，人力股要比邱占江高。李书文当时早已去世，仅保留永久性的人力股 3 厘，所以分红较少，表之所以出现 -2692.6 元，原因是笔者未将其上账期结存洋 4903.69 元及各种利息收入计算在内，其实，原账载其三年账期除支净存洋 3733.79 元。

表 6 – 21 中万和成员工的平均收支情况至少说明三点：其一，有人力股员工无月工资，其收入主要靠账期分红，无人力股员工虽有月工资，但很少，账期馈送及加增洋大于工资所得；其二，各员工三年收入大于支

出，即有剩余，有的剩余金额还相当可观；其三，支取现款较为宽松，数额基本跟各员工收入挂钩，高于工资，且不用交利息，用着方便，为日常需求提供了保障。

细观之，有人力股者三年内月均收入洋 121.43 元，最多的为 166.67 元，最少的为 66.67 元，而无人力股者则仅分别为 15.56 元、28.39 元、5.71 元，前者分别是后者的 7 倍多、近 6 倍、11 倍多。可见，同为店员，有无人力股，收入差距非常大。

为更清晰了解万和成五金商号店员收入在北京居民中的水平，我们可将其与北京教师、公务员、工人等人群的收入进行大体对比。大、中、小学教师收入差距很大。1935 年北京大学教授月薪一般在 300—400 元，副教授 280—320 元，助教多在 80—100 元，讲师一般不足百元。[①] 北大教师收入在北京居民收入中，应属中等或偏上水平。1937 年北京 11 所中学校长的工资在 120 元以上，教师工资多在 30—90 元。[②] 中学教师的收入虽远低于大学教师，但也基本属于中等或偏下水平。小学教师收入更低，属低收入者，但其生活状况仍远高于城市中真正的低收入群体——工人。各级政府的普通公务员，也基本属于中等收入群体，虽然没有大学教师高，但基本上高于中学教师。[③] 如此看来，万和成的有人力股店员收入基本比北京大学的助教相平或稍高，高于讲师、低于教授与副教授，基本高于中学教师，与普通公务员差不多，应该属于中等或偏下收入群体。无人力股的店员与小学教师、普通工人相当，应该属于低收入群体。

此外，万和成铺东不仅各账期分红所得一般要大于有人力股者，且其一般有多家分号，分布于京津沪、张家口等地，加之银行存款利息及其他未知收入，故其收入与消费应该处于社会上层，至少也属中等靠上水平。

有学者指出，北京居民收入如分高、中、低三个层次的话，高收入者主要集中在少数高层政府官员及一些外资洋行及其相关机构的少数代办两个领域，中等收入者以公务员、教师等为主，低收入者群体庞大，包括公安巡警、商会的办事员，大量的邮政工人、店员、电车公司工人等低级职员，及手工业者、工矿企业工人、工匠和劳工等。[④] 此大致分类很有见

[①] 王学珍、郭建荣主编：《北京大学史料》第二卷上册（1912—1937），北京大学出版社 2002 年版，第 507—513 页。
[②] 《1937 年北平市立各级教育机构教职员薪金一览》，《北京档案史料》2004 年第 1 期。
[③] 李小尉：《1912—1937 年北京居民的工资收入与生活状况》，《史学月刊》2007 年第 4 期。
[④] 李小尉：《1912—1937 年北京居民的工资收入与生活状况》，《史学月刊》2007 年第 4 期。

地,不过,里面未考虑民族商人(诸如一些富商大贾、经理或掌柜)群体的位置,并且,我们似乎也不能将"店员"进行简单叙述与概括。其实,店员情况颇为复杂,身份有高低,收入差距也较大。在一些行业商号内,店员分两种,一种占有部分人力股份,与铺东、掌柜一样在账期按占有股份的多少分红,无固定工资;另一种则无人力股份,不参与店内分红,只有月工资或年工资,年终或账期有馈送。值得一提的是,有人力股员工包括经理与有人力股的店员,其收入除主要来自账期分红外,还有辞职、死亡或其他情况下退股时的找店内厚成的待遇。如《薪金账》载有人力股的尹福辰除分红外,还存厚成洋10100元,1938年3月算账共存洋17383.82元。相反,无人力股的普通店员之工资收入并不比其他行业高,尽管五金业是盈利较为可观的行业。此外,经理或掌柜的日常花费基本都由柜上支付。可见,在万和成,经理、有人力股店员、无人力股店员之间的收入差距是相当大的。有人力股的商铺与厂矿企业,他如北京瑞蚨祥绸布店、同仁堂、万全堂药店、同义当铺、一些钱庄、票号等,多有此情况,因此,似乎不可将店员一概而论。

总之,正常年月,北京高收入者应该还包括一些较大商号铺东,中等收入者还应包括一些行业有人力股员工,低收入者中的店员应是诸多无人力股的普通店员。[①]

那么,万和成员工的支出情况在北京又处于什么水平呢?

表6-22　　　　　北京各类人群生活支出情况比较　　　　(单位:洋元)

出处	时间及家数	单位	各家(人)平均支出					合计
			食品费	房租	衣服费	燃料费	杂费	
孟天培、甘博	1924年清华学校的工人141家	元	69.22	14.56	18.48	无数据	9.74	112
		%	61.8	13	16.5	无数据	8.7	100
	1918—1924年京城内外797家(工人、旗人、清华佣人、关吏)	%	70	8	12	5	5	100
陶孟和	1926—1927年冬春6个月工人48家	元	72.25	7.62	6.94	11.48	3.16	101.45
		%	71.2	7.5	6.8	11.3	3.1	100
	1926年11月小学教员12家	元	18.27	6.02	6.51	4.53	12.37	47.7
		%	38.3	12.6	13.7	9.5	25.9	100

[①] 商铺从业人员收入因受经营状况及有无战乱等因素影响,并不稳定,此处仅指正常年月。

续表

出处	时间及家数	单位	各家（人）平均支出					合计
			食品费	房租	衣服费	燃料费	杂费	
李景汉	1928—1929 年工人全年每家看为舒服的生活	元	200	30	39	30	51	350
		%	57.1	8.6	11.1	8.6	14.6	100
	1928—1929 年工人全年每家知足的生活	元	160	15	22	22	31	250
		%	64	6	8.8	8.8	12.4	100
	1928—1929 年工人全年每家对付着过的生活	元	117	12	11	20	10	170
		%	68.8	7.1	6.5	11.8	5.8	100
万和成五金行	1935—1937 年 3 名有人力股五金员工年均	元	无	无	33.43	无	506.58	694.22
		%			4.82		72.97	100
	1935—1937 年 12 名无人力股五金员工年均	元	无	无	24.8	无	82.60	136.54
		%			18.16		60.50	100

注：1. 万和成员工杂费系笔者用三年人均总支出减去捎家金额与衣服穿戴费用所得。
2. 衣服类，1926 年指数为 95.4，1927 年为 100，1934 年 4 月为 100.5，说明前后币值、物价变化不大，可以进行比较。参见《中国经济年鉴续编》，商务印书馆 1935 年版，第（P）115—6 页。

资料来源：孟天培、甘博：《二十五年来北京之物价工资及生活程度》，李景汉译，国立北京大学出版部 1926 年 10 月；陶孟和：《北平生活费之分析》，商务印书馆 1933 年版；李景汉：《北平最低限度的生活程度的讨论》，《社会学界》1929 年第 3 卷；北京市档案馆：《万和成五金行·辛金账》，档号 J86－1－39，1935 年。

表 6－22 中，万和成五金行有人力股店员人均年总支出 694.22 元，其中衣服穿戴费用 33.43 元，杂费 506.58 元，分别占年总支出的 4.82% 与 72.97%，可见，无论支出总数，还是杂费开销，都远高于其他人群，"看为舒服的生活"人群的年总支出、杂费也仅分别为有人力股店员的约二分之一、十分之一。有人力股店员穿戴衣服花费占总支出的比重仅 4.82%，但总值 33.4 元与"看为舒服的生活"人群相差不多，说明他们并不十分关注穿戴，而是把财力用于其他杂项方面，而杂费①开销的多少，则正体现一个家庭或个人的生活质量与水平的高低。因此，有人力股店员生活质量应高于"看为舒服的生活"人群。

万和成无人力股店员人均年总支出 136.54 元，低于小学教员与李景汉所指的上表三类工人，衣服穿戴费用也低于小学教员与"看为舒服的生活"人群，但其杂费则高于除小学教员之外的其他人群，且衣服穿戴费用及杂费占年总支出的比重则居小学教员与工人之首，说明他们能将大部分财力用于吃住之外的消费，应与"生活知足的人群"基本相当。

---

① 杂费包括家具、交通、医药、卫生、化妆、嗜好、娱乐、交际、教育、邮费等。

值得注意的是，对五金商号从业人员而言，其日常免费吃住在店，吃喝不错，基本可与北京名店瑞蚨祥相差不多，且福利（理发、洗澡、回家等费皆由店方付）不错，他们的收入基本是纯收入，支出也是除吃、住、水、煤等之外的其他花费，不同于其他行业工人或自由职业者，还要为生计奔波，甚至发愁，因为后者的大部分收入要用于吃喝、房租、水、煤等生活必需支出。如此看来，五金商铺从业人员可以将收入全部用于交际、穿戴或捎家等，加之有人力股员工有店内"厚成"作后盾，这势必使其消费起来比副教授以下的大学老师、中小学教师、普通公务员相对宽松一些；即使无人力股的店员（吃住不愁，需钱时可在店内支取）也比一些小学教师（常有拖欠工资现象）、工人、自由职业者生活要舒服一些。

综上，从《薪金账》看，万和成商号员工的日常支出主要分为交际、穿戴、捎家、其他四部分。各员工在随礼事宜上基本是因人而异。各员工在铺内身份不同，其给店内同一人是否随礼、随多少礼也有所不同。各职员给经理（掌柜）随的礼钱远多于给铺东的，且随的幛子钱多于份子钱，说明送幛子比随份子可能更受重视。无论铺东，还是有人力股的职工，一般都不给无人力股的员工或学徒随礼。商铺经理的对外应酬账目较大，比较注重日常交际，尤以请人吃饭为最，且分不清公私。有人力股的员工请客比率、金额较其他身份员工要高。请人听戏还不是他们交往的主要手段。有人力股的员工穿戴较为前沿，不仅满足自己穿戴消费，也满足家人，其对穿戴的重视程度，可能要比学徒及部分下层无人力股员工强。无人力股员工也较重视日常穿戴，但养家能力不高，虽有广交际的愿望，却可能力不从心，而且越是排名靠后的店员，越是力不从心。无论有人力股员工还是无人力股员工，一般都时常给家中捎带钱、物，或汇款接济家用。学徒无固定收入，无法贴补家用。接济家用，对农村人眼界的开阔，生活习惯与生活方式的改变，家庭生活条件的改善等方面，可能都有一定的促进作用。

此外，我们不能将"店员"进行简单叙述与概括，应分为有人力股店员与无人力股店员两种。正常年月，一些较具规模的五金商号铺东在北京应属于高收入者，有人力股员工属于中等收入者，无人力股店员应属于低收入者。有人力股店员生活质量应高于"看为舒服的生活"人群，消费起来比副教授以下的大学老师、中小学教师、普通公务员相对宽松一些；无人力股店员应与"生活知足的人群"基本相当，比一些小学教师（常有拖欠工资现象）、工人、自由职业者生活要舒服一些。

以往传统观点认为民国时期商铺从业人员，诸如普通店员、学徒等生活困难、处境恶劣、备受东家欺压等宣传与看法，在北京五金商号中，情况并非完全如此，东家、掌柜或经理也并非与铺内其他从业人员是赤裸裸的压迫关系。其实，在这些规模相对不是很大的商铺中，由于各从业人员之间基本是亲戚或老乡关系，属于熟人社会，相互之间了解，认同感强，尤其那些有人力股的从业人员以铺为家，与东家、掌柜同呼吸、共命运。因此，此类商铺从业人员的日常生活也相对舒服，日常花费相对宽松。这对我们深入认识民国北京社会生活史有一定促进作用。

第七章 相互依存与共赢：五金商铺与民国京津冀社会经济发展

通过以上各章的考察与论述，基本对北京五金商号的发展脉络、基本构成、管理制度、经营方式、资本及利润状况、员工收支与生活等方面有了基本了解，那么这些五金商铺到底有没有不同于他业商铺的特色？特色是什么？五金商铺与民国京津冀社会经济发展的关系如何？北京社会大环境又对五金商铺有何影响？

第一节 北京五金商铺之特色

五金商铺由于所经营商品的特殊性，决定了此行业在长期经营过程中形成了自己有别于他业的诸多特色，这主要包括业内蘖生性、分布街区的集中性、购销经营的时节性、销售对象的稳定性、与天津同业联系的紧密性五个方面。

特色之一，业内蘖生性。

什么是业内蘖生？业内蘖生是指某行业新商铺多由业内老铺繁衍，业外人士开设新铺者极少。这种现象虽多成行业惯例，但在经营洋货商品的行业，以五金业最为突出。这是因为五金商品品类繁多、型号规格极其复杂，专业性与技术性极强，同时国别、牌号也颇多，所以业外人很难知晓其业内情况。因此新开五金商铺的铺东多是与老五金店有着或多或少的关系，并且其自身对五金商品也较为熟悉。有学者对上海、广州、汉口、天津1895年前开业、规模较大、有记载可查的12家五金商铺的21个投资人情况的统计，其中业内蘖生的商铺占总铺数的50%。[1] 可见，业内蘖生是上海等地五金业发展的一大特点。其实，业内蘖生性也是北京五金业产生与发展的一大特色。

---

[1] 许涤新、吴承明主编：《中国资本主义发展史》第二卷，第200—203页。

表 7-1　　　　　　　　部分五金商铺业内蘖生情况统计

出资人姓名	籍贯	所属商铺	合伙与独资	入号学徒时 年份	入号学徒时 年龄（岁）	入号学徒时 所在商铺	备注
朱玉峰	冀县	广聚兴玉记	合伙转独资	1916	15	天增义	21 岁开玉记
江德谦	枣强	开泰恒	合伙转独资	1923	17	同义德	17 岁来京在打磨厂同义德五金行学徒 6 年，后由师兄弟几人开设开泰恒五金行，经营 4 年后改为自营
郑甲臣	霸县	聚和泰	合伙	1926	16	鸿昌德	16 岁在鸿昌德五金行学徒，连同作事 11 年，嗣后组织聚和泰五金行，在行内担任业务
曹广立	冀县	鸿昌德经理					祥盛德不执行业务
曹秀乡	冀县	同义公布店任经理					祥盛德不执行业务
王星臣	枣强			1911	16	来京铁行	18 岁自营铁行，万盛铁号不执行业务
屈玉泽	枣强						自幼在天津经营铁货，万盛铁号不执行业务
王万柱	枣强			1909	22	来京铁行	学生意 3 年，于 1912 年自己做生意，又于 1927 年三人合伙开设万盛铁号
刘英秀	束鹿			1924	16	天津五金行	在万庆公不执行业务，祖遗
王俊峰	武清	天津万德栈五金行司账					在万德新不执行业务
曹岐山	冀县	鸿昌德总经理					在庆德成不执行业务

资料来源：北京市档案馆：《万庆成五金行》，档号 22-7-644，1951 年；《万丰泰五金行》，档号 22-7-457，1951 年；《广聚兴五金行》，档号 22-4-539，1951 年；《庆盛成五金行》，档号 22-7-308，1952 年；《万庆公天记五金行》，档号 22-4-714，1952 年；《义丰长五金行》，档号 22-7-305，1953 年；《聚和泰五金行》，档号 22-7-302，1954 年；《万丰顺五金铺》，档号 22-4-564，1951 年；《万丰成铜铁工具店》，档号 22-4-571，1951 年；《万和成铁铺》，档号 22-4-212，1951 年；《庆顺和五金工具行》，档号 22-9-327，1950 年；《复兴隆五金行》，档号 22-7-499，1952 年；《北隆和五金行》，档号 22-4-763，1951 年；《万德新五金行》，档号 22-7-281，1951 年；《振兴隆铁庄》，档号 22-4-872，1951 年；《开泰恒五金行》，档号 22-4-872-3，1952 年；《祥盛德五金行》，档号 22-7-367，1952 年；《万盛铁号》，档号 22-4-872-3，1952 年；《五金业营业状况报告书及会员异动》，档号 87-23-7，1935 年；《五金业委员会员名册》，档号 87-23-13，1940 年。

据表 7-1 信息，我们将五金行业内蘖生情况分为以下几种。

第一种，本店从业人员外出独资或合伙开设新铺，即充当掌柜、伙计、学徒等从业人员，在本店经商几年后，积累了一定的经验、资金，往往自己独立经商。有的是本店学徒学成后出号与人合伙开设新铺，如开泰恒铺东之一江德谦，1923 年 17 岁时来京在打磨厂同义德五金行学徒 6 年，后由师兄弟几人开设开泰恒五金行，经营 4 年后改为自己经营。也有的是学徒后在店工作数年后又出号与人合伙开设新店，如广聚兴的铺东之一朱玉峰，1916 年 15 岁时来天增义五金行学徒，1922 年 21 岁时与人合伙开设广聚兴五金行，1935 年由合伙转独资，自开广聚兴玉记。[①] 又如聚和泰的铺东之一郑甲臣，1926 年 16 岁在鸿昌德五金行学徒，连同做事 11 年，嗣后组织聚和泰五金行。以上这些学徒或店员离开原来学徒或工作的商铺新开五金店，一般是以在原来铺内无管理职务的人员居多。

第二种，本店从业人员在店外兼设新铺。有些人在原铺任职的同时，又与人合伙组织开设其他五金商铺，但在新开商铺不任职。如曹广立之父既是鸿昌德五金行的经理，又是祥盛德五金行的铺东之一。也有在天津五金业经商，却又到北京出资组织五金商铺的，但在京新开商铺内不任职。如万德新出资人之一的王俊峰，是天津万德栈五金行司账，在京不执行业务。此种情况的出资人一般是在原来商铺内有一定职务或居要职，在开设新铺后并不离开原来商号。

第三种，业主再投资与人合伙开设新铺。此种业主一般一直在五金业或相关行业经商，后又与人合伙开设五金商铺，如王星臣 1911 年 16 岁时来京铁行学徒，1913 年 18 岁时自营铁行。1927 年与人合伙开设万盛铁号，在万盛铁号不执行业务。王万柱，1909 年 22 岁时来京铁行学生意，3 年学徒，1912 年自己经商，又于 1927 年 3 人合伙开设万盛铁号。

此外，还有一种业内蘖生情况，也是非常普遍的，就是广开联号。这种情况虽在上表中体现不明显，却是一种相当重要的业内蘖生形式。诸多新开五金商铺，如万和成独资开设分号万庆成，万庆成与万和成联合开设万庆和，万和成与三益泰联合开设万丰泰，万丰泰又与万庆成联合开设万丰成等皆是采取开设联号之形式。这在第四章已有议论，兹不再赘述。

总之，业内蘖生性是五金商铺别于他业商铺的一大特色，行外人很难涉足此业，这样，此行从业人员不是父子，就是亲故乡邻。此外，五金行

---

① 北京市档案馆:《广聚兴五金行》，档号 J87-1-3，《万金宝账》，1924 年；北京市档案馆:《广聚兴五金行》，档号 22-4-539，1951 年。

学徒来京学生意的目的也在一定程度上决定着业内孳生。据1955年的调查显示，五金商铺的"资本家全部是由店员出身的，他们一般是从小来京学徒"①，家长把他们送来学生意，"其道路是学徒到店员，店员再升为业主。现在的业主当初百分之百还不都是店员"！② 由于五金商铺的孳生性，店员学徒很少有中途跳行的，所以这又在一定程度上保持了该业的相对稳定性。

特色之二，分布街区的集中性。

有学者认为北京商业流通渠道、环节和形式，长期以来形成了自身的规律，不同商品销售网点的分布有不同特点：专营性销售网点少而集中、选择性销售网点相对比较集中、日用消费品销售网点比较分散、服务业网点相对比较分散等。③ 五金行据其经销商品的性质可归在"选择性销售网点"一类中，所以此行商铺相对比日用、服务业商铺的分布较为集中。五金商号多集中于崇文门外一带。据1932年的《北平市工商业概况》载，五金商铺"开设地点，以崇外一带为多，计有三十余家。前外宣外约有八九家，散在内城，及其他各处者，又约有十余家。约共有店员四五百人。以崇外万和成、同义德、鸿昌德、三益泰、万丰泰、信昌号、义信成、义和成、协成号、万庆成、万庆和等十余家营业为较大"。④ 这表明，崇外一带的五金商铺不仅数量多，而且规模较大。王永斌也说："过去北京的五金行和铜铁局子，除少数几家分散在东四、西四等处外，大多数集中在崇文门外大街和前门大街一带。而以崇文门外大街一带居多，并且多为大户。如当年北京有名的万和成、万庆成、义和成、三益泰、万丰泰、信昌号等20多家五金行都设在这里。"⑤ 这是由于崇文门总税关长期设在这里所致⑥，因为五金行多销售笨重的生产资料，靠近崇关税局可就近纳税，既省运费，又少周折，所以多集中于此。尽管1930年底崇文门税局被依法裁撤，但依传统，五金商铺仍多聚集在崇外一带，新开商铺也不例外。崇文门外大街作为五金业的发祥地，"据1934年和1938年统计，全

---

① 北京市档案馆：《中华全国总工会政策研究室关于前门区五金、百货、纸张、绸布等行业批发商情况调查报告》，档号4-10-535，1955年。
② 北京市档案馆：《中华全国总工会政策研究室关于北京市私营商业调查材料前门区五金、百货纸张批发商中心商店、家庭店调查部分》，档号39-1-567，1955年。
③ 曹子西主编：《北京通史》第9卷，第204页。
④ 北平市社会局：《北平市工商业概况》，第418页。
⑤ 王永斌：《商贾北京》，第86页。
⑥ 北京市崇文区地方志办公室编：《崇文街巷》，中华书局2007年版，第68页。（注：原书中作者将"万丰泰"写作"万风泰"，因为多数原始档案都是称"万丰泰"，所以此处笔者也依档案为准。）

市共有57户五金店铺,而崇文区就有42户,其中万庆堂、义和成、三益堂、万丰泰、信昌号等20多户都在崇文门外大街一带"。① 即使到了1946年,此势如旧,"本市五金行约集中在南城一带,崇外大街有五金行十三家,茶食胡同二十家,木厂胡同八家,崇外上头条八家,打磨厂八家,余东西城五金行皆散居而不集中"。② 为进一步加深对此趋势的认识,我们将北京五金行部分年份的具体分布街区信息统计于下(见表7-2)。

表7-2　　　　　1923—1940年五金商铺地理分布统计

地址	1923年 商铺数(家)	指数	1934年 商铺数(家)	指数	1938年 商铺数(家)	指数	1940年新增 商铺数(家)	指数
崇外大街及附近	20	41.67	38	66.67	35	63.64	22	59.46
前外大街及附近	8	16.67	6	10.53	4	7.27	3	8.11
东四、东单一带	6	12.50	3	5.26	6	10.91	6	16.22
其他街区	14	29.17	10	17.54	10	18.18	6	16.22
总共	48	100.00	57	100.00	55	100.00	37	100.00

注:1940年所选五金商铺名称及地址是去除与1938年铺名、地址相同的商铺之后的新增商铺。

资料来源:北京市档案馆:《五金业铺捐人数调查及会员异动》,档号87-23-2,1932年;《五金业会员名册及异动》,档号87-23-4,1933年;《北平市商会会员录》,档号ZQ8-1-61,1934年10月刊印;《五金业营业状况报告书及会员异动》,档号87-23-7,1935年;《北京市商会会员录》,档号ZQ8-1-62,1938年6月刊印;《五金业委员会员名册》,档号87-23-13,1940年;徐珂:《实用北京指南:增订》(第七编),上海商务印书馆1923年版。

表7-2中,不管是就1923年、1934年、1938年三年的总情况看,还是只就1940年新增商铺的地址分布看,崇外大街及附近一带皆是五金商铺分布最为集中的地域。1923年此区域共有20家商铺,占当年总铺数的近42%;1934年共38家,几乎占当年总铺数的67%;1938年共35家,几占当年总铺数的64%;1940年新增22家,几占当年新增铺数的60%;各年此区域商铺数占总铺数的平均值为57.9%,即将近达到60%,这充分证明五金商铺高度集中于崇外一带的事实,并且1923年至1934年集中程度有增强之势,但到1938年又有所弱化。不过,从1940年新增商铺的60%仍然设在崇外一带看,这种集中程度的弱化幅度不大。前外大街及附近与东四、东单一带虽也是五金商铺较为集中的区域,但远不如

---

① 崇文区文化委员会:《崇文门外大街》,《北京崇文区文化委员会》互联网址:http://cwwhw.cwi.gov.cn/sub/viewDetail.jsp?newsid=56105&subjectid=2777,访问日期:2009年8月1日。

② 北平市政府统计室编:《北平市市场概况》,第38页。

崇外一带。值得注意的是，从 1940 年新增商铺分布情况看，前外大街及附近一带五金商铺的集中程度已不如前，相反东四、东单一带却有集中增强之势。上述三个区域之外的北京其他街区，五金商铺的分布就更为分散。

总之，行业成立之初，各铺分布地点稍为分散，后随行业发展，分布渐现集中之势。五金商铺这种集中分布的态势，逐渐产生"集聚效应"①，不仅利于各铺互通有无，了解市场行情等信息，而且还便于顾客在多家商铺选购商品；同时还利于形成商铺间的激烈竞争，竞争的结果，一是使商品价格更为合理，商品质量更有保证，店员服务更为殷勤；二是有时会带来铺间的恶性竞争，甚至会扰乱市场秩序。

特色之三，购销经营的时节性。

五金商铺购销具有明显的时节性，主要表现为季节性与时令性。五金商铺购销经营的季节性因五金货品、销售对象的不同而异。如马口铁"系镀锌之薄铁片，色泽光亮如镜，用途颇广，可以之制造：热水瓶外壳，饼干听，火油听，香烟听，烟丝听，生熟食品罐及各种玩具等，尤以制罐用途为最广"②。此货一般销于工厂，工厂用量又受季节之影响，如"正际暑夏，工厂皆出活有限，故无大卜用主耳"。③ 这表明，马口铁在盛夏季节销售有限。烟筒铁销售的季节性更强，夏季销量甚微，即使到了 8 月下旬，商家仍认为"京地此路货之销项稍早点，得过中秋节后始能见活动耳"④，只要"秋节将届，不敷足之工厂家"⑤。这说明晚秋或冬季是此货销售最旺之时，各工厂用量较大，有时甚至会供不应求。当此货销售季节将近过去时，一般商铺也就不再进货，如 1935 年 12 月 23 日北京万丰泰给天津联号的信中说："烟筒季已过，京无意再添办此货，不料仍有主询买者，只好如该货到津，即再与京发下十把是妥。……因时候已过，

---

① 指各种产业和经济活动在空间上集中产生的经济效果以及吸引经济活动向一定地区靠近的向心力。详见《集聚效应》百度百科网址：https：//baike.baidu.com/item/%E9%9B%86%E8%81%9A%E6%95%88%E5%BA%94/9361439？fr=aladdin，访问时间 2019 年 12 月 1 日。
② 实业部国际贸易局编：《马口铁小五金先令表》，商务印书馆 1940 年版，第 1 页。
③ 北京市档案馆：《万丰泰五金行》，档号 J88 - 1 - 26，《联号通信底账》（京字第 57 号信），1934 年。
④ 北京市档案馆：《万丰泰五金行》，档号 J88 - 1 - 63，《通信留底》（京字第 112 号信），1935 年。
⑤ 北京市档案馆：《万丰泰五金行》，档号 J88 - 1 - 63，《通信留底》（京字第 114 号信），1935 年。

以免来多了压着也。"① 这种非常明显的销货季节性成为五金业商铺的一大特色。

另外，五金商铺的销量还受时令，即岁时节令之影响，这是由于作为销售对象的工厂在一些岁时节假日不用货或用货量减少所致，如"铝铁、马口铁这两日未卖出多少，因秋节各工厂多已放工休息之故也"。② 看来工厂放假也是影响五金行销量的一个因素，而这又以年节为最，如"年关届近，各工厂均不正忙，故生意亦稍减少"。③"惟年关在迩，生意已见逊色"④。这正是五金行与其他行业商铺的不同之处，在其他行业，年节或假期恰是他们销货的黄金时期，一些大众性的日常消费性行业尤其如此。这是因为"早年北京商店，皆于元旦日闭门停业，住户欲购零星物件，皆须五六日后，是以多于年前，购备各种年货存放，而商店中即利用时机，将货品尽量增价，即不能增价者，亦必打扫劣货。……至年节之日，商店连市不停者极多"⑤。于是，年节前这些商铺通过提价、售劣货而盈利丰厚；相反，五金行营业则颇为冷淡。

总之，经营的时节性也是五金商铺有别于他业商铺的一大特色，这在新中国成立后对此行业的调查中也得到了证明。据1951年的资料显示，"小五金除一般工具外，大部为建筑必需品，故其季节性是随建筑季节而转移，由三至十二月，中间除雨季稍差外，其余均为旺月"。⑥ 这不仅表明五金业的季节性非常强，而且也说明每年的1月、2月为该业经营的淡季，因此时正是旧历年节期间，即该业经营受岁时节令的影响也较大。

特色之四，销售对象的相对稳定性。

五金商铺的销货对象具有相对稳定性，这些销售对象主要是指一些公营机关与公司、工厂等单位，五金商铺在与这些单位的长期交往中，形成较为固定的销货关系，因为只靠零售给私人自用的销量非常有限，而拥有

---

① 北京市档案馆：《万丰泰五金行》，档号 J88 - 1 - 63，《通信留底》（京字第167号信），1935年。
② 北京市档案馆：《万丰泰五金行》，档号 J88 - 1 - 63，《通信留底》（京字第167号信），1935年。
③ 北京市档案馆：《万丰泰五金行》，档号 J88 - 1 - 156，《益和公司通信底账》（京字第5号信），1937年。
④ 北京市档案馆：《万丰泰五金行》，档号 J88 - 1 - 156，《益和公司通信底账》（京字第3号信），1937年。
⑤ 敏：《物价调查——蜜供》，《晨报》1927年2月1日。
⑥ 北京市档案馆：《小五金、自行车零件废铜、证章业调查报告》，档号 4 - 16 - 91，1951年。

机关、企事业单位等固定客户群，就可长期盈利且稳定。争取公营单位的生意，是五金商铺的首选对象，如1932年10月市政府命令社会局统一规划并更换汽车号牌，社会局将此项任务"交由购办委员会办理，该会为敏捷起见，经与荣记五金行先行订购备用，并与该行订立合同"。① 荣记五金行能与社会局拉上这样的业务关系，如果没有一定的社会关系是行不通的，既然有了这一笔买卖，就要想办法保持与社会局的联系，争取形成稳定的销售对象。但是，五金行与此等公营单位稳定关系的建立与维持，不能坐等，也要靠自己积极活动与灵活应对方能成就。万德新五金行就是靠薄利、高效，积极进行与同行或他业的竞争而取胜。北平市第一监狱1931年计划装修改造监狱，于是将此工程进行招商估价，参加商铺主要有"北平市益寿、荣盛两木厂及万德新五金行、德顺成铁厂，按照前领工程估价办法来监测量，详细估价，计建修监房、宿舍及汽楼等费，最低额需洋 18639.428 元；安设暨修理汽炉、汽管等费，最低额需洋 8507.2 元，两项合计共需洋 27146.628 元"。② 万德新五金行、德顺成铁厂承包女监□卫及工厂、病监、办公室、宿舍等处，安设暖气、锅炉、管子、炉片，所用各料的估价单如下（见表7-3）。

表7-3　1931年万德新五金行承包监狱安装工程部分用料的预算　（单位：元）

商铺名称	交估价单日期	10片生铁锅炉		炉片			共计工料洋
		份数	金额	片数	单价	金额	
万德新	1931.10.28	2份	600	323片	每片3	969	4998.9
德顺成	1931.10.29	1份	720	320片	每片3.5	1120	5987.2

资料来源：北京市档案馆：《河北第一监狱关于筹备收禁外犯将本监修理扩充等有关问题的呈报及女监等处全部安装暖气需管子炉片等料与万德新五金行等地的来信往来》，档号 J191-2-15540，1931—1932年。

从表7-3可以看出，万德新五金行比德顺成铁厂更有可能中标的优势有如下几点：其一，总估价便宜，万德新的总用料估价低于德顺成近千元。其二，用料单价及数量对大客户较具吸引力。单价便宜，例如同是炉片，万德新每片3元，而德顺成却用3.5元；炉片数量预算方面，万德新

---

① 《训令：令社会局：该局呈拟规定汽车号牌式样一案业经择定交由购办委员会办理该会经与荣记五金行先行订购并与该行订立合同仰知照由》，《北平市市政公报》1932年第172期。
② 北京市档案馆：《河北第一监狱关于筹备收禁外犯将本监修理扩充等有关问题的呈报及女监等处全部安装暖气需管子炉片等料与万德新五金行等地的来信往来》，档号 J191-2-15540，1931—1932年。

比德顺成多了3片，这3片虽数量有限，却能吸引客户的注意力，犹如现在多数商铺将价格为1000元的商品故意写成零售价999元的效果是一样的。其三，时间观念强。如万德新是10月28日将估价单交给监狱方的，而德顺成则晚了一天，即监狱方最先看到的是万德新的估价单，这可能会被监狱方认为万德新比德顺成更注重办事效率。事实上，万德新经过与德顺成的竞争，最后以低价格、高效率及灵活运用竞标技巧而取得了监狱安装工程用料这一笔生意。五金行要与这些公营单位形成稳定的业务关系，除相互有其他社会交往外，这种低价格、高效的经营作风也是稳定关系形成的一个因素。

五金商铺与公营单位稳定往来关系之密切，在新中国成立后的相关调查中也得到了证明。据统计当时与公家经济来往最多，关系最密切的有营造、五金、木业、电料、木器、汽车材料、服装、西药、纸张文具、银行和钱庄业等，计16个行业。[①] 这当中，五金业排在第二位，仅次于营造业，说明五金业与公营单位来往的密切程度不仅高于这16个行业中的大部分，而且更高于这16个行业之外的其他各业。

总之，五金行销货对象相当稳定，从而也带来了行业的相对稳定性；相反，其他行业的销货对象主要是个人，由于个人的流动性较大，远不如工厂、企业、机关等单位的稳定性强。所以，销货对象的稳定性是五金行的一大特色。

特色之五，与天津同业联系的紧密性。

北京五金商铺与天津同业联系非常紧密，其中，冀州帮充当了京津五金业进行密切联系的纽带。如北京最著名的要属"万"字号，天津最著名的是"三泰"（万丰泰、三益泰、万庆泰），它们之间多为联号关系。北京众多冀州帮的"万"字号商铺要靠天津联号负责到日本或上海进货、退货、处理进货过程的纠纷、提供五金商品的各种前沿信息等；而天津联号则需要北京方面提供资金与管理人员等。并且北京五金同业公会主席邸占江，与天津五金同业公会主席邸玉堂是叔侄关系[②]，这为京津五金业之间联系的加强提供了极大便利。出于论述需要，北京五金商铺与天津同业联系的紧密性详见本章第二节，此处从略。

总之，以上从五金行的同业蘖生性、分布街区集中性、购销经营的时

---

① 北京卷编辑组编：《中国资本主义工商业的社会主义改造》（北京卷），中共党史出版社1991年版，第78页。

② 王槐荫、刘续亭：《天津工商业中的冀州帮》，《天津文史资料》第32辑，第126页。

节性、销售对象的稳定性、与天津同业联系的紧密性五个方面总结了该业之特色，需特别指出的是，有的特色可能其他行业商铺也具备，甚或是某些行业之共性，如同业蘖生性，之所以将同业蘖生性总结进五金商铺的特色当中去，是因为笔者感觉该业的同业蘖生性非常突出。

第二节　融合与共赢：北京五金商铺与京津冀社会经济发展之关系

前面我们谈了北京五金商号具有异于他业商铺的五大特色，也正是这些特色，使得该业商铺在京津冀社会经济发展中占据一定地位，并发挥了一定积极作用，通过取长补短，达到了三地之融合与共赢。

一　有机整体：京津两地五金商铺之密切关系

前面第一、第四等章节多次提到，北京五金商铺与天津同业关系非常密切，联系频繁，这主要体现在投资经营、货源、市场信息等方面。

其一，有些北京五金行向天津投资开联号，并派去管理人员，利于天津五金业的发展。如北京万丰泰独资开设天津万丰泰，三益泰、万和成二铺合资开设天津三益泰铁庄，万庆成、万庆和二铺合资开设天津万庆泰等。[1] 其中天津万丰泰，被尊为天津五金行业冀州帮的创始人。同时，开业较早、资金雄厚，在行业中处于突出地位的万丰泰、三益泰、万庆泰、开泰祥、同发祥等被尊称为天津的"三泰二祥"（即被称为"冀州帮"）。[2] 由此看来，天津五金业的形成与发展离不开北京同业的支持与帮助。当然，一些北京五金商号的投资人也来自发展速度较快的天津同业。如作为天津万德栈五金行司账的王俊峰，是北京万德新出资人之一，在京不执行业务；[3] 自幼在天津经营铁货的屈玉泽是北京万盛铁号的投资人之一[4]；北京万德新五金行的经理陈祝西，曾在天津泰昌五金行学徒。[5] 这说明，北京五金业的发展也得益于天津同业的投资支持与帮助。这样，京津两地的五金商铺互帮互助，取长补短，从而利于两地商铺的共同发展。

---

[1] 北京市档案馆：《万和成沿革》，档号，J86－1－299，1950年。
[2] 董少臣：《天津市五金行业的历史回顾》，《天津文史资料》第32辑，第137—144页。
[3] 北京市档案馆：《万德新五金行》，档号22－4－854，1952年。
[4] 北京市档案馆：《万盛铁号》，档号22－4－872－3，1952年。
[5] 北京市档案馆：《万德新五金行》，档号22－4－854，1952年。

第七章 相互依存与共赢：五金商铺与民国京津冀社会经济发展　315

其二，天津是北京五金行的进货中转和总批发站。北京"较大之五金行，在天津、上海设有联号，类似坐庄货，唯较小五金行则视需要情形派专人赴天津或上海采购"①。也就是说，商铺无论大小，除内部拆货外，一般都离不开从津、沪进货，尤其以天津为主，主要是考虑京津距离较近可省运费。1937年以前，北京市由天津每天进货量80—120吨②，从此数据我们可想象北京五金行对天津的依赖程度。

尽管北京进货如此依赖天津方面，但需指出的是，由于天津五金行大户多为北京五金行的联号，联号对北京总号负责，因此，天津五金行的销售辐射区域，在一定程度上可以反映北京同业的潜在销售区域，即京津五金同业销售区域有很大的交集。北京五金行业主要销售市场在北京地区，同时还是一个中转中心，主要中转到河北及西北的张家口、太原、包头等内地，其销售品种的变化与时局及社会经济发展状况密切相关。据王者香回忆，北京万丰泰五金行的掌柜李德合，在民国时就有百万富翁之称，在京津两地投资入股的大五金行20余家，独占了我国的北方五金市场，北京、天津、张家口、保定以及西北、东北各城市都有万丰泰五金行的跑外人员常年驻守。③ 1923年华北的保定、邢台、邯郸、包头、榆次、太原、大同、宣化、张家口、洛阳等地的商贩都来津向万丰泰采购，西北、东北各地和京、津两地需要量也不少。④ 此外，万丰泰五金行在国外五金市场的声誉也颇大，尤其在日本，该号常年有人驻东京进行五金业交易活动。⑤ 万丰泰由日本进口铜材、黄铜、板材、管材、铜丝、铜钉等，还有化工商品；出口则运去棉花、青麻、牛尾、牛皮等土特产品。⑥ 这对促进中日商品交流起到一定作用，当然，对于中国北方土特产品的出口，其意义显而易见。这表明，京津五金同业在销售市场区域、进出口商品品种等方面皆是共享的。

其三，五金商品的价格等市场行情信息也多来自天津，按天津的升降而动，只是变动幅度不如津疾迅而已。北京方面从天津获取五金货品的市场信息，主要是一些五金大户通过与在津联号的频繁通信而得，北京万丰

---

① 北平市政府统计室编：《北平市市场概况》，第38页。
② 北京市档案馆：《小五金、自行车零件废铜、证章业调查报告》，档号4-16-91，1951年。
③ 王者香：《北京万丰泰五金行》，中国人民政协河北省枣强县委员会文史资料委员会编《枣强县文史资料》第9—10辑，第256页。
④ 董少臣：《天津市五金行业的历史回顾》，《天津文史资料》第32辑，第144页。
⑤ 王者香：《北京万丰泰五金行》，中国人民政协河北省枣强县委员会文史资料委员会编《枣强县文史资料》第9—10辑，第256页。
⑥ 董少臣：《天津市五金行业的历史回顾》，《天津文史资料》第32辑，第144页。

泰每月平均发给在津联号信件9封，平均不到三天半即发信一封，同时，津联号平均两天多就给北京总号发信一封（详见第四章）。如此频繁的商业通信，确保了北京方面能及时而准确地获取天津及国外五金商品的市场信息，从而为北京五金行灵活机动地进行经营与管理奠定基础。如1937年3月天津铜货涨价，北京同业也跟着提价，但"京地涨价总觉吃力，只好慢慢对付着，少涨而已"。① 这说明京津五金同业市场运行的差异是较大的。当然，天津五金联号也可通过书信往来，及时获取北京同业市场信息与缺货、人事变动等情况，便于迅速对进货数量、品种等做出调整及其他应对之策。

其四，为京津两地发展计，北京五金商号及其联号的冀州商人竭力为沟通两地相关部门而奔走。如为保证北京工业发展所需原料供应，万丰泰五金行一向在日本大阪购运硫酸、硝镪水之货两种，"运往北平专为工业制造之需，该货用途制造汽水、发气瓶、电镀必需之品，现该货缺乏，工艺制造甚为掣肘"，然而，运输此类货物所需之护照极为缺乏，为及时补充北京相关工业所需原料，于是万丰泰经理高廉臣（枣强县人）于1929年8月8日呈请天津市商会："想贵会热心工业，对此所请，定必予以维持……恳祈贵会俯准转请主管机关发给常年护照，以便转运，而维工业，实为公便"。此次所需护照共12张，计硫酸300箱，合45000斤，计护照9张，每张5000斤；硝镪水140箱，合15000斤，计护照3张，每张5000斤。② 万丰泰为在日本购运硫酸、硝镪水发给护照一事，给天津总商会递送请议书，能为北京工业发展所虑，进行多方沟通，说明此商号热心工业，有一定社会担当。又如为保证商会员工生计安全，邸玉堂还在京津两地商界要人中进行竭力沟通。1944年11月22日邸玉堂给北平邹泉荪写信，"敝会工作人员，前以薪给微薄，不足赡养，为使安心服务，曾函请食粮当局，按月配给面粉。旋经核准，援照贵会先例，每人月给面粉半袋。自本年七月分起，业经照领。兹以普通生活状况，视前不同，各员负担，愈形烦（繁）重。爰拟将此项配给面粉等，请食粮公社照原配给数量，增加半袋，俾资调剂"。在战争年代，物价高涨，粮食对于民生之重要不言而喻，欲给每个员工增加半袋面粉，其难度可想而知。这时，邸玉堂想到了北京的邹泉荪，"素仰执事（指邹泉荪）商界领袖，久为各界所

---

① 北京市档案馆：《万丰泰五金行》，档号J88-1-156，《益和公司通信底账》（京字第35号信），1937年。

② 天津市档案馆：《为在日本购运硫酸硝镪水发给护照事禀天津总商会请议书》，档号401206800-J128-3-6298-16，1929年8月8日。

第七章 相互依存与共赢：五金商铺与民国京津冀社会经济发展 317

推崇，谅登高一呼，事必有济，谨将管见陈述，敬祈采纳。赐予领导提倡，向食粮公社斡旋，届时弟当追随其后，庶与举易集拜受"。邸玉堂之所以对邹泉荪如此客气，屡戴高帽，其目的是让邹"就近鼎力向该社斡旋，请将京津两商会工作人员每月配给，援照各机关成例，改为面粉一袋，以示体恤"。① 可见，邸玉堂为员工生计，竭力斡旋，可谓用心良苦。

需要注意的是，北京五金商铺如与津、沪同业比较，其间也"迥不相侔"。除前面几章提到的北京五金行价格涨落不如天津快捷外，他如分业之细致、规模之宏亦远不如此二地，因"津沪之五金，能大批行销各地，故有大五金业、小五金业、机器五金业、车料五金业，分门别类，各有专营"。② 并且，某些北京工矿企业"以与天津相近，有大工程，多直接赴津订购，北京同业仅能供给缺乏补配而已"。③ 这是北京五金行得益于天津同业，同时又受限于天津同业的客观表现。此外，五金商铺将利润投资于工业的比较少，而投资于五金工业生产制造的更少，这虽是包括津、沪在内的旧中国五金业在利润流向方面共同的局限性，但北京五金业在这方面的局限性比津、沪同业要明显得多，这也在一定程度上表明北京同业投资思想的落后与局限，说明传统政治中心城市与通商口岸城市在现代商业发展过程中有较大差异。

另外，需特别指出，京津两地五金业间的联系之所以如此密切，冀州帮成为沟通两地进行多元交流之桥梁与纽带。之所以如此，是因为冀州帮有一个共同的地域、行业与思想认同，即有共同的心态。心态主要包括人内在的看不到的思想、精神与外在的行为、态度等方面，雅克·勒戈夫认为"心态史研究日常的自动行为，这些行为是历史的个人没有意识到的东西，是他们思想中非个人的内容"④。北京五金商人，尤其冀州商帮，基于同乡共籍与对所在商铺及行业的思想认同，反映在行动上，则自觉地积极工作，以店为家，热心互帮互助，尤其那些有人力股的店员。如北京以万和成五金行为首的众多"万"字号，与天津著名的"三泰"（万丰泰、三益泰、万庆泰）之间多为联号关系，其经营与管理者及店员、学徒多为冀州帮，他们互通信息，资金与人才流动共

---

① 天津市档案馆：《为增加配给食粮数量事致北京市商会邹泉荪会长函》，档号 401206800 - J128 - 3 - 8629 - 48，1944 年 12 月 6 日。
② 北平市社会局编：《北平市工商业概况》，第 420 页。
③ 吴廷燮等撰：《北平市志稿》第三卷《度支志·货殖志》，第 617 页。
④ [法] 雅克·勒戈夫、皮埃尔·诺拉：《史学研究的新问题新方法新对象》，郝名玮译，社会科学文献出版社 1988 年版，第 270 页。

享。并且，北京五金同业公会主席邸占江，与天津五金同业公会主席邸玉堂是叔侄关系①，这不仅便利了京津两地五金业之间的联系，而且为加强这种联系提供了保障。冀州帮共同的心态，加固了京津间的桥梁，使此纽带更有韧性。

京津两地冀州帮的纽带作用，除五金业表现明显外，其他行业亦不乏其例。如南宫人邢赞亭不仅在天津创办了生生工厂、丽丽工厂与生生银号，还在北京开设永兴洋纸行②，创建了首家啤酒厂、北京市信诚银行等。③ 当然，像旧书业、皮毛业等也有诸多类似情况。这表明，是冀州帮在一定程度上把京津两地某些行业紧密联系在一起，以致形成稳定性的同乡社会网络，架起一座座沟通两地多元交流的桥梁，这对京津两地工商业的发展有着重大意义。

二 服务地方：五金商铺与京津两地社会经济发展之作用

五金商号在京津的生存与发展，对于繁荣当地经济，促进商品流通与商业发展，加强城市及基础设施近代化建设，改变民众的生产与生活方式，无疑具有一定积极作用。

1. 五金商铺在北京工商业发展方面具有一定的经济地位与作用

由于洋商货物进崇文门税关所纳税率要低于华商，遂使洋货大量涌进京城，据调查，在民初进京的 25 大类商货中，洋货可说是无类不有，尤其是纺织品和五金类商品占据相当大的比重④，到 1934 年五金机械类洋货已居北京洋货进口总值的第二位⑤，可见进口五金商品在北京洋货市场中占据举足轻重的地位。1928 年 12 月南京国民政府新颁海关税则，分十二大类，五金类排第二位⑥，仅次于棉布类，高于食品饮料草药类、烟草类、化学产品及染料类、杂货类等其他各业商品，这说明五金类商品在海关进口商品的税收方面有着非常重要的地位。

由于五金货品的较大进口量与较重要的税收地位，使得作为五金货品

---

① 王槐荫、刘续亭：《天津工商业中的冀州帮》，《天津文史资料》第 32 辑，第 126 页。
② 傅振伦：《忆邢赞亭先生》，南宫市政协文史资料研究委员会《南宫文史资料》第 3 辑，1990 年，第 117 页。
③ 范维增：《邢赞亭事略》，南宫市政协文史资料研究委员会《南宫文史资料》第 3 辑，1990 年，第 120 页。
④ 《民国初年北京商税史料》，《北京档案史料》1990 年第 3 期至 1991 年第 4 期；李淑兰：《北京史稿》，学苑出版社 1994 年版，第 379 页。
⑤ 实业部中国经济年鉴编纂委员会编纂：《中国经济年鉴》（续编），第 467 页。
⑥ 《国府新颁海关税则摘要》，《世界日报》1928 年 12 月 15 日。

第七章 相互依存与共赢:五金商铺与民国京津冀社会经济发展　319

销售场所的五金商铺在保证商品质量与及时供应方面的作用就显得非常重要;又由于五金商铺销售对象的特殊性,所以其对北京工商业发展就具有不同寻常的作用。

北京很多行业的发展皆离不开五金商品。民国后,新式楼房及仿照欧美使用新式机器的工厂在北京内城建起,如小型的织布、织袜、造胰、电镀和铁工厂等,致使五金商店营业都极兴隆。① 当然,需用五金以"各铁工厂为多,他如电车、电灯、自来水公司,铁路及各工厂,各建筑工程亦多需要"②。北京铁工厂所用原料多属铁板、铁条、铁管、钢条、铜板、铜块等③,及各生铁厂制造铁锅、铁勺、铁杴、各刀剪店等所用原料。④ 同时,北京白铁匠打洋铁壶,需用洋铁片较多。⑤ 北京建筑业需用五金货品也较多,"铜铁一项在建筑中,占最要部分……又旧式宫殿房屋,如铜环、铁叶、钉头、铁条、铁丝纲,需用铜铁亦多。西式建筑,如铁梁、铁筋、汽管、水管以及窗口、门橱所用荷叶、锁钥,更形需要"。⑥ 此外,除批发商铺外,五金零售店"平时售卖铁头、铁皮、铁料及零星用件,其数量亦颇属可观,此则为平市独有之销场"。⑦ 由此可见,北京诸多工商业之发展与五金商品直接相关,当然,这亦离不开五金商铺。

北京五金商铺一般采取赊销方式供应各客户上述货品,如1930年北京万和成五金行与天庆公、一郡组、谦顺工厂、松昌电料行、德丰木厂、伊藤洋行、三和工业、堀田先生、茂生汽车行、惟新纸店、万庆和、兴亚制本所、华兴公司、多田部队等50个商号、单位或个人有赊销关系⑧;1935年万庆成五金行与恒丰厂、宝祥钉、庆昌厂、德盛王、范师傅、椿宅、王德明、隆义号等100多家商铺或个人有赊销来往⑨;1936年恒大厂、全兴局、永增厂、谦成厂、丰华厂、谦顺厂、华利厂、德聚厂、锷锋厂、义兴局、文华兴、德华厂、永顺李、俊民齐、义记将、和记、庆生号、樊宅、永利号、辉泰隆、纯记、万德祥、三义厂、德顺兴、万恒号、

---

① 王永斌:《北京的商业街和老字号》,第218页。
② 吴廷燮等撰:《北平市志稿》第三卷《度支志·货殖志》,第617页。
③ 北平市社会局编:《北平市工商业概况》,第423—424页。
④ 北平市社会局编:《北平市工商业概况》,第419页。
⑤ 北平市社会局编:《北平市工商业概况》,第432页。
⑥ 北平市社会局编:《北平市工商业概况》,第142页。
⑦ 北平市社会局编:《北平市工商业概况》,第420页。
⑧ 北京市档案馆:《万丰泰五金行》,档号J88-1-308,《电镀铁厂外欠账》,1940年。
⑨ 北京市档案馆:《万庆成五金行》,档号J85-1-20,《历年外欠底账》,1935年。

长盛陈、孙殿隆、冯记厂、恒利车行共有 29 个铁厂[①]与万丰泰有赊购业务，等等。此等五金商铺赊销赊购等商业信用的普遍存在，对于刺激社会消费，促进商品流通和市场繁荣，从而促进北京工商业的发展，应该具有一定积极作用。

值得一提的是，由于五金行 80%—95% 的商品来自国外进口，所以这些五金商品质量高、品种全，五金商铺将此赊销给北京当地工厂，无疑使这些工厂占用了五金商铺的资金，而五金行却很少占用本市工厂资金；并且工厂在偿还欠款时还能以其所产商品冲抵所欠五金商铺的货款，实际上这又是变相地卖给五金商铺部分国产货，从而在一定程度上有利于当地工厂发展。从此意义上讲，以销售生产资料为主的五金商铺的发展，与以往对民族商业的传统认识（民族商业阻碍民族工业的发展）有些不同。正如董少臣先生所说：五金业的发展"影响到其他一些行业，如建筑营造业、交通运输业、小手工业以至农村小生产者的发展"，对"工业和城市建设的发展是不无影响的"。[②]

2. 五金商铺在北京城市近代化建设方面起着特殊作用

五金商铺销售对象的特殊性，使其在北京城市基础建设、交通运输等近代化发展方面也起着特殊而重要之作用。北京五金商铺顾全大局，不计自身损失，支援北京城市及铁路基础建设。铁路是近代中国各地经济发展、人员及货物流通的主要动脉，为确保铁路、站所及机车的正常运行，日常维修、维护及局部建设是不可避免的，而要达此目的，五金材料及零件等则必不可少。因此，五金商铺与各地负责管理铁路、站所、机车维修保养人员的业务往来较为频繁。如平汉铁路及机车的维修保养需要大量五金材料，于是平汉铁路局便向京津各地五金商铺赊购维修保养机车、路站所需五金材料零件等。根据经验，五金商铺明知对外赊销有资金不能如数回笼的风险，但为自身发展及地方铁路建设需要，毅然从之，甚至在铁路局积欠货款多年后，提出偿还款项折半（即按应偿货款的 50% 偿付）的情况下，亦慨然应允。如 1925 年 12 月至 1926 年 7 月平汉铁路局"迭向北平同瑞兴行订购五金材料价款共为 3549.32 元，除北出纳课付款 1200 元及各节摊付 60 元，两项共 1260 元外，截至 1933 年年底，尚欠 2289.32 元"。[③] 根据平汉铁路整理华商料款原则，1935 年年初，经平汉铁路与北

[①] 北京市档案馆：《万丰泰五金行》，档号 J88-1-94，《铁厂外欠账》，1935 年。
[②] 董少臣：《天津市五金行业的历史回顾》，《天津文史资料》第 32 辑，第 135 页。
[③] 主计处派驻平汉铁路会计处编：《平汉铁路债务整理纪要》，1937 年，第 478 页。

平同瑞兴五金商铺商定此项旧欠料款偿还办法如下①：

其一，按原欠本额 2289.32 元折半计算合国币 1144.66 元。

其二，不计利息。

其三，分四期摊还，每月一期，第一、二期每期各付款 286.17 元，第三、四期每期各付款 286.16 元。

上述偿还整理办法于 1935 年 5 月起实行。平汉铁路终于分四期于 1935 年 10 月 4 日偿清北平同瑞兴五金行折半后的料款 1144.66 元。这也意味着，北平同瑞兴五金行账面损失了 1144.66 元，况且 1926 年至 1935 年近 10 年间的利息不计，其实际总损失远大于此数。

对一普通五金商铺而言，在旧中国，如此损失，并非一小数目，但为何同瑞兴五金行甘愿接受，不争不吵不闹，在笔者看来，是这些商人顾全大局。如果从另一角度看，这也从一定程度上为北平铁路及当地城市近代化的发展做出了贡献。

这样的商家在京津五金业并不少见，仅就平汉铁路欠债为例，即有如下五金商家：

表 7-4　　　平汉铁路积欠平津各五金商铺料款统计

	交易开始年月	原料款总额（洋元）	整理欠款年月	整理欠款总额（洋元）	分期偿还	清偿日期	五折计算，实付额（洋元）
北平同瑞兴	1925.12—1926.7	3549.32	1933.12	2289.32	4 期	1935.10.4	1144.66 国币
北平仁记洋行华账房	1929	767.62	1934.2	727.62	1 期	1935.5.7	363.81
天津永慎昌铁号（棉纱价款移转新泰昌五金号）	1927.1	4354.48	1930.6—1935.1	2593.48	4 期	1935.9.5	1296.74
天津新泰昌五金号	1927.5	2042.28	1934.6	12.28	1 期	1935.5	6.14
天津华盛五金号	1926.10—12	1366.96	1934.6	1196.96	2 期	1935.12	598.48

---

①　主计处派驻平汉铁路会计处编：《平汉铁路债务整理纪要》，1937 年，第 479 页。

续表

	交易开始年月	原料款总额（洋元）	整理欠款年月	整理欠款总额（洋元）	分期偿还	清偿日期	五折计算，实付额（洋元）
天津天利五金号	1926.8—12	1247.25	1934.6	932.25	1期	1935.5	466.12
天津天利五金号（旧欠押款）	1926.1	336	1935.2.23	336	1期	1935.5	168
平均		1951.99		1155.42			577.71
北平福康洋行	1921.12	每月1000—3000元	1935.12	23723.40元，另加利息年息9厘，共37541.24元	每3个月一期，每期4000元。两年还清	至1936.12.30	再行让步，减为本息32000元。还12000元，欠20000元

注：与本表有关的数据，除特别注明，一般皆指洋元。另，平均值，不计入北平福康洋行。
资料来源：主计处派驻平汉铁路会计处编：《平汉铁路债务整理纪要》，1937年，第427—521页。

由表7-4可见，对华商而言，北平同瑞兴、北平仁记洋行华账房①、天津永慎昌铁号、天津新泰昌五金号、天津华盛五金号、天津天利五金号及其旧欠押款②皆有不同程度的损失，其中，天津永慎昌铁号损失最多，不计利息，共损失1296.74元；其次是北平同瑞兴五金号，不计利息，损失1144.66元；损失最少的是天津新泰昌五金号，仅损失6.14元；7号平均损失577.71元，如果将天津天利五金号所有损失合计的话，则6号平均损失约674元。除北平仁记洋行华账房外，平汉铁路基本是拖延各华商料款10年左右，不计利息，归还时还进行了折半计算。

---

① 华账房，即如同买办的公司，实际上是华人从事自己的商业，打着洋行的旗号而已。19世纪60年代以后，买办转变为洋行的代理商，其标志就是"华账房"的出现。买办对洋行实行完全意义上的承包制，所以称呼"华账房"或"买办"，含义几乎完全相同。一般讲，按照买办与洋行之间签订的契约，洋行承认买办的"华账房"为洋行的有效代理机构，但"华账房"在商业往来中只能用洋行"华账房"的名义，而不能直接用外商——即洋账房的名义。详见《金银华账房，路路通官场》，《天津青年报》2003年11月17日。
② 平汉铁路不仅积欠天津天利五金号料款长期不还，而且还将天利五金号承办"第三组工具钉类"曾交付平汉铁路的押金款336元亦长期不退，据称是忘记了。详见主计处派驻平汉铁路会计处编《平汉铁路债务整理纪要》，1937年，第515页。

但平汉铁路对待外国洋行则并非如此，其欠洋行的料款，因数额巨大，虽也是多年积欠未还，但必须支付欠款利息。比如自1921年12月起，平汉铁路欠福康洋行的料款，至1935年12月时，合计23723.40元，利息按年息9厘计共37541.24元。由于利息数额巨大，虽至1936年12月30日，经双方多次磋商，福康洋行"再行让步"，减为本息32000元①，但平汉铁路仍然要支付利息8276.6元，况且原欠款并未按"折半原则"来计算。看来，平汉铁路对待洋商与华商的政策不同。那么，对此，京津华商五金商铺就没有怨言吗？由于史料无此记载，笔者亦不妄加推测，但有一点可以肯定，就是华商五金行接受了平汉铁路的还款政策与还款数额。总之，无论如何，客观上讲，京津华商五金商铺的行为，对平汉铁路建设及北京城市近代化发展做出了一定贡献。当然，支援关乎国计民生的铁路建设，与洋商形成对立面，从更深层次上说，这也是一种爱国的表现。

此外，五金商铺的销货大户主要是一些公营机关等单位，如北平市第一监狱1931年计划装修改造监狱，建修监房、宿舍及汽楼，安设暨修理汽炉、汽管等，并在女监□卫及工厂、病监、办公室、宿舍等处安设暖气、锅炉、管子、炉片等②，万德新五金行以低价格、高效率完成此任务，对北京监狱基础建设的近代化具有一定引领作用。五金商铺与公营单位的业务频繁，据新中国成立之初的统计，当时与公家经济来往最多、关系最密切的有营造、五金、木业、电料、木器、汽车材料、服装、西药、纸张文具、银行和钱庄业等16个行业③，其中五金业排第二位，仅次于营造业，这表明五金业不仅与公营单位来往之密切，而且也意味着该业在北京城市近代化建设方面的作用之重要。

在天津五金业，同样存在"必须与铁路局、铁工厂、兵工厂、造船所等官办企业联系，才有大批生意可做，有大利可图"④。不过，由于北京工业落后，不像天津那样有那么多兵工厂、造船厂、铁工厂等大量需用五金材料、零件的公营单位，所以在做公营单位生意上应该是远不如津。

---

① 主计处派驻平汉铁路会计处编：《平汉铁路债务整理纪要》，1937年，第427—438页。
② 北京市档案馆：《河北第一监狱关于筹备收禁外犯将本监修理扩充等有关问题的呈报及女监等处全部安装暖气需管子炉片等料与万德新五金行等地的来信往来》，档号J191-2-15540，1931—1932年。
③ 北京卷编辑组编：《中国资本主义工商业的社会主义改造》（北京卷），中共党史出版社1991年版，第78页。
④ 邱玉堂：《我是怎样发家致富的》，《天津文史资料》第32辑，第155页。

3. 五金商人积极参加与当局的抗争活动，促进公平与正义

在北京五金同业公会的领导下，各五金商铺积极参加与当局的抗争活动，在维护同业与他业正当利益、促进社会公平与正义的过程中，发挥了一定积极作用，并获得了一定的社会地位。

第一章已述及，五金公会代表同业参与总商会的为商请命活动，争取政治上的发言权，不仅要求取消特种物品用户捐，维护同业利益，且与其他行业公会一道，对国都南迁与崇文门税关害商表示抗议。同时，五金行代表还参加集体向蒋介石的请愿活动，从参加请愿的人数看，五金行仅次于首饰行，与颜料行并列为第四组第二名，这意味着该行商铺在此种活动中有着较高的积极性。积极参加同业公会及总商会的政治维权活动，显示了五金商铺的力量，提高了其在商界的知名度。

此外，万和成五金行经理邸占江作为北平市商会常委还为他业商民向相关政府部门进行请愿，表达合理诉求。如1936年3月北平卫生局公布管理水夫规则，要求自通告之日起限于两个月内，各水夫一律遵章赴局报请登记。对此，井业公会表示不满，公会主席王子元带领4人于4月15日赴北平市商会请愿。当天下午二时，市商会常委邸占江则与井业公会代表一起同赴卫生局请愿，卫生局第三科科长赵万毅接见并表示："当允由井业公会开会，对拟请修正之处，呈局核办"。① 不仅如此，一周后的4月22日，邸占江又携呈文赴卫生局请愿，要求水夫"免予登记，理由为各水夫无时间登记"。经过邸从中沟通周旋，卫生局最后作出"允为宽限登记，如（水夫）无时间来局登记者，亦可缓数日办理"② 之决定。由此可见，邸占江能够站在各业商民的立场上，竭力为民请命，维护其正当权益，这不仅便利商民正常工作，而且也为当地社会的稳定与发展大有裨益。

在天津，五金商人与政府的抗争精神亦普遍存在。比如对于英租界要求天津五金商人纳码头捐一事，1919年5月7日市商务总会开会令各行公同商议，全体五金商号概不认可此码头捐，且各号均以图章盖印为凭，进行实名抗议，包括：聚兴成、祥发号、三益泰、益昌源、义源长、永盛恒、公聚德、万丰泰、裕庆隆、元泰祥、新泰昌、同发祥、义和顺、庆源号、慎余号、栢成号、鸿昌德、兴昌隆、宝成德、裕盛承、魁升恒、新仲记、嘉泰号、庆记号、万庆泰、聚源永、同顺长、联昌号、周裕记、源庆

---

① 《平市水夫登记问题，卫生局决定继续办理》，《京报》1936年4月15日第7版。
② 《商会代表昨赴卫生局请愿》，《华北日报》1936年4月23日第6版。

恒、开泰祥①，共 31 个商号。其中三益泰、万丰泰、万庆泰、庆记号等皆为北京万和成五金行在天津的联号，三益泰排在所有商号的第三名，有明显的带头对外抗争角色。又如 1940 年 10 月 25 日天津市商会派代表与日本舟山部队及特务机关代表，会同社会局在市公署议厅谈话，其内容主要是"五金旧铁等类由军部定价收买"，并发给表式，嘱即"详实填报，不得擅自出卖，或隐匿以多报少"。此后，日本军队开始掠夺式"收买"，五金会员商号三益泰（北京三益泰五金行在天津的分号）、开泰祥、同发祥、德昌号等先后致函天津五金同业公会称："舟山部队现由本号购去各种旧铁若干吨，惟给价过低，较与原置本价相差甚巨，损失实属不赀。"于是，1940 年 11 月天津五金同业公会致函天津市商会请舟山部队"按原价支给旧铁款"②，尽管没有奏效，但以三益泰等为主的五金商号敢于发声及团结抗争的精神是值得肯定的。如果他们自甘软弱，听之任之，其结果可能会更遭。

以上是天津五金商人与英日当局的抗争事例，他们还与国民党军政当局进行抗争。如新中国成立前夕，国民党政府为修筑城防，向天津市十几个行业搜刮战略物资，国民党军防守司令部召集各业人员会议，由陈长捷的秘书长主持，向五金业索要钢材，被五金公会理事长董少臣所拒绝，董即被扣押在会场。③ 这充分显示了五金商人大无畏的抗争精神。

上述京津五金商人的种种抗争精神，提高了其在商界的知名度，也赢得会众的赞誉与信任，这在北京总商会某些重要领导人的选举与得票情况中可以得到证明。1927 年 6 月农商部商品陈列所聘总商会评议员 30 人，其中就有万和成五金行经理邸占江，其与京城声名赫赫的绸缎行孟广垍（孟觐侯）、首饰行姚宽等并列。④ 1927 年 7 月京师总商会商事公断处处长及评议员改选，共有会员 146 名，选出 17 名，得票最多的是中华印字馆卓宏谋 110 票，最少的仅 32 票。五金行邸占江共得 90 票，位居第 7 名，次于估衣行、饭庄行、玉器行、药行、金店行各会董，但高于古玩行、菜行、酱醋行、纺织行、干果行、木业行、旅店行等行业会董。其中前 11

---

① 天津市档案馆：《为不认可码头捐事致天津商务总会函》，档号 401206800 – J128 – 2 – 334 – 15，1919 年 5 月 13 日。

② 天津市档案馆：《为请舟山部队按原价支给旧铁款事致天津市商会函》，档号 401206800 – J128 – 2 – 625 – 8，1940 年。

③ 董少臣：《天津市五金行业的历史回顾》，《天津文史资料》第 32 辑，第 154 页。

④ 《农部商品陈列所评议员即成立，昨公布简章八条》，《世界日报》1927 年 6 月 9 日。

名系正式评议员,后 6 名系候补者①,五金行邸占江得票数属于中等靠上,说明其已挤入正式评议员之列。不仅如此,到 1934 年万和成五金行经理邸占江还与当时北京著名商号义丰号估衣店杨绍业、大北照相馆赵燕臣、西福盛米面店赵序宸一同被选为北京市总商会常务委员②,到 1938 年万和成五金行经理邸占江与稻香村张春山等 7 人又同为北京市总商会监察委员③。1949 年邸占江参加北京市人民代表会议,代表人民参政议政。1949 年 11 月 20 日,北京市第二届各界人民代表会议第一次会议在中山公园中山堂召开,代表 405 名,界别 34 个,中共代表彭真、聂荣臻等出席。其中,工商界代表 52 人,包括知名私营商业代表 18 人,即刘一峰、韩诵裳、乐佑申、韩星久、毕厚田、赵秉忱、赵宜之、刘绍臣、高守信、焦寰五、邸占江、杜雅泉、王子宏、贺永昌、徐柱石、李贻赞、张良富、左广玉。④ 可见,枣强人邸占江作为北京五金同业公会的老会长,万和成五金行的老掌柜,能够被邀请参加如此盛大的会议,在北京商界应该是有一定影响力的人物。以上事例不仅表明五金行业人气旺,得到众多他业代表的信任并寄以重任,而且预示着该行在北京众多行业及总商会中的地位也是不容忽视的。

4. 五金商人有着朴素的爱国热情

民国时期,面临列强欺压,甚至在山河破碎、国破家亡之际,商人爱国事例,并不鲜见,五金商人也不例外。在民族危急关头,北京万和成五金行经理邸占江等出面协助政府当局维持市场秩序。1937 年 7 月卢沟桥事变后,因某些粮商操纵,北平米价暴涨,金融业也面临危机,于是,在北平市警察局与社会局号召下,市商会领导邹泉荪、杨郎川、邸占江、冷家骥等多人召开会议,并立即向市当局表示"克尽商民义务,报效国家"。⑤ 可见,五金公会主席邸占江作为市商会的主要代表,位居前三,同其他商

---

① 《昨京师总商会之选举大会,商事公断处改选》,《世界日报》1927 年 7 月 2 日。
② 北京市档案馆:《北平市商会会员录》,档号 ZQ8-1-61,1934 年 10 月刊印。
③ 北京市档案馆:《北京市商会会员录》,档号 ZQ8-1-62,1928 年 6 月刊印。
④ 《北京市人民代表大会成立前夕》,《千龙网—京华论坛》网址:http://cache.baidu-content.com/c? m = 9f65cb4a8c8507ed4fece763104687270e54f72067848c4b2288c65f93130a1c187ba5e167754352c4c50a6407a8425eebfb2172410037b7edcb9f4aaae1d477719c6269304a895664a30edcc85124b137e65dfedf68f0ca8625e0d8&p = c97f8d1b849f12a05abd9b78065e&newp = 933f8f5686cc47a40ebe9b7c4e4792695d0fc20e3ad7d501298ffe0cc4241a1a3aecbf22261702d1cf7a6601a54e5ae1f031723d0034f1f689df08d2ecce7e79&user = baidu&fm = sc&query = % DB% A1% D5% BC% BD% AD&qid = 8950cbe70003b19a&p1 = 9,访问时间:2019 年 11 月 30 日。(打不开主页,只好用"百度快照"打开)
⑤ 《商会及银行界负责维持全市金融办法拟定三项》,《世界日报》1937 年 7 月 12 日。

第七章　相互依存与共赢：五金商铺与民国京津冀社会经济发展　327

界要人一道，在卢沟桥事变后积极进行平抑物价、维持市面秩序的行动，对于保持市场与商人心态之稳定，起到了协助政府当局进行社会与市场管理的职能。即使在北京沦陷后的抗日战争时期，此等五金业爱国商人也普遍存在。据衡水市枣强县城南黑马村村民孙宪杰老人介绍，听以前家里老人讲，北京万和成五金行里面的店员有的是中共地下党员，至于谁是，他并不知情。① 既然有中共地下党员在万和成商号工作，虽然我们目前找不到其他任何直接资料，但可以推测，这些党员应该会利用五金商铺作掩护，开展党的地下工作，为中国人民的抗日战争、党的革命与解放事业无疑也有一定贡献。

五金商人在各时期所表现的强烈的爱国热情，不唯北京，天津也普遍存在。例如在五四运动爆发后，天津五金同业积极开展抵制日货活动，于1919 年"旧历 6 月 27 日下午一句钟，假商务总会开五金铁行同业会"，认为"一国之存亡，而视民气之盛衰，民气强，其国必固；民气弱，其国必亡。自吾国外交失败，举国愤激，生死存亡，危在旦夕。学界奔走呼号于先，而各界响应于后，唤醒国民，集合群力，共谋挽救方法，唯有抵制日货为唯一自救之要素"。在得知津埠各界咸已一致与仇国拒绝，各行商现已相继成立同业会的情况下，五金同业发出"何干自暴自弃，落人之后？同是国民，应发天良，各尽个人之天职，虽忍痛须臾，牺牲营业上之利益，在所不惜，俾免贻害于子孙，永为他人之奴隶"② 的感慨与呼声，表明了该业与其他各业一样，具有强烈的爱国热情与责任感。同时，该业立即行动起来，一方面，致函日本五金商行，表示"交易暂为停止"，"纯为国家观念势所必然"③；另一方面，"本诸良心自决，实行抵制精神。凡我同业之各号旧存之日货，尽其所有造具清册，卖出永不再买，已定之货，交涉日商，契约不为解除，交易暂为停止。一俟山东、福州交涉解决，结果美满，再为继续交易。倘在外交未解决以前，如有私卖私定，一经查出，按敝会所议定之条例，切实处罚，并宣布除籍"。④ 此

---

① 2018 年 1 月笔者在枣强县城南黑马村（曾称为黑蟒村），找到了孙宪杰。孙宪杰，男，1954 年生，其父孙世昊，新中国成立之初，曾为北京万和成五金行股东孙少卿给北京店方代写过书信。父亲孙世昊去世时，孙宪杰 38 岁，即使 2018 年笔者见到孙宪杰老人时，精神矍铄，十分健谈，记忆清晰，因此，可以推知，其所讲，应该具有很大的可信度。
② 天津历史博物馆、南开大学历史系、《五四运动在天津》编辑组编：《五四运动在天津》（历史资料选辑），天津人民出版社 1979 年版，第 243 页。
③ 天津历史博物馆、南开大学历史系、《五四运动在天津》编辑组编：《五四运动在天津》（历史资料选辑），天津人民出版社 1979 年版，第 509 页。
④ 天津历史博物馆、南开大学历史系、《五四运动在天津》编辑组编：《五四运动在天津》（历史资料选辑），天津人民出版社 1979 年版，第 243 页。

种决心可谓坚决。同时议决处罚条例，如下①：

一，同业各号在外交未解决以前，如将旧存日货售罄，而又续买新日货售卖者，一经查出，按数目之多寡，尽数充公外，加倍处罚之。

二，同业各号自开国民大会之日起，即12月20日起，将所有订定日货之批单、合同尽数交出，按号造册存会。倘有隐匿不报者，一经查出，按原定货之价值加二倍处罚之。

三，同业各号在国民大会日，即12月20日以后，如有私定日货希图厚利者，一经查出，按所定之日货价额加二倍处罚之。

五金同业的上述条款，其原则是各铺"各愿遵守。倘有逾越范围，个人甘心认罚，不待他界监视。抵制出自良心，发扬自我商界自觉真精神"，其目的是"催促彼日人之真觉悟，或可补救外交之进行于万一。……已失之外交自不难迎刃而解决，商人之人格当当不至为世界所轻视"。② 可见五金商人的自觉、自愿之觉悟与爱国之精神是直接的、真挚的与朴素的。

此等爱国行为，在上海等地的五金业也普遍存在。如上海五金店学徒自费印发传单，也很典型。1919年5月15日上午11时20分，上海某五金店学徒桑天恩，年20岁，住汉口路166号，被华捕879号逮往老闸捕房，因该人在汉口路及湖北路转角散发传单。传单内容系扩大抵制日货的影响，号召国人醒来拯救自己的国家。该项传单系由其本人起草，并以一元五角钱之代价，请浙江路719号福记印刷所印了500张。③ 窥此，该业同人爱国心之诚挚与自觉，亦跃然纸上。

5. 五金商铺的其他作用

五金商人继承中华民族扶危济贫、乐善好施的传统美德，热心慈善与公益事业，如第一章已述及，1927年7月北京五金同业公会组织会员商铺积极参与总商会组织的卫生救急等公益活动，并担任重要角色。在天津，五金商人邸玉堂给京津冀以外的学校进行慈善募捐活动。如1943年8月1日邸玉堂为山东公学募集基金，推销山东乡贤刘芝叟、宋怡素、王

---

① 天津历史博物馆、南开大学历史系、《五四运动在天津》编辑组编：《五四运动在天津》（历史资料选辑），第509—510页。
② 天津历史博物馆、南开大学历史系、《五四运动在天津》编辑组编：《五四运动在天津》（历史资料选辑），第510页。
③ 《五金店学徒自费印发传单》，《时事新报》1919年5月16日，上海社会科学院历史研究所编：《五四运动在上海史料选辑》，上海人民出版社1960年版，第223—224页。

第七章　相互依存与共赢：五金商铺与民国京津冀社会经济发展　329

友石、慕凌飞捐赠的画作，给天津市市场股份有限公司发函，倡导热心教育，雅好度藏，以襄善举。在其倡导下，所有画家的作品，售价从32元到80元，共25人购买，合计洋2080元，由于有的画按8折计，共得售卖款洋1970元。其中，焦世卿购买王友石的《群仙祝寿》花费80元，屈秀章购买王友石的《大慧菊》花费80元，邸玉堂购买王友石的《岁寒三友》花费70元，孙冰如购买王友石的《春色》花费70元。① 此4人购买的作品最贵，在70—80元，其余21人的购价皆在64元之下。邸玉堂的花费排在第三名，应该具有一定带头作用。同业公会通过这些社会公益活动，以合聚同业，并沟通商会会员与社会，同时"在一定程度上也替政府分担了社会责任，发挥了重要的社会保障作用，对于促进社会稳定发挥了一定的功效"。②

　　五金商铺的发展对民众日常生活与消费习惯也有一定积极影响。进入民国后，社会风尚日益趋新，北京市民的思想观念慢慢得以解放，民众日常生活与消费习惯也有一定变化，这使得民众日常用品不断洋化，五金商品得以推广，举凡建筑、家庭、工厂、商业等，直接间接有赖于五金③，如"日用所需之门窗户牖，烹调器皿，铁丝钉头，无不赖此（五金）以成"④。同时，五金商铺的销售大户也主要是诸如电车、电灯、自来水公司、铁路等关乎民生的单位。他如"铅铁皮一种，销售于铅铁铺与洋炉铺，尤为普遍。刻下各生铁厂制造铁锅、铁勺、铁枕等物，亦多购用外国铁，各刀剪店亦有购外国铁者。至小五金之属，工匠商民类皆购用，销路颇宽"⑤。这说明五金商铺的及时供应及品种更新对与市民日常生活所需的器具、供水、照明、取暖及交通出行等方面起着非常重要的直接或间接之作用。1948年出版的《北平名胜游览指南》将各项商业分为120业，计衣、食、用、住、银钱、其他六大类，其中"用"的方面将五金业置于首位⑥，这说明五金商品不仅成为市民日常生活所需的重要组成部分，且具有其他商品无法替代的特殊地位。这意味着作为五金货品销售场所的五金商铺在北京市民生活中也相应占据非常重要的地位，并起着重要的积

---

① 天津市档案馆：《为募集基金推销捐赠作品事致天津市市场股份有限公司的函（附山东公学募捐画价目数量清单）》，档号401206800－J128－3－8612－2，1943年8月1日。
② 魏文享：《近代工商同业公会的慈善救济活动》，《江苏社会科学》2004年第5期。
③ 实业部中国经济年鉴编纂委员会编：《中国经济年鉴》第三编，第12章工业（L）131页。
④ 美商环球信托公司经济研究部：《五金界杂志》发刊词，1940年第1卷第1期。
⑤ 北平市社会局编：《北平市工商业概况》，第419页。
⑥ 马勇信编：《北平名胜游览指南》，独立出版社1948年版，第46页。

极作用与影响。

五金商铺为社会培养专业人才。如冀州五金商人在促进京津文化与教育事业的发展中，为社会培育了大量五金专业人才，做出了较大贡献。以枣强人邸玉堂为公会主席的天津五金业为"发达业务，造就人材起见，特组设五金补习学校"，他认为"五金业发达则实业自必进步，工艺日趋发达，关于国利民生，俾益良多"。① 由于邸玉堂开设的五金行同属北京"万"字号，显然，这种办职业教育的尝试，不仅利于促进京津五金业的进一步发展，且也影响着北京职业教育事业的发展方向。长期在京津五金商铺工作的员工，中华人民共和国成立后大多成为建设新中国的专业技术人才，有的是五金公司经理，有的是工程师，有的有专门技术，都受到领导和政府的重用。如王均村的王兰增原来只小学三年的程度，在北京时刻苦学钳工，解放后调到北京航校任车间主任，是市人大代表，兼任航校教师，培训了大批技术人才。朱金昌是景泰蓝技术人员，自营时发展很大，联营是供销科长。王兰桥是某区五金公司经理，市政协委员。②

此外，面对激烈地市场竞争，各五金商铺紧随时代潮流，在经营设备、售货技术上，广泛使用电报、电话，并重视广告宣传，这无疑推动了当地电信与广告业的发展。五金商铺引领北京消费潮流，如电话在五金商铺中的广泛使用，不仅促进五金商铺本身的硬件更新，而且无形中促进了电信业的发展，并推动了时尚消费潮流的进程。五金商铺中广泛运用广告宣传，不仅促进了广告业的发展，也为印刷、报刊、电影等行业提供发展与盈利机会。五金商铺采用的散布传单、报纸广告、奖券、贺年片、广告片、通俗电影广告等广告形式不仅可以引发本业顾客的消费欲望，增加商品销售，而且也在一定程度上促进广告业及其他相关产业的发展。另由于五金商铺属于高盈利行业及其所具有的业内蘖生性特点，所以业内人员流动性不大，业外人士又很少闯进此业来，遂造成此业就业市场较为稳定。当然，五金业内的稳定在某种程度上也促进了他业人员的相对稳定。

三 输送、反哺与共赢：五金商铺与冀州社会经济发展之关系

北京五金商铺与冀州地方社会经济发展关系密切。冀州人民为京津五

---

① 天津市地方志编修委员会办公室、天津图书馆编：《益世报》天津资料点校汇编三，天津社会科学院出版社 2001 年版，第 505 页。
② 王者香：《北京万丰泰五金行》，中国人民政协河北省枣强县委员会文史资料委员会编《枣强县文史资料》第 9—10 辑，第 269 页。

第七章 相互依存与共赢:五金商铺与民国京津冀社会经济发展　　331

金商铺提供廉价劳动力;相反,京津五金商铺的发展,员工赚了钱,则反哺冀州家乡,为家乡提供就业岗位、金钱、时尚与急需物品,以改善生产与生活条件,有利于当地社会经济的发展。

　　冀州人民为京津五金商铺输送廉价劳动力。在传统社会,靠农业为生者,收入颇微,遇天灾或人祸,就会加剧贫穷。冀州区域地少人多,百姓在这种情况下,为生存与摆脱贫困,往往外出经商或学艺,当然,其首选是京津二地。据民国陈劭南统计,仅冀县人在北京经商的不下四万人,在天津营商者,亦有两万余人。① 这是因为北京为古都,谋生之路颇多,而天津是繁华商埠,北方商贸中心,更易找到活计,加之冀州距京津两地不远,且交通较为便利,所以京津成为冀州人求生避难、发家的首选之地。这就意味着,冀州人民为京津各业发展提供了大量廉价劳动力,当然,其中一部分进入了五金行工作。据1983年王者香等对枣强县大王均村、李家庄村20世纪30年代在外人员的调查显示:王均村1983年252户,1025人,30年代在外地经商109户,529人,其中在京津两地76户,273人,从事五金行业的占85%以上。李家庄村1983年有151户,606人,30年代在外地经商的38户,228人,其中在京津两地的28户,181人,从事五金行业的占90%以上。② 这充分说明,冀州区域人民为京津五金业提供的劳动力比例之高。

　　从另一角度讲,京津五金商人在发达后,也及时反哺冀州家乡,给冀州当地百姓提供了解决温饱的就业岗位。如在北京城内的崇文门外大街,和各条胡同各个角落,以及宣武门外一带,都是枣强、南宫、冀县的人开设大小不同类型的五金行,和各类型的铁局子,枣强在北京吃烂铁局子、吃五金行的更多。崇文门外东茶食胡同的居民开铁局的,做小买卖的都是枣强人。崇文门外东茶食胡同,有小杨苏之称(即现在枣强镇的杨苏村)。③ 另据齐伯尘介绍,枣强县过去在北京干铁业的,从业人数实难统计,仅宣武门外大街和崇文门外挂牌营业的铁局子就有上百家。④ 如此多的五金行业铺号,为冀州区域乡亲来京投奔奠定了岗位基础,并且,各铺股东与掌柜(经理)对家乡来投人员极其热情,可谓来者不拒。如北京万丰泰五金行掌柜李德合(枣强县人)在北京发了财有了名声后,枣强

---

① 陈劭南:《叙述的社会学》,《社会学杂志》第1卷第5期。
② 王者香:《北京万丰泰五金行》,第268—269页。
③ 王者香:《北京万丰泰五金行》,第268页。
④ 齐伯尘:《枣强人在北京的铁业行》,中国人民政协河北省枣强县委员会文史资料委员会编《枣强县文史资料》第7辑,1994年,第87页。

周围州县的人，因家中贫困，为谋生存，都去北京投奔万丰泰五金行。恰巧李德合"也是贫困穷人出身，吃过穷的苦头，对来找的人都安置，有的留在本柜上学徒，有的推荐到分号或联营店铺去。在京津两地吃五金行的人员，95%的是枣强县、南宫、冀县的人。由于李德合的热情接待，适当的安置，有不少人原来在京津两地立了业，并门当户对地结成姻缘，成了家"。① 可见，万丰泰五金行不仅给冀州当地老乡解决了工作，实现了温饱，而且还在客观上为老乡间的交流与沟通提供了一个不错的平台，使其能够借此成家立业。又如枣强县孟屯乡邢枣林邢某某在宣武门内西城根开设北隆和铸铁厂，生意兴隆，但他仍和家乡的师兄弟们保持密切联系，老家人为糊口，到北京找他混碗饭吃，无论认识与否，只要有封信，他都接纳。因为刚去的这些老乡先从学徒做起，只干活吃饭，不要工资，这样既省了雇工，又送了人情，何乐而不为，所以邢经理很欢迎。② 显然，邢经理在给故乡百姓解决温饱的同时，冀州百姓也给北京五金业提供了廉价劳动力，这在一定程度上讲，京冀两地人民实现了共赢。

当然，京津五金商人对冀州家乡的反哺，除提供就业岗位之外，还有其他形式。

首先，钱款捎家。北京五金商铺的发展，使其股东与店员收入皆不断增加，有的还发了财，于是，通过捎家钱物来反哺家乡，促使老家也获得发展，土地占有增多，家中生活富裕，有些还成为当地有名的大财主。③ 如万丰泰五金行的李德合自幼同胞观念深，在北京挣钱发了财，没忘掉自己的同胞兄弟，其家中增添土地200余亩，修建了四处瓦房院落，骡马成群，大小车辆俱全，雇用了佃户，是当地出名的财主。④

其次，新潮或家乡急需的物品捎家。如第六章所述，在北京五金商铺工作的冀州籍员工捎家的新潮或家乡急需的物品主要有茶叶、药品、药酒、烟嘴、帆布、自行车、胰子、鞋、靴、衣料、布、鲜货、点心、大米、书籍、花镜、眼镜、油漆等，既有饮用品、食品、药品、鞋袜服装布料、书籍等日常用品，又有交通工具、眼镜、油漆等故乡农村不常见或见不到的器具。冀州五金商人将此新鲜物品带回家乡，对农村人眼界的开阔，生活习惯与生活方式的改变，家庭生活条件的改善等方面，应该具有一定的促进作用。

---

① 王者香：《北京万丰泰五金行》，第268页。
② 齐伯尘：《枣强人在北京的铁业行》，第88页。
③ 王者香：《北京万丰泰五金行》，第268页。
④ 王者香：《北京万丰泰五金行》，第271页。

第七章　相互依存与共赢：五金商铺与民国京津冀社会经济发展　333

再次，架设沟通京津冀城乡之间进行金融流动的桥梁。在旧社会，往家捎钱，都是本人回家自带，或托人代捎，在路上经常被劫，车上虽有保镖，但也常常失镖，致使商人遭受损失。后因北京万丰泰五金行在外的名声渐大，靠此招牌撑腰，京津两地的银号、钱庄与枣强县的丰盛德钱铺、德茂永钱铺，庆义丰钱铺等，建立了汇总往来，即通存通兑。商人想往老家捎钱时，只要在京津两地的银号、钱庄把款付上，换取汇票，然后，凭此汇票即可到枣强的钱铺兑付现金。这样，使往家捎钱既方便又安全，捎钱人就不再提心吊胆了。① 可见，北京万丰泰五金行在此中的作用是显而易见的，因为它起到了沟通两地金融互通的桥梁作用。当然，这也无疑对冀州农村的资金短缺有一定补给作用，有利于家乡农村社会经济的发展与民众生活水平的提高。

最后，北京五金商铺的发展还对冀州当地手工艺进军北京并得以传承亦有一定影响。如枣强县人在北京五金行工作者较多，常年不回家，且皆有乡土观念，思念家乡的小吃，于是，枣强县的特吃名餐焖饼馆在北京市前门外珠市口东半壁街开张，每日来专吃枣强焖饼的人络绎不绝，生意非常兴隆。② 在天津，"曹记驴肉""冀州焖饼"等，至今仍名声遐迩。③ 此种特色小吃馆的开设，既为冀州地域人民提供了就业岗位，也便利了冀州同乡就近品尝故乡的美味，同时，还使此技艺得以在京津传承，可谓一举三得。

特别指出的是，即使曾经的汉奸邸玉堂，当其经济上有自主权后，也没忘生养他的那块黄土地——老家枣强县刘仓口村，赠给该村立式机器10台，以支援此村的农业生产。④ 可见，在外拼搏的游子，适时反哺家乡，是人之常情。

当然，上述反哺故乡之情况，其他行业皆有，兹不赘述。

要之，京津五金商铺与冀州地方社会经济发展关系十分密切。冀州人民为生计去京津工作，为京津五金商铺提供了廉价劳动力；同时，这些人在外学到了本领与技术，挣了钱发了财，并立业成家，则又反哺冀州家

---

① 王者香：《北京万丰泰五金行》，中国人民政协河北省枣强县委员会文史资料委员会编《枣强县文史资料》第 9—10 辑，第 269—270 页。
② 王者香：《北京万丰泰五金行》，中国人民政协河北省枣强县委员会文史资料委员会编《枣强县文史资料》第 9—10 辑，第 269 页。
③ 《因"商"形成的冀州"十大"特色习俗》，冀州论坛 http：//www.jizhoubbs.com/bbs/，访问时间：2011 年 3 月 1 日。
④ 王者香：《北京万丰泰五金行》，第 271 页。

乡，为家乡人民提供就业岗位、金钱、时尚与急需物品等，对于繁荣当地经济，促进商品流通与商业发展，改变民众的生产与生活方式，无疑具有一定积极作用。仅就北京万丰泰五金行为便利同乡捎家钱款而架起的京津两地与枣强汇总往来的金融桥梁而言，既保证了同乡的钱款安全，又便利了同乡及时提款接济家乡亲人，同时还促进了京冀城乡之间的资金往来，形成共通共融、相互促进之局面。另外，受益的员工亦会对万丰泰大为赞赏与感恩，并竭力安心为其而努力工作。当然，人云亦云，好的名声不断扩大，也会影响到更多的冀州周边百姓去北京万丰泰打工。这样，其实，就形成了京津冀城乡间人员与金融等流动的良性循环。简言之，就是输送与反哺，即共赢。

当然，也有些五金商铺出于各种原因做出某种不利于社会稳定之事端，如1933年北平聚昌泰五金行的李俊杰贩运硝酸小缸供作白面之用一事，影响极其恶劣。① 再如1946年1月泰丰五金行窃电②，同年诚信五金行铺掌张开全窃售电话线③，1948年9月义生五金行囤积机器油、黄油④等，虽然不排除有当地警察诬告或栽赃之嫌，但有些商号不守法可能亦确有其事，多少也会对当地社会造成不良影响。不过，可以肯定的是，这是次要的。

综上，总体而言，北京五金商铺与同期京津冀社会经济发展是融合与共赢之关系，冀州帮充当了京津冀之间进行密切联系的纽带。一方面，京津两地五金商铺关系密切，形成一有机整体，具有朴素的爱国热情，并积极服务地方，不仅在为商请命，积极联合他业与政府抗争的一系列博弈中，对于维护商民权益，加快政治民主化进程方面发挥了一定的积极作用，而且还促进了慈善与其他社会公益事业的发展。当然，最重要的是其在加快北京工商业及城市近代化发展方面的巨大功绩，体现了他们顺应时代潮流，勇于创新之精神。另一方面，京津两地五金商铺与冀州地方社会经济发展关系也十分密切，形成输送、反哺与共赢之格局。

---

① 北京市档案馆：《北平市警察局内五区区署关于聚昌泰五金行铺李俊杰贩运硝酸小缸供作白面之用一案的呈》，档号J181-21-17443，1933年。
② 北京市档案馆：《北平市警察局外一区分局关于会同华北电灯公司查获泰丰五金行有窃电情事的呈》，档号J181-24-1600，1946年。
③ 北京市档案馆：《交通部北平电信局关于依法追究诚信五金行铺掌张开全窃售话线嫌疑案的函》，档号J181-24-3033，1946年。
④ 北京市档案馆：《北平市警察局关于义生五金行囤积机器油、黄油一案的侦讯笔录》，档号J181-25-6340，1948年。

第三节　新旧互补与环境制约：旧中国北京社会对五金商铺发展之影响

由上可知，北京社会经济发展，在一定程度上讲，离不开北京五金商人的贡献；反之，北京作为古都，在旧中国北京社会这一大环境下，其对五金商铺发展也有一定影响：积极的影响，成为动力；消极的影响，则成为阻力。五金商铺在此双重影响下，形成新旧互补的良性发展格局，但又遭受大环境的制约，只能曲折前行。

一　积极影响

在旧中国的北京，尤其到了南京国民政府时期，国家将权力的触角基本触及社会各个层面，也制定了一些利商政策，如商民小本借贷、裁撤崇文门税关、收回关税自主权、裁撤厘卡、统税与货币改革等地方与中央政府极力挽救市面的措施，加之北京浓重的京城传统文化积淀与近代化潮流等因素，皆对五金商铺发展有一定积极影响，成为商铺发展的动力。有学者指出，"现代性区分了现代与传统、先进与落后、发达与不发达、文明与蒙昧；其另一种表述就是现代同过去的断裂：制度的断裂、观念的断裂、生活的断裂、技术的断裂、文化的断裂和教育的断裂。"[1] 然而，在旧中国的北京社会，传统与现代因素并未出现断裂，而是相互融合，成为合力。这在五金商铺的发展历程中得到了很好的体现。

因袭传统与因时随势的革新从而促其嬗变是民国北京五金商号发展的主旋律，即传统和现代因素的合力共同推动了五金商铺的发展。因为在半殖民地半封建社会背景下的近代中国是"一个新旧混杂之世界"[2]，所以在这个新旧杂糅的社会中，五金商号的发展也免不了新旧因素的纷争与消长，其结果是使五金商铺实际处于一种兼具旧因素的传统与新因素的现代之融合、扭结的二元过渡形态。在这种形态下，传统与现代因素并非截然对立，而是表现出一种相互依存、渗透及彼此促进的关系，对传统文化十分浓重的古都北京来说尤其明显。这种关系首先体现在商铺的一些非正式制度上，如账簿制度、学徒制度、人力股制度、工资福利与铺规等管理制

---

[1] 汪民安：《现代性》，广西师范大学出版社2005年版，第28页。
[2] 丁日初：《上海近代经济史》，上海人民出版社1997年版，第219页。

度，这些非正式制度由于受当时北京社会的思想文化、政治环境与风俗习惯等因素的影响，具有很大的历史延续性与传承性，非是一朝一夕就能改变的。

商铺在吸收这些传统性颇强的非正式制度之精华的同时，也在不断对其进行适时改进。如人力股制度虽是从传统商铺承继过来的，且存在某些不足之处，但经过五金商人的大胆创新，此制度遂成为商铺将员工经营劳动与企业经营效益直接挂钩的一种激励方式，体现了商铺以人为本、重视人才的思想，是商铺经营者创新能力的一种体现。同样，学徒制、薪酬福利制度及铺规也是在因袭传统之时得到了一定改进。此外，商铺资本管理与经营虽仍采用合伙形式，但已是较为高级的股份合伙，这不仅使自愿自由的契约关系在资本运营中得到发展，而且也基本实现了所有权与经营权的分离，体现了传统的合伙经营向具有近代化意味的股份制渐进的趋势。这些都体现了在商铺嬗变的历程中，传统因素虽仍继续存在，但多经过改进，并有衰减之势，相反近代因素却在滋长。总之，传统中包含着某些有利于商铺成长的近代因素，近代因素也总是承袭着某些历史传统，体现了中西结合的兼容性。

如果说北京五金商号在管理制度方面是因袭传统与随时革新并举，但步伐稍慢的话，那么其在业务经营方面却是大踏步前进，在进货、销货、经营模式方面大胆学习与引进西方先进的经营方式方法，例如在商品产地或货源地设坐庄采购、在洋行订货、本市同业拆货等洋货五金的进货方式，门市销售、坐庄批发、赊销、外勤联系、送货制度等销售方式，报纸广告、奖券、贺年片、广告片、通俗电影广告等广告宣传形式，以及适应社会化大生产的联号经营的极佳模式，等等。这些现代事物越来越被北京五金商人所接受，使商铺的近代化进程加快，并对商铺的发展起着日益重要的促进作用。当然，这些与古都北京近代化发展的大环境也是分不开的。

值得注意的是，在五金商铺的嬗变历程中，尽管某些传统因素的历史延续性非常浓重，但也未必就是商铺发展的障碍。例如，五金商铺内部从业人员不仅仍多沿袭过去的称呼与职责分工，而且他们之间普遍存在血缘、亲缘与地缘关系，即大多数商铺在选用员工时往往局限于同族同乡的圈子内，乡土观念依然根深蒂固。费孝通指出，乡土社会中最重要的亲属关系就如同"丢石头形成同心圆波纹的性质"，可以波及无穷的人，俗语"一表三千里"即为此意。地缘关系也是如此。于是人们在"商末"思想受到冲击及商业救国这一经商热潮的影响下纷纷离开本土外出经商，而外

第七章　相互依存与共赢：五金商铺与民国京津冀社会经济发展　337

出经商、学生意一般都离不开投亲、奔友、找乡邻。事实上，亲、友、乡邻是在传统"中国的社会组织，选择了血缘与地缘两个方式"①的大环境下的家族、宗族关系的延伸，也可以视为"家"的放大，这是血缘差序、人情亲疏、地域远近原则在商铺内部从业人员关系上的一种体现。正如齐美尔所指出的，城市实际上是人类"欲望的中心"，要满足各自欲望，只有报团取暖以共进。这样，在商铺管理中，对"同族""同乡""同府"等关系的认同，也就成为人们进行交往和建立关系的纽带。五金商铺作为北京众多行业商铺中的一部分，当然也脱不掉这种根结之维系。这是雇佣劳动等经济关系之外的"另一种人的关系，这种关系在一定程度上有利于商铺的发展，因为家族的团结和同乡的忠诚不仅是新兴资产阶级赖以发展的基础，而且也是中国社会组织的基石，这些传统遗产能够为经济发展提供服务"②。

　　总之，在古都北京传统商业文化及近代化发展的大环境的影响下，北京五金商人也入乡随俗，尽管还因袭一些传统的东西，但这是传统经营中的精华部分，不仅没有明显阻碍商铺的正常发展，反而在内外恶劣的经营环境中发挥了一定的积极作用。同时，五金商铺为生存与发展，还因时随势地进行革新，学习西方先进的管理经营理念与策略，不断调整自己，改变以往一些不能适应新形势的旧的东西，以使自己在新的发展环境中灵活应对。这种新与旧的融合，正是在当时特定历史条件下包括五金商铺在内的多数商铺的求生与发展的有效路径，是适合中国民族资本主义商业的特色之路。诚如吴承明先生所批评的"长期以来，人们是把传统的东西都看成是落后的、封建的、阻碍近代化的东西，好象非统统打倒不可"③一样，我们认为传统的精华部分与新学的适合商铺自身发展的部分都是商铺成功发展的有效方略。正是这种因袭与革新，致使五金商铺在此时段中获得了一定发展，尽管有曲折，并不顺利，但终未败下阵来，只有能生存下来，这些商铺才有发展的希望。从一定意义上讲，在当时极其恶劣的环境下一些商铺能顽强生存下来，本身就是一种发展，起码在经营管理的生存理念、左右逢源的生存方略方面是发展的。

　　韦伯认为理性是分析人类行动的基本要素④，正是北京五金商人的理

---

① 许倬云：《中国文化与世界文化》，贵州人民出版社1991年版，第123页。
② [法]白吉尔：《中国资产阶级的黄金时代（1911—1937）》，张富强、许世芬译，第157页。
③ 吴承明：《中国近代经济史若干问题的思考》，《市场·近代化·经济史论》，第13页。
④ [澳]马尔科姆·沃特斯：《现代社会学理论》，杨善华译，华夏出版社2000年版，第21页。

性思维，促使他们在经营管理上能使五金商铺新旧互补，因此，我们说，五金商铺的发展并非是靠"控制和支配民族工业为自己服务"发展起来的，而是传统与现代因素在相互碰撞、冲突、渗透之后促使商铺进行的一个积极的自我调整和再造过程。

二 消极影响

布罗代尔指出，近代资本主义民族"国家战胜了城市"①，传统观点认为，"西方城市是与市场经济密切联系在一起的，它是手工业和贸易的产物，而中国的城市则主要是政治和军事需要的产物"②。因此，在半殖民地半封建状态下的北京城，亦受政治、军事之影响，时局动荡、政府勒索、战乱频仍、工业落后、传统经营观念浓厚的整体环境等因素严重制约并削弱了五金商铺发展的这种动力，即其成为商铺发展的阻力。

其一，政治格局与政府政策的变动制约着五金商铺的发展。北京"昔为都城，商贾辐辏，冠盖如云；中外杂处，颇为繁华"③。1928年"国都南迁"北京失去了都城优势，由昔日的政治中心降为偏远的普通城市。从此，"平市日渐凋敝。更以'九·一八'后，外患日逼，人心不安，市况益趋不振"。④ 五金商铺虽受政局影响较小，行业发展相对稳定，但因逢乱世，加之世界经济危机冲击下的政府建设投资缩小，五金商业也受影响。1935年"惟此时局迁变后，平地各行生意均是冷落不堪，各工厂家亦均不忙，甚至无活可做"，五金商铺"亦间接受影响不小，每日卖项颇为不佳"，"生意寥落……时局所致也"。⑤ 政府政策也对五金商铺发展的影响颇大，尤其是税捐政策，无异于巧取豪夺，是商铺发展的一大障碍。1927年11月财政部将五金器具等小五金列为奢侈特品，并规定由商店出售此品时粘贴印花票。⑥ 此外，政府1927年12月对五金商品征收的特税尤不合理⑦。这种特捐之规定与明抢无异，但明抢之害会促成各铺联合与政府抗争，对商铺的长远发展也并非纯为坏事。然而，暗夺却难提

---

① [法]费尔南·布罗代尔：《15至18世纪的物质文明、经济和资本主义》第一卷，顾良、施康强译，生活·读书·新知三联书店1992年版，第610页。
② 杜丽红：《20世纪30年代的北平城市管理》，博士学位论文，中国社会科学院，2002年。
③ 马芷祥：《老北京旅行指南》，张恨水审定，北京燕山出版社1997年版，第12页。
④ 马芷祥：《老北京旅行指南》，张恨水审定，北京燕山出版社1997年版，第11页。
⑤ 北京市档案馆：《万丰泰五金行》，档号J88-1-63，《通信留底》（京字第90、92号信），1935年。
⑥ 《奢侈特品捐施行规则》，《世界日报》1927年11月19日。
⑦ 《总商会反对征收特税的呈文（续）》，《世界日报》1927年12月13日。

第七章　相互依存与共赢:五金商铺与民国京津冀社会经济发展　339

防,商铺有苦难言。万和成五金行遭受税局勒索就是一例,该号因代售纸烟,门前竖立售烟木牌,本来只竖一块广告牌即可,而税局却令其至少要竖100块①,这看似荒唐,其实是在勒索商铺钱财。

其二,军事战乱的频仍制约着五金商铺的正常运行。商铺的兴旺发达,须有一个安定的经营环境方可成就,战乱不断,纷争不休的社会环境势必影响商铺的正常运行。例如,1935年6月北京"每至下午十时即戒严,街面人马绝迹"。②为对付学生的反日罢课请愿,军警鸣枪弹压,"前门大街各商家均纷纷上门,交通阻断……未免影响市面"。③并且,"连日日本飞机旋绕天空,不知是何用意,刻下市面亦正安静,生意平平"。④正常安定的经营环境,乃成为五金商人的最高最大之奢望。

其三,工业发展的极端落后亦制约着五金商铺的发展。通常工业与商业关系密切,二者相互促进,相互发展,但如果一方过于滞后,也会相应影响另一方的发展速度。如一些需用五金原料、零件的工厂之规模、发展程度、存货量、需货量等皆影响五金商铺的发展,主要表现在:一是工业不振,"无大拨之用主",五金商铺的销货量受限;二是"京地之工厂家大多数无相当之资本,均是用点买点,无力存货"⑤;三是工业衰弱之时,五金商铺销路减少。⑥此外,一些工厂还经常赊销五金商铺的货品而延期偿还,有的甚至少还或不还,从而占用了五金商铺的发展资金,这对五金商铺发展非常不利。

其四,北京相对传统保守的整体经营观念也制约着五金商铺的发展。由于北京是承袭了千百年文化传统的古都,所以在近代欧风美雨的冲击与洗礼中,其所受之影响相对较小,这就决定了生活在其中的商人经营理念与开埠城市不同,表现为一种求稳的保守经营策略⑦,在追求时尚方面远

---

① 《北平特别市市政公报》1930年第34期。
② 北京市档案馆:《万丰泰五金行》,档号J88-1-63,《通信留底》(京字第88号信),1935年。
③ 北京市档案馆:《万丰泰五金行》,档号J88-1-63,《通信留底》(京字第123号信),1935年。
④ 北京市档案馆:《万丰泰五金行》,档号J88-1-63,《通信留底》(京字第161号信),1935年。
⑤ 北京市档案馆:《万丰泰五金行》,档号J88-1-111,《天津益和公司通信账》(京字第56号信),1936年。
⑥ 北京市档案馆:《万丰泰五金行》,档号J88-1-156,《益和公司通信底账》(京字第36号信),1937年。
⑦ 齐大之:《论近代北京商业的特点》,《北京社会科学》2006年第3期。

不及上海、广州等地商人那样机敏。① 于是，在这样的文化氛围与经营环境下，为确保自己的财产不致受损，人们通常习惯于尽可能在亲故乡邻中选择经营者，这种封建保守的经营观念，具有低效率与落后性的特征，不利于五金商铺的发展。例如万丰泰五金行因过于要面子、经营中求稳，并常以老字号自居，所以其股份合伙制终未发展成为具有现代意义的公司制企业。一些五金商铺为生存，虽也改头换面，如出现了股东、经理、监理、练习生等一些时髦称呼，但这其实是新瓶装旧酒，换汤不换药的现象，其管理精神与内涵没有根本的变化，基本上只是在其原有基础上的延伸。

总之，五金商号与许多民族商业企业一样，在旧中国北京社会这一大环境下，形成新旧互补的良性发展格局，但又遭受大环境的制约，受时局迁变、政府勒索与束缚，加之受工业落后、全市传统经营观念整体上根深蒂固等因素的影响，为了求得生存与发展，五金商铺在承继长期以来一直得到人们认同的传统商业伦理道德与管理制度的同时，又不得不以改革求生存，采纳和接受西方的商业经营方式与理念，并不断摸索规律，积累经验，从而呈现兼收并蓄的特点。当然，这是一个颇为痛苦的优胜劣汰的自然选择过程，一些商铺因为墨守成规未能适应时代发展的需要及时汲取新的经营方式而迅速走向没落，而另一些商铺则在灵活继承传统商业精华的同时又大胆取用外国先进管理与经营方式，从而获得了一定发展，他们的商业思想与经商之道，具有承上启下的借鉴作用。五金商铺的这种发展历程，在北京及全国其他行业也普遍存在，前者如晋商、徽商的衰落，后者如同仁堂药店、瑞蚨祥绸布庄和成文厚文具店的曲折发展等即为明证。他们兴衰成败的经验教训值得后人认真总结，对今天正处于改革与发展之中的私营企业，也是有益的借鉴。

纵览本章，在五金商铺的发展过程中，故都北京及商人自身传统与现代因素的合力共同促进了商铺的发展，使其不仅逐渐形成了自己的行业特色，而且还对京津社会经济发展及城市近代化建设起着一定积极作用，其中有些作用是其他行业商铺所无法替代的。一方面，京津两地五金商铺关系密切，形成一有机整体；另一方面，京津两地五金商铺与冀州地方社会经济发展关系也十分密切，形成输送、反哺与共赢之格局。简言之，北京五金商铺与同期京津冀社会经济发展是相互依存与共赢之关系，冀州帮充当了京津冀之间保持密切联系的纽带。

---

① 宋美云：《略述近代京津商人经营文化的异质性》，《历史教学》2006 年第 9 期。

第七章 相互依存与共赢：五金商铺与民国京津冀社会经济发展

透过五金商铺的发展历程，让我们看到了北京商业经济发展的一个剪影。在北京众多行业商铺中，五金商铺犹如大草坪中的一棵小草，秋冬春夏，寒来暑往，尽管也时常遭受冰雹、狂风之袭击、病虫害之困扰或路人之践踏，但其并未屈服，而是努力地发展着自己，这是因为在它守护着自己的根及其周围土壤的同时，也离不开它竭力接纳阳光的照射与雨露的滋补。当然，如果能得到人们的精心照料与爱护，它就会生长得更好。

参考文献

一 档案文献

北京五金商铺档案。
北京五金业同业公会档案。
天津市档案馆档案。
天津市档案馆商会档案。
北京商会档案。
北京警察局档案。
北京社会局档案。
新中国成立初工商档案。
资本主义工商业社会主义改造档案。
《北京档案史料》,1987—2008年。
《京师总商会各行商号》,宣统年间刊本。
《经济法规汇编》(商业类),(出版地不详)经济部1911—1949年版。
《商人通例》1914年,《中华民国法规大全》第一册,商务印书馆1936年版。
《五金手册》,上海南衡社1939年初版,1951年32版。
北京市档案馆:《北京市商会会员录》,档号ZQ8-1-62,1928年6月刊印。
北京市档案馆:《北平市商会会员录》,档号ZQ8-1-61,1934年10月刊印。
北京市档案馆:《京师商会众号一览表》,档号ZQ8-1-52,1915年春龙泉孤儿院石印刻印。
北京市档案馆:《京师总商会行名录》,档号ZQ3-1-473,1919年10月刊印。
北京市档案馆:《京师总商会众号一览表》,档号ZQ8-1-46,1921年10月,京师总商会工商调查处编印。
北平民社编:《北平指南》,北平民社1929年版。
北平市社会局编:《北平市工商业概况》,北平市社会局1932年印。

北平市营业税征收处编印：《北平市营业税特刊》，1931年。
北平市政府秘书处第一科统计股主编：《北平市统计览要》，1936年12月。
北平市政府统计室编：《北平市市场概况》，档号ZQ3-1-461，1936年4月。
郎冠英、许顺主编：《中国资本主义工商业的社会主义改造》（北京卷），中共党史出版社1990年版。
李华：《明清以来北京工商会馆碑刻选编》，文物出版社1980年版。
李文海主编：《民国时期社会调查丛编》，福建教育出版社2005年版。
林颂河等编制：《北平社会概况统计图》，社会调查所1931年版。
刘娟等选编：《北京经济史资料》（近代北京商业部分），北京燕山出版社1990年版。
马勇信编：《北平名胜游览指南》，独立出版社1948年版。
彭泽益编：《中国近代手工业史资料》第二卷，生活·读书·新知三联书店1957年版。
彭泽益主编：《中国工商行会史料集》，中华书局1995年版。
彭泽益选编：《清代工商行业碑文集粹》，中州古籍出版社1997年版。
邱钟麟编：《新北京》，撷华书局1914年版。
实业部国际贸易局编：《马口铁小五金先令表》，商务印书馆1940年版。
田蕴瑾编：《最新北平指南》，上海自强书局1935年版。
主计处派驻平汉铁路会计处编：《平汉铁路债务整理纪要》，1937年。
徐俊德主编：《民国时期北平市工商税收》，中国档案出版社1998年版。
徐珂：《实用北京指南：增订》，上海商务印书馆1923年版。
严中平等编：《中国近代经济史统计资料选辑》，科学出版社1955年版。
张一凡主编：《五金业须知》，中华书局1948年版。
赵晓阳编译：《北京研究外文文献题录》，北京图书馆出版社2007年版。
中国联合准备银行编：《北平市商品交易价额之推测》，中国联合准备银行1939年版。
中华图书馆编辑部编：《北京指南》，中华图书馆发行1916年版。
天津市档案馆等编：《天津商会档案汇编（1903—1911）》，天津人民出版社1989年版。
天津市档案馆等编：《天津商会档案汇编（1912—1928）》，天津人民出版社1992年版。
天津市档案馆等编：《天津商会档案汇编（1928—1937）》，天津人民出版社1996年版。
天津市档案馆等编：《天津商会档案汇编（1937—1945）》，天津人民出版社 1997 年版。

沈云龙主编：《近代中国史料丛刊续编》第 93 辑，台北文海出版社有限公司 1992 年版。

中国第二历史档案馆编：《国民党政府政治制度档案史料选编》，安徽教育出版社 1994 年版。

二 报纸杂志

《北平晨报》，1930—1936 年。

《北平日报》，1929—1949 年。

《北平市市政公报》，1937 年。

《北平特别市市政公报》，1929—1930 年。

《晨报》，1918—1928 年影印本。

天津市地方志编修委员会办公室、天津图书馆编：《益世报》天津资料点校汇编三，天津社会科学院出版社 2001 年版。

《世界日报》，1937 年。

《京报》，1936 年。

《华北日报》，1936 年。

《经济周报》，1945 年。

《人人周刊》，1945 年。

《东方杂志》，1926—1936 年。

《工商半月刊》，1929—1935 年。

《汉口民国日报》，1927 年。

《冀察调查统计丛刊》，1936—1937 年。

《京师总商会月报》，1919 年。

《经济学季刊》，1930—1937 年。

《历史档案》，1982—2008 年。

《商学季刊》，1923、1930 年。

《商学期刊》，1934 年。

《商业日报》，1918 年。

《商业月刊》，1931—1932 年。

《商友季刊》，1940 年。

《社会调查汇刊》，1930 年。

《世界日报》，1926—1937 年。

《五金半月刊》，1940—1946 年。

《五金界杂志》，1940年。
《政治经济学报》，1935—1937年。
《职业青年》，1948年。

三　工具书

《古汉语大词典》，上海辞书出版社2000年版。
陈稼轩：《实用商业辞典》，商务印书馆1935年版。
《辞海》编纂委员会：《辞海》，上海辞书出版社1999年版。
舒新城等主编：《辞海》（据1936年版缩印），中华书局1981年版。
[美]格林沃尔德编：《现代经济词典》，《现代经济词典》翻译组译，商务印书馆1981年版。
北京特别市公署秘书处主编：《市政统计年鉴》，北京特别市公署秘书处1940年版。
实业部中国经济年鉴编纂委员会编纂：《中国经济年鉴》第二册，商务印书馆1934年版。
实业部中国经济年鉴编纂委员会编纂：《中国经济年鉴》第三编，商务印书馆1936年版。
实业部中国经济年鉴编纂委员会编纂：《中国经济年鉴》（续编），商务印书馆1935年版。
《北京百科全书》总编辑委员会编：《北京百科全书·崇文卷》，北京出版社2001年版。
张其泮等主编：《中国商业百科全书》，经济管理出版社1991年版。
孙泉安编辑：《五金手册》（五金常识），大明出版社1936年初版，1947年再版。
商务印书馆编：《上海商业名录》，商务印书馆1920年版。
星洲日报社编：《星洲十年》，星洲日报社1930年版。

四　地方志

（清）缪荃孙等编：《光绪顺天府志》，光绪十二年（1886）。
（清）吴廷燮等撰：《北平市志稿》第三卷《度支志·货殖志》，北京燕山出版社1998年版。
北京市崇文区地方志办公室编：《崇文街巷》，中华书局2007年版。
北京市崇文区地方志编纂委员会编：《北京市崇文区志》，北京出版社2004年版。

北京市档案馆:《北京志》(商业篇),档号 1-12-877,1959 年。

[日]服部宇之吉等编:《清末北京志资料》,章宗平、吕永和译,北京燕山出版社 1994 年版。

宋蕴璞:《天津志略》(民国二十年铅印版),成文出版社 1969 年版。

五　口述资料

北京市社会科学研究所《北京史苑》编辑部编:《北京史苑》第 1—3 辑,北京出版社 1983—1985 年版。

北京政协文史资料研究委员会编:《驰名京华的老字号》,文史资料出版社 1986 年版。

全国政协文史资料委员会编:《中华文史资料文库》第 13 卷,中国文史出版社 1996 年版。

中国民主建国会北京市委员会等编:《北京工商史话》第 1—2 辑,中国商业出版社 1987 年版。

中国人民政治协商会议、北京市委文史资料研究委员会编:《北京往事谈》,北京出版社 1988 年版。

中国人民政治协商会议北京市委员会文史资料委员会编:《文史资料选编》(《北京文史资料》)第 1—72 辑,1979—2007 年。

中国人民政治协商会议全国委员会文史资料委员会编:《文史资料选辑》第 1—152 辑,1960—2007 年。

天津市人民政协文史资料编委会编:《天津文史资料》第 32—51 辑,天津人民出版社 1985—1990 年版。

天津历史博物馆、南开大学历史系、《五四运动在天津》编辑组编:《五四运动在天津》(历史资料选辑),天津人民出版社 1979 年版。

中国人民政治协商会议天津市委员会文史资料委员会编:《天津文史资料选辑》第 4 期(总第 92 辑),天津人民出版社 2001 年版。

中国人民政协天津和平区文史资料委员会编:《天津和平文史资料选辑》第 3 辑,1991 年。

中国民主建国会天津市委员会编:《天津工商史料丛刊》第一辑,1983 年。

中国人民政协河北省衡水市委员会编:《衡水市文史资料》第 1 辑,1986 年。

中国人民政协河北省冀县委员会文史资料研究委员会编:《冀县文史》第 2 辑,1987 年。

南宫市政协文史资料研究委员会:《南宫文史资料》第 3 辑,1990 年。

中国人民政协河北省枣强县委员会文史资料委员会编:《枣强县文史资

料》第 7 辑，1994 年。

中国人民政协河北省枣强县委员会文史资料委员会编：《枣强县文史资料》第 9—10 辑，2000 年。

上海社会科学院历史研究所编：《五四运动在上海史料选辑》，上海人民出版社 1960 年版。

六　日记、文集

（清）李虹若：《朝市丛载》，北京古籍出版社 1995 年版。

（清）潘荣陛：《帝京岁时纪胜》，北京古籍出版社 1981 年版。

（清）杨米人：《清代北京竹枝词》（十三种），北京古籍出版社 1982 年版。

崇彝：《道咸以来朝野杂记》，北京古籍出版社 1982 年版。

待馀生：《燕市积弊》，北京古籍出版社 1995 年版。

金梁：《光宣小记》，平装书，民国癸酉刊本。

逆旅过客：《都市丛谈》，北京古籍出版社 1995 年版。

夏仁虎：《旧京琐记》，北京古籍出版社 1986 年版。

徐珂编撰：《清稗类钞》第五册，中华书局 1984 年版。

邓云乡：《增补燕京乡土记》（下），中华书局 1998 年版。

朱一新：《京师坊巷志稿》，北京古籍出版社 1982 年版。

阙名：《燕京杂记》，北京古籍出版社 1986 年版。

七　著作

白生良主编：《五金要览》，中国文化建设公司出版部 1949 年版。

蔡谦：《中日贸易近二十年来之中日贸易及其主要商品》，商务印书馆 1936 年版。

北京大学历史系《北京史》编写组：《北京史》，北京出版社 1985 年版。

北京同仁堂史编委会：《北京同仁堂史》，人民日报出版社 1993 年版。

曹源：《老字号的文化底蕴》，中国时代经济出版社 2003 年版。

曹子西主编：《北京通史》第 7—9 卷，中国书店 1994 年版。

陈灿：《中国商业史》，商务印书馆 1929 年版。

陈桦：《清代区域社会经济研究》，中国人民大学出版社 1996 年版。

陈其田：《山西票庄考略》，商务印书馆 1937 年版。

陈文良主编：《北京传统文化便览》，北京燕山出版社 1992 年版。

杜恂诚：《民族资本主义与旧中国政府（1840—1937）》，上海社会科学院出版社 1991 年版。

费孝通：《乡土中国》，生活·读书·新知三联书店 1985 年版。
傅衣凌：《明清时代商人及商业资本》，人民出版社 1956 年版。
郭道扬：《会计史研究：历史·现时·未来》第三卷，中国财政经济出版社 2008 年版。
侯仁之：《侯仁之讲北京——北京通丛书》，北京出版社 2003 年版。
侯式亨主编：《北京老字号》，中国环境科学出版社 1991 年版。
黄鉴晖：《晋商经营之道》，山西经济出版社 2001 年版。
黄鉴晖：《明清山西商人研究》，山西经济出版社 2002 年版。
黄鉴晖：《山西票号史》，山西经济出版社 2002 年版。
黄兴涛、陈鹏编：《民国北京研究精粹》，北京师范大学出版社 2016 年版。
江泰新、吴承明编：《中国企业史》（近代卷），企业管理出版社 2004 年版。
孔令仁、李德征主编：《中国老字号》，高等教育出版社 1998 年版。
孔祥毅、王森主编：《山西票号研究》，山西财政经济出版社 2002 年版。
雷辑辉：《北平税捐考略》，社会调查所 1932 年版。
李景汉：《北平郊外之乡村家庭》，商务印书馆 1929 年版。
李乔：《中国行业神崇拜》，中国华侨出版公司 1990 年版。
李淑兰：《北京史稿》，学苑出版社 1994 年版。
林岩等编：《老北京店铺的招幌》，博文书社 1987 年版。
刘志宽等主编：《十大古都商业史略》，中国财政经济出版社 1990 年版。
陆仰渊、方庆秋：《民国社会经济史》，中国经济出版社 1991 年版。
倪宝森：《铺底权要论》，北京金华印刷局 1942 年版。
齐大之等编：《百年沉浮：近代中国民族工商业的发展道路》，中国广播电视出版社 1991 年版。
齐大芝、任安泰：《北京商业纪事》，北京出版社 2000 年版。
上海百货公司等编著：《上海近代百货商业史》，上海社会科学院出版社 1988 年版。
上海社会科学院经济研究所主编：《上海近代五金商业史》，上海社会科学院出版社 1990 年版。
陈英、林楠主编：《五金岁月》，天津古籍出版社 2008 年版。
史若民：《票商兴衰史》，中国经济出版社 1998 年版。
孙健主编：《北京古代经济史》，北京燕山出版社 1996 年版。
唐力行：《商人与中国近世社会》，浙江人民出版社 1993 年版。
陶孟和：《北平生活费之分析》，商务印书馆 1930 年版。
汪敬虞主编：《中国近代经济史》（1895—1927）第三册，人民出版社 2000

年版。

汪敬虞：《中国资本主义的发展与不发展》，中国财政经济出版社 2002 年版。

王茹芹：《京商论》，中国经济出版社 2008 年版。

王淑梅：《晋商的经营之道》，《中共山西省委党校学报》1998 年第 6 期。

王相钦、吴太昌：《中国近代商业史论》，中国财政经济出版社 1999 年版。

王相钦主编：《中国民族工商业发展史》，河北人民出版社 1997 年版。

王永斌：《北京的商业街和老字号》，北京燕山出版社 1999 年版。

王永斌：《商贾北京》，旅游教育出版社 2005 年版。

吴建雍等：《北京城市生活史》，开明出版社 1997 年版。

许涤新、吴承明主编：《中国资本主义发展史》第二卷，人民出版社 1990 年版。

许涤新、吴承明主编：《中国资本主义发展史》第三卷，人民出版社 2003 年版。

尹庆民等：《北京的老字商号》，光明日报出版社 2004 年版。

邮电史编辑室编：《中国近代邮电史》，人民邮电出版社 1984 年版。

余钊：《北京旧事》，学苑出版社 2000 年版。

虞和平：《商会与中国早期现代化》，上海人民出版社 1993 年版。

袁熹：《北京近百年生活变迁（1840—1949）》，同心出版社 2007 年版。

袁熹：《近代北京的市民生活》，北京出版社 2000 年版。

张建明、齐大之：《话说京商》，中华工商联合出版社 2006 年版。

张双林：《老北京的商市》，北京燕山出版社 2007 年版。

张正明：《晋商研究》，山西人民出版社 1993 年版。

张忠民、陆兴龙主编：《企业发展中的制度变迁》，上海社会科学院出版社 2003 年版。

中国科学院经济研究所等编：《北京瑞蚨祥》，生活·读书·新知三联书店 1959 年版。

汪民安：《现代性》，广西师范大学出版社 2005 年版。

［德］马克思：《资本论》第一卷，郭大力、王亚南译，人民出版社 1953 年版。

［法］白吉尔：《中国资产阶级的黄金时代（1911—1937）》，张富强、许世芬译，上海人民出版社 1994 年版。

［美］孟天培、甘博：《二十五年来北京之物价工资及生活程度》，李景汉译，国立北京大学出版部 1926 年版。

［美］史明正：《走向近代化的北京城》，北京大学出版社 1995 年版。

［美］许倬云：《中国文化与世界文化》，贵州人民出版社 1991 年版。

［美］G. W. 施坚雅主编：《中国封建社会晚期城市研究——施坚雅模式》，王旭等译，吉林教育出版社 1991 年版。

［美］裴宜理：《上海罢工》，刘平译，江苏人民出版社 2001 年版。

［法］费尔南·布罗代尔：《15 至 18 世纪的物质文明、经济和资本主义》第一卷，顾良、施康强译，生活·读书·新知三联书店 1992 年版。

［澳］马尔科姆·沃特斯：《现代社会学理论》，杨善华译，华夏出版社 2000 年版。

八 重要论文

《北京各行老铺》，《时事画报》1942 年 5 月 14 日。

《平津商业经济状况》，《经济丛报》1940 年第 2 卷第 23 期。

毕志夫、程浩：《票据中的冀商发展轨迹》，《财政史研究》第九辑，2017 年。

曹子西：《北京史研究的回顾与前瞻》，《北京社会科学》2000 年第 1 期。

钞晓鸿：《明清时期的陕西商人》，《中国经济史研究》1996 年第 1 期。

陈争平：《试论中国近代企业制度发展史上的"大生"模式》，《中国经济史研究》2001 年第 2 期。

陈支平、卢增荣：《从契约文书看清代工商业合股委托经营方式的转变》，《中国社会经济史研究》2000 年第 2 期。

崇文区文化委员会：《崇文门外大街》，《北京崇文区文化委员会》互联网址 http://cwwhw.cwi.gov.cn/sub/viewDetail.jsp?newsid=56105&subjectid=2777，访问日期：2009 年 8 月 1 日。

褚凤仪：《我国六十年来对外贸易的分析》，《商业月刊》1931 年第 1 卷第 3 期。

邓亦兵：《清代前期的商业资本》，《首都师范大学学报》（社会科学版）1999 年第 5 期。

丁世华：《旧北京的房屋铺底权》，《北京房地产》1995 年第 10 期。

董乾坤：《民国以来账簿研究的三种取向》，《中国社会经济史研究》2016 年。

董晓萍：《流动代理人：北京旧城的寺庙与铺保（1917—1956）》，《北京师范大学学报》（社会科学版）2006 年第 6 期。

杜宝才：《清代北京市场述略》，《北京商学院学报》1984 年第 1 期。

杜丽红：《20 世纪 30 年代的北平城市管理》，博士学位论文，中国社会科学院，2002 年。

杜丽红：《知识、权力与日常生活——近代北京饮水卫生制度与观念嬗变》,《华中师范大学学报》(人文社会科学版) 2010 年第 4 期。

杜翔:《"福聚德"商号的经营状况探析——小议北京中小型店铺的商业资本诸事》,《首都博物馆论丛》, 2015 年。

杜恂诚:《儒家伦理与中国近代企业制度》,《财经研究》2005 年第 1 期。

封越健:《论清代商人资本的来源》,《中国经济史研究》1997 年第 2 期。

封越健:《清代商人的资本组织与经营方式》,《中国经济史论坛》互联网址: http: //economy. guoxue. com/sort. php/411/4, 访问日期 2009 年 10 月 8 日。

高松凡:《历史上北京城市场变迁及其区位研究》,《地理学报》1989 年第 2 期。

郭松义:《清代北京的山西商人——根据 136 宗个人样本所作的分析》,《中国经济史研究》2008 年第 1 期。

果鸿孝:《清末民初北京的工商业》,《北京社会科学》1993 年第 2 期。

韩绍陵:《说现今商民劣性》,《商业日报》第 922 号, 1918 年。

郝平、张玮:《商业明信片及其史料价值——以 20 世纪二十年代山西寿阳谦瑞益商号为例》,《史学史研究》2017 年第 3 期。

胡长清:《铺底权之研究》,《法律评论》第 6 卷第 52 号(总第 312 期)。

胡光明:《论北洋时期天津商会的发展与演变》,《近代史研究》1989 年第 3 期。

黄逸平:《近代中国民族资本商业的产生》,《近代史研究》1986 年第 4 期。

金伏海:《续租权与铺底权之比较》,《比较法研究》2006 年第 4 期。

孔祥毅、祁敬宇:《中国早期人力资本股的实践对当代企业制度改革的启示》,《山西财经大学学报》2002 年第 3 期。

孔祥毅、张亚兰:《山西票号高效执行力的动力机制》,《广东社会科学》2005 年第 2 期。

李景汉:《北平最低限度的生活程度的讨论》,《社会学界》第 3 卷, 1929 年。

李淑兰:《近代北京商人阶层构成的特点》,《历史教学》1994 年第 5 期。

李真真、潘晟:《晚清华北乡村商业经营及相关问题——以东安县小惠庄三成号材铺盘存单为例》,《中国经济史研究》2019 年第 3 期。

林颂河:《统计数字下的北平》,《社会科学杂志》1931 年第 2 卷第 3 期。

刘凤云:《明清时期北京的商业街区》,《中国人民大学清史研究所》互联网网址: http: //www. iqh. net. cn/jjs_ zfjj_ show. asp? column_ id = 5187&column_ cat_ id = 303, 发布时间 2007 年 9 月 9 日。

刘凤云:《清代北京的铺户及其商人》,《中国人民大学学报》2007 年第 6 期。

刘娟：《近代北京的商会》，《北京社会科学》1997年第3期。

刘秋根、郭兆斌：《清代前期龙门账簿记报告编制方法研究——以晋商年终结算清单为例》，《中国经济史研究》2017年第5期。

刘秋根：《论中国古代商业、高利贷资本组织方式中的"合资"与"合伙"》，《河北学刊》1994年第5期。

刘秋根：《明代徽商合伙制店铺融资形态分析》，《河北大学学报》2003年第3期。

刘文斌：《融合与引领：商路·商帮与经济社会发展——2018年中国经济史学会年会述评》，《中国社会经济史研究》2019年第1期。

刘永成、赫治清：《清代前期的商人和商业资本》，中国社会科学院历史研究所经济史研究组编：《中国古代社会经济史诸问题》，福建人民出版社1989年版。

缪克沣：《老北京的"连锁店"》，《北京市财贸管理干部学院学报》1994年第3期。

彭南生、严鹏：《试论近代工商业学徒对中国早期工业化的影响》，《徐州师范大学学报》（哲学社会科学版）2007年第4期。

彭南生：《近代工商同业公会制度的现代性刍论》，《江苏社会科学》2002年第2期。

彭泽益：《民国时期北京的手工业和工商同业公会》，《中国经济史研究》1990年第1期。

齐大之：《近代商业企业的资金来源》，《新理财》2004年第7期。

齐大之：《近代中国商业企业的利益分配》，《新理财》2004年第4期。

齐大之：《论近代北京商业的特点》，《北京社会科学》2006年第3期。

齐大之：《中国近代的信用交易》，《新理财》2005年第3期。

齐大之：《中国近代早期的货款结算》，《新理财》2004年第2期。

齐大芝：《近代中国商号内部结构的等级系统问题初探》，《北京社会科学》1994年第2期。

曲殿元：《北京小商人及中下社会之金融机关》，《银行月刊》1926年第6卷第10期。

史明正：《北京史研究在海外》，《北京档案史料》1999年第3期。

宋美云：《略述近代京津商人经营文化的异质性》，《历史教学》2006年第9期。

孙善根、温跃卫：《近代宁波商帮文献史料整理与学术研究述评》，《宁波大学学报》（人文科学版）2019年第4期。

藤井宏：《新安商人之研究》，载《徽商研究论文集》，傅衣凌、黄焕宗译，安徽省人民出版社1985年版。

汪士信：《明清时期商业经营方式的变化》，《中国经济史研究》1988年第2期。

王凤瀛：《老佃铺底为我国特有之物权，此种制度应否保存？如不应保存，则其已存之权利关系如何？应如何整理？》，《法学会杂志》法学会1923年第10期。

王菱菱、王中良：《清代晋商典当业会计账簿组织探析——基于〈立账簿头绪〉》，《财会月刊》2018年第3期。

王文书：《中国社会经济史研究中有关账簿研究的综述》，《衡水学院学报》2017年第1期。

王相钦：《旧中国民族资本商业企业经营管理中的若干问题》，《商业时代》1985年第3期。

王玉茹：《开滦煤矿的资本集成和利润水平的变动》，《近代史研究》1989年第4期。

王玉茹：《中日近代股份公司制度变迁的制度环境比较》，载张忠民、陆兴龙主编《企业发展中的制度变迁》，上海社会科学院出版社2003年版。

魏文享：《近代工商同业公会的慈善救济活动》，《江苏社会科学》2004年第5期。

魏文享：《近代工商同业公会的政治参与（1927—1947）》，《开放时代》2004年第5期。

吴承明：《从一家商店看商业资本的一种特殊形态》，《经济研究》1985年第5期。

吴承明：《中国民族资本的特点》，《经济研究》1956年第6期。

许檀：《清代的祁州药市与药材商帮——以碑刻资料为中心的考察》，《中国经济史研究》2019年第2期。

言雍梁：《中国旧式簿记及其改善之办法》，《商学汇报》1930年第2期。

杨德惠：《五金概说》（一），《商业月刊》1931年第1卷第4期。

杨国桢：《明清以来商人的"合本"经营的契约形式》，《中国社会经济史研究》1987年第3期。

杨昊、刘洪升：《冀商对中国传统文化的贡献——以北京琉璃厂旧书业为例》，《河北大学学报》（哲学社会科学版）2018年。

杨荫溥：《吾国合伙组织之研究》，《经济学季刊》1931年第2卷第4期。

于怀仁：《改进旧式商店簿记捷径》，《商友季刊》1940 年第 2 期。

张舰戈：《民国账簿记载销售食盐"账码"数字释读》，《盐业史研究》2017 年。

张寿彭：《试论中国近代民族资本主义商业的产生与特点》，《兰州大学学报》（社会科学版）1986 年第 3 期。

张晓辉：《清末香港与内地的华资联号企业》，《暨南学报》（哲学社会科学版）2008 年第 4 期。

张晓辉：《中国近代华资联号企业释义》，《广东社会科学》2007 年第 6 期。

张忠民：《略论明清时期"合伙"经济中的两种不同实现形式》，《上海社会科学院学术季刊》2001 年第 4 期。

朱英：《近代商会史研究的缘起、发展及其理论与方法运用》，《近代史研究》2017 年第 5 期。

九　外文资料

Arlington, L. C. and Lewisohn, William, *In Search of Old Peking*, H. Vetch · Peking, 1935.

Burgess, John Stewart, *The Guilds of Peking*, Columbia University Press · New York, 1928.

David Strand, *Rickshaw Beijing: City People and Politics in the 1920s*, Berkeley: University of California Press, 1989.

Sidney D. Gamble, M. A., *Peking: A Social Survey*, New York George H. Doran Company, 1921.

后　　记

本书系以我的博士学位论文《北京五金商铺研究（1917—1940）》为基础，经反复修改、增补而成。

出于对几百年古都的迷恋，出于对分布于大街小巷数不清的金字招牌的好奇，加之沉醉于那渐已逝去的京城商铺的旧时风韵，最终草成此稿。

回首学术成长与书稿成形的过往，既充满了坎坷与艰辛，亦有快乐与欣慰。个中滋味，唯有自知。

20世纪七八十年代，"足蒸暑土气"，土里刨食、靠天吃饭、农业极其落后、农民极度贫困，基本是冀中平原及以东区域百姓的真实场景。我儿时即是在此环境下长大的。我自幼家贫，父母面朝黄土，靠微薄的农业收入糊口。

直至90年代，到省城上了大学，方知外面的世界好大，头一次坐火车，头一次住高楼宿舍，头一次在阶梯教室上课，头一次知道还有那么大的图书馆……四年大学，培养了我对历史学的兴趣，并顺利于香港回归之时进入石油系统一所高中工作。6年的高中教学，使我对历史研究充满了更浓厚的兴趣，为使此兴趣不衰，于是考取了河北大学李金铮教授的研究生。当然，考研的苦楚，对当时已过而立之年的我而言，至今仍心有余悸。边工作，边学习，多少个夜晚，为躲避孩子的干扰，我去办公室独自苦读。好在，那些皆成了过眼云烟。

在李金铮老师的悉心指导与引领下，我的学术生涯开始了，渐渐领悟到历史研究的博大与深邃，经过三年学术基础锻炼，深知三五万字的硕士论文只是历史学术研究的起步，后入中国人民大学读博，拜陈桦教授为师。博士初期，博士论文的选题成为一大难题，哪些核心资料可以支撑二三十万字的毕业论文，我搜遍网络，翻遍图书馆，虽苦思冥想，依然找不到合适的素材。在其他师友建议下，我前往北京档案馆胡乱翻阅大厅里摆放的馆藏档案目录。当翻阅到企业账簿档案时，由于数量太多，非常杂乱，当时，我并未在意其存在的意义。接下来的几天，我每天都去北京档案馆翻阅目录，并毫无目的地调取各类档案的几卷随意翻阅，想从中找到灵感，然而，收效甚微。就当想放弃查阅档案另辟蹊径时，我抱着好奇的想法，试探性地调取了几卷民国北京五金商铺的账簿，像翻天书一样，满眼皆数字，根本就无法看懂，也无从下手，感觉这些账簿跟博士论文没有任何联系。不过，幸运的是，当有一天偶然发现调出的一账本中有几张契约文书与若干房契时，我忽然来了灵感，从中发现点滴有价值的字眼，如合伙、人力股、原本、护本、护身、财神股、铺底等。回宿舍上网一查，类似概念在晋商研究中经常出现，而在北京史研究中难寻其踪，于是，我如饥似渴地到校图书馆借阅了大量有关晋商与票号研究的著作研读，阅后眼界大开。当时设想能否借鉴晋商票号的相关研究进行选题，是否进一步翻阅那些尘封的五金商铺账本，捕捉其中的研究灵感，于是我把目光又投向北京档案馆的企业账簿。

　　经过多日的调卷翻阅，我发现账簿中有一些数码很诡异，根本无法识别，一次偶然之机，向同在查档的一位老先生请教，方知那些是传统会计为保密而专用之记账鬼码。根据老先生的指点，我又在百度查询相关信息，知悉中南财经政法大学郭道扬教授是业内专家，于是向其请教，郭老给予热心解疑。之后，通过阅读相关会计史著作，并在人大图书馆翻阅到1930年言雍梁先生写的《中国旧式簿记及其改善之办法》，里面就有诸多会计记账的详细鬼码举例，我这才恍然大悟。再返回北京市档案馆查阅五金商铺账本时，我感觉不似以前那样晕头转向了。从此，开启了我博士期间长达两年半的摘抄账本的辛苦工作：早晨6点半起床，早餐后骑车到北三环人民大学站坐快300路公交，直达南三环刘家窑站下车，白天摘抄，晚上整理并研究这些数字，12点半睡觉。日复一日，随着抄录内容的增多，账簿内涵的大量信息逐步由点成线，并经整理成面，一个个不同类别的表格被我画出来，再结合京津五金商铺间的通信内容，及其他各相关账本的辅证，同时将此与学界相关方面的研究进行对比，最终选定并草成了博士毕业论文。

　　写作博士论文之艰辛不必多言，凡史学同行估计皆有同感，想来多泪目，对像我一样年龄稍长的更是如此。尤其2008年夏季父亲病重住院，我急赶回县城医院陪床，看到病床上一生操劳、含辛茹苦的老人，瘦骨嶙峋，平躺在病床上，鼻孔插着管，呼吸微弱，我顿时崩溃了，哽咽无语。我多年在外地求学与工作，对家里照顾太少，亏欠父母太多。同年11月父亲病故，除了痛哭，我能做的，就是把学业进行到底，写一篇能对得起自己的博士论文，以告慰天堂的父亲！

后　记

经过三年不懈努力，最终完成博士论文写作并顺利通过答辩，2010年6月如期毕业，这既是我学术生涯的一阶段性总结，亦是我人生之旅的一关键节点。工作期间，我又对论文进行了不断增补修改。庆幸的是，2017年9月获得国家社科基金后期资助项目立项。按照匿名审稿专家建议，我对论文进行了深入增补与修改；同时，结合京津冀协同发展的大环境，我对原博士论文进行了整合，增补了历史上京津冀一体化的内容，以突出学术研究的现实价值。为此，排除困难，一如既往，我继续奔赴各地查阅史料，收集民国时期各种网络电子书刊资料，并实地寻访五金商铺后人进行口述史料的收集等。

当然，书稿的最终完成，除饱浸自己的辛勤汗水外，亦凝聚着师友、亲朋的心血与期待。值拙稿搁笔付梓之际，吾心充满感激，未敢忘怀于须臾。

业师陈桦教授，治学严谨，待人谦和，其悉心教导和谆谆教诲，乃吾一生之宝贵财富，论文字里行间无不凝聚业师之心血。不能忘，在论文进展最困窘之时，是他给予我诸多信任和鼓励；书稿完成之际，先生又欣然作序。唯望拙稿出版能给先生带去些许欣慰。

硕士导师南开大学历史学院李金铮教授，学识渊博，成果丰硕，待人诚挚，既是我学术研究的启蒙者与领路人，又是我各方面学习的榜样。在我山穷水尽、无路可走之时，其对博士论文选题给予了精心指点，并对篇章结构提出了极为宝贵且具建设性的写作建议，甚至在我博士毕业工作后，仍进行不厌其烦的指导与鞭策。师恩难忘，铭记心底。

衷心感谢北京师范大学历史学院王开玺教授与李志英教授、中国社会科学院当代中国研究所武力研究员、中国社会科学院近代史研究所谢维研究员、中国社会科学院经济研究所王砚峰与封越健研究员、中国人民大学清史研究所张研教授等诸师在我博士论文评审与答辩时分别给予的深入指导及鼓励。

在中国人民大学读博期间，清史所黄兴涛教授、夏明方教授、何瑜教授、潘向明教授、曹新宇教授、曹雯副教授、杨剑利副教授、叶柏川副教授，及历史系郭双林教授、马克锋教授等，在选题论证、论文撰写过程中亦提出诸多宝贵意见，使我受益良多。在此向诸位老师深表谢意！

中南财经政法大学会计史专家郭道扬先生与我素不相识，然当我发邮件请教会计账簿相关疑难问题时，先生在百忙中打电话给我，进行热心而细致的指导与释疑。河北大学经济史专家刘秋根教授与唐晔副教授亦在会计账簿方面给予解困释疑与大力帮助。北京行政学院教授、北京大学兼职研究员、经济史专家高寿仙先生对论文框架结构、资料推荐等方面给予了宝贵建议。向诸专家亦表最诚挚的感谢！

在资料查阅过程中，中国人民大学图书馆旧馆、北京档案馆等单位的工作人员给予我诸多便利；同在北京档案馆查阅资料的许多记不起姓名的老少朋友，在午餐闲聊时给予了多方指点、解疑；衡水市冀州区政协李登福先生、枣强县政协郑焕恩女士及北京五金商铺之后人与相关知情人杨劼女士、赵飞先生、杨廷选先生、杜金才先生、李凤竹先生、孙宪杰先生等，皆在口述史采录、搜集方面给予了密切配合与热心帮助。在此一并深表谢意！

论文及书稿选题、架构、修改与完成过程中，诸多同窗好友、师弟妹，及各阶段认识的同行，亦给予了很多帮助，此处不再一一列举，谨表最衷心的感谢！

申报国家社科基金后期资助项目时，得到了中国社会科学出版社吴丽平编辑的大力支持和帮助，作为本书出版的责任编辑，其做了大量烦琐与细致的编辑工作。同时，国家社科基金后期资助项目五位匿名评审专家提出的宝贵修改意见，为深入修改、补充及本书质量的进一步提高大有裨益。在此亦皆深表感谢！

最后，感谢我的父母妻儿，正是他们的殷切期望与大力支持，方使我克服重重困难，咬牙挺过。他们的笑脸激励着我前行。

书虽已出版，本研究暂告一段落，但"常恐秋节至"，随着我对账簿及其他史料收集、整理的不断深入，新的研究亦将接力。

卢忠民

2021 年 2 月 20 日于秦皇岛